COMPRENDER A SU HIJO

COMPRENDER A SU HIJO

Dorothy Einon se formó en la Universidad de Durham, donde se licenció en psicología, tras lo cual se dedicó a la investigación en New Hall, Cambridge, donde se doctoró. Desde 1975 hasta 1979 trabajó con una beca de investigación Pinset-Darwin en patología mental en Cambridge, y desde 1979 hasta 1981 fue premio de investigación MRC en la Universidad de Durham. Desde 1981 es profesora de psicología en el University College de Londres. La trayectoria académica de Dorothy Einon, centrada en las ciencias de la conducta, ha incluido muchos trabajos sobre el juego y el desarrollo infantil. Participa frecuentemente en tertulias radiofónicas y televisivas y aconseja a los padres cómo educar a sus hijos, y también ha escrito numerosos artículos sobre conducta infantil tanto en la prensa especializada como en la de divulgación. Entre sus otras obras publicadas se incluyen *Parenthood: The Whole Story, Playing with Your Baby, Playing with Your Toddler, Creative Play* y *Time to Play*, en cooperación con Jane Asher.

DOROTHY EINON

COMPRENDER A SU HIJO

DESDE EL PRIMER LLANTO A LA ADOLESCENCIA

EDICIONES MEDICI
Plató, 26 - 08006 Barcelona

La edición original de esta obra ha sido publicada en inglés por Duncan Peterson
Publishing Limited, Londres, con el título

CHILD BEHAVIOUR

Traducción
Marina Widmer

Diseño de la cubierta
Cèlia Vallès

ISBN 84-89778-16-7
Depósito legal B. 22.650-2000
Printed in Spain
A & M Gràfic, s.l.

Índice

Los primeros meses

Los primeros meses en familia... desde el punto de vista del bebé

Todos tenemos un pasado, incluso un recién nacido. De lo que no hay duda es que un bebé no es una pizarra en blanco, y no va a comportarse como tal. En sus primeras semanas fuera de la matriz, el bebé se mantiene encogido en la posición fetal, con los ojos cerrados. La matriz es el único pasado del bebé, y al principio no se siente demasiado complacido de haberla abandonado. Era un lugar seguro, tranquilo, sin cambios. Los padres deben tener esto presente a medida que las primeras semanas vayan dando paso a los primeros meses y años. A los bebés les gusta el cambio sólo si la mayor parte de su mundo se mantiene constante.

El bebé necesita salir a explorar partiendo de una base segura, ir añadiendo aspectos nuevos, uno por uno, para formar un cúmulo creciente de experiencias. No hay que bombardearle, pues protestará, y se convertirá en un bebé "difícil".

Si los padres le dan una seguridad así como los medios y los deseos de recabar nuevas experiencias –y si además lo hacen bien–, estarán próximos a ser los progenitores perfectos que todo niño desearía para sí. Por el contrario, si el niño es sometido a una incesante presión para estimularle, tal vez nunca llegue a alcanzar la seguridad y calma interiores que le permitan ser autosuficiente. Lo que hoy es cierto lo será siempre. La base de la seguridad de un niño irá cambiando a lo largo de la vida, pero, ya sea bebé, niño, adolescente o adulto, esa persona tendrá éxito en la vida si parte siempre de una base segura. Una estimulación constante, es decir un mundo sin momentos de calma no conduce a la satisfacción. En última instancia puede resultar un camino difícil de recorrer.

Eso no significa que todos los niños sean iguales o tengan las mismas necesidades. En absoluto. Todos necesitan momentos de calma y momentos de excitación, fracasos y descubrimientos. La combinación varía de un niño a otro, o incluso en un mismo niño en diferentes momentos. Ser unos padres sensibles requiere saber leer las necesidades del niño y responder a ellas. No quiere decir que ceda a sus caprichos o lo ponga por delante de todo. Un bebé a quien colmamos con demasiadas atenciones se vuelve un niño difícil y exigente. Lo mismo le ocurre al pequeño que se ve obligado a adaptarse a las necesidades de sus padres. En algún punto entre esos dos extremos se encuentra el camino correcto. Dar con él no ha de resultar difícil si se recuerda una regla muy simple: cada uno de los miembros de la familia tiene sus derechos. Hay ocasiones en que primero es uno mismo, y otras en que primero son los demás.

Un recién nacido tiene el cerebro muy pequeño pero crecerá con rapidez en estos primeros seis meses, y luego más despacio a lo largo de los años hasta alcanzar la edad adulta. Como reflejo de este crecimiento, los niños se desarrollan y cambian semana a semana, luego mes a mes y, por último, cuando se acercan a la pubertad, apenas cambian físicamente. Al principio sólo aprenden lo más sencillo y comprenden las cosas de la manera más simple. Ven a muy corta distancia y de un modo muy rudimentario; oyen mejor los sonidos agudos que los graves. Están especialmente afinados para percibir la voz humana femenina, pero no son capaces de discernir de dónde les llega, a menos que nos situemos delante de ellos. En pocas horas conocen a su madre por el olor; en un día o dos, por la voz, y en una semana la reconocen al verla. Pero si ella se ausenta durante un par de días, la olvidan por completo. Se mecen muy suavemente al ritmo de la voz materna. (Y la madre les mece a su vez.) Ambos van armonizándose. Es un ceremonial que vale la pena recordar. Si les ponemos cara larga, ellos ponen la misma cara.

Los bebés recuerdan muy pocas cosas, y por poco tiempo. A medida que crecen y se desarrollan aprenden y comprenden cosas más complejas, y recuerdan durante espacios más largos. A los diez años los procesos de pensamiento son muy distintos de los que tiene un adulto. Su interpretación es más simple, más ingenua, menos obstaculizada por los 'peros'. No obstante, aunque no son como adultos hasta que han completado su crecimiento, muy rápidamente llegan a parecerse bastante a ellos. De hecho, un niño de dos años se asemeja mucho más a un adulto en su manera de percibir, pensar y recordar de lo que se parece a un recién nacido.

A un bebé no se le puede avisar por anticipado de que algo está a punto de ocurrir, de modo que un cambio repentino supone un trastorno absoluto para él. Por otra parte, los bebés no son capaces de recordar durante mucho tiempo; por tanto, traumas más importantes (como perder a uno de los padres o ser dejado todo el día a cargo de una canguro que no conocen) sólo los perturban de forma transitoria. A medida que van perfeccionando la memoria, un sonido o un olor asociado a un trauma del pasado los inquieta y asusta, pero no necesariamente recordarán el porqué, y ese trastorno no los acompañará durante mucho tiempo. Cuando un bebé está distraído, se olvida de lo sucedido anteriormente, incluso de una herida, si ya no le duele. La jornada de un bebé de poca edad es como un viaje de aventuras, llevado de pensamiento en pensamiento por las cosas que van captando su atención.

Los pequeñines aprenden lo que nosotros les enseñamos: ni más ni menos. No son capaces de descifrar qué pretendíamos que aprendieran, porque no entienden complejidades. Si la madre acude siempre que llora, cree que llorar hace que aparezca el rostro de mamá. Si escupir la zanahoria va seguido del dulce de chocolate, cree que el hecho de escupir les ha valido el postre. Sólo tienen dos maneras de comunicarse: atraernos hacia ellos con una actitud alegre y cariñosa o hacerlo mediante berrinches, inquietud y lloros. ¡Todos los bebés hacen ambas cosas! Algunos reciben estímulos para atraer más la atención de una manera que de la otra. Un bebé que tiene motivos para llorar (como dolor persistente de oído), y unos padres que conocen la causa y actúan con cariño y comprensión, instaurarán un modelo de funcionamiento que será difícil de romper, pues se habrá adoptado el hábito de acudir siempre que llore. Y no es malo que sea así. ¿Qué otra cosa podemos hacer? Sólo que es necesario permanecer vigilantes. Y saber mantenerse firmes cuando las lágrimas son utilizadas sin causa justificada.

Los bebés nacen únicos. Algo del individuo en que algún día se convertirán está presente en esos primeros días. Con suerte, el bebé será alegre y adaptable. O tal vez sea tímido e introvertido, aunque feliz en cuanto se sienta seguro. Puede ser un bebé difícil, muy protestón, que le perturbe el mínimo cambio y le cueste acostumbrarse a las cosas nuevas. La mayoría de los recién nacidos es una mezcla de todas esas cosas. Por ejemplo, quizás sean risueños y apacibles, pero planteen problemas a la hora de comer. Incluso el niño más asequible tiene su día malo.

Hay razones obvias por las cuales algunos niños se muestran difíciles: el trauma del parto, cólicos, enfermedad o dolores persistentes. Con el tiempo, una causa puede convertirse en un estilo de vida. Un bebé que descubre que los gritos de dolor hacen acudir a toda prisa a su madre, aprenderá a llorar incluso cuando nada le duele. Sin embargo, la mayoría de los bebés son como son, sin que haya para ello ningún motivo muy evidente. Algunas veces el bebé difícil se cría en un tipo de familia optimista y con buena disposición, capaz de hacerse cargo de sus demandas y consciente de que los aspectos buenos del bebé importan más que los malos. En otras ocasiones, un niño así ve sus propios comportamientos difíciles reflejados en otros miembros de la familia.

El bebé nace, y durante un corto período de tiempo es tal como era en el momento de nacer. Pronto las interacciones entre el niño, su familia y sus experiencias van influyendo en su manera de ser; a causa de problemas de salud recurrentes o de choques con sus padres, los bebés difíciles se vuelven más difíciles todavía. Un niño apacible puede, asimismo, volverse problemático, si se ve confrontado con experiencias similares.

Página opuesta: *Los bebés no necesitan ser estimulados constantemente. Más bien quieren regresar a la seguridad de los sonidos rítmicos evocadores que escuchaban en la matriz, desean recogimiento, monotonía y calma. Entre excitación y excitación necesitan relajarse, hacerse un ovillo, sentirse seguros.*

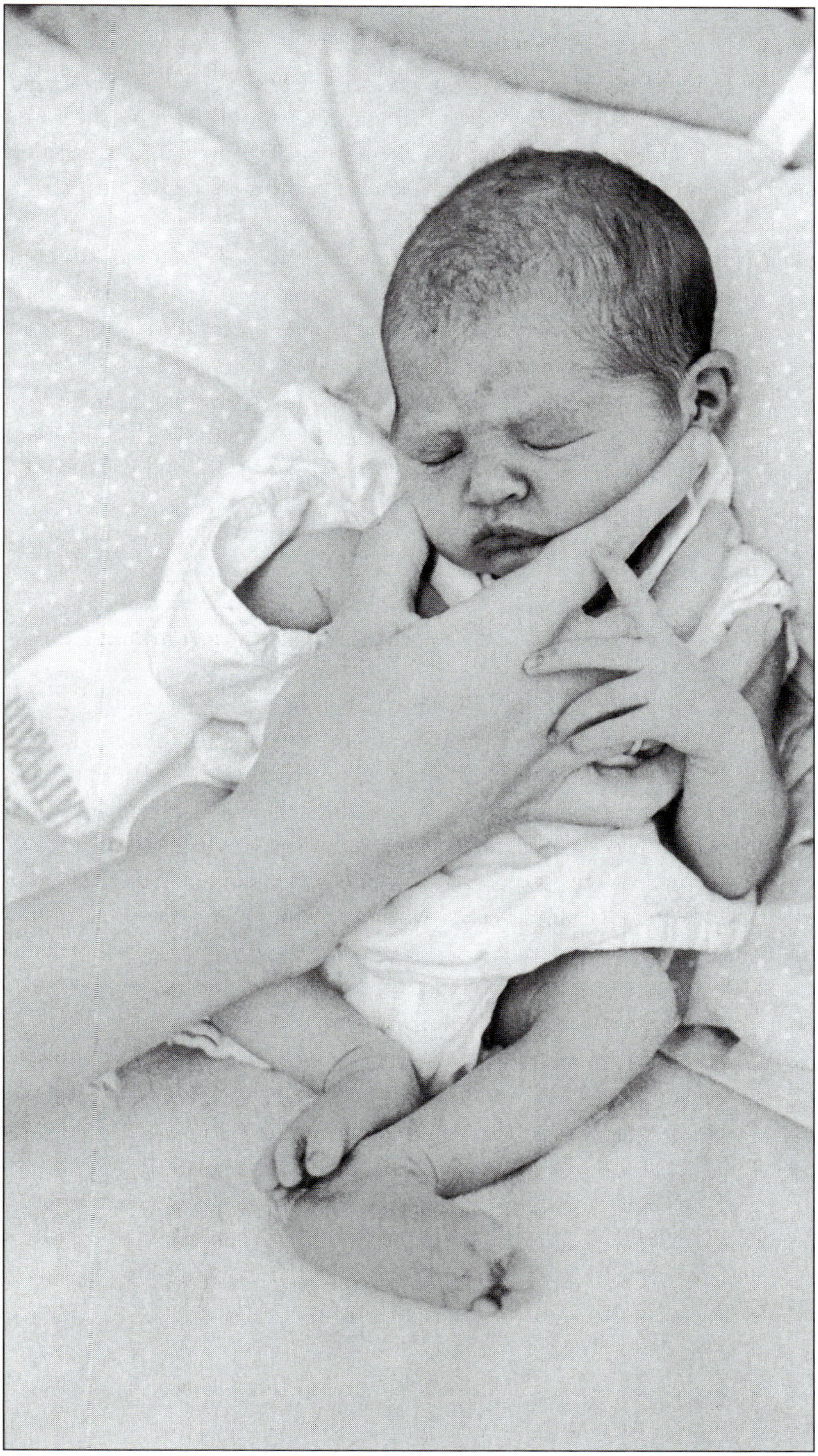

Diferentes clases de bebés

Un estudio sobre el temperamento infantil se realizó con un gran grupo de bebés criados en Nueva York, durante un período de diez años. Los padres describían a sus hijos en diferentes momentos y en contextos diversos. Los bebés fueron clasificados en cuatro grandes grupos.

◆ El bebé fácil, que se calma con rapidez, come sin problemas y se acostumbra pronto a los cambios. Es probable que duerma toda la noche de un tirón, se habitúe sin problemas al biberón y a la comida sólida, defeque de una manera regular, le guste la comida y se muestre dispuesto a aceptar nuevos sabores. Acogerá de buen grado los juguetes nuevos, así como a personas y lugares desconocidos para él. Tener cerca a un bebé fácil es sencillo, como sencillo resulta dejarle a cargo de un canguro. Estos pequeñines facilitan mucho la tarea a los padres primerizos. Muchos bebés nacen así. Otros son entrenados para ser bebés fáciles.

◆ El bebé a quien le cuesta calmarse, tímido y reacio, o incluso introvertido, cuando se enfrenta a algo nuevo. Escupirá la comida, resultará más difícil dormirle por las noches –especialmente si está en un lugar nuevo para él– y se sentirá perturbado por los cambios. A medida que las cosas vayan resultándole más familiares, se irá volviendo más transigente y abierto. Con la gente será asequible y comunicativo. Casi todos los problemas que plantea este tipo de bebé inquieto suelen ser transitorios. Basta con comprender su miedo y timidez iniciales. A estos niños es sencillo transmitirles la confianza suficiente para que se vuelvan fáciles. También puede ocurrir lo contrario, que un trato carente de sensibilidad por parte de los padres les arrebate la poca confianza que poseían.

◆ El bebé difícil, que protesta ante cualquier cambio y se muestra irregular en muchos de sus hábitos. No se apaciguará fácilmente a la hora de dormir; tampoco se acostumbrará rápido a su canguro, a una alimentación nueva, a cualquier cambio en el baño, etc. Son bebés que ni con un año duermen toda la noche de un tirón, resultan difíciles de destetar, presentan problemas en la guardería y para vestirse, así como para ser llevados de compras. Tienen berrinches con mayor frecuencia. Escupen la comida, y puede que sólo quieran comer patatas fritas y natillas de chocolate. Les cuesta más entenderse con otros niños.

Los niños no tienen por qué ser así de difíciles. Si se les trata con mucho cariño y coherencia se vuelven más asequibles.

◆ 'Bebés mixtos': reúnen algunas de las características de las clases ya mencionadas. Asequibles hasta que llega el momento de ponerlos a dormir. Difíciles, menos a la hora de comer.

Bebé excitable, bebé apacible

Algunas personas son tigres: la vida no vale la pena de ser vivida, a menos que contenga riesgos y excitación; otras, son corderitos: tienen dificultades para seguir, a menos que todo avance despacio y con suavidad.

Algunas personas necesitan mucha más aventura que otras. Bajan esquiando por empinadas pendientes, practican la caída libre en paracaídas, etc. Si tienen unas semanas sin ese tipo de excitación, es muy probable que se pasen un poco de velocidad con el coche o que se enzarcen en una disputa, sólo para elevar un poco el ritmo.

Otras, raras veces se mueven de casa. El hecho de salir alguna noche les proporciona la excitación suficiente. Se cree que estas diferencias residen en el nivel de actividad en los centros corticales del cerebro. Las que ya registran un elevado nivel de actividad en dichos centros no necesitan mucha excitación en su vida. Son más cautelosas e introvertidas. Las personas que tienen niveles bajos de actividad en dichos centros necesitan salpimentar todas

CÓMO NO SE DEBE TRATAR A UN BEBÉ

✖ *No crea que todos los bebés son iguales. Forzar al niño a hacer cosas que le atemorizan le volverá más introvertido y difícil. A veces es necesario investigar las causas de ese mal comportamiento: por ejemplo, un bebé que plantea problemas muy a menudo puede padecer alguna dolencia.*

✖ *No otorgue siempre prioridad absoluta al bebé. Cada uno de los miembros de la familia tiene derecho alguna vez a recibir prioridad, y eso incluye también a los padres. Si el bebé quiere sólo dormir en compañía de su muñeco, que así sea. Si no quiere comerse la papilla de verdura, ¿por qué no probar suerte con la de fruta?*

✖ *No adapte por completo la vida de la familia a la del bebé, con independencia de lo problemático que sea. Lo único que conseguirá es enseñarle que sus comportamientos difíciles le reportan recompensa.*

✖ *Si se le hace difícil amar y cuidar de su bebé o interesarse por sus necesidades, debe buscar ayuda enseguida. Son síntomas de una depresión posparto, un trastorno que afecta a una de cada diez mujeres. Puede sobrevenir en cualquier momento durante el primer año posterior al alumbramiento y con frecuencia pasa desapercibida, incluso para la familia o el médico de la afectada.*

CÓMO SE DEBE TRATAR A UN BEBÉ

✔ *Los niños necesitan comprensión, seguridad y firmeza. Deben aprender que el amor y el apoyo de sus padres no tiene límites, pero que su tolerancia sí los tiene y bien definidos. En realidad, un bebé muy pequeño no reconocerá nada de esto, ya que sólo es capaz de recordar de momento en momento. A partir de los cinco o seis meses, los bebés empiezan a recordar de día en día, y ya son capaces de aprender que determinados comportamientos (como llorar a la hora de dormir) son inaceptables.*

✔ *No se puede apelar a la comprensión de un bebé, porque no la tiene. Tampoco a su discernimiento de lo que está bien y lo que está mal, de lo que es seguro y lo que supone peligro. Todo lo que puede hacer un niño de menos de dos años es aprender a obedecer unas reglas.*

✔ *A medida que el pequeño va creciendo, la obediencia incuestionada debe ser sustituida por la preocupación por los demás.*

las cosas. Presentan una mayor necesidad de excitación de todo tipo y son, más extrovertidas. Muchos padres coincidirán en que tal o cual persona ya se mostraba extrovertida en su niñez, mientras que otra siempre fue tímida y reservada. Hay quien mira antes de saltar y quien salta antes de mirar.

¿Y los padres?

El bebé es el único que va desnudo por el mundo. El resto de los mortales lleva a cuestas el bagaje de expectativas, historia y papel en la vida. Elegimos tener hijos, pero pocos de nosotros lo hacemos por razones puramente altruistas. Esperamos obtener algo de ello, incluso si no estamos del todo seguros de qué es. Esa maraña de motivos inexplicados contiene, a veces, las semillas del descontento individual o bien del desacuerdo en el seno de la pareja. Hay, asimismo, semillas de fracaso. El bebé que pensábamos que nos uniría, lo que logra en realidad es separarnos. Lo que se consideraba la guinda del pastel de la vida, resulta que a veces se convierte en el pastel en sí. Un ser que debía dar alegría, sólo lleva consigo tristeza y depresión.

Antes de tener un niño resulta difícil imaginar el poder que va a tener sobre uno, o toda la absorbente atención que va a necesitar. Es imposible prever el angustioso pánico que sienten los padres cuando al niño le sube mucho la fiebre o se cae por las escaleras. Los hijos son las personas más queridas, las que más dedicación exigen, a veces las más exasperantes, las más reconfortantes y, en potencia, las que más pena pueden causarnos en esta vida. Si hubiésemos

ESTIMULAR A UN NIÑO MUY PRECAVIDO

✔ *Nunca lo fuerce a hacer algo que le da miedo. Así, aumenta su temor.*

✔ *Esté siempre a su lado en situaciones nuevas. Los padres representan su seguridad.*

✔ *No está participando con el pequeño en ninguna competición. Si el bebé se balancea adelante y atrás seis semanas antes de, supuestamente, empezar a gatear, no pasa nada.*

✔ *Alábele por cada pequeño logro que consiga.*

✔ *Introduzca poco a poco: nuevos juguetes, nuevos alimentos y nuevas actividades. Si el niño acepta sólo dos tipos de comida diferentes, ¿qué más da? Mientras se alimente de leche, estará bien. Tampoco es grave si no le gusta el sonajero.*

✔ *Vaya probando con juegos un poco más movidos: acúnele con un poco más de ritmo, luego balancéelo algo más alto. Nunca vaya más allá de aquello que el niño quiera. Ponerle nervioso sólo arruinará lo que usted se había propuesto.*

✔ *Recuerde que a veces el nerviosismo de los padres se transmite al bebé.*

ENSEÑAR A UN NIÑO QUE NO TIENE MIEDO

✖ *Los bebés no tienen sentido del peligro. No se les puede pedir que tengan cuidado. Los padres deben ser los ojos y los oídos de su hijito.*

✖ *Asegure toda la casa en cuanto el niño empiece a moverse por ella.*

✖ *Resulta muy positivo introducir períodos de juego tranquilo. Baje el ritmo en algunos juegos. Acúnele más suavemente. Háblele con mayor dulzura.*

✖ *En ocasiones estimulamos a nuestros hijos para que sean diablillos y disfruten con niveles de estimulación elevados sólo mediante nuestra manera de jugar con ellos.*

sabido todo esto, habríamos sido menos ingenuos a la hora de asumir que podríamos incluir sin problema a los pequeños en nuestras organizadas vidas.

Es difícil explicar a quienes no tienen hijos cómo se siente una persona al saber que hay alguien con el poder suficiente para romperle el corazón; que si algo le sucediera a su niño, ese hecho marcaría su vida para siempre. A veces, esa completa vulnerabilidad nos atemoriza. A la trigesimoséptima ocasión en que acudamos a comprobar que todavía respira, deberemos comprender que, en realidad, tan sólo estamos intentando aceptar la inmensidad del compromiso que hemos asumido. Con el segundo hijo ya no resultará tan difícil, porque habremos aceptado el riesgo potencial que entraña el hecho de ser padres.

La relación que cada uno de nosotros tiene con sus padres es compleja. En ella encontramos amor, irritación, resentimiento, gratitud, orgullo, represión, vergüenza, miedo, pérdida, rechazo y muchos sentimientos más. Tanto si somos padres a imagen y semejanza de los nuestros, como si intentamos corregir lo que consideramos que fue un error por parte de ellos, estamos destinados a repetir algunos aspectos del modo en que nos educaron nuestros padres, al igual que ellos estuvieron influidos por la educación que recibieron de los suyos. Si ambos progenitores aplican una educación positiva y flexible, es probable que el resultado sea menos traumático que en el caso contrario.

En épocas de tensión, quizás regresemos sobre nuestros pasos y volvamos a los primeros métodos que conocimos. Nos apoyamos en nuestros propios patrones educativos: la educación solía ser cosa de las madres; los padres imponían la disciplina y actuaban como maestros. Ahora, el padre participa más activamente en el día a día de lo que representa ser padres, y muchos recurren a la ayuda a tiempo parcial de canguros, cuidadores y profesores. Existe una mayor variedad de modelos educativos, más oportunidades para el desacuerdo y la incoherencia, así como menos tiempo para solucionarlos.

¿El desacuerdo entre padre y madre influye en el bebé?

El desacuerdo no afecta directamente al bebé, pero sí la infelicidad que provoca. A veces uno de los dos miembros de la pareja se refugia en su propia infelicidad y desconecta de lo demás; el otro retira la atención y el amor a su pareja y los vuelca en el bebé. Un recién nacido no es capaz de percibir una atmósfera determinada. Mientras haya alguien que se ocupe de él, estará feliz. No se irritará si su madre sale de casa como un torbellino, dando un portazo.

El estrés y la tensión agravan cualquier tendencia a la depresión en los padres; ello resulta potencialmente peligroso y podría acabar afectando al bebé. Pero las disputas durante los primeros meses del bebé es difícil que tengan consecuencias directas sobre él.

Colocar los cimientos

Cuanto más convivimos con nuestros errores, más difícil nos resulta modificar las malas costumbres. Por fortuna, los bebés tienen muy poca memoria, y ello se cumple sobre todo en bebés muy pequeños. No hay nada de lo que les enseñemos durante las primeras semanas (con o sin intención) que no puedan olvidar con asombrosa facilidad. El problema reside en nosotros.

Si algo sale mal...

◆ Relájese y recuerde que un bebé sólo es capaz de reconocer que una cosa le ha ocurrido ya con anterioridad. Nada de cuanto los padres hagan mal ahora le afectará al bebé el futuro. Queda pues mucho tiempo para cambiar de rumbo y probar un camino nuevo.

◆ Asimismo, conviene tener presente que un recién nacido sólo es capaz de recordar algo que le resulte familiar por espacio de 24 horas. Así pues, retírelo de su vista durante una temporada y luego vuelva a introducirlo; el bebé lo tratará como algo nuevo. A los tres meses, ese período de reconocimiento se extenderá a cuatro o cinco días. A los seis meses, el niño es capaz de

EQUIVOCARSE EN EL PAPEL DE PADRES

✖ *No deben mostrarse abiertamente en desacuerdo. Los niños pequeños necesitan coherencia si se desea que aprendan. A medida que van creciendo, los niños que han estado expuestos a incongruencias en su educación habrán aprendido a colocar a sus progenitores uno en contra del otro. Los padres deberán aprender a ponerse de acuerdo en momentos de desacuerdo.*

✖ *No imponga a su pareja sus propios puntos de vista. Conviene discutirlo y alcanzar un compromiso a toda costa. Si la madre espera que el padre comparta el cuidado del niño, ambos deben aplicar las mismas normas. Si los padres ponen de manifiesto desacuerdos básicos, no podrán garantizar una coherencia. La disciplina y la independencia son características necesarias, y encontrar un equilibrio adecuado entre ambas resulta difícil. Un desacuerdo de principio sobre si se debe poner énfasis en la disciplina o en la independencia no ayudará mucho al niño a alcanzar el equilibrio correcto.*

✖ *Eviten adoptar papeles opuestos; no es conveniente que uno haga el de 'bueno' y el otro el de 'malo'.*

✖ *El carácter del niño no viene codificado en sus genes y todo cuanto se haga tendrá un impacto real sobre el resultado.*

ACERTAR EN EL PAPEL DE PADRES

✔ *Comenten entre la pareja la educación que recibió cada uno. Sean honestos a la hora de describir lo que estuvo bien y lo que estuvo mal. Consideren los casos de otras familias amigas, sus estilos de educación de los hijos y los resultados. ¿Ven claro el tipo de hijos que desean? ¿Conocen a alguien que lo haya hecho bien?*

✔ *Deben decidir dónde han de ser flexibles y dónde no. Los niños pequeños deben estar protegidos en todo momento, pero cuando ese factor no está en cuestión, necesitan una combinación de amor y seguridad, independencia y disciplina. El cóctel precisa de todos esos ingredientes, pero la medida de cada uno no tiene por qué ser siempre exactamente la misma. Se puede ser estrictos con los malos modos y más laxos respecto a la hora de acostarse (o viceversa). Ninguna fórmula única es del todo correcta: el combinado será más rico en independencia o más rico en disciplina. La única norma a observar religiosamente es la de mostrarse coherentes día a día.*

✔ *Pónganse de acuerdo en las reglas cotidianas, aunque no sean capaces de alcanzar un consenso en la política general. Por ejemplo, si el padre es mucho más liberal que la madre y no cree en una observación estricta de los horarios, deben procurar buscar instancias en que las reglas de la madre sean sacrosantas (como acostarse a las 20 horas), y no discutirlas nunca. En contrapartida, la madre deberá permitir flexibilidad en alguna otra área que elija el padre. Asimismo comenten cuándo consideraría indicado cada uno de ustedes dar al niño un cachete: si ambos tienen posturas radicalmente diferentes, es aconsejable establecer algunos casos en que se optará por propinárselo y otros en que no.*

✔ *Recuerden que no es necesario aplicar a cada hijo las mismas fórmulas, y que es posible que un niño necesite ser controlado con más severidad que otro.*

recordar trucos nuevos durante al menos 15 o 16 días. A esa edad aplica ya un truco aprendido en un sitio a otro lugar distinto. Eso significa que los padres tienen hasta los seis meses para ponerse de acuerdo sobre su actuación. Se trata de un corto período de gracia para adaptarse a la nueva presencia y para que la pareja discurra acerca de cómo ser coherentes al máximo en el trato con su hijo. Cuanto mayor es el niño, más acuciante se vuelve esa necesidad.

◆ Hay que repetirse una y otra vez que los padres no son otra cosa que bebés que se han hecho mayores. Las reglas que aprenden son recordadas para siempre y resultan fáciles de aplicar en todo tipo de contextos. Los padres suelen recordar los primeros errores. Adquieren malos hábitos que a veces son difíciles de romper.

Afrontar el miedo

La mayoría de los padres teme por sus niños pequeños, un temor a menudo exagerado por las historias que publican los periódicos o que aparecen en televisión. He aquí algunos de los miedos más comunes, y cómo afrontarlos:

◆ **Síndrome de la muerte súbita infantil.** Es una causa de muerte en bebés que por lo demás están sanos, pero sucede muy raramente. La investigación sugiere que los pequeñines que duermen boca abajo tienen más probabilidades de padecer el síndrome de la muerte súbita. Así pues, la forma más importante y práctica de alejar esos temores consiste en poner al niño a dormir de lado o boca arriba. Dado que también es posible que el síndrome tenga mayor incidencia en bebés resfriados o aquejados de cualquier otra infección, nunca se debe poner a dormir boca abajo a un pequeñín que está enfermo.

Existen evidencias de que este síndrome tiene menor incidencia entre los hijos de las madres que cargan encima a sus bebés, como hacen las mujeres africanas, chinas y japonesas. Llevar encima al pequeño, de forma que duerma erguido, le facilita la respiración. El ritmo respiratorio del niño en esa posición se acompasa con el de la madre, al igual que cuando dos personas caminan juntas acaban acompasando sus pasos. En consecuencia, también es posible que la respiración de la madre, llevando encima al bebé, ayude al niño a continuar respirando en momentos de tensión.

La alimentación por medio de biberón ha sido también relacionada con una incidencia algo mayor del síndrome de la muerte súbita, pero en realidad, no hay estudios que lo confirmen.

◆ **Secuestro o rapto del bebé.** Los secuestros de bebés reciben siempre mucha publicidad. Ello induce, incluso a las personas más juiciosas, a pensar que el rapto de niños es algo común. Pero se equivocan. Es mucho más habitual en las series de televisión o en del cine que en la vida real. Es sensato ser precavidos, pero sin obsesionarse.

No obstante, nunca se debe confiar un bebé a personas desconocidas. Después del parto, no permita que ninguna enfermera o médico que no sea de su confianza se lleve al bebé para hacerle 'pruebas'. Acompáñelos o envíe a alguien con ellos para comprobar que todo va bien. Si no tiene posibilidad de controlarlo, insista en que se pospongan las pruebas. Nunca deje al niño en la calle cuando entre en una tienda. Cuando vaya de compras, utilice una mochila para bebés, si el carrito o el cochecito le resultan demasiado aparatosos. Nunca deje a su bebé al cuidado de un canguro desconocido. Si no le queda más remedio que dejarle a cargo de un extraño, pida referencias y verifíquelas.

◆ **Accidentes.** En efecto, ocurren accidentes terribles, pero por fortuna no son demasiado frecuentes, y se pueden minimizar los peligros asegurándose que el niño se halla bien sujeto en el carrito. Utilice las arandelas de seguridad en cochecitos plegables y asegúrese de que ha echado el freno antes de soltar el coche. Nunca abandone un cochecito basculante sobre una superficie inclinada. Tampoco debe dejar nunca a un pequeñín en la bañera. No deje al bebé solo con un animal doméstico, por mucha confianza que le merezca. Los gatos podrían aposentarse sobre la carita del niño; algunos perros a veces llegan a matarlo. Otro aspecto a tener en cuenta es que no se debe dejar a un niño que ya tiene movilidad en lugares con acceso al fuego, a plantas venenosas, a cantos afilados o a escaleras. Controle que no haya nada a su alcance que se pueda tragar. Los juguetes para bebés vienen etiquetados. Las advertencias que figuran en la caja deben ser respetadas.

◆ **Problemas congénitos.** Uno de cada diez niños nace con algún problema menor, y la mayoría de ellos se soluciona con cierta facilidad. Los problemas más serios son detectados casi siempre en los días que siguen al parto. Los médicos ven a cientos de bebés: acaban por conocer bien las señales de alarma. Algunas de las afecciones –como la sordera– pasan desapercibidas hasta más adelante, tal vez hasta las revisiones médicas que se le efectúan a los cinco meses, si bien para entonces muchos padres ya la habrán detectado, en especial si padece sordera profunda. Si en el momento de salir de la clínica la madre no ha recibido noticia de ninguna incidencia, es improbable que algo vaya mal.

◆ **Malos tratos.** De todos los miedos a que debemos hacer frente, éste es probablemente el que menos nos preocupa; pero es el que tiene mayor probabilidad de suceder. Tal vez porque sentimos que controlamos más nuestro propio entorno –y a nosotros mismos– que el mundo exterior, pensamos que el niño está a salvo. En cambio, los abusos que sufren la mayoría de los niños –ya sean malos tratos o abuso sexual– proceden de padres, padrastros, tutores o parientes próximos. Los padrastros ocupan un lugar destacado en ambas listas. Y es algo que ocurre en todas las clases sociales.

Pocas personas se ven en la situación de afrontar la posibilidad de que un ser querido o de confianza esté abusando del niño que han dejado a su cargo. A menos que exista una razón para sospecharlo, sería algo muy violento. Pero si el niño presenta alguna herida que usted no había observado y que no tiene una explicación obvia, tal vez sea el momento de empezar a hacerse preguntas. (En el hospital seguro que se las harán, aunque usted no las haya planteado.) Si alguna vez le devuelven a su hijo con magulladuras, quemaduras o algún hueso roto, deberá evaluar si la explicación que le brindan se corresponde con los hechos. Un segundo accidente estando el pequeño al cuidado de la misma persona debería disparar todas las alarmas. Los niños algo mayores son a veces más propensos a sufrir accidentes, pero los bebés, no. En este contexto, es sensato recordar que resulta improbable que tenga más incidencias cuando está con otra persona que cuando es usted quien le acompaña. Los golpes accidentales son más comunes en las partes del cuerpo que están a la vista; los golpes intencionados suelen darse en las partes ocultas del cuerpo. A los niños no se les amoratan los dos ojos a raíz de una caída, ni pisan repetidamente colillas encendidas. Los pequeños disminuidos se hallan más expuestos a los abusos. Busque ayuda.

◆ **Hacer daño a su hijo.** Cuando se tienen hijos, los padres descubren que hay momentos de nerviosismo y desesperación que, llevados al último extremo, es posible que desembocaran en un trato hacia el niño más duro de lo necesario.

Si tiene la sensación de que podría hacer daño a su hijo y de que existe una posibilidad real de que vaya a hacerlo, debe pedir ayuda. Si le parece que tiene dificultades para controlar su irritación hacia su bebé, comuníquelo a su pareja y a algún amigo o pariente a quien pueda llamar cuando necesite ayuda. Cuando perciba que está perdiendo el control, meta al bebé en el cochecito y salga de casa. Hable con su médico o pediatra. En un caso de emergencia, ponga al bebé en el cochecito y acuda a algún vecino. La gente se muestra mucho más compasiva y comprensiva de cuanto uno imagina. Aunque resulta muy difícil perdonar a aquellos padres que hacen daño a sus propios hijos, poca gente ignoraría a una persona que está tratando de controlar esos impulsos.

Compartir el cuidado del niño

Marta y Tom han compartido siempre las tareas domésticas. Marta se encarga de cocinar una semana, Tom cocina la siguiente. Comparten el hacer las compras y también la limpieza de la casa. Ahora, en principio, comparten el bebé. Son padres trabajadores, pero Marta ha cogido la baja por maternidad durante unos meses. Se trata de un escenario bastante corriente. También lo es el resultado. Marta, como la mayoría de las mujeres, ingresa en una clínica para tener el niño. Tom asiste al parto y luego regresa a casa. Marta pasa el primer día con su bebé. Tom la visita. Ninguno de los dos sabe demasiado sobre bebés, pero Marta aprende deprisa. Tom no aprende nada. Comparada con Tom, Marta es ya una experta cuando llega el momento de volver a casa. Al ver como sostiene Tom al bebé en brazos no puede evitar interferir. Cuando él intenta bañar al niño, ella no le quita ojo de encima. Incluso le explica qué programa debe seleccionar en la lavadora para lavar la ropa de su hijo. (Y eso que hace 15 años que Tom se lava su ropa.) Cuando él no consigue que el niño deje de llorar, ella se hace cargo del pequeño y le ofrece el pecho. ¿Cómo puede él competir con eso?

Mientras Marta permanece en el hospital, Tom se afana en casa por prepararlo todo para su regreso. Llega el lunes y, por la mañana, se va a trabajar. Cuando vuelve a casa del despacho está cansado (el bebé le ha despertado durante la noche). Se deja caer delante de la tele. Marta le ofrece algo de beber. Ella prepara la cena. (Bueno, ella no trabaja.) El martes es lo mismo. "Necesitamos leche", comenta él antes de salir de casa por la mañana. Al poco tiempo, Marta se ha convertido en el ama de casa completa: cocina, hace la compra, limpia y cuida del bebé.

Llega el momento en que el ama de casa y madre ha de regresar a su puesto de trabajo. Antes eran una pareja de trabajadores. Ahora un ama de casa y madre convive con un varón proveedor. Cuando ella vuelve a trabajar, deberían ser unos padres trabajadores, pero el modelo ha quedado establecido. Sólo falta un poco de sentimiento de culpa por parte de la madre ("en realidad no debería dejar al niño") para acabar de redondearlo, para garantizar que ella no sólo trabajará, sino que se ocupará del pequeño, hará la cena, se encargará de la compra, regresará a casa para relevar al canguro y faltará en su trabajo cuando su hijo se ponga enfermo. Se ha convertido en ama de casa y madre a la antigua usanza, además de ser una mujer que trabaja. Él conservará su papel de macho proveedor, también a la antigua usanza.

Si piensa que eso no le pasará a usted, reflexione de nuevo. las parejas que comparten funciones antes de la llegada de su primer hijo, con frecuencia dejan de hacerlo en cuanto tienen descendencia. Hombres modernos se convierten en padres al estilo antiguo. Mujeres modernas se cargan con todas las viejas funciones, al tiempo que se enganchan al carro de las nuevas. No es de extrañar que la tasa de divorcios vaya en aumento: en algo tiene que notarse.

Fantasmas del pasado

En las semanas siguientes al nacimiento del bebé, resulta muy útil que los padres hagan frente a sus propios fantasmas, revisen posturas que han dado por sentadas y se planteen preguntas. Las relaciones tienen por costumbre ser recurrentes. En el amor que sentimos por nuestra pareja hay algo de amor materno o paterno, algo de lo que aprendimos en el regazo de nuestra madre. Ella le hace de madre. Él le hace de padre. En nuestras expectativas de amor queda algo del niño que fuimos. Probablemente no lo exigiremos a voz en grito, pero en el fondo esperamos de nuestra pareja determinados servicios: que nos traiga las zapatillas, la cena en la mesa, el desayuno en la cama. Un bebé supone otra persona que también necesita servicios. De repente, uno se da cuenta de que echa de menos ser el niño, de que nunca se ha hecho del todo mayor, y de que resulta difícil convertirse en un adulto de un día para otro, en mitad de un período de cambios y tensiones.

Si en nuestra educación se cometieron errores, tal vez no deseemos repetirlos con nuestros hijos. Pero ¿cómo? La memoria es selectiva. Algunas personas recuerdan los buenos momentos, mientras que otras se acuerdan de todos los malos. Una infancia que una persona desea olvidar no es tan distinta de aquella que otra persona recuerda como idílica. Las diferencias no residen en cómo ejercieron los padres sus funciones, sino más bien en la influencia de compañeros, primos y amigos, así como de circunstancias que escapan al control de los progenitores. La memoria no es estática, resbala y se desliza hasta que sólo queda una leve conexión con los hechos. Cuando nos proponemos recordar algo, por lo general recuperamos nuestros últimos pensamientos al respecto, más que los hechos en sí.

FORMA ERRÓNEA DE NEGOCIAR UN REPARTO JUSTO

✖ *Estar resentido por la relación de la madre con el bebé y callarlo.*

✖ *Estar resentida por la libertad del padre y callarlo.*

✖ *Sentirse culpable por no cuidar del bebé todo el día y compensarle en demasía por ello.*

✖ *Acumular: cuanto más tiempo se tarda en afrontar un problema, más difícil resulta efectuar cambios.*

✖ *Confiar en que todo se solucionará cuando la madre vuelva a su puesto de trabajo.*

✖ *Esperar que el cónyuge vaya haciéndose una lista de deudas para con la esposa. Si ésta ha asumido por fuerza el cuidado de la casa y del bebé, no puede esperar de su pareja que adivine sus deseos de ser como antes.*

✖ *Obsesionarse con dar el pecho al niño. No es tan importante como compartir el hecho de ser padres y mantener una relación de pareja larga y feliz.*

La realidad se convierte en una festividad movible. Hay quienes ven la vida de color rosa. Para otros tiene un matiz más sombrío de lo necesario. Ello no significa que 'ser unos malos padres' sea un mito. Por desgracia no lo es. Basta con esperar un rato en la cola del supermercado para comprobar lo injustos que son algunos padres, y lo fácil que resulta que los niños se conviertan en el blanco de su mal humor. Estando allí tan tranquilos es fácil aventurar por qué otros padres tienen niños manipuladores y perturbadores. Naturalmente, eso resulta mucho más dificil cuando es uno mismo el progenitor cansado y estresado.

Para ahuyentar fantasmas

A fin de concederse una oportunidad para evitar los errores cometidos en la generación anterior:

◆ Recuerde que, al prepararse para tener un bebé, a menudo no piensa de forma consciente en el cambio que va a experimentar la imagen que tiene de usted misma.

◆ Tras el nacimiento de un niño busque tiempo para reafirmar la relación con su pareja, aunque ambos arrastren cansancio. La base de la relación está cambiando, y los dos necesitarán tiempo para sí mismos a fin de acomodarse a dichos cambios. Busquen a alguien que cuide del niño y salgan un rato. Es

CÓMO COMPARTIR EL HECHO DE SER PADRES

✔ *Tener un bebé comporta mucha tensión, y que en períodos de estrés todos hacemos una regresión a comportamientos no precisamente adultos, así como a los papeles sexuales que nos han sido inculcados desde niños. No cabe echar la culpa al otro si eso ocurre. Ninguno de nosotros es inmune a las presiones de la sociedad.*

✔ *Discuta los nuevos papeles. Establezca otras divisiones del trabajo. Debata lo que resulta justo ahora, y lo que será adecuado cuando ella vuelva al trabajo. Si él tiene libre el sábado, a ella le corresponderá el domingo. Conviene abordar estas cuestiones antes de que nazca el niño. Repetir el procedimiento antes de que ella regrese al trabajo, y otra vez cuando hayan quedado establecidos los papeles para compartir el hecho de ser padres y trabajadores a un tiempo. Hay que ser flexibles. Habrá temporadas en que cada uno de ustedes deberá asumir más tareas de las que le tocan, y otras épocas en que deberá hacer menos. Las tensiones y distensiones no son constantes, como tampoco lo son las presiones y exigencias externas.*

✔ *No espere que los demás le lean el pensamiento. Comunique a su pareja lo que desea.*

✔ *No mantenga la responsabilidad cuando se quite de encima tareas. Un padre no es el ayudante de mamá: es el coprogenitor, y tiene las mismas responsabilidades.*

✔ *Trate al padre como adulto que es. Si pasa el día fuera de casa y se olvida de traer los pañales de recambio, ése es su problema. Al bebé no le perjudica permanecer húmedo o sucio una hora más.*

✔ *El chupete y el biberón son inventos fantásticos. Utilícelos cuando los necesite. No se sienta culpable. En ocasiones, las asociaciones en favor de la alimentación con leche materna ponen mayor énfasis en el dogma que en la comprensión. Si la alimentación con biberón minara seriamente la salud del bebé, la mortandad perinatal no habría descendido durante los últimos cinco años. Y tampoco se incrementaría la esperanza de vida.*

EL VÍNCULO AFECTIVO NO DEPENDE DE:

◆ Hormonas o el hecho de dar a luz o de amamantar. El padre también establece vínculos afectivos con el niño.

◆ Tiempo. El vínculo afectivo no depende del hecho de haber querido al bebé desde su nacimiento. Los padres adoptivos también establecen vínculos afectivos con ellos.

◆ Estar siempre con su hijo. Es más sencillo establecer un vínculo afectivo con un bebé sano, pero los padres quieren igual a un pequeñín que necesite cuidados especiales.

EL VÍNCULO AFECTIVO ES MÁS DIFÍCIL SI:

◆ Los padres están nerviosos. Cuanto más se preocupa uno por la posibilidad de no querer al niño lo suficiente, más difícil es quererle.

◆ La madre sufre depresión posparto. Ésta es probablemente la causa más común de los problemas de afectividad con el bebé. Busque ayuda.

◆ El bebé es separado de los padres durante períodos prolongados.

◆ El bebé sufre alguna disminución.

necesario que funcionen como pareja. Cuanto mayores son los padres, más importante resulta ese detalle.

◆ Tenga en cuenta que los recuerdos de la niñez son falibles. Si mantiene amigos de la época, recree con ellos una imagen fidedigna de lo que fue su educación. En períodos de tensión es probable que reproduzca de forma automática esos modelos con sus hijos. Tendrá más posibilidades de evitar los errores si conserva una conciencia clara, y no vaga, de cuáles fueron.

◆ Una vez tenga reafirmados los temas de su infancia, procure no sobrecompensar. Si tiene la sensación de que no le dieron suficiente cariño, es muy fácil que exagere el cariño hacia sus hijos. Dar excesivo cariño y atención resulta asfixiante para los niños; dar demasiada independencia puede interpretarse como deserción.

◆ Nunca va a ser una madre perfecta, y si lo fuera sería la más aburrida del mundo. ¿Cómo iban sus hijos a competir?

Problemas de afectividad

A veces vemos a alguien entre la gente que hay en un local abarrotado y nos enamoramos de esa persona. Otras, primero nos gusta la persona y luego aprendemos a quererla. Incluso podría ser que la persona nos disgustara en nuestro primer encuentro, pero nos enamorara en el segundo. Tal como pasa entre hombres y mujeres ocurre también con los recién nacidos.

Algunas personas perfectamente normales se enamoran de sus bebés a primera vista. A otras no menos normales no les sucede lo mismo. De hecho, la reacción más común, pasada la excitación del parto, es no sentir nada. Para la mayoría de padres, el vínculo afectivo va creciendo gradualmente durante las primeras semanas y meses. Tal vez se inicie con la primera sonrisa del pequeño, o quizás incluso más tarde. El bebé jamás recordará que sus padres no le quisieron a primera vista: siempre que después sí le quieran.

Cómo afrontar los problemas de afectividad

◆ Si sufre una depresión, acuda al médico lo antes posible. Se debe a sí misma y al bebé el recuperar un rumbo estable.

◆ Recuerde que el amor no nace cuando uno está en tensión.

◆ Procure buscar tiempo para dedicarse a su nuevo "yo" y para mantener contacto con su antigua identidad. Si se siente fuerte y segura podrá arriesgarse a dar el paso.

CÓMO AFRONTAR LA CONGESTIÓN MAMARIA

◆ Tenga confianza. Les ocurre a todas las madres.

◆ Si el bebé no quiere o no puede mamar, extráigase algo de leche y pruebe de dársela en biberón, pero tenga en cuenta lo que se explica más abajo.

◆ Utilice una pezonera para amamantar, si ve que le va mejor.

◆ Prepárese un baño. Introdúzcase en él y cúbrase los senos con toallas calientes. Deje que rezumen leche.

◆ No se extraiga toda la leche: sólo logrará producir más, aunque tal vez necesite extraer una poca para que el niño pueda succionar bien.

◆ Las vendas frías alivian, pero no conviene llevarlas demasiado tiempo. Hay quien sugiere alternar emplastos calientes y fríos.

◆ En lo referente a amamantar al bebé, sólo puede hacer una cosa: no se rinda. Se adaptará.

◆ No se reprima el llanto si con ello se siente mejor.

◆ Encuentre momentos (y a una persona) para hacer mimos.

◆ Acepte al bebé que ha tenido: olvídese del ideal que esperaba. Siempre es más difícil empezar a querer a un niño disminuido. Usted necesita expresar la angustia que le invade. No la reprima. Después de todo, es muy lógica. Sus sueños no se han cumplido, y tampoco los de su hijo. Hasta que no haya expresado esa angustia, permanecerá a flor de piel, bloqueando otras emociones.

◆ Piense que no ha fracasado por el hecho de no haber tenido un parto natural, por no poder dar el pecho o por no saber cómo tratar a su bebé. Probablemente lo que le sucede es que está deprimida.

◆ Facilítese la vida. Olvide las tareas domésticas. Compre comida congelada. Tenga al niño con usted en su cama. Déle el biberón. Si hacer determinadas cosas le sienta mal, serán obstáculos en el camino del amor.

◆ Recuerde que el niño no es capaz de discernir entre amor y deber, al menos no a esta edad.

Inquietud del tercer y cuarto días

Los efectos posteriores al parto afectan durante algunos días a todos los implicados. Tanto el bebé como los padres tienen más sueño del habitual. Ser padres no es fácil, pero un bebé que duerme todo el tiempo facilita mucho la tarea. Todo parece sorprendentemente manejable. Después, al tercer o cuarto día, una se despierta con los pechos como si fueran de cemento, el bebé pidiendo alimento a voz en grito y una gran sensación de tristeza. Conviene tomarlo con calma. Las demandas de su hijito son cada vez mayores, incluso perversas, si tenemos en cuenta que los niños recién nacidos no necesitan alimento. Se mantienen con las grasas que han acumulado antes de nacer, por ello siempre pierden peso durante los primeros días de su existencia. Después de consumir las reservas de grasas prenatales durante los dos primeros días, se sienten hambrientos por primera vez y lloran. El hambre siempre produce inquietud. Es lo que finalmente nos impulsa a levantarnos y nos envía adonde sea en busca de comida. En ese momento, eso es lo que la atrae hacia la cuna del bebé.

Algunos hechos en torno a la depresión

◆ La depresión posparto afecta a una de cada diez mujeres. Es más común entre las madres primerizas y entre las que dan el pecho. Es frecuente que la depresión pase desapercibida en la familia, e incluso ante el médico. Existe una posibilidad entre siete de que el

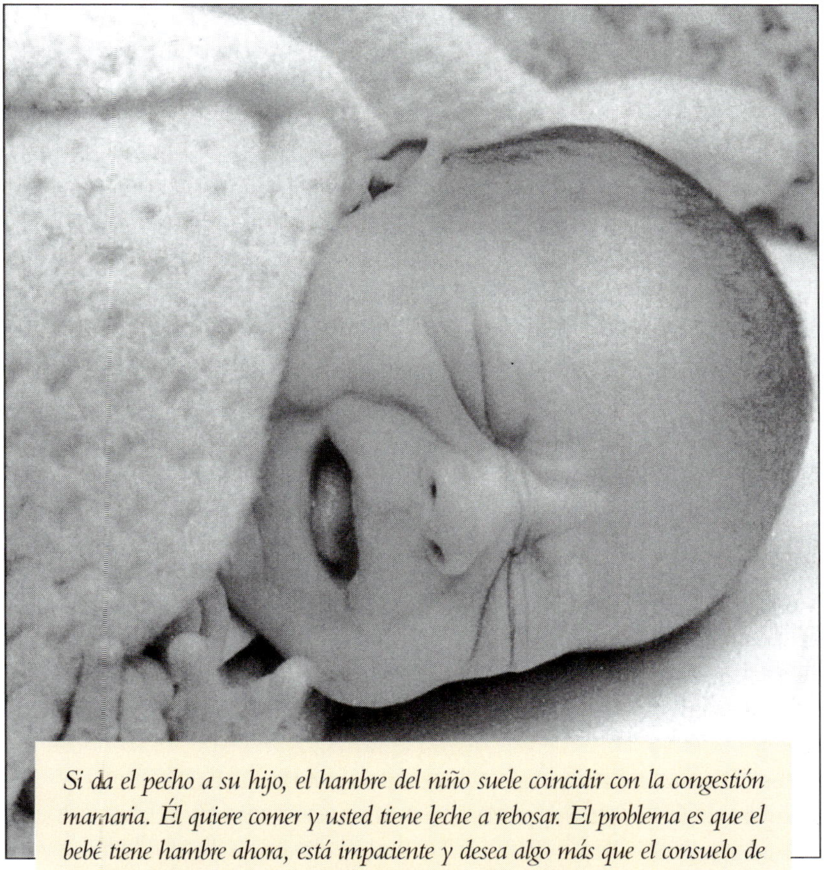

Si da el pecho a su hijo, el hambre del niño suele coincidir con la congestión mamaria. Él quiere comer y usted tiene leche a rebosar. El problema es que el bebé tiene hambre ahora, está impaciente y desea algo más que el consuelo de succionar. La leche materna se halla menos accesible. Es difícil para un bebé ingenuo y una madre inexperta que el proceso discurra con éxito.

cuadro se repita con motivo de partos subsiguientes; en ese caso, es probable que no sea tan severo.

◆ A partir de los 15 años, las mujeres tienen mayor tendencia a deprimirse que los hombres. Se someten más a menudo a tratamiento por dicha causa, y además ingresan con mayor frecuencia en hospitales psiquiátricos. Los hombres solteros, viudos y divorciados son más infelices que los casados.

◆ Las solteras, viudas y divorciadas son menos infelices que las casadas.

◆ Tener un empleo protege de la depresión a ambos sexos.

¿Puede la depresión estropear su relación con el bebé?

Sí. La depresión constituye una de las principales causas de disfunción en las relaciones entre padres e hijos, y es por tanto una de las mayores influencias en el comportamiento infantil. Una madre deprimida se distancia de su hijo. El niño, que persigue cariño y atención, plantea a la madre exigencias más severas de lo normal, y ella se distancia todavía más. En algún momento, el bebé se retira para minimizar el dolor. Se cierra en banda. Es posible que refleje la depresión de su madre en forma de falta de interés hacia el mundo que lo rodea. Más tarde, quizás desarrolle un vínculo anormal con su madre, evitando implicarse con ella, a pesar de necesitarlo. Es posible que esgrima una actitud de total indiferencia cuando la madre se ausente y de despreocupación cuando ella regrese. Dado que el vínculo inicial entre madre e hijo sirve de modelo para relaciones futuras, eso puede acarrear consecuencias de largo alcance.

Durante los primeros meses, su comportamiento para con el bebé no minará la relación futura, por muy deprimida que ella se sienta. Un bebé recién nacido ama a su madre cuando la tiene cerca. Pero no la echa de menos cuando se encuentra ausente.

- Durante los dos primeros años del niño todo tiene fácil solución. Un niño aprenderá a querer si la madre también es capaz de ello.

- Durante los cinco primeros años del niño todo se soluciona haciendo un esfuerzo. Cuanto más tiempo pasa, más tiempo requerirá la corrección del error, y menores serán las posibilidades de éxito. Pero nada es definitivo.

- El mundo de un niño no contiene a un solo adulto. Tiene dos padres, y amarle es responsabilidad de ambos. Tal vez resulte algo pasado de moda hablar de las responsabilidades de la gran familia (abuelos, tíos, etc.), pero también ellos deberían participar en ese amor. Un niño consciente de que es querido por muchas personas tiene la fuerza suficiente para superar un período de depresión de su madre.

- Es injusto e incorrecto afirmar que una madre deprimida provoca siempre problemas emocionales duraderos en su hijo. Es posible que, a pesar de la depresión, ambos establezcan una relación de afecto; pero si las relaciones de la madre con las personas que la rodean son frágiles, es más fácil que ella quede fuera de combate.

AFRONTAR LA VERDADERA DEPRESIÓN POSPARTO

Es normal y natural sentirse un poco triste los primeros días después del parto. No es nada que precise mayor atención que un hombro sobre el cual llorar y unos mimos reconfortantes. La verdadera depresión posparto es más seria. En ocasiones es tan severa que la madre se convierte en un peligro para sí misma y para su hijo, y ha de ser ingresada en un hospital. Un trastorno tan grave de la madre puede causar daños duraderos en el niño, sobre todo si ella no se somete a tratamiento. Una mujer profundamente deprimida es a menudo incapaz de empezar a querer a su hijo. Ese fracaso acrecenta la depresión y la caída de su autoestima. Se siente enojada con el bebé y consigo misma porque las cosas no han salido como debían.

La depresión posparto requiere siempre ayuda exterior. Hay muchos métodos para paliarla: fármacos, terapia, grupos de autoayuda, ayuda extra en los cuidados del niño y, tan importante o más, comprensión por parte de familiares y amigos. Más que ninguna otra cosa, las mujeres necesitan tener alguien en quien confiar y expresar abiertamente sus sentimientos.

Pasados algunos meses desde el parto, la madre desarrolla otro tipo de depresión, a menudo combinada con fobias, ansiedad y obsesión. En su forma más leve pasa por un período de fatiga, preocupación o atención obsesiva hacia el niño. Pero en caso de pasar desapercibida y no tratarse, dura meses. Dado que se tiende a creer que la depresión posparto se inicia inmediatamente después del alumbramiento, se suele pensar que está inducida por hormonas, pero no existe por el momento ninguna evidencia que lo demuestre. Como se tiende a pensar que la causa es el hecho de dar a luz, a menudo no reconocemos este tipo de depresión cuando es de inicio retardado. Nos mostramos menos condescendientes y menos comprensivos. Nuestra respuesta suele consistir en sugerir a la madre que debe hacer un esfuerzo. En estos casos son comunes las desavenencias matrimoniales y una deficiente relación madre-hijo. De no ser sometida a tratamiento, esta depresión de inicio retardado puede tener consecuencias negativas duraderas sobre las relaciones familiares.

Encontrar la salida de la depresión

◆ La depresión no desaparece. Cuanto más tiempo deja pasar, mayor daño sufrirá la relación con su hijo. Busque ayuda ahora.

◆ Su hijo no necesita un vínculo afectivo particularmente con usted, pero precisa tenerlo con alguien. Si en este momento usted no se siente capaz de darle mucho, busque a alguien que lo haga.

◆ Si puede permitirse contratar a alguien para que cuide del bebé, eso ayudará al niño y le dejará tiempo para sí misma. Quizás le sea más fácil dedicarse a él durante unas horas que consagrar todo el día a darle algo que a usted le resulta difícil de ofrecer. Tal vez algún pariente la ayude o bien, en determinados casos, pueda recurrir a los servicios asistenciales.

◆ No debe temer que su hijo quiera a otra persona más que a usted. El amor no funciona así. Cuantas más personas le quieran, más amor tendrá el niño para dar.

◆ No se distancie de él por completo.

Celos entre los padres

Las primeras semanas están llenas de amor, temores, alegría, ansiedad, calma y frustración, con el cansancio y la tensión añadidos. Uno achacaría ese vaivén de sentimientos a las hormonas de la madre, de no ser porque también el padre lo padece. En cierto modo, tener un hijo provoca inseguridad. Y cuando el amor choca con la inseguridad, nunca somos inmunes a los celos.

Es difícil ser hombre

A cada relación subyacen dos más: la de él y la de ella. Mientras que las mujeres sufren más por el parto que los hombres, las relaciones de éstos suelen verse más afectadas por la llegada del hijo que las de la madre. Los hombres requieren de la relación cosas que las mujeres necesitan en menor medida. Antes de tener niños, a ella le gustaba dar esas cosas a su pareja. Ahora toma a mal dichas demandas. Es posible que él ahora se sienta abandonado. Los hombres raramente se muestran del todo neutrales respecto a la nueva y estrecha relación de su pareja con el bebé. Mientras él lucha por el reconocimiento en su puesto de trabajo y se preocupa de su responsabilidad de mantener a su familia, no puede evitar caer en la cuenta de que a ella le basta con ejercer como madre. Ella tiene que hacerlo rematadamente mal para perder su trabajo de madre. Pero el amor de un bebé no se gana del mismo modo que se gana el respeto de un jefe.

CÓMO ABORDAR CORRECTAMENTE LOS CELOS

✔ *Háblenlo todo. Los sentimientos al descubierto son siempre menos destructivos que aquellos que se mantienen ocultos.*

✔ *Exponga los hechos sin prejuzgarlos. No diga que comprende cómo se siente otra persona; diga que trata de comprenderlo. Sólo le es dado intentarlo, ya que no puede ponerse en su piel.*

✔ *Acepte que es necesario adaptarse a la nueva situación. Busque soluciones. Acepte que quizás la vida va a cambiar más de lo esperado, y debata las opciones a elegir.*

✔ *Cambie de opinión si es necesario. Tal vez no pensaba volver al trabajo y ahora ya no está tan segura de ello, o viceversa. Nada está escrito en piedra.*

ABORDAR ERRÓNEAMENTE LOS CELOS

✖ *Ignorarlos. Los celos no desaparecen por el mero hecho de hacer ver que no existen.*

✖ *Echar la culpa a su pareja. Los celos nunca han motivado que alguien se sienta orgulloso de sí mismo. No agrave su bajo nivel de autoestima. Si lo hace, las cosas empeorarán entre ustedes.*

✖ *Menospreciar. Si menosprecia las emociones de una persona, ésta se enfadará, y con razón. No podemos evitar nuestros sentimientos, sólo aprender a controlarlos.*

✖ *Decirse a uno mismo que se tiene todo lo que siempre se ha querido es una mentira. Nunca lo tenemos todo.*

✖ *Enojarse. Si demuestra su enojo a su pareja, recibirá a cambio más enfado.*

✖ *Convertir sus problemas en una competición. El otro lado de la colina no es más verde.*

✖ *Dar la espalda a los problemas. Ignorarlos no ayuda a nadie.*

Es difícil ser mujer

El contraste entre la jornada de la madre, dedicada a cuidar del bebé, y la jornada laboral del padre conduce a malentendidos. Aunque ella no tenga celos de que él vuelva al trabajo, se sentirá celosa de su independencia. Él puede leer tranquilamente el periódico en el tren. Él puede pararse a tomar algo de camino hacia casa y estar sentado en el bar con toda calma. La madre percibe como un shock el hecho de no poder continuar con su vida sin sufrir interferencias. Lo mismo sucede, en muchos casos, a raíz de su pérdida de independencia económica. Mientras ella ganaba un sueldo, no se sentía culpable cuando gastaba dinero. Ahora tal vez sí albergue ese sentimiento, y eso tiene más importancia de cuanta solemos concederle.

Nos sentimos culpables. Los pequeños placeres de una mujer dependiente tienen mayor probabilidad de ser consumidos deprisa y con sentimiento de culpabilidad. El hecho de que los hombres no estén sometidos a este tipo de restricciones (o sean percibidos como exentos de las mismas) alimenta nuestros celos. En otro tiempo, nuestra religión o la familia a que pertenecíamos era lo que nos definía. Hoy se nos encasilla por la ropa que llevamos, cómo decoramos nuestro hogar, el coche que conducimos y lo que compramos en el supermercado. Restringir el gasto limita nuestras vías de expresión, y eso constituye un problema real para muchas madres primerizas.

¿Se puede malcriar a un bebé?

Un bebé nunca recibe demasiado amor o se es demasiado indulgente con él. Teniendo en cuenta que un bebé recién nacido no recuerda las cosas más que durante unos momentos, las indulgencias de hoy difícilmente causarán los problemas de mañana. Todo cuanto un bebé aprende es que A va seguido de B: que si llora, le cogen en brazos y lo consuelan; que si sonríe, usted le habla. Pero hasta los cuatro meses incluso aprender esas cosas sencillas requiere mucha práctica, y el niño sólo las recuerda si se encuentra en el mismo lugar donde las aprendió. Al cabo de un día o dos todo queda olvidado. De modo que si el niño aprende que llorar por las noches en la cuna le reporta arrullos, no recordará ese truco cuando se encuentre en el sofá. Todo ello pone de manifiesto que no es posible malcriar a un bebé hasta que cumple como mínimo cinco meses.

Si a partir de esa edad lo malcría dependerá de qué se entienda por malcriar. Se le puede enseñar a no dormir por las noches, a escupir la cena para pasar directamente al postre o a llorar para que lo cojan en brazos. Pero ¿significa eso malcriarlo? No todos los bebés que no duermen, dan mucha guerra y tienen rabietas han sido enseñados por los padres a ser así. Dichos comportamientos tienen a veces otras causas.

CÓMO 'MALCRIAR' BIEN A UN BEBÉ

✔ *Hágale saber que ha escuchado su llanto. Utilice una palabra dulce, un arrullo en la cuna o pronuncie su nombre en tono afectuoso. Si está atendiendo a otro niño, preparando el biberón o bien ocupada en algo que le es imposible abandonar, déjele llorar unos momentos. Pero no lo haga por principio. Si el bebé se ve obligado a llorar a grito pelado para ser cogido en brazos, aprenderá a llorar de ese modo.*

CÓMO 'MALCRIAR' MAL A UN BEBÉ

✖ *Cogerle en brazos cada vez que llora, pero no acercarse a él cuando está bien.*

✖ *Dárselo todo, pero no dejarle tiempo para que él dé lo suyo.*

✖ *Anteponerlo siempre*

✖ *No darle nunca prioridad hasta que la pida.*

✔ *Hay siempre dos maneras de preguntar las cosas: de una forma agradable o a modo de exigencia. Dado que todos llevamos una vida muy ocupada, a menudo resulta más cómodo esperar a que el niño plantee sus demandas, continuar con nuestros asuntos mientras el niño esté bien. A largo plazo, eso los convierte en personas muy exigentes. Debemos invertir esas tendencias, enseñarles a utilizar sus encantos para obtener lo que quieren.*

✔ *No ignore su llanto, como tampoco debe ignorar sus risas y gorjeos mientras usted se halle ocupada en algo. Cuando llore, usted debe darse siempre por enterada: pronuncie el nombre de su hijo, acúnele. Si parece que le duele algo o tiene miedo, cójalo en brazos y reconfórtelo. Si tiene hambre, tómese tiempo para darle de comer. Ocúpese de los demás hijos, termine la tarea que tenía entre manos y prepárele el biberón. Si el niño está aburrido, colóquele donde pueda verles. Si se muestra inquieto, apague el aspirador. Si la primera línea defensiva no funciona, cójalo en brazos y reconfórtelo. Además, el bebé se lo merece.*

Hágale saber siempre que adora sus sonrisas y gorgoritos, aunque no sea más que una palabra y una sonrisa de reconocimiento. Si el bebé está despierto cuando usted se halla ocupada en algo, téngalo a su lado.

Bebé dormilón, bebé despierto

Un recién nacido duerme mucho: pero no siempre tanto o durante tanto tiempo seguido como usted cree. Duerme más de noche que de día. La mayoría de los bebés no duerme toda la noche de un tirón habiendo cumplido seis semanas, 12 semanas o incluso seis meses. Hacia los 10 meses, uno de cada cuatro bebés todavía no duerme la noche entera. Incluso a los dos años hay algunos niños que persisten en ese hábito.

La secuencia típica para un recién nacido es que se despierte, permanezca un ratito contemplativo, tarde de 30 a 60 minutos en comer, eructar y ser cambiado de pañal, y luego se duerma de nuevo. Dormirá un par de horas más y la secuencia se repetirá desde el principio. Poco a poco, los ratos que permanecerá despierto entre tomas irán aumentado.

TOMA DE LA NOCHE CON EL BEBÉ DESPIERTO

✖ *Cambiarle el pañal. Los bebés enseguida aprenden a apreciar la interacción social que comporta el cambio de pañales. Los reanima. A ellos no les importa tener el pañal húmedo. Es como llevar un traje húmedo: agradablemente cálido y ceñido contra la piel. Es un mito absoluto creer que lloran porque están mojados. Eso lo hacen para obtener la atención que acompaña a la muda de pañales. No les importaría que les mantuvieran el pañal húmedo.*

✖ *Acostar al niño en una habitación separada. Cuando usted llegue a su lado para darle la toma, el bebé ya estará despierto del todo.*

✖ *Calentarle el biberón. Aunque a los bebés no les gusta la leche sacada directamente de la nevera, no necesitan que se les caliente a la temperatura del cuerpo.*

✖ *Incorporarse, salir de la cama o procurar mantenerse despierta mientras le da la toma de la noche.*

✖ *Preocuparse por la posibilidad de que pueda quedarse dormida con el niño en brazos.*

✖ *Hacerle eructar. En realidad no es necesario. El hecho de tomar la leche hace que el recién nacido coja sueño. Si lo mantiene erguido y le da palmadas en la espalda se despertará del todo.*

TOMA DE LA NOCHE CON EL BEBÉ ADORMECIDO

✔ *Acuéstelo en la habitación donde duermen ustedes. La mayoría de los bebés, se duerme en los brazos de su madre. El suyo no es diferente. Siempre que usted esté serena, eso no le hará ningún daño.*

✔ *Déle el pecho. Siempre tendrá la comida a punto.*

✔ *Déle el biberón.* *Véase página siguiente.*

EL BIBERÓN NOCTURNO

Esterilice una jarra
y un biberón.

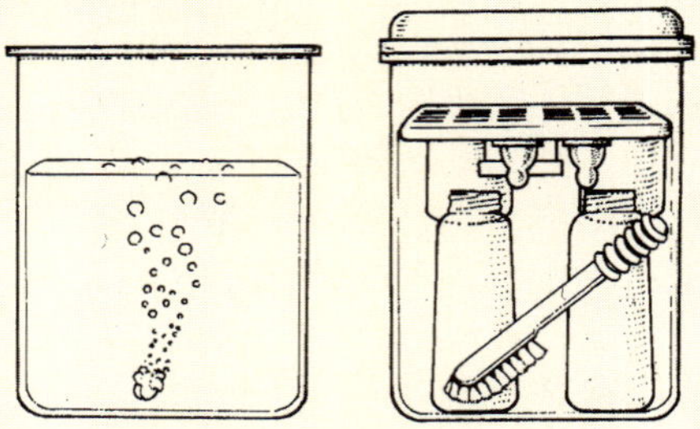

Mida la cantidad de leche en polvo que corresponde a un biberón. Tápelo. Hierva agua y déjela enfriar hasta la temperatura del cuerpo.

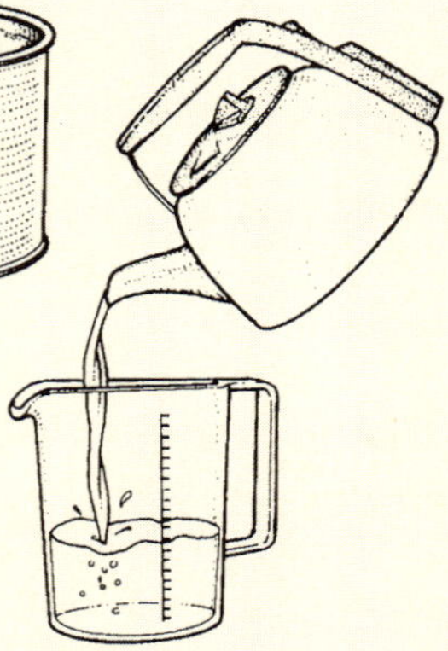

Vierta el agua en la jarra. Ponga agua en el biberón en el momento de dárselo.

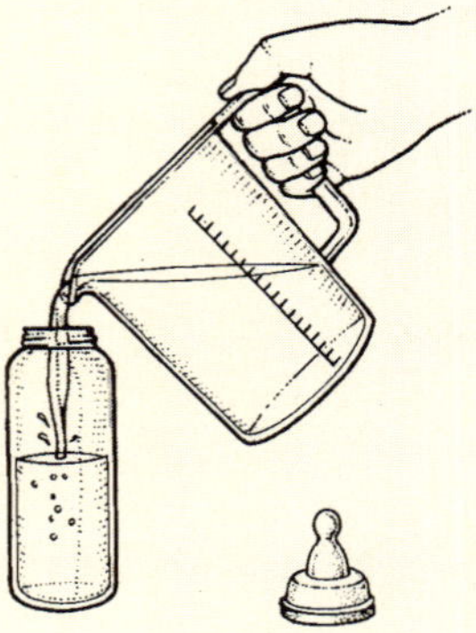

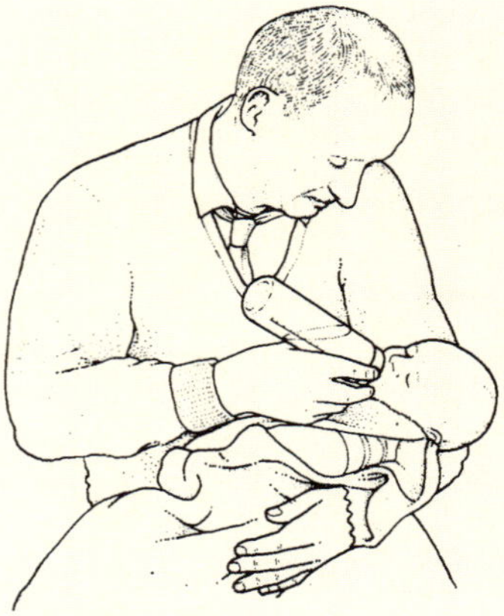

No mantenga calientes los biberones; es peligroso. No se preocupe si el agua se ha enfriado. La leche fría alimenta igual.

No es necesario hacerle eructar.

Si mientras le da el biberón ambos se quedan dormidos, no hay que preocuparse.

Llora durante horas: de seis a doce semanas

Todos los bebés lloran a veces. La mayoría lo hacen más entre las primeras seis y doce semanas de su vida de lo que solía llorar hasta entonces. El bebé pasa temporadas felices y apacibles, y otras se muestra irritable y difícil. Nadie sabe a ciencia cierta por qué, pero la mayor parte de los períodos difíciles coincide con etapas de crecimiento y cambio acelerados, en tanto que los períodos más tranquilos suelen ser de menor crecimiento y consolidación.

Una de las razones por la cual los bebés suelen llorar mucho durante esta época es el malestar general. Crecer es una empresa dolorosa. Otro tipo de dolor asociado al crecimiento es el de los dientes. Incluso antes de que un diente emerja a la superficie de la encía, ya duele. La tasa de crecimiento absoluto durante los primeros meses de vida del niño es asombrosa; de hecho, el bebé está creciendo más rápido ahora de cuanto crecerá en toda su vida. No crece un poquito cada día: crece y descansa, y luego crece de nuevo. A veces crecerá hasta 1,25 cm en un solo día. Entre las seis y las doce primeras semanas, casi todos los bebés se desarrollan muy deprisa: abandonan la posición fetal, contemplan y escuchan lo que sucede a su alrededor. Empiezan a comprender que sus brazos y sus piernas les pertenecen y que están separados de su madre. El cambio suele producir tensiones. Hacia las seis semanas de edad, el niño ya distingue la noche del día, y pasa despierto períodos más largos. Ha aprendido a controlar su respiración, lo que constituye otra pista para explicar su frecuente llanto. Al nacer, el niño inspira despacio y espira deprisa, un patrón que no resulta muy adecuado para llorar o hablar. Entre las seis y las doce primeras semanas aprende a inspirar deprisa y espirar despacio, justo lo que necesita para llorar bien.

Cómo tratar a un bebé que llora mucho

◆ Acunarlo. Los bebés se calman si se les acuna con suavidad. Acunar reproduciendo el movimiento del columpio (más que de lado a lado en una cuna balancín) imita el movimiento del bebé dentro del útero mientras su madre camina. Acunarle en brazos o empujar el cochecito adelante y atrás reproduce ese movimiento. A algunos bebés les tranquiliza más.

◆ Acariciarle. Si hay un lugar realmente natural donde esté un bebé, es en brazos de su madre.

◆ Envolverle bien. A los recién nacidos les gusta estar bien tapaditos.

◆ Cantarle. No existirían canciones de cuna en la mayoría de las lenguas si no funcionasen de verdad.

◆ Ponerle un sonido monótono de fondo (el del aspirador, por ejemplo).

Cólicos

El cólico, una forma de indigestión, causa un llanto repetitivo a una hora del día determinada, con frecuencia a media tarde. Suele durar alrededor de una hora. Durante ese rato no se puede hacer gran cosa por aliviar al bebé. El problema suele iniciarse hacia la sexta semana de vida y se prolonga por espacio de unas 12 semanas. A veces dura más tiempo.

No está muy claro por qué padecen los bebés esos cólicos. Tal vez el hecho de llevar al niño encima el máximo tiempo posible disminuya la incidencia de cólicos, pero tampoco es seguro. Los bebés que sufren cólicos no tienen por qué ser llorones más adelante, presentar problemas para comer o dormir o ser niños difíciles cuando comiencen a gatear. Se trata de un problema aislado y de corta duración.

ABORDAR LOS CÓLICOS

Si está alimentando a su hijo con leche materna, es posible que su dieta exacerbe los problemas del pequeño. Los productos lácteos son los principales responsables, pero otros alimentos como col, judías, nueces y chocolate indisponen también. Contrólelo. Lleve un diario de sus comidas y trate de relacionar lo que usted ingiere con los cólicos de su hijo. Suprima algunos alimentos y compruebe si las cosas mejoran. Si nada ha cambiado a los cinco días, es improbable que ésta fuera la causa. Recuerde que va a tener que prescindir de todos los productos lácteos.

Unas cucharaditas de manzanilla ayudan a algunos bebés.

Pruebe con sonidos reconfortantes, meciéndole y arrullándole.

Hagan turnos para cuidar del pequeñín. Si no es su turno, no permanezca donde él pueda oírle.

Sigue llorando después de cumplir doce semanas

Algunos bebés lloran mucho durante el primer año. Un niño que llora siempre de manera intermitente a lo largo del día no padece cólicos. Los cólicos son algo mucho más específico. Los bebés suelen tener alguna razón para llorar. Si el suyo llora mucho:

◆ Anote cuándo llora, qué comen usted y el niño, y dónde se encuentra usted cuando sucede. ¿Observa algún patrón repetitivo?

◆ Busque un motivo. Observe al bebé. ¿Está pálido? ¿Resfriado? ¿Acaba de comer? ¿Se enfada cuando lo acuestan?

◆ A menudo, el llanto persistente va asociado al dolor de oído. Lleve al niño al pediatra.

◆ A veces los bebés asocian determinados lugares con el llanto. Se convierte en un hábito. Si fuese ése el caso, realice cambios.

◆ ¿Acaso obtiene más mediante el llanto que estando tranquilo? De ser así, deje de recompensarle por llorar. Empiece a recompensarle por el buen comportamiento.

◆ Si le está dando el pecho, compruebe que su dieta no incluya nada que indisponga a su hijo.

◆ Si acaba de introducir la comida sólida, compruebe que no sea algo que ha comido lo que le está causando el problema.

◆ Pruebe de llevar al bebé en mochila. A veces eso ayuda. Si no le es posible, póngale en la cuna un pañuelo de usted. Su olor le hará sentirse más seguro.

◆ Si no encuentra un motivo para explicar sus lágrimas, dedíquele mucha atención cuando está contento y menos cuando llora.

Sonreír

Un bebé nacido con dos semanas de antelación tardará en sonreír. En cambio, un bebé nacido con retraso sonreirá muy pronto.

Sus primeras sonrisas siempre se producen mientras duerme. A veces no son más que medias sonrisas. Hay quien las llama sonrisas fugaces, y aparecen cuando el bebé pasa del sueño profundo a un sueño más ligero. Más adelante, las sonrisas durante el sueño son articuladas cuando el niño oye la voz de su madre u otro sonido agudo.

Entre las cinco y seis semanas de edad empezará a articular sus primeras sonrisas reales, originadas por sonidos agudos y por el movimiento. El mejor estímulo para él es el rostro femenino cuando le habla y a la vez mueve la cabeza. Más tarde, tal vez prefiera un rostro que le hable, pero le seguirá gustando que la cabeza se mueva. Hacia los cuatro meses el bebé aprecia también las caras inmóviles. A los seis meses preferirá ver a las personas que conoce. Para cuando cumpla los ocho meses, es posible que sólo sonría a sus amigos.

◆ Todos los bebés sonríen. Es su manera de hablar. No se preocupe si su hijo empieza más tarde a sonreír que el hijo de su vecino. Eso no

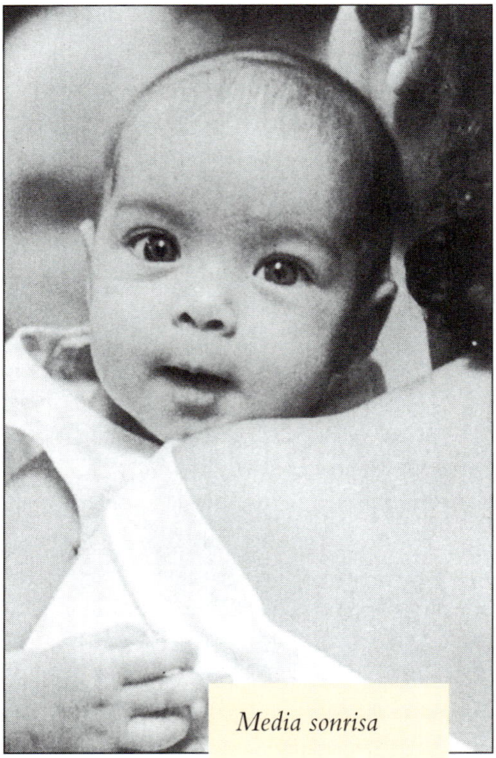

Media sonrisa

va a afectar en nada, ni ahora ni más adelante.

◆ Los bebés sonríen con mayor frecuencia si usted les sonríe a ellos.

◆ Los bebés sonríen y usted les devuelve la sonrisa una y otra vez.

Instaurar turnos

Ser buenos padres significa ser sensibles a las necesidades del niño. Una de esas necesidades es tener su propio turno, ya sea a la hora de las prioridades (o de ser el último), o de decir lo suyo. Incluso un recién nacido pide su turno. Si usted no cesa de hablar y no le deja decir nada, el niño se retraerá. Eso seguirá ocurriendo durante las primeras semanas y meses. El bebé está programado para saber lo que necesita de usted, pero sólo tiene una forma de comunicarlo. Cuando usted caiga en la cuenta de qué es, él le cubrirá de atenciones. Cuando no logre descubrirlo, el niño se abstraerá. A menos que le conceda una oportunidad, él no podrá comunicarle cómo cambiar.

◆ Haga siempre una pausa después de hablar a su bebé para que él pueda contestarle. Tal vez haga sólo un parpadeo, pero eso ya cuenta.

◆ Guíese siempre por las necesidades del pequeñín. La estimulación se produce cuando usted le da aquello que él quiere, no lo que usted quiere o cree que debe darle.

◆ Interrumpa lo que está haciéndole cuando el niño se lo pida.

◆ Trátelo como individuo que es. Los padres todavía tienden a pensar que cuando una niña llora es que necesita que la calmen, y que cuando es un niño el que llora, es porque necesita que lo estimulen.

Los sexos

La tendencia a tratar de manera diferente a niños y niñas se halla profundamente arraigada en nuestra cultura. Resulta fácil cambiar blusitas rosas por camisetas de algodón, pero mucho más difícil modificar algunos de los mensajes subliminales, dado que a menudo no somos conscientes de ellos.

Cómo solemos tratar a las niñas y a los niños

◆ Con frecuencia, lo primero que dice la madre de una niña recién nacida a su pareja es "Lo siento". En cambio, lo primero que dice a su pareja la madre de un niño recién nacido es: '¡Oh, un niño!'.

◆ Cuando se juega 'a lo bruto' con una niña, suele hacerse con suavidad. En cambio, con un niño se hace con rudeza.

◆ Si llora el niño, usted acude más deprisa que si es la niña.

◆ Cuando una niña se pone a andar a gatas, usted va a buscarla si se aleja demasiado. En cambio si es un niño, le deja ir de punta a punta de la sala.

◆ Cuando un niño habla o muestra lo que sabe hacer, usted actúa como si fuera más interesante que si lo hiciera una niña.

◆ Usted habla más con una niña.

◆ A una niña le permite vestirse como si fuera un niño, jugar a juegos de niños y actuar como un niño. Le compra juguetes de niño. Es menos probable que permita a un niño vestirse de niña, jugar a juegos de niñas o actuar como una niña. Y tampoco le compra muñecas.

◆ Si usted se considera imparcial, pregúntese cómo reaccionaría si su hijo y su hija de seis años le dijeran que quieren hacerse agujeros en las orejas. ¿Cómo reaccionaría si su hijo de cuatro años le dijera que quiere ir al parque con zapatos de tacón alto y una falda de lentejuelas?

Quiero volver a trabajar

Cuando los niños empiezan a ir al colegio, la mayoría de las madres se ha reincorporado ya a su puesto de trabajo. Antes podían elegir, pero ahora es casi una necesidad. Cada vez resulta más difícil vivir de un solo salario. Muchas madres han vuelto ya al trabajo (al menos a tiempo parcial) cuando sus hijos van a la guardería. Cada vez son más numerosas las que deciden hacerlo a los pocos meses de haber dado a luz. No en vano hay bastantes profesiones que dependen de dicha reincorporación. De todos modos, son muchas las mujeres que elegirían esa opción aunque no se vieran obligadas a ello.

La madre no hace nada –no ofrece al niño nada– que no haga otra persona, bien seleccionada, por el bebé. En otros tiempos, los niños raramente eran criados sólo por su madre (o padre). En las clases más acomodadas, las mujeres contrataban los servicios de asistentas y niñeras. Incluso delegaban la alimentación del niño en amas de cría. En las clases más bajas, los niños eran dejados a cargo de familiares cercanos. Si repasamos los padrones de países de la Europa occidental de mediados del siglo XIX, encontraremos muchos niños empadronados con parientes, en especial con sus abuelos. Verdaderamente, en determinadas áreas resultaba raro encontrar abuelos que no tuvieran viviendo bajo su mismo techo a un nieto o dos.

El amor que se profesa a un hijo no tiene límites; como tampoco los tiene el amor de un niño por sus padres. Cuando hay alguien que piensa que somos fantásticos, nos sentimos radiantes. Las investigaciones llevadas a cabo sugieren que una vinculación múltiple es tan positiva para el niño como la simple. Si cuatro personas quieren al niño con locura, es muy probable que él se sienta una persona realmente especial.

No obstante: no todas las personas a quienes se encomienda la tarea de cuidar del niño lo hacen bien, y no todas se quedan en el puesto por mucho tiempo. Para un niño, representa un trastorno que lo cuide una persona hostil o que simplemente no sabe hacer su trabajo. Para el pequeño es muy negativo el hecho de querer y perder demasiadas veces. Al cabo de un tiempo, el niño se volverá reacio a implicarse con otra persona que se encargue por un tiempo sólo de cuidarle.

Se ha puesto de moda pensar que la manera de ser de un niño, y lo que será en el futuro, está establecido en sus genes, como si en cierto modo lo que le sucediera en los años siguientes a su nacimiento no tuviera importancia. Aunque este modo de pensar resulta conveniente para aquellas personas que acaban de perder a otro cuidador mediocre, no es cierto, tal como a buen seguro certificarían aquellas personas que se han criado sin cariño. Por ello, sí tiene importancia a quién elegimos para que nos sustituya temporalmente como padres.

Cómo elegir y conservar a un canguro a domicilio

Si se lo puede permitir, tener a alguien en casa para cuidar de su hijo (ya sea de forma interina o viviendo bajo el mismo techo) tiene evidentes ventajas, pero también inconvenientes de peso.

VENTAJAS DEL CANGURO A DOMICILIO

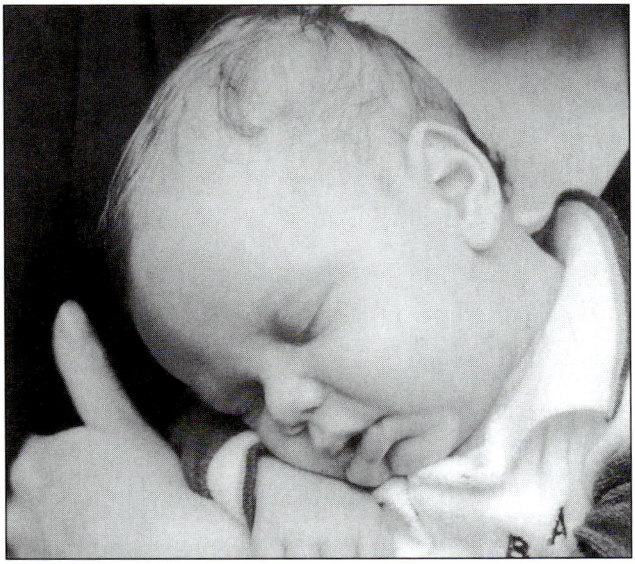

✔ *Usted no tiene que llevar al niño a la guardería por la mañana y recogerlo por la tarde.*

✔ *Dispone de alguien para cuidar del pequeñín si éste se pone enfermo.*

✔ *Puede resolver situaciones de emergencia.*

✔ *El coste no se duplica si usted tiene otro hijo.*

✔ *Su pequeñín disfruta de una atención personalizada.*

✔ *Su hijo se encuentra en la seguridad de su propio hogar, con sus juguetes y su cama para hacer la siesta. Lo llevan de compras, al parque y de paseo, por lo que su vida es relativamente normal. Hay menos diferencia entre los cuidados que recibe durante la semana y los que usted le brinda el fin de semana.*

Si la persona encargada de cuidar al niño posee formación en puericultura, habrá sido evaluada de forma independiente en algún momento de su carrera.

PRINCIPALES DESVENTAJAS DEL CANGURO A DOMICILIO

✖ *Los buenos canguros profesionales no salen baratos (aunque si se comparte el gasto con otros padres no resulta tan caro).*

✖ *Tener un canguro viviendo en casa a veces intimida y causa trastornos.*

✖ *Si quien se encarga del niño es la asistenta, es posible que no tenga la formación y experiencia necesarias para cuidar niños o que no le gusten. Claro está que tampoco los padres primerizos tienen experiencia. Las asistentas resultan excelentes cuidadoras, pero conviene verificar minuciosamente las referencias de la persona.*

✖ *Las au pair no suelen tener experiencia en cuidar niños. Por lo general trabajan a tiempo parcial, a cambio de manutención y algo de dinero. Si espera que la au pair le cubra largas horas de 'canguro' barato, no se sorprenda si eso es precisamente lo que obtiene. Resulta muy difícil que una adolescente explotada ponga los intereses del niño por delante de los propios. A veces ni siquiera una au pair bien tratada lo hace. Hay muy buenas au pair, pero dado que a menudo se tiene poco donde escoger, todo se reduce a una cuestión de suerte.*

✖ *Los canguros profesionales no suelen quedarse mucho tiempo en un mismo puesto de trabajo. Las au pair raramente se quedan más de seis a doce meses. Los cambios resultan un trastorno importante para su hijo.*

✖ *Aunque los canguros profesionales sí son evaluados durante su formación, no ocurre lo mismo con otros tipos de cuidadores. Ustedes son las únicas personas que han de controlar la calidad del trabajo de la persona que está a cargo de su hijo. Cuando los cuidados son compartidos entre padres, se puede recurrir a muchas personas para que lleven a cabo controles diarios.*

En contraste, las guarderías y jardines de infancia deben cumplir con las normas oficiales; y usted no necesita preocuparse de sustituir al canguro si se pone enfermo.

✖ *Una dedicación exclusiva al bebé (sin las interrupciones debidas a las tareas de la casa o las compras) hace que el bebé se vuelva demasiado exigente. No es bueno ser siempre el rey absoluto.*

La única manera de estar seguros cuando se deja al niño a cargo de un extraño

◆ Pida referencias y verifíquelas. Si es posible, hable con alguien del centro donde cursó estudios. Si contrata a alguien a través de agencia, hable con los padres que lo emplearon la última vez. No se fíe de las verificaciones de las agencias; algunas se limitan a pedir a las personas que dan las referencias que rellenen un escueto formulario. Cualquiera puede decir que tuvo empleada a la persona en quien usted pretende confiar.

◆ Desconfíe de alguien que haya ido saltando de un puesto a otro.

◆ Elija a quien le guste y que a su vez se sienta a gusto con usted. La relación funciona de manera idónea cuando se comparten los mismos valores. Una personalidad cálida y extrovertida siempre representa un plus. Evite contratar a alguien que parezca deprimido.

◆ Si a usted le importa la pulcritud (o al canguro), lo más idóneo es que ambos compartan ese valor. Ninguno de los dos se sentirá a gusto a largo plazo si las diferencias entre ustedes son demasiado grandes.

◆ En algún momento durante la primera semana haga una visita sorpresa para comprobar que la persona elegida cuida del niño como usted desea. Si el canguro se lo toma a mal, no vale la pena darle el trabajo. Cualquier persona capaz de querer a su hijo comprenderá que usted no puede dejar a su bebé con un extraño, basándose sólo en la confianza. Si después de esta visita usted continúa insegura, repítala. Si todavía no queda satisfecha, procure buscar a otra persona.

◆ Incluso después de esos controles iniciales, es una medida sensata aparecer en casa de forma inesperada de vez en cuando ('olvide' algo o 'termine antes' en el trabajo). Las cosas (y las personas) cambian.

◆ No explote a la persona que trabaja para usted. Hágale un contrato que establezca las horas de trabajo, sus obligaciones y sus emolumentos. Las horas extras y los trabajos fuera de horarios deben pagarse aparte o ser compensados con tiempo libre.

◆ A menos que haya contratado a un canguro para que se dedique exclusivamente a cuidar del niño (y le esté pagando como corresponde), no espere que cuide también del pequeño cuando usted no esté trabajando.

◆ Tiene muchas más posibilidades de conservar a alguien a su servicio si lo trata bien. No espere de una persona que cuida de su hijo que le resuelva también todas las pesadas tareas domésticas y la compra. Arreglar la casa y lavar la ropa del niño pueden incluirse en las funciones del canguro, pero antes deben acordarlo entre ustedes.

◆ No contrate a alguien por la mínima suma de dinero posible. Se arriesga a perderle en cuanto le hagan una oferta mejor que la suya.

◆ Las au pair van bien para niños en edad escolar, pero no se las debe dejar solas toda la jornada al cuidado de un bebé. Eso es explotación.

VENTAJAS DE LA GUARDERÍA

✔ *El entorno permanece constante, y a los niños no les afectará la pérdida de un canguro en particular.*

✔ *El centro ha sido evaluado, tanto por la autoridad que ha concedido la licencia como por los demás padres que lo han elegido.*

✔ *Su hijo se educará en compañía de otros niños. Tendrá muchos compañeros de juegos, y es probable que adquiera unas buenas dotes sociales. Eso lo hará mucho más asequible y lo ayudará en su adaptación escolar.*

✔ *El centro está siempre ahí, incluso si algún miembro del personal se pone enfermo.*

Cómo elegir y conservar una fórmula acertada: la guardería

Las buenas guarderías resultan caras. Un centro bien equipado y con una plantilla de calidad vale un dineral. Pero no hay manera de conseguirlo más barato, a menos que entre en la red de servicios públicos. Visite más de una guardería antes de efectuar su elección. Se hará una mejor idea de lo que es bueno y lo que es malo si puede establecer comparaciones. Siempre:

◆ **Visite la guardería.** ¿Le gusta? ¿Le ha agradado el personal? ¿Interactúan con los niños o entre ellos? ¿Cuántos trabajan a la vez? Aunque una persona puede cuidar de un grupo de cuatro o cinco niños de entre tres y cuatro años, no puede cuidar del mismo número de bebés. Si uno de los bebés ya anda, otros tres gatean y uno se queda en la cuna, es probable que el de la cuna reciba poca atención.

◆ **Los niños, ¿parecen contentos?** ¿Qué sucede cuando están irritados? ¿Los puericultores se muestran comprensivos? ¿Le gustaría que su hijo fuera como esos niños?

◆ **¿Ha visto que hicieran mimos a los niños?** Mientras usted habla con la persona que tiene a los pequeños a su cargo, ¿sigue ésta pendiente de los niños? ¿Quién es primero?

◆ **¿Hay cucos, móviles y muñecos** de trapo en la sección de bebés?

◆ **¿Qué ocurre cuando los bebés lloran?** Una buena guardería pone a los niños en primer lugar. Les da calor, atención y un entorno que los estimule.

DESVENTAJAS DE LA GUARDERÍA

✖ *Puede resultar muy cara, especialmente si se tiene más de un hijo.*

✖ *Hay que llevar al niño a la guardería.*

✖ *El niño debe quedarse en casa cuando está enfermo. En la guardería está más expuesto que en casa a coger resfriados y enfermedades.*

✖ *Los niños difíciles a veces no obtienen tantas atenciones porque los más asequibles –los encantadores– reciben más de las que les tocan.*

✖ *Los horarios son menos flexibles que si se opta por un canguro en casa.*

✖ *A los niños que se acostumbran a jugar con compañeros les cuesta más distraerse solos en casa.*

*Cómo elegir y conservar una fórmula acertada: las canguros caseras**

Deben ser estrictamente probadas. Una persona sola no puede cuidar de media docena de niños menores de cinco años.

* *Mujeres que se dedican a cuidar bebés y niños pequeñitos en su casa. Los padres deben llevarles los niños y pasar a recogerlos.*

VENTAJAS DE LAS CANGUROS CASERAS

- ✔ *Resultan relativamente baratas.*
- ✔ *Son evaluadas por otros padres.*
- ✔ *Resulta relativamente fácil llegar a algún arreglo para cubrir emergencias.*
- ✔ *Suelen tener mucha experiencia en cuidar niños.*
- ✔ *Su hijo forma parte de una atmósfera familiar y suele tener compañeros de juego.*

DESVENTAJAS DE LAS CANGUROS CASERAS

- ✖ *Su hijo compartirá su cuidador con otros niños (lo que quizás suponga que no reciba la atención necesaria).*
- ✖ *Si la canguro vive lejos de su casa, eso la obligará a usted a desplazarse con el niño.*
- ✖ *Si la mujer (o su hijo) está enferma, no dispondrá de recambio.*
- ✖ *Su pequeñín está expuesto a más enfermedades que en su propia casa.*

Elegir a una canguro casera

◆ Visítela en su hogar. Compruebe que el entorno es estimulante y cálido, y que los niños a su cargo parecen felices y se portan razonablemente bien. Compruebe que la casa esté limpia y que haya juguetes suficientes para los niños.

◆ Obsérvela con los pequeñines. Si se sienta a charlar con usted y los ignora, no le sirve. Pregúntele qué actividades lleva a cabo con los niños en una jornada normal.

◆ Evite confiar en una persona que le parezca deprimida, excesivamente fría o que dé la sensación de que no va a estimular a su hijo lo suficiente.

◆ Pida referencias a otros padres que hayan contratado sus servicios.

¿Celos de la persona que cuida de su hijo?

Usted busca que mimen a su hijo, que sea feliz. Y, a pesar de eso, quiere seguir siendo el número uno para él. Parece ilógico, pero ¿quién no lo es cuando se trata de estas cosas? No la querrá menos por el hecho de querer también a la canguro. Una cuidadora falta de comprensión y cariño perjudicará seriamente la capacidad del niño para amar. Si da la bienvenida al pequeño con una sonrisa y lo llena de besos, congratúlese de haber elegido sabiamente a su sustituta.

En efecto, ella probablemente recibirá del niño más besitos efusivos que usted, escuchará su primera palabra, presenciará sus primeros pasos y estará con él en sus mejores y más entrañables momentos (cinco días de siete). Usted, en cambio, le tendrá cuando ya el pequeñín esté cansado, usted se sienta cargada de tensión y tenga que resolver otras cuestiones que requieren su atención. Además de cuidar del niño debe poner la lavadora, hacer la cena, realizar la compra semanal y llevar y recoger al pequeño de casa de la canguro. Ella, por su parte, tiene todo el tiempo para sentarse a jugar con los niños. Eso se paga. ¿Quién le dijo a usted que es posible tener todo?

A largo plazo, el precio es bajo. Tal vez eche de menos esos primeros pasos, esa primera palabra, pero esas cosas tienen muy poco que ver con las verdaderas alegrías y responsabilidades que conlleva el hecho de ser padres.

Unos horarios de trabajo sobrecargados, en combinación con viajes frecuentes, apartan a los padres de sus hijos, más de lo que es bueno para todos. Un niño que aprende a querer (sea quien sea su profesor) superará esas barreras siempre que los padres sepan cómo demostrarle su amor, y él pueda implicarse con facilidad. Resulta más difícil cuando los padres son menos elocuentes a la hora de demostrar su cariño y se muestran malhumorados en presencia del niño.

La madre trabajadora

Hay padres buenos y padres malos. Algunos son hombres, otras son mujeres. Aunque algunas mujeres se dedican por entero a cuidar del niño, sin otra responsabilidad añadida, eso no hace de ellas mejores madres. Existen, asimismo, buenos canguros, buenos servicios públicos, buenas guarderías y escuelas, pero también los hay malos. Algunos cuentan con redes de apoyo para casos de emergencia, mientras que otros padres y niños no tienen en quien apoyarse. El intento de buscar una relación causa-efecto entre tanta variedad está predestinado al fracaso.

Algunas mujeres trabajadoras son desastrosas como madres. ¿Cómo podríamos medir el éxito de una madre? ¿Quizás por la posición económica de su hijo? ¿Por el grado de felicidad de éste? ¿Por sus logros esco-

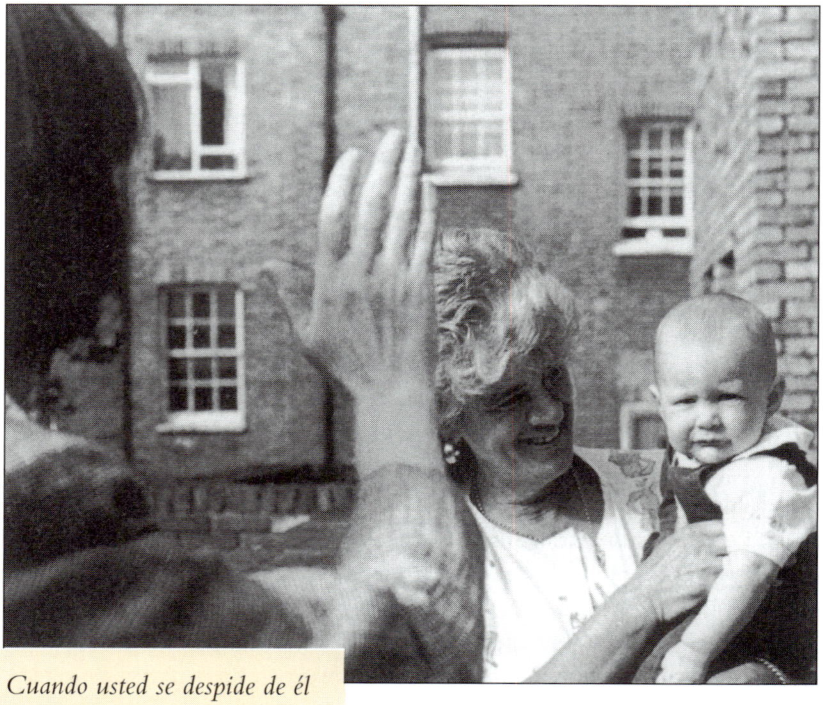

Cuando usted se despide de él apenado, consuélese con el hecho de que, aunque hoy quiera más a la persona que se ocupa de cuidarle, a usted lo querrá más el día de mañana. Siempre estará con él.

lares? ¿Por la habilidad de la mujer para llevar adelante un matrimonio feliz? No hay duda de que hallaríamos poca correlación entre dichos parámetros.

Las madres han trabajado siempre. Ocuparse de media docena de niños, lavar, coser, limpiar, hacer la compra y cocinar son tareas duras. Si añadimos a ello que algunas cuidaban del huerto, de las gallinas, trabajaban el campo y aceptaban encargos de costura o colada para ganar un dinero extra, no está claro que las mujeres del pasado contaran con más tiempo para dedicar a sus hijos del que tiene la mujer de hoy. Históricamente, los niños se criaban con una gran variedad de tutores: la madre, el padre, los hermanos y hermanas, tías, tíos y abuelos. En muchos lugares del mundo eran las hermanas mayores (o las tías jóvenes) quienes cuidaban de los bebés –los llevaban de un lado a otro gran parte del día– y/o los abuelos, que asumían toda la responsabilidad una vez el niño estaba destetado. Las soluciones modernas en que los padres confían la responsabilidad a una persona a sueldo no se apartan del contexto 'normal' de gran parte de los niños del mundo, más de lo que se aparta la madre que cría a sus hijos en el aislamiento de su propio hogar.

No quiere el biberón

Las mujeres que amamantan a su hijo, a veces tienen dificultades para destetarle y pasarle al biberón antes de reincorporarse a sus puestos de trabajo.

Hitos: de los cuatro a los seis meses

¿Cómo debería ser un bebé bien adaptado, una vez ha sobrepasado sus primeros seis meses de vida? Resulta útil disponer de un patrón para medirlo, pero si el niño difiere del mismo en cualquier aspecto, no debe preocuparse. Una amplia gama de variaciones del modelo siguiente son perfectamente 'normales'.

Los bebés cambian muy deprisa. El recién nacido se convierte pronto en un niño que sabe sentarse, gatea, tiende las manos para explorar y mantiene la atención durante un minuto o dos. Hacia los cuatro meses, su hijo es capaz de volverse hacia usted cuando le oye entrar en la habitación. Sonríe y produce sonidos en respuesta a su voz. Cuando usted le enseña algo, él lo mira y tiende la mano para tocarlo. Sus dedos se cierran con firmeza alrededor de cualquier objeto que le sea colocado en la mano, y se lo lleva a la boca.

Hacia los seis meses tenderá la mano para coger un muñeco, lo golpeará contra la trona e incluso empezará a tirar cosas al suelo cuando esté sentado en ella. Será capaz de mantener la atención durante más tiempo, de modo que su comportamiento parecerá menos inconexo, menos impulsado por acontecimientos externos. Empezará a recordar de un día para otro, de una semana a otra, y usted hallará evidencias de ello en su comportamiento. El bebé espera un baño cuando escucha el ruido del agua. Tiende la mano para atraer el biberón hacia su boca. Hace gorgoritos y sonidos para responder cuando usted le habla.

Hacia los cuatro meses un bebé suele estar adaptado ya a una rutina determinada. Se alimenta con unos horarios más regulares, ensucia el pañal a las mismas horas y algunos duermen de un tirón toda la noche. A los seis meses está preparado para pasar a una alimentación sólida y empezar a beber en vaso. Casi la mitad de los bebés duermen toda la noche. Todos duermen más de noche que durante el día. Entre sueño y sueño, permanecen echados (o sentados) con los ojos abiertos, la mar de felices, mientras miran a su alrededor, juegan, escuchan, 'hablan'. Ya han abandonado la posición fetal. Su cuerpo se ha estirado. Se mantienen tumbados, dando pataditas y moviendo los brazos, mientras les cambian de pañal o los bañan. Cuando ven el rostro de su madre, lo miran, le sonríen y hacen gorgoritos.

Hacia el cuarto o quinto mes, también los padres se han adaptado a una determinada rutina. Mientras el niño duerme, ellos desconectan durante unas horas. En consecuencia, liberados de la conciencia constante del hecho de ser padres, pueden pensar y hablar de otras cosas, salir a tomar algo, leer, ver la televisión. Su vida está entrando en una nueva rutina.

PECHO O BIBERÓN

✖ *No se empeñe en dar a su hijo exclusivamente el pecho. Los libros sobre lactancia materna sugieren a menudo que la madre puede continuar dando el pecho aunque se reincorpore a su trabajo. La persona que sugiere que usted se extraiga leche suficiente como para alimentar a un bebé hambriento durante toda una jornada, y luego se ponga un traje elegante con una blusa limpia y trabaje todo el día, es evidente que nunca lo ha probado. Y esperar que el niño esté bien hambriento para llegar a casa y darle el pecho, o pretender que la persona que lo cuida lo aguante llorando de hambre, porque usted se retrasa por culpa del tráfico, no es razonable, sino egoísta y absurdo. No existe evidencia alguna de que la alimentación por medio de biberón, llevada a cabo observando todas las normas de higiene y diluyendo la leche de forma correcta, perjudique al bebé en modo alguno. Las personas que opinan lo contrario han malinterpretado las estadísticas. Bien es cierto que los bebés alimentados con biberón presentan mayores probabilidades de gastroenteritis y afecciones pulmonares que los alimentados con leche materna. Pero lo mismo les sucede a los hijos de madres adolescentes, de clase baja, fumadoras o que habitan en pisos con problemas de humedad. Las madres que dan el pecho suelen ser más mayores, de clase media, no fumadoras, y viven en pisos provistos de calefacción. Si se compara igual con igual (en especial madres fumadoras de clase trabajadora, tanto si amamantan como si dan el biberón), no se observa diferencia entre ambos grupos.*

✖ *No espere hasta pocos días antes de reincorporarse a su trabajo para cambiarle al biberón. Si sabe que volverá a trabajar antes de que su hijo cumpla seis meses, introduzca algún biberón durante las primeras semanas y continúe ofreciéndoselo de vez en cuando. El problema que se le plantea a un niño al que se le impone un cambio tardío es que el pequeño ha desarrollado una técnica para succionar el pecho, no para exprimir una tetina de goma. El bebe que gusta del chupete está acostumbrado a tener en la boca la tetina de goma.*

Si lo desea, combine el pecho con el biberón. Puede darle una toma de pecho a las diez de la noche, aunque probablemente necesitará completarla con un biberón. Si su hiijito todavía precisa una toma nocturna, tal vez le resulte más cómodo darle un biberón a las diez y el pecho por la noche. Un bebé que se despierta hambriento más de una vez durante la noche es posible que no esté extrayendo del pecho leche suficiente.

Si se niega a tomar el biberón, que no cunda el pánico. Ya se acostumbrará al cambio. A los bebés, pasar hambre les gusta todavía menos que una tetina de goma cuando están acostumbrados a la piel. Si tienen hambre suficiente, se tomarán el biberón.

Empezar a jugar

Un bebé de muy corta edad se dedica a observar. En ocasiones responde a su madre copiando su expresión facial. Incluso quizás agite el sonajero si usted se lo coloca en la mano. Pero no juega en el sentido en que lo hacen los pequeñines de más edad. No se detecta esa interacción con el mundo, constante, voluntaria y autoiniciada, que proporciona a los niños que juegan un placer tan obvio.

Estimular el juego

- Juegue con su hijo. Háblele, sonríale. Muéstrele juguetes, dibujos, libros. Colúmpiele en su regazo. Hágale cosquillas, hágale cucú. Enséñele muñecos.

Cuando le vea lo bastante fuerte, incorpórele. Un bebé sentado ve mejor que si está echado boca arriba, y eso le facilita encontrar sus juguetes. O bien colóquele boca abajo. No es bueno que duerma en esa postura, pero no le ocurrirá nada por jugar así.

SEGURIDAD EN EL JUEGO

- Los juguetes para niños deben ser seguros. Los objetos del hogar no lo son. En cuanto el niño empiece a coger las cosas, nunca le deje solo con algo que no esté diseñado especialmente para que juegue un bebé.

- Manténgase siempre vigilante cuando su pequeñín juegue. Deberá retirar objetos de su alcance antes de que empiece a cogerlos, mantener una barrera de seguridad antes de que comience a gatear.

Aprender

Una de las principales diferencias entre un bebé de dos semanas y uno de cinco meses es que el más mayor es capaz de recordar lo que aprendió la pasada semana. Eso significa que puede construir sobre lo que ya sabe. No tiene que empezar siempre desde cero como le ocurre a un recién nacido. La otra gran diferencia es que el niño de más edad tiene un plazo de memoria mucho más largo. Los pensamientos de un bebé de corta edad no duran más que un momento. Piensa una cosa y la olvida de inmediato. Entonces articula otro pensamiento. Dado que este segundo pensamiento también desaparece muy deprisa, no es capaz de relacionar ambos. Las cosas que aprende deben repetírsele a menudo, ocurrir en el mismo contexto y muy seguidas en el tiempo. Cuando el niño empieza a pensar lo que está sucediendo ahora y también recuerda lo que ha sucedido antes, comienza a reconocer tipos de acciones. Que le pongan el abri-

go significa que lo sacarán a la calle. Ir al parque significa que se sentará en el columpio.

Pero la memoria acarrea temores

- En cuanto es capaz de relacionar dos pensamientos, aprende cosas que usted no desea que aprenda: por ejemplo, el hecho de que llorar atrae la atención de su madre.

- Los bebés son lentos a la hora de aprender, y sólo ven las cosas que resultan obvias. Entienden acciones, no palabras.

- Los bebés aprenden mejor cuando se sienten felices y relajados.

- Los bebés necesitan consolidar las cosas que aprenden. Eso equivale a momentos de tranquilidad durante los cuales razonar, más que ser bombardeados con estímulos continuos. Déjese guiar por su bebé: cuando es feliz está aprendiendo.

Introducir la comida sólida

Los bebés no necesitan comida sólida. En el pasado, la mayoría de los bebés se alimentaba exclusivamente de leche materna hasta bien entrado su segundo año de vida. La introducción del destete temprano (y seis meses lo es) se hizo posible a raíz de la introducción de la patata en nuestra dieta. Los niños pequeños digieren mucho mejor las patatas que los cereales.

Un bebé está a punto para los sólidos cuando:

- Le gusta meterse cosas en la boca.

- Tiene al menos cinco o seis meses de edad.

- Usted se siente preparada para el destete.

- Se sostiene erguido cuando se le incorpora.

- Un bebé necesita unos 200 ml de leche diarios por cada kg de peso. Un bebé de 4,5 kg necesita unos cuatro biberones y medio.

Página opuesta: *Asegúrese de que cuando su hijito despierte tenga a su alcance objetos que pueda mirar, escuchar y, más adelante, tocar. Póngale los juguetes donde él los alcance.*

LA DIETA DEL BEBÉ

Dado que a los bebés les cuesta digerir el gluten, las primeras papillas de cereales, que se empiezan a dar a los cuatro meses, deben ser sin gluten.

Los bebés necesitan leche. Los primeros meses vale más añadir comida sólida a la leche que remplazar las tomas de leche por comida sólida.

Empiece por darle una o dos cucharadas de papilla bastante lechosa y blanda. Escupirá la mayor parte. Las papillas de paquete son probablemente las más convenientes para esta etapa. La comida debe dársele en forma de puré.

Si el bebé acepta su primera oferta, consolídele en ese sabor durante un día o dos y luego pruebe otra cosa. De nuevo, al principio prepare una papilla lechosa. Cuando el niño se muestre satisfecho con ella, pase a introducir algún alimento nuevo. (A menudo resulta más fácil mezclando un poquito de lo nuevo con otro sabor conocido.) Buenas ideas para empezar son, por ejemplo, cereales, purés de frutas y verduras, huevos, carne picada muy fina, sopas espesadas con puré de patata o cereales, pescado machacado con patatas o arroz, etc. Si al niño no le gusta, déle algo que le sea familiar. (Para eso están muy indicadas las papillas de paquete.)

A medida que el pequeño vaya necesitando mayor cantidad de comida, valdrá la pena que considere la posibilidad de alternar cocina casera con alimentos preparados. Si usted va a comer algo indicado para él, no dude en compartirlo. De no ser ése el caso, prepare algo sencillo o bien déle un 'potito'. Una de las ventajas de dar a un bebé comida de 'adultos' reside en que el pequeño aprenderá los gustos de la familia y habrá mayor probabilidad de que se siente a la mesa familiar más adelante, pero no lo dé por hecho. Una actitud de excesivo celo con la buena comida preparada en casa proporciona al niño una visión clara acerca de formas y medios para protestar y/o manipularla a usted en su propio beneficio.

Los bebés no tienen necesidad de comer ligero. Si a usted le gustan los sabores fuertes, empiece temprano a dárselos a conocer. A los niños les gustan el ajo, el aceite de oliva, las hierbas y los sabores fuertes como el hígado o el queso azul. No es preciso darles todo hecho puré. Los garbanzos machacados están muy bien si decide cocinar expresamente para él, pero tal vez el niño prefiera un poco de sus espaguetis con salsa de tomate, del pollo al horno o de la paella de arroz.

Un bebé de aproximadamente unos 11 kg necesitará 11 biberones.

◆ Los bebés de corta edad consumen estas cantidades de leche repartidas en una serie de tomas. Aunque un bebé de 3 kilos sólo necesita tres biberones llenos, es muy probable que los pida repartidos entre seis o siete tomas separadas. El pequeñín que se alimenta de leche materna tiende a chupar un poco menos en cada toma que un bebé de la misma edad y peso criado con biberón (por tanto, se le puede dar una toma extra o una pequeña cantidad entre tomas a fin de compensar esa diferencia). A medida que el bebé va creciendo, va admitiendo cada vez más leche en cada toma: y es posible que ya sólo tome cuatro a cinco biberones cuando alcance la edad de cinco o seis meses.

El estómago de un bebé sólo admite alrededor de 170 ml de comida en cada toma. Una vez alcanzado ese límite, toda cantidad extra debe ser administrada en tomas adicionales o bien en forma de sólidos. Es una cuestión de conveniencia que queda a su elección. En el pasado, las mujeres solían dar las tomas extras, en particular si llevaban encima al niño o trabajaban en el campo. Un pequeño de un año necesitaría entre diez y once biberones diarios, y es probable que alguna toma más del pecho. En cuanto las necesidades diarias de pecho (o biberón) empiezan a dispararse, a la mayoría de las mujeres le resulta más cómodo pasar a la alimentación sólida.

Si bien no hay fecha establecida en la cual el bebé debe empezar a tomar sólidos, es posible que éstos sean introducidos demasiado pronto. El sistema digestivo de un bebé de corta edad no está preparado para trabajar con alimentos sólidos, aparte de que al niño le cuesta tragarlos. Muchos médicos aconsejan que no se destete a bebés menores de cinco meses para empezar con la cómida sólida.

No se gana nada forzando el tema. Si el niño se muestra reacio, espere un par de semanas e inténtelo de nuevo.

De los seis a los 24 meses

Hitos: seis meses

Las diferencias más obvias entre el bebé recién nacido y el que inicia la segunda mitad de su primer año de vida residen en su individualidad. Hacia los nueve meses, este pequeño carácter tiene más en común con los niños más mayores, que consigo mismo al poco tiempo de nacer. El rápido desarrollo del cerebro es una de las razones que explican esos cambios. Ahora su cerebro casi ha doblado su tamaño inicial, y la cabeza ha crecido para darle cabida. ¿Qué significa eso para el niño? Primero, y lo más obvio, tiene cada vez mayor control sobre su propio cuerpo. Ahora ya no se limita a mover los brazos y las manos en gestos de excitación, sino que los pone donde él quiere. Su cuerpo empieza a servir a sus necesidades más que actuar de forma automática en respuesta a un estímulo. Todo comenzó durante las primeras semanas, con el control sobre las facciones de su rostro (lo que le permitía copiar las expresiones faciales de su madre y mediatizar sus complacidas sonrisas). Luego pasó a controlar el cuello y los hombros, de manera que mantenía erguida la cabeza y la volvía para mirar a su madre. El siguiente paso fue controlar el torso y los brazos.

Ahora, cumplidos los seis meses, controla sus manos, aunque no los dedos. Eso lo hará dentro de un tiempo (véase la leyenda de la foto en la página 60). Es posible que ya tenga la espalda lo bastante firme como para incorporarse, pero todavía no le permitirá sostenerse erguido. Cuando empiece a controlar los dedos, también comenzará a controlar la parte inferior del abdomen y las piernas. A medida que el niño vaya adquiriendo mayor control sobre sus músculos, irá aprendiendo varias acciones: sostenerse sentado, gatear, arrastrarse, mantenerse de pie y, finalmente, andar. Pronto usted se verá obligada a vigilar que no haya objetos sueltos al alcance del pequeño.

El crecimiento del cerebro lleva consigo el desarrollo de la memoria, el lenguaje y el raciocinio. La relación entre el crecimiento del cerebro y la experiencia es cíclica. La experiencia proporciona la chispa que desencadena el desarrollo y lo hace avanzar a buen ritmo. Sin ella, los niños dejarían de desarrollarse. El desarrollo permite al niño adquirir más experiencia y, así, el ciclo comienza de nuevo.

Por ejemplo, el desarrollo de un niño registra una aceleración en cuanto el pequeño empieza a moverse. La movilidad le brinda más oportunidades para explorar. Eso quiere decir también que los padres deberán estar mucho más pendientes de él que en las precedentes semanas. Por otra parte significa que, inicialmente, los pequeños que empiezan temprano a gatear y andar se hallan más avanzados en su desarrollo, y no sólo en cuanto a movilidad se refiere, sino que también son más listos, mejores comunicadores y más hábiles que sus compañeros sedentarios. No obstante, al cabo de un tiempo las cosas se equiparan. Un niño que empieza a andar más tarde en cuanto adquiere movilidad su desarrollo se dispara y atrapa al del niño precoz.

Cuando los expertos investigaban las consecuencias de la desnutrición sobre el desarrollo de los niños, observaron que los bebés que recibían suplementos de alimento con cuchara estaban mucho más avanzados en su desarrollo aunque dicho alimento no tuviera casi valor nutritivo. Mientras la madre da el pecho o el biberón al niño, no es necesaria una interacción entre ambos. Una vez el pequeño se ha aferrado al pecho, usted no necesita ni mirarle. En cambio, pruebe a darle de comer con la cuchara sin mirarle, sonreírle o incluso hablar con él.

La nueva habilidad del niño para retener en la mente más de una información a la vez le permite empezar a establecer simples comparaciones entre lo que ocurre ahora y lo que le ha sucedido hace un rato. La primera vez que se dé cuenta de ello será probablemente cuando coja algún objeto con la mano, lo tire al suelo y se asome por un lado de la cuna para mirarlo. Todo lo que llega a hacer en este momento es comparar el objeto que estaba en su mano con el que ahora yace en el suelo. La mayoría de los bebés empieza a hacer eso entre los siete y los diez meses de edad.

Hacia los ocho o nueve meses, usted se dará cuenta de que el niño empieza a comunicarse y a plantear demandas. Por supuesto, él ha estado manipulándola durante meses, pero de un modo pasivo. Ahora empieza a hacerlo de manera intencionada. Al principio nada elaborado. Tal vez sólo estire los brazos y emita algún sonido para que usted le coja en brazos. Hacia los diez meses aferrará un muñeco, la mirará a usted y lo tirará para que se lo recoja. Cuando usted se lo devuelva, lo tirará de nuevo. Está empezando a comprender que es capaz de controlar a su madre.

Pedir a los demás que hagan algo por nosotros es una de las funciones del lenguaje. Hacer lo que nos dicen es otra. En cuanto el bebé comienza a comunicar sus intenciones y a responder a las de usted, ya tiene capacidad para ser malo, tozudo o desobediente. Llorará y chillará para lograr que usted haga lo que él quiere, dirá "no" y escupirá la comida para dar la lata.

Página opuesta: *En algún momento entre los seis y los diez meses, el niño empezará a usar cada uno de los dedos por separado y el pulgar opuesto a ellos, capacidad que hace tan hábil a la mano humana.*

Enseñar a un bebé a dormir

Para comprender cómo duerme su bebé, necesitará saber cómo lo hacemos los adultos.

Nadie se duerme y permanece en el mismo estado hasta despertarse. Ni tampoco dormimos de un tirón sin despertarnos. El sueño se desarrolla en ciclos: se va haciendo más y más profundo, para luego retornar con rapidez a niveles más ligeros. Mientras dormimos, a veces nos movemos y nos damos la vuelta. De los estadios más profundos pasamos a menudo a soñar. Los sueños constituyen una fase distinta; el cerebro está tan activo como si permaneciéramos despiertos del todo. Pero el cuerpo –aparte de los ojos, que se mueven y parpadean– permanece en completo reposo. No podríamos movernos aunque quisiéramos. Después de la fase onírica, volvemos a dormir sin soñar. El ciclo tiene una duración entre una y dos horas, y luego comienza de nuevo. A medida que transcurre la noche, cada vez hay menos sueño profundo.

Los científicos que han observado a personas durante el sueño han visto que cuando pasamos de un sueño profundo a otro más ligero, o cuando terminamos un sueño, a veces nos 'sobresaltamos': nos despertamos momentáneamente, nos damos la vuelta y continuamos durmiendo. A casi todos nosotros nos sucede un par de veces cada noche. Si nos ocurre al terminar un sueño de la fase onírica, nos acordaremos brevemente de lo que hemos soñado, pero en cuanto volvamos a dormirnos lo olvidaremos. Lo que nos permite retornar al sueño tras estos breves despertares es la familiaridad que tenemos con el entorno, con todo este proceso. Por ello, a veces nos despertamos en mitad de la noche cuando dormimos en una habitación que no es la nuestra o hemos tenido un sueño extraño.

Los bebés duermen igual que los adultos, sólo que suelen soñar bastante más. En sus breves despertares, pequeños detalles se conjuran a veces para mantenerlos despiertos por más tiempo: dolores ligeros que van en aumento, lugares extraños, sensación de frío. Entonces no se dan la vuelta y vuelven a dormirse. Un niño que espera que sus padres estén junto a él (como hacen cada noche) se echará a llorar. Si usted acude se convertirá en una condición necesaria para obtener la relajación que necesita para dormir. Un niño que ha aprendido cómo quedarse dormido por sí solo, no llorará en esa situación a menos que le duela algo o se sienta atemorizado.

El arte de lograr que un bebé duerma toda la noche de un tirón se basa en enseñarle a dormirse solo; deberá hacer lo mismo por la tarde. La manera más fácil de acostumbrar a un bebé a una determinada rutina asociada al sueño radica en empezar a hacerlo desde el principio; nunca comience con la rutina de caricias, canciones y acompañarle hasta que se quede dormido. Si lo hace, deberá entrenarle de nuevo para lo contrario.

EL MODO ERRÓNEO DE ACOSTAR A UN BEBÉ DE SEIS MESES

- *Ponerle a dormir en su habitación. Permanecer junto a él hasta que se duerma y regresar siempre a su lado cuando él la descubra saliendo de puntillas de la habitación.*
- *Hacerle caricias y cantarle hasta que se quede dormido. Empezar de nuevo cada vez que él lo pida.*
- *Acudir a su lado siempre que se despierte durante la noche y repetir la rutina de la hora de acostarse.*
- *Ponerle a dormir en un sitio y luego llevarle a la cuna (a no ser que duerma en la habitación con usted). No se relajará sin los sonidos y olores de usted.*
- *Dejar que le chupe el pecho a fin de calmarle para que se duerma. El pecho está muy bien para alimentar al niño, pero está creando una demanda que sólo puede satisfacer personalmente y excluye que al padre le sea posible hacer cualquier otra cosa aparte de las funciones tradicionalmente paternas de jugar e impartir disciplina.*
- *La incongruencia nunca funciona. Los bebés necesitan reglas sencillas.*

Si el bebé duerme por las noches con usted, tal vez le sea más fácil ponerle a dormir en el cochecito o en el sofá, donde esté cerca de usted y pueda oírla. El olor de su madre y el sonido de su voz forman parte de su seguridad durante el sueño. Pero no siempre lo necesita. Con independencia del lugar, tápelo, déle las buenas noches y deje que se duerma solo. Una vez dormido, déjele tranquilo hasta que usted esté lista para llevarle a la cama. Puede dormir en su misma cama o bien junto a ella. Lo que se mantiene constante entre el sueño de la tarde y el de la noche es que usted permanece cerca de él.

La otra estrategia consiste en ponerle a dormir donde pasa las noches, decirle adiós, darle un beso y dejarle solo. Puede ser en una habitación sólo para él, en su cuna en la de usted o bien en la misma cama donde usted duerme. La clave radica en dejar que el pequeño se duerma solo. Un niño que siempre ha sido acostado de esta manera se dormirá de nuevo cuando se despierte por las noches, aunque usted no esté a su lado. Cuando duerma durante el día, debe estar acostado en el mismo lugar donde dormirá de noche.

LA FORMA CORRECTA DE ACOSTAR A UN BEBÉ DE SEIS MESES

✔ *Una rutina familiar ayuda. Báñele, que dé las buenas noches a todos, mímele en su cuarto y déle la cena. Acuéstele con su osito de peluche. Ponga en marcha su caja de música. La naturaleza constante de un ritual proporciona confianza. Al mismo tiempo hace que el pequeñín sienta sueño.*

✔ *Cuando al niño le salen los dientes o se encuentra mal, a usted le resultará más fácil dejar que se duerma a su lado en el sofá y llevarle a la cama más tarde. Si eso perturba la rutina establecida, deberá reinstaurarla en cuanto el pequeño se sienta bien de nuevo.*

✔ *Las primeras fases de toda rutina para acostar al niño deben pasar por ponerle a dormir siempre en el mismo lugar. Déle un beso de buenas noches, apague las luces y márchese. Un bebé a quien le cuesta dormirse en el sofá o en el cochecito debe ser llevado a su cuna.*

✔ *Si protesta compruebe que todo va bien y salga de nuevo.*

✔ *Si sigue protestando, dígale que es hora de dormir. Quédese un momento hasta que se calme un poco, y luego márchese.*

✔ *Si todavía no se calma, póngase dura y salga de la habitación y déjele llorar. Al final se quedará dormido. La siguiente noche haga lo mismo, y la otra también. A la cuarta noche casi todos los bebés se duermen solos.*

✔ *Si le parece que no es capaz de mostrarse tan dura, hágalo de forma más gradual. Quédese con él menos rato cada noche. Háblele, más que acariciarle. Póngale un casete de cuentos o algo de música para remplazar su voz. Finalmente, incluya la cinta como parte de la rutina de 'buenas noches'. Hágala breve, ya que de otro modo la esperará también en mitad de la noche. Si eso no le funciona, deberá ser dura o bien ceder a sus demandas nocturnas.*

✔ *Si incluso el planteamiento gradual le resulta demasiado difícil, deje que el niño se duerma en el sofá, y luego acuéstelo en la cama, a su lado. Probablemente le será más difícil dejarle alguna noche o conversar con eventuales visitas, ya que se mantendrá despierto a la menor excitación o cambio. Pero es casi seguro que dormirá toda la noche de un tirón, y usted también. Romper el hábito de que el niño duerma con usted es posible (de lo contrario, casi todo el mundo dormiría todavía con sus padres). El programa de ponerse duros puede iniciarse a cualquier edad de los hijos. Procúrese una cama grande.*

Los problemas surgen cuando usted se sienta junto a él hasta que se queda dormido por las tardes, o le deja dormir en el sofá donde le ha estado haciendo caricias y mimos durante el día, y luego pretende que vuelva a dormir solo en su cuna por la noche. Si usted acostumbra a acunarle y cantarle hasta que se quede dormido, él necesitará ese ritual para dormirse.

Despertarse por la noche

Un bebé que sabe dormirse solo, prescindiendo de la ayuda de sus padres, será capaz de conciliar el sueño de nuevo cuando se despierte por la noche. En cambio, el pequeñín que necesita a alguien a su lado para quedarse dormido requerirá la presencia de sus padres.

¿Cómo quitarle la costumbre de llamarla?

◆ Esté a su lado de antemano. Si el niño duerme con usted, eso no será ningún problema.

◆ Un bebé habituado a dormir completamente a oscuras es confortado por la oscuridad y, en caso de que despierte en plena noche, enseguida se duerme de nuevo. Si se acostumbran desde el principio, no tienen miedo.

◆ Si no quiere que duerma con usted o no desea arrullarle para que se duerma cada vez que se despierte es mejor que lo ponga en su propia habitación. Si le oye durante la noche, déjelo. Si llora, compruebe que todo va bien, dígale 'buenas noches' y vuélvase a la cama. Si llora de nuevo, déjelo.

Un niño que llora todas las noches, es posible que tenga hambre. Si empieza a llorar, después de varias semanas durmiendo bien, quizás tenga algún dolor. Un bebé inquieto necesita que le reconforten. Lléveselo a su cama si usted necesita dormir.

◆ Para un bebé siempre es más agradable dormir en la habitación de sus padres durante los primeros meses. A usted le resultará fácil tender el brazo y ponerle el chupete, darle de comer sin que llegue a despertarse del todo. Cuando ya no necesite la toma nocturna, tal vez sea mejor que lo pase a una habitación separada. Al bebé que llora para que lo cojan en brazos le durará más tiempo la llantina si huele y oye a su madre al lado.

◆ Dado que los niños empiezan a echar de menos a sus padres hacia los siete u ocho meses, ésa no es una buena época para cambiarle a una habitación separada o para sacarle de la cama de sus progenitores. Espere a que se le haya pasado esa fase de 'enganche'.

◆ Cuando un bebé adquiere la capacidad de echar de menos a sus padres, a menudo llora porque se siente solo. Un objeto que le reconforte le ayudará a sentirse más acompañado. Lo abrazará y volverá a dormirse. Anímele a dormir con un osito. Algunos niños se acostumbran al chupete, pero les cuesta más encontrarlo durante la noche.

◆ Los bebés que duermen en la cama de sus padres retoman el sueño con facilidad si al despertarse se encuentran en brazos de ellos.

Se niega a irse a dormir o a dormirse de nuevo

Hacia los siete u ocho meses, el bebé empieza a comprender que usted existe aunque él no la vea. Hasta ese momento nunca la había echado de menos. En cuanto empiece a ocurrirle eso, llorará cuando lo deje, se aferrará a usted cuando muestre intención de marcharse y protestará en cuanto se haya ido. Un niño que ha dormido bien durante meses empezará ahora a protestar cuando usted le dé las buenas noches. El problema aumenta por las molestias de la dentición, que con frecuencia se produce en esta época.

◆ A medida que van creciendo, los pequeñines necesitan dormir menos. Si a la hora de acostarse no tiene sueño, recórtele las horas de sueño diurnas; algunos bebés necesitan dormir menos que otros. Si se despierta a las seis y a las ocho sigue despierto, quizás no necesite dormir un par de horas durante el día. Es más fácil conseguir que un niño se duerma si está cansado.

◆ Si le están saliendo los dientes y le duele mucho, tal vez no pueda acostarle según lo acostumbrado. Déle algo para aliviarle el dolor. Cálmele acunándole en el cochecito o llevándole a dar un paseo. Si llora durante la noche, vaya a verle o incluso duerma con él.

◆ Cuando se haya recuperado manténgase firme y coherente. Desarrolle la rutina de la hora de acostarse. Acuéstele en su cuna y márchese.

◆ Las rutinas familiares le ayudan a relajarse. Un baño, una toma de leche, una luz tenue y los sonidos monótonos harán que se adormezca.

◆ Resulta más fácil mantenerse firmes si usted y su pareja se apoyan uno a otro durante las noches en que el pequeño protesta.

◆ Algunos niños duermen mejor en cuanto abandonan la cuna para pasar a su propia cama. Cuidado con las escaleras. Prepárese para recibirle en su cama por la mañana.

Acostumbrarle a que duerma en su propia cama

Como ya he dicho anteriormente, a menudo es conveniente que el bebé de corta edad duerma en la cama con sus padres, en especial si está tomando el pecho. El pequeñín duerme muy bien y la madre apenas necesita despertarse para darle el pecho. Una vez el niño se ha cogido al pecho, todos pueden volver a dormirse. Aunque el niño duerma en una cuna, resultará inevitable que pase algún tiempo en la cama con usted, a menos que usted se muestre muy vigilante. Pero ¿por qué habría de hacerlo? Despertarse por la mañana con un bebé en la cama es uno de los placeres que conlleva el hecho de ser padres, siempre que no sea antes del amanecer. El problema empieza cuando el niño se mete en la cama de sus padres a las tres de la madrugada y no para de dar vueltas hasta las siete.

◆ Un pequeñín que ha estado durmiendo en la cama de sus padres durante un período de enfermedad puede ser devuelto a la antigua rutina simplemente acostándole en su cuna e insistiendo en que debe quedarse en ella. Son de esperar lágrimas y protestas. Si el pequeño duerme toda la noche de un tirón, regresar a la antigua rutina no debería plantear demasiados problemas.

Si no duerme la noche entera, a usted probablemente le esperan un par de noches un poco duras. Tal vez tenga que intentarlo en el sofá o en la cama de invitados, a menos que el niño ya duerma en una habitación aparte. Procure siempre que su hijito esté realmente cansado antes de acostarlo. Evite las siestas durante un día o dos. Una botella de agua caliente le resultará útil.

◆ Un bebé que ha dormido siempre en la cuna puede ser trasladado sin problemas a una cama. Haga de ello un acontecimiento importante y especial. Repítale una y otra vez que 'ya es un niño mayor'; póngale en la cama ositos de peluche; en la mesita puede ponerle música o cintas de cuentos. Que duerma siempre en la misma cama (incluso de día), y deje que se vaya a dormir él solo. Le ayudará el hecho de haberle acostumbrado desde bebé.

◆ Un niño que sabe bajarse de su cama (o cuna) e ir a la habitación de sus padres resulta más problemático. Acudirá cada vez que se despierte. La mejor manera de asegurarse que no se despierte hasta la mañana es procurar que esté cansado. A medida que los bebés van creciendo, cada vez necesitan menos horas de sueño. Si quiere que duerma por las noches, recórtele las horas de sueño diurnas y procure que se acueste más tarde por las noches. Dividir el sueño en dos o tres bloques significa que no necesitaremos tanto. Si de todos modos se despierta y acude a su habitación, llévele de regreso a su propia cama.

◆ A un bebé de más edad se le puede retrasar la costumbre de visitar la habitación de sus padres preparándole una pequeña sorpresa para que la encuentre en su cuarto cada mañana. No tiene por qué ser nada elaborado: simplemente un juguete que no haya visto durante un tiempo, un vaso de zumo o una caja con arena sobre la mesa.

Cómo hacer frente a un llanto constante

Hay niños que siempre están infelices. Existen razones y también excusas para explicarlo. Usted puede (y debería) hacer algo al respecto. Un niño que siempre está llorando se hace más difícil de querer. La causa más obvia del llanto constante es el dolor. Infecciones de oído, eccemas, resfriados persistentes y otras dolencias constituyen las causas más comunes. Consulte con su pediatra. Él le recetará algo para remediarlo.

Otra causa muy común reside en las tensiones y problemas familiares. Incluso los niños pequeños captan las señales, y reflejan nuestra infelicidad mediante la suya propia. Los bebés lloran porque ésa suele ser la manera más fácil y segura de atraer la atención de su madre, en especial cuando ésta se halla distraída con su propia infelicidad. Aunque sólo consigan abrirse paso en su mal humor, se tranquilizan. Una madre deprimida tiene dificultades para ofrecer la estimulación y el afecto necesarios para mantener a su hijo sonriente. El niño vacilará entre rendirse o plantear demandas.

Por supuesto, hay bebés más alegres y asequibles que otros. Es posible moldear el carácter de un niño que empieza siendo difícil para hacerlo más risueño, a base de recompensar su buen comportamiento e ignorar el malo. Un niño difícil se ve confirmado en sus maneras si los padres ceden cuando se porta mal y le ignoran cuando se porta bien.

ABORDAR CORRECTAMENTE EL LLANTO CONSTANTE

- ✔ *Busque y solucione cualquier causa evidente.*
- ✔ *Cuando su hijo esté portándose bien, demuéstrele cuánto lo quiere. Préstele atención, hágale mimos, juegue con él. Enséñele que conseguirá mucho antes y con más frecuencia su propósito si lo pide bien.*
- ✔ *Cuando el niño esté contento, acuda a su lado. Ríase con él y concédale toda su atención.*
- ✔ *Procure minimizar la atención que le presta cuando llora sin razón. Responda despacio (o absténgase de hacerlo) a demandas malhumoradas. Salga de la habitación.*
- ✔ *Ataje el mal humor y las lágrimas. Si se muestra inquieto, mímele y confórtelo antes de que llore.*
- ✔ *Ignore el llanto con fines manipuladores. Salga de la habitación. Vuelva cuando deje de llorar. Si resulta imposible, cójalo en brazos y acarícielo con firmeza. Apriételo contra usted hasta que se calme.*
- ✔ *Si usted está deprimida o nota que tiene dificultades para manejar la situación, busque ayuda profesional.*
- ✔ *Si le resulta difícil controlar sus estados de ánimo, háblelo con alguien. Salga de la habitación de su hijo. Busque ayuda antes de llegar a perjudicarle, no después, cuando quizás sea tarde.*

ABORDAR ERRÓNEAMENTE EL LLANTO CONSTANTE

- ✖ *Acudir siempre a darle consuelo cuando llora. Decirle que no vaya a su cama, que no se coma una galleta, chucherías o helado y luego cambiar de opinión y permitírselo por el hecho de que sigue llorando.*
- ✖ *Ayudarle antes si llora que si no llora. Darle cosas cuando llora para pedirlas. Quitarle la comida de delante cuando llora porque no le gusta.*
- ✖ *Llamarle niño difícil y esperar de él otro tipo de comportamiento.*
- ✖ *Decirle a todo que sí. Nunca enfrentarse con él, contradecirle o enseñarle de alguna manera que ser agradable o asequible es un mejor modo de conseguir lo que quiere.*

Timidez: ¿es posible cambiarles de manera de ser?

A algunos bebés les cuesta habituarse a personas y lugares nuevos. Mientras los niños que buscan excitación siempre serán más extrovertidos, los niños tímidos no tienen por qué ser introvertidos. Los bebés que se crían relacionándose raras veces con otras personas se suelen mostrar tímidos con las personas extrañas y los sitios nuevos. Todos los pequeñines pasan por una fase de timidez y temor entre los nueve y los doce meses. En cambio, los que salen a menudo, ven a gente nueva y hacen cosas diferentes crecen más confiados. Los niños que permanecen mucho en casa continúan sintiéndose incómodos. Casi todos los pequeños se muestran tímidos cuando entran en relación con un grupo de niños que ya estaba formado de antemano. Cuanta menos experiencia tengan, más difícil les resultará.

¿Es realmente tímido?

◆ Los pequeños siempre necesitan confirmar con usted que las personas, lugares y acción en curso son seguros. Eso no es timidez.

◆ Aunque los bebés estén interesados en otros niños, no empiezan a jugar con ellos hasta los dos años de edad. Es del todo normal que un pequeño de un año no quiera jugar con otros niños.

◆ A veces los bebés son atraídos hacia la 'conversación' con otras personas e inician interacciones con adultos y niños más mayores que conocen bien. Dos niños que gatean no se comunicarán, ni compartirán los juguetes, porque no saben cómo hacerlo.

◆ Hacia los nueve meses, todos los bebés se retraen ante los extraños, y llorarán si tratan de forzarles a relacionarse aun con personas que no han visto recientemente. Los niños deben aprender a sentirse seguros con las personas nuevas para ellos. Si sólo conocen a gente nueva en muy raras ocasiones, les costará más.

◆ La mayoría de los niños se sienten incómodos y se pegan a sus padres cuando se encuentran en lugares nuevos. Se trata de otra característica que se inicia hacia los nueve meses, y puede prolongarse hasta los primeros años escolares o incluso por más tiempo. De nuevo, la práctica es importante. Un niño que casi nunca sale de casa es muy probable que se sienta inseguro cuando lo haga.

◆ Casi todos los bebés deben aprender a sentirse seguros cuando no se hallan en contacto físico con usted. Si visitan un lugar nuevo, es posible que insistan en jugar a sus pies o que no se despeguen de sus faldas. Incluso después de haber estado algún tiempo en un sitio nuevo, los niños pequeños no se alejan demasiado de sus padres. Es normal que se comporten así cuando tienen cerca a sus padres.

◆ Cuando un bebé prueba a hacer algo nuevo, se encuentra con alguien desconocido o si usted se aleja de él, lo buscará para tranquilizarse. Sólo si percibe que cuenta con su apoyo se aventurará hacia delante. Si usted le ignora cuando él busca su apoyo, seguirá mostrándose tímido y aferrándose a usted.

◆ Si su bebé es una niña, es probable que usted la coarte más si ve que se aleja de usted que si se trata de un niño. Es más probable que no deje que hable con extraños o que realice juegos aventurados. Los padres suelen ser más tolerantes con la timidez de sus hijas, e incluso la fomentan de manera activa.

CÓMO NO AYUDAR A UN NIÑO TÍMIDO

✖ *Tratar de forzarle a jugar con otros niños.*

✖ *Asumir que el pequeño estará a gusto con un extraño o con un pariente al que no ha visto recientemente.*

✖ *Mostrarse falto de comprensión o paciencia. Si un niño se siente inseguro necesita más apoyo, no menos.*

✖ *Ignorar al pequeñín cuando se encuentra en lugares nuevos o en compañía de otras personas.*

✖ *Continuar usted con su vida social y dejar que él haga la suya.*

✖ *Enfadarse y retirarle su apoyo cuando se aferre a usted. Gritarle o pegarle. Pedirle –con palabras o acciones– que se vaya.*

✖ *Llamarle bebé cuando necesita achuchar a su osito de peluche.*

✖ *Etiquetarle como 'niño tímido' por lo que le dice, por sus actos o por lo que usted espera de él.*

AYUDAR A UN NIÑO TÍMIDO

✔ Si un niño está *vinculado a más de una persona le resultará más fácil relacionarse con los demás. Si se pasa la mayor parte del tiempo con su madre le será difícil no mostrarse tímido.*

✔ *Un niño acostumbrado a conocer gente y lugares nuevos se verá menos trastornado por ellos. Reúna a un grupo de madres con bebés y vayan juntos al parque. Si usted no se relaciona con otras personas, ¿cómo aprenderá el pequeño a relacionarse?*

✔ *El niño obtiene su seguridad de usted. Una sonrisa suya desde la otra punta de la habitación será suficiente. Esbozada en el momento idóneo, le permitirá avanzar en sus exploraciones. A veces se asustará y deberá regresar a su lado para que le dé una muestra de cariño. Si cuando él busca reafirmación, usted está demasiado ocupada para percatarse de sus evoluciones, los temores crecerán. La próxima vez es probable que no se atreva a moverse de su lado.*

✔ *Un bebé que gatea no se relaciona con niños desconocidos hasta pasado su segundo cumpleaños. Pero se sentará junto a ellos. Un niño que se sienta con otros observa cómo se inician las conversaciones y puede ser introducido en ellas por niños más mayores. Cuando esté preparado para empezar él mismo una conversación, se encontrará en el sitio justo. Un niño que nunca se ha mezclado con otros todavía tiene mucho que aprender. Es inevitable que al principio se muestre un poco tímido.*

✔ *Un pequeño que sabe que usted tiene confianza en él se sentirá confiado. Hágale saber siempre que aprecia sus esfuerzos.*

✔ *Los niños a quienes gusta la excitación es menos probable que sean tímidos. Los juegos ruidosos ayudan a un niño a superar algo de su timidez. Pero, gradualmente, vaya bajando el volumen.*

✔ *Existen evidencias de que un objeto cómodo (osito de peluche, una manta) ayuda a los niños a manejarse en lugares y con personas nuevos. (Tal vez eso se cumpla incluso con niños de diez años.)*

Añoranza de la madre y miedo a los extraños

A partir de los siete meses empezará a añorarla. Una vez es capaz de echarla de menos, empieza a temer su partida y buscará los signos que le indiquen que usted está a punto de marcharse. En cuanto los detecte, comenzará a protestar. Si ya gatea, tal vez la siga de habitación en habitación, se aferre a su cuello cuando usted le dé el beso de despedida y se ponga a llorar en cuanto la vea salir por la puerta. Un niño cuyos padres se ausentan y regresan a menudo aprende pronto que la separación no es para siempre. Tal vez no cesen las protestas, pero sí se suavizarán.

CÓMO NO TRATAR A UN BEBÉ MUY APEGADO

- ✖ *Reincorporarse al trabajo justo cuando él empieza a darse cuenta de que la echará de menos. Eso sucede entre los siete y los nueve meses. Si no puede evitarlo, practíquelo antes pasando algo de tiempo separada de él antes de empezar a trabajar, a fin de que el pequeño se adapte. A usted le resultará doloroso tener que dejar al niño llorando.*
- ✖ *Dejarle sin decirle adiós, en especial a partir de los siete meses.*
- ✖ *Dejarle con una persona del todo desconocida para él.*
- ✖ *Ignorarle. Responder sólo cuando él lo demanda.*
- ✖ *Mostrarse fría y poco comprensiva cuando él tiene un berrinche.*

CÓMO NO ABORDAR SU TEMOR A LOS EXTRAÑOS

- ✖ *Decirle: "No seas tonto, ¿no ves que es la abuela?".*
- ✖ *Confiarlo a una persona extraña y esperar que se acostumbre a ella. Recuerde, una persona familiar para usted a veces es un extraño para él.*
- ✖ *Chillar; enfadarse.*
- ✖ *Dejarle en un sitio extraño con alguien que el niño no conoce, o en una habitación llena de desconocidos.*

CÓMO TRATAR A UN BEBÉ APEGADO Y TEMEROSO

✔ *Si se reincorpora al trabajo, asegúrese de que el pequeño conoce a la persona que va a cuidarlo, así como el lugar donde va a quedarse.*

✔ *Procure que su primer día de trabajo no coincida con la primera vez que deja a su hijo. Salga alguna noche, unos cuantos días antes de su reincorporación, y que el pequeño se quede con un canguro. Déjelo con algún amigo (que él conozca) durante unas horas mientras usted sale de compras. Es necesario que su hijo adquiera confianza en que usted va a regresar. Una jornada laboral completa da al niño mucho tiempo para pensar que la ha perdido para siempre.*

✔ *Si el niño teme a los desconocidos (aunque se trate de la abuela), muéstrese comprensiva. Espere a que se acostumbre a ellos antes de dejarle solo. Lo que debe preocuparle es su hijo.*

✔ *Espere de él que se pegue a usted cuando se encuentren en un lugar nuevo.*

Empezar tarde a andar

Algunos niños ya andan a los nueve meses. La mayoría, sin embargo, no empieza hasta los 13 o 14 meses de edad. También los hay que no caminan hasta los dos años. En algunos de estos casos tardíos hay algún motivo subyacente que explica un desarrollo físico más lento, pero los padres ya habrán tomado conciencia de dicho problema. Si un niño ha cumplido los dos años y no anda todavía, es conveniente llevarle al médico. Puede tener, por ejemplo, problemas de equilibrio, o tal vez ser corto de vista.

Dado que el cerebro madura según un patrón establecido y a un ritmo relativamente constante, un niño al que tarda mucho en sostenérsele la cabeza es probable que se retrase a la hora de sentarse, sostenerse de pie y caminar. No obstante, este retraso no se extiende a otras habilidades, como aprender a hablar. Sin embargo, sí afecta a otras habilidades físicas, como el control de las manos y los dedos. Un niño tardío para empezar a andar es probable que también lo sea a la hora de coger sus juguetes, hacer construcciones o atarse los zapatos.

Los bebés que se mueven suelen ser inicialmente más listos que los inmóviles. Se debe quizás a que los padres pasan mucho tiempo mirando, hablando y relacionándose con sus bebés cuando éstos empiezan a andar. Los niños móviles tienen muchas más cosas que explorar, manipular y observar. Se sienten motivados para planificar. Como pueden cruzar la habitación para coger un juguete, vale la pena planificar cómo llegar allí y qué hacer después. En cambio, los niños que no andan tienen menos necesidad de considerar una secuencia de comportamientos. No obstante, los niños inmóviles se ponen pronto al mismo nivel que los otros.

Los bebés prematuros suelen ser casi siempre tardíos a la hora de alcanzar los hitos en su desarrollo. Éste va asociado con la edad gestacional (plazo desde la concepción). Cabe esperar que a los siete meses de edad un niño que haya nacido sietemesino sea como uno de cuatro o cinco meses. A veces tarda hasta dos años en ponerse al nivel normal. Haber nacido prematuro ya es en sí motivo de tensión, y esa tensión puede añadir aún más retraso. Dado que los nacimientos prematuros van asociados a una mayor incidencia de problemas en el parto, nunca debe despreocuparse uno respecto a retrasos en el desarrollo en estos casos. El niño necesita que lo sometan a revisiones periódicas durante el primer año.

ALGUNOS HECHOS ACERCA DEL DESARROLLO FÍSICO

- Algunos grupos raciales maduran más deprisa que otros.

- Las niñas maduran un poco más rápido que los niños, debido quizás a que son un poco más ligeras.

- El ritmo del desarrollo físico parece estar ampliamente preprogramado. Los gemelos idénticos empiezan a andar con pocos días de diferencia. Los gemelos no idénticos no se parecen más en ese sentido que los demás niños de la misma familia.

- Que el pequeño practique mucho gateando entre los muebles o con un andador acelera un poco las cosas; pero los efectos son bastante insignificantes.

- Un niño que en general recibe muy poca estimulación suele experimentar retrasos considerables, al igual que el pequeño tratado con negligencia.

- Los niños que se desplazan sobre el trasero suelen ser lentos para empezar a andar. Quizás tienen poca motivación, pues pueden desplazarse y llevar cosas en las manos. Un niño que gatea, no puede hacerlo.

Qué hacer en casos de desarrollo tardío

◆ Si se encuentra un poco por debajo de la media, deje de preocuparse: no se trata de una carrera ni de un test de inteligencia. Empezar temprano a andar es un rasgo hereditario.

◆ Si su hijo va retrasado (p. ej. en que se le sostenga la cabeza), llévelo al pediatra para que lo someta a una revisión. Si sospecha que hay algún problema, lo enviará a un especialista. Recuerde que las estadísticas que se publican son promedios.

◆ Un niño que se muestra reacio a empezar a moverse por sí solo, tal vez tenga otros problemas. Si empezó a sostenerse sentado a la edad normal, pero todavía no camina o gatea a los 18 meses, consulte a su pediatra.

◆ Es posible que un niño que tarda mucho en desarrollar la movilidad se sienta muy frustrado. Considere la posibilidad de comprarle un andador. No es conveniente durante muchas horas al día. Puede ser perjudicial para sus tobillos. También le frena a la hora de investigar y manejar objetos. Practica el uso de sus pies en detrimento de las manos.

Cómo destetar a un niño que utiliza el pecho para tranquilizarse

◆ Es mejor no ofrecerle el pecho cuando está inquieto. Si succionar lo tranquiliza, ¿es posible sustituirlo por el chupete o por el biberón? Tal vez convenga que se lo dé su padre, ya que no es probable que acepte ese sustitutivo si sabe que tiene a disposición lo que realmente quiere.

◆ Encuentre un momento idóneo, cuando los dos, padre y madre, pasen por una etapa de calma.

◆ Ofrézcale otro tranquilizante: un osito o su mantita. Déselo cuando se vaya a dormir o esté tranquilo en la cuna. Combínelo con algo de beber en su vasito, si es que eso sirve de ayuda.

◆ Si se hace daño a sí mismo, cójalo en brazos con el objeto que le tranquiliza y mime al pequeño.

◆ Deberá restringir el acceso al pecho, exceptuando las horas de las tomas. Póngase un vestido cerrado si ve que trata de servirse él mismo.

◆ Restrinja las tomas tranquilizantes a lugares determinados, primero tal vez sólo en casa y luego en el dormitorio. Limite también las horas. Deje de darle tomas tranquilizantes durante la noche (si eso resulta lo más fácil), luego durante el día y, finalmente, suprima la de antes de acostarse. Para muchos bebés, esta última es la más difícil de dejar.

◆ Tal vez tenga que alterar el orden de estos pasos cuando se trate de otros niños.

◆ Si protesta ante cualquier tipo de restricción y se niega a adaptarse, quizás le resulte más sencillo hacerlo de golpe. En tal caso, asegúrese doblemente de que no existan otras tensiones, ni para usted ni para el pequeño.

◆ Si está muy apegado al pecho, no le será fácil. Es posible que deba mantenerse firme y dejarle llorar.

Suprimir el biberón tranquilizante

◆ Dado que a menudo no es tan urgente suprimir el biberón tranquilizante, suele hacerse mucho más tarde.

◆ Hágalo cuando no haya tensiones o cambios en curso.

◆ O bien restrínjalo poco a poco; si el niño es más mayor, fije una meta acordada, tal vez a mediados del trimestre, en caso de que acabe de empezar a llevarlo a la guardería. La mayoría de los niños de esta edad lo dejarán voluntariamente: no quieren que sus amigos les vean tomarlo.

◆ Intercambie el biberón por algo especial. Alábelo siempre por su esfuerzo.

◆ Mi madre organizó un funeral para nuestros biberones. Los enterramos en el jardín: pero casi todos los tuvimos hasta que empezamos a ir al colegio.

Cambiar la alimentación del niño: del pecho o del biberón al vaso

◆ Suprima de golpe el pecho o el biberón sustituyéndolo por un vaso de leche.

PROBLEMAS DEL DESTETE

Los bebés pueden ser destetados del pecho o del biberón a partir de los siete meses, más o menos. Pero, dado que a esta edad todavía están tomando una gran proporción de su nutrición en forma de leche, precisarán ser bastante hábiles bebiendo del vaso.

Que un bebé ya tenga edad para el destete no significa que deba hacerlo por fuerza. Tampoco quiere decir que sea necesariamente una buena idea. A los pequeñines les gusta chupar. Los tranquiliza, y si a usted le va bien seguir dándole el pecho, eso no representa ningún problema. Tampoco es necesario pasarle directamente del pecho al vaso. Quizás le resulte más sencillo pasarle del pecho al biberón. Si eso hace feliz a su bebé, es también lo más conveniente.

No existen reglas fijas: en realidad se trata de una cuestión de gustos y de conveniencia. En el pasado, los niños eran a menudo alimentados exclusivamente con el pecho hasta la edad de tres o cuatro años, y en ocasiones continuaban tomándolo de vez en cuando hasta cumplir los siete. No se desteta a los niños para pasar a darles sólidos con la finalidad de mejorar su nutrición. Se da ese paso porque resulta más conveniente. Ya no hay que fiarse de la lactancia para la anticoncepción. Para cuando el bebé alcanza los nueve o diez meses de edad, necesitaría una toma cada dos o tres horas para obtener leche suficiente. La mayoría de las mujeres es probable que no deseen permanecer tan ligadas. Sin embargo, si una madre quiere continuar alimentando a su bebé exclusivamente (o en parte) con el pecho, no existe motivo alguno para no hacerlo. Tampoco existe ninguna razón para pasar abruptamente del biberón al vaso.

El biberón y el pecho los consuelan. Si alimentar fuese la única función del pecho, resultaría sencillo destetar a los niños. Es precisamente el efecto tranquilizador del pecho o del biberón el que dificulta el destete. Hacia los siete meses, casi todos, los bebés se vuelven bastante temerosos y dependientes de la presencia de la madre y, a menudo, desarrollan un fuerte apego hacia aquellas cosas que reducen sus temores y les hacen sentirse más seguros. El pecho y el biberón suelen figurar en esa lista. Cuando el bebé se siente inquieto o asustado, unas chupaditas lo tranquilizan.

◆ La toma nocturna suele ser la primera que se suprime. Hacia los seis meses, la mayoría de niños ha prescindido también de la última toma antes de acostarse. Pero si es más pequeño, todavía necesita un biberón a esas horas.

◆ Para cuando el niño ya esté tomando sólidos tres veces al día, probablemente hará sólo cuatro o cinco comidas al día: a primera hora de la mañana, desayuno, almuerzo, merienda y cena.

◆ Sustituya el pecho o el biberón por un vaso de leche en el desayuno, el almuerzo y la merienda. Si toma leche con los cereales, puede tomar un zumo en esa comida. Una vez se haya acostumbrado a este régimen, sustituya el biberón de primera hora de la mañana.

◆ La toma de la noche, antes de acostarse, suele ser la más difícil de suprimir. A esa hora, el pequeñín está cansado y se irrita con facilidad, y muchos asumen esta última toma como parte de la rutina de irse a dormir.

◆ No hay nada malo en que el pequeño se lleve un biberón o un vaso con tetina a la cama, siempre que no sea una bebida azucarada.

◆ Si no consigue que el niño se duerma, a menos que se tome un biberón antes de acostarse, ¿qué más da? Mientras le quite el biberón en cuanto se duerma y/o le dé una botella de agua, no ocurre nada.

MOTIVOS ERRÓNEOS PARA DESTETAR A UN NIÑO

✖ Porque le han dicho que ya va siendo hora.

✖ Porque ha cumplido una determinada edad.

✖ Porque usted está a punto de volver a su trabajo.

EL MOMENTO ERRÓNEO PARA DESTETAR A UN NIÑO

✖ Cuando estén en curso cambios importantes en su vida: ir a la guardería, separación de los padres, enfermedad de los padres, reincorporación de la madre al trabajo.

✖ Cuando al niño le están saliendo los dientes o se encuentra enfermo.

✖ Cuando la familia vaya a salir de vacaciones o se mude de casa.

✖ Cualquier momento en que el pequeño se encuentre bajo de autoconfianza. Cuando los padres estén atravesando períodos de tensión.

¿Tarda en empezar a hablar?

Los niños empiezan a entender las primeras palabras entre los siete y los nueve meses. Si se fija bien, en esta época detectará su primera 'palabra signo'. Tal vez tenderá la mano para decir 'dame', contraerá las facciones cuando usted intente darle un papilla que no le gusta o levantará los brazos para pedir que lo cojan. Hacia los diez meses, algunos niños añaden ya sonidos o palabras a esos signos. Es posible que señalen con el dedo y hagan un sonido parecido a 'psst', cuando vean un gato. La mayoría de los niños probablemente sabrá alguna de esas palabras hacia los 13 o 14 meses, aunque tal vez no sea muy clara. A las pocas semanas de la aparición de esta primera palabra habrán añadido con probabilidad tres o cuatro más. Una vez empiezan, las palabras van saliendo rápido. Hacia los 18 meses, casi todos los niños tienen unas cien palabras en su repertorio. Cuando cumplen los dos años suelen haberlas ampliado hasta las 250 y comienzan a juntarlas para formar frases sencillas. A esa edad llegan a hacer mil afirmaciones diferentes cada mes.

Un porcentaje pequeño de niños (varones en su mayoría) tiene dificultades relacionadas con el lenguaje. Algunos de ellos padecen sordera. Un porcentaje todavía más pequeño (1 uno cada 2.500) presenta autismo infantil temprano. Otros tienen afectada la capacidad de aprendizaje general. Entre los niños que empiezan tarde a hablar (pero a pesar de eso comprenden el lenguaje) se cuentan los que posteriormente serán tartamudos, los que hablarán con poca claridad y tal vez precisen de alguna terapia, así como los que más adelante desarrollarán dislexia. Muchos de ellos cuentan con antecedentes en la familia. Esto no significa que todos los niños que no han empezado a hablar a los dos años vayan a tener alguno de esos problemas.

¿Está sordo?

Dado que es posible ayudar a comprender y a utilizar el lenguaje a los niños sordos, proporcionándoles ayuda para el oído y enseñándoles el lenguaje de los signos, un diagnóstico temprano resulta esencial. En ocasiones, los problemas son originados por infecciones o por la acumulación de cera en los oídos. Otras afecciones se corrigen mediante sencillas operaciones quirúrgicas.

◆ Procure llevar al bebé al pediatra para que lo someta a todos los controles relacionados con el desarrollo.

◆ Si sospecha algún problema de oído, usted misma puede llevar a cabo algunas pruebas sencillas. ¿Se vuelve hacia un sonido acusado? ¿Le molestan los ruidos fuertes repentinos? Si usted lo llama desde un rincón de la habitación, ¿se vuelve para mirarla o necesitará verla para volverse del todo a mirarla? ¿Se vuelve cuando usted le susurra?

◆ Si sospecha una sordera, no trate de ignorarla, porque quizás esté en lo cierto. Recuerde que la mayoría de los niños no padece la pérdida total de oído. Si el pequeñín supera sus pruebas informales, es posible que, a pesar de ello, tenga algún problema de oído; consúltelo con el médico.

◆ En ocasiones los problemas de oído pasan desapercibidos cuando el niño padece simultáneamente otros problemas.

Cómo ayudar a un niño sordo

◆ Hable con él exagerando los movimientos de los labios. Los niños se aficionan de manera sorprendente a leer en los labios.

◆ Hable alto y claro. Es posible que oiga un poco.

◆ Si usted sabe que el niño tiene un problema en una banda específica de sonidos, trate de utilizar las bandas que él sea capaz de procesar.

◆ Elimine ruidos de fondo. La radio, la televisión o una lavadora ruidosa hacen difícil que un niño duro de oído perciba lo que se le está diciendo.

◆ Utilice signos. Señale, gesticule, haga mímica.

◆ No se rinda. Los niños sordos necesitan más comunicación de lo habitual, no menos.

◆ Los libros la ayudarán a comprender signos y movimientos de los labios del mismo modo que ayudan a los niños que oyen a aprender palabras. Pero mire al pequeño a la vez que al libro.

◆ Los niños sordos aprenden antes a comunicarse por medio del lenguaje de los signos que los niños normales mediante la palabra. Si su hijo padece sordera profunda, aprenda y utilice con él el lenguaje de los signos.

◆ Comprenda sus frustraciones, pero no sea excesivamente permisiva. Un niño sordo necesita ser fuerte y duro si quiere desenvolverse bien en un mundo de personas que oyen. A veces le parecerá cruel forzarle a hablar, pero a la larga el niño se lo agradecerá.

Hágale saber lo importante que él es para usted. Refuerce la autoestima del pequeño. Por encima de todo, que sepa lo mucho que usted le quiere.

Autismo

Se caracteriza por una incapacidad del niño para relacionarse y comunicarse con los demás. El hábito de autolesionarse y la preocupación por determinados objetos son a veces síntomas de autismo. Suelen ser muy reservados y se muestran insensibles hacia las personas que cuidan de ellos; carecen de aptitudes sociales y parecen muy solitarios.

◆ Los niños autistas son físicamente normales. A menudo presentan poca habilidad para el aprendizaje. Resulta muy difícil diagnosticar cualquier problema durante el primer año: la mayoría de casos son diagnosticados entre los dos y los tres años de edad.

◆ Estos niños presentan importantes retrasos en el lenguaje; algunos no tienen lenguaje. Unos simplemente repiten lo que oyen. Otros tienen una capacidad limitada. Estos problemas se atenúan con la edad.

◆ Los niños autistas puede que repitan todo el tiempo el mismo movimiento, por ejemplo balancearse adelante y atrás.

Hitos: de 12 a 14 meses

El período entre los 11 y los 14 meses suele ser una época muy feliz para los padres. El bebé está creciendo y la vida va siendo mucho más fácil para él. Empieza a comunicar sus necesidades y a compartir sus experiencias. Demuestra su alegría cuando los ve entrar en la habitación. También se está volviendo más independiente y es capaz de entretenerse con sus muñecos durante ratos mucho más largos. Le gusta que lo bañen, las excursiones al campo y las salidas especiales, como por ejemplo una visita al parque de bomberos. También le gustará estar con otros niños, aunque todavía no sabrá cómo relacionarse con ellos. Cuando lo aprenda, gritará y reirá complacido.

Por otra parte, ahora necesita una vigilancia constante. Comienza a desarrollar sus propias ideas acerca de qué le gusta y qué no le gusta. (La palabra 'no' figura en el primer vocabulario de la mayoría de los niños.)

Como se muestra más activo e independiente que antes, resulta fácil sobrestimar lo que es capaz de hacer. Un niño de esta edad tiene poca idea del yo. Sabrá que es un niño, pero no que va a crecer hasta convertirse en un hombre. Tal vez no se reconozca en el espejo o en una fotografía. Todavía piensa que usted comparte todos sus pensamientos y sensaciones. Si tirarle a usted de los pendientes a él no le duele, ¿cómo va a dolerle a usted? Aunque sea muy obstinado, no tiene malicia. Puede hacer cosas para atraer su atención (y si ser malo es lo que mejor le funciona, aprenderá a ser malo), pero no lo hará para irritar a la persona que tiene delante.

Sus vínculos son importantes para él: los pilares sobre los cuales construye su emergencia gradual en el seno de su familia. Un niño que se halla firmemente vinculado a un cierto número de cuidadores y amigos, se siente seguro y feliz, con ganas de jugar y dispuesto a aprender.

El "yo" de los 6 a los 18 meses

Cuando cumplen el primer medio año, los bebés se enamoran de sus cuidadores. Las personas a quienes quieren son en conjunto maravillosas. Buscan ansiosamente sus rostros y, cuando dan con ellos, les comunican ese amor. Sonríen, hacen gorgoritos y sueltan carcajadas. A medida que avanza la segunda mitad de su primer año, esa necesidad de comunicarse se incrementa y sus medios para hacerlo se vuelven más complejos. Lloran cuando los dejan solos. Responden alegremente cuando los llaman. Miran a una persona querida para reafirmarse o para ser corroborados antes de lanzarse a explorar. Puede que el niño galantee con usted y, hacia los nueve meses, empezará a desarrollar una forma organizada de respuesta. Si quiere una galleta, cogerá a su madre de la mano y la llevará hasta el armario. Tirará a su padre del jersey para que le coja en brazos.

El niño empieza a desarrollar una idea de sí mismo como persona; un individuo con sus propias emociones y necesidades específicas, capaz de comunicarse con los demás. Se muestra alegre y lleno de júbilo, y sabe que desea ser querido y mimado. Experimenta enfados y temores, ansiedad y mal genio, cuando no ve cumplidos sus deseos. Hacia los 18 meses es posible que incluso conozca la vergüenza y la provocación.

Apoyar el desarrollo del "yo"

◆ Haga saber a su hijo que entiende sus demandas.

◆ Dé nombre a su petición, para que aprenda las palabras para comunicarse con usted.

◆ Responda a las emociones de su hijo.

◆ Cuando la mire para saber si algo está bien o no, déle una respuesta: una palabra de estímulo o lo contrario.

Es más capaz de comprender qué quieren los demás de él, porque comprende mejor qué quiere para sí mismo.

◆ La provocación resulta frustrante, pero es una etapa necesaria en el desarrollo de su sentido del yo. Procure recordar lo siguiente: cuando se muestre juguetón e intrigante, respóndale con bromas.

Y cuando usted regresa a casa del trabajo…

Casi todas las madres trabajadoras habrán llegado algún día a casa y habrán percibido a través de la ventana a un niño angelical y feliz, pero nada más abrir la puerta se han encontrado con que el ángel se ha transformado en un torbellino. Ponerla a prueba es su manera de asegurarse de que usted lo quiere. Los niños suelen contraponer a sus padres con sus cuidadores. No obstante, suelen contraponer a todas las personas que quieren unas con otras. No tiene nada de especial.

El vínculo entre una madre y su hijo ha sido considerado durante mucho tiempo como un pilar importante sobre el cual se fundamenta más adelante el desarrollo social y emocional. Pero si bien ese vínculo es claramente importante, no existen evidencias de que el niño necesite sólo una figura como vínculo afectivo, ni tampoco que el hecho de estar al cuidado de varias personas diferentes sea necesariamente malo. Antiguos estudios que sugerían que la separación de la madre tenía efectos negativos a largo plazo sobre la vida emocional del niño se han visto rebatidos. Cuando se estudió a los niños criados en ambientes marcados por el cariño y la comprensión, la ausencia de la madre durante los dos primeros años no reveló influencias a largo plazo sobre su desarrollo.

A pesar de todo, hay que señalar que quizás la formación del vínculo afectivo entre la madre trabajadora y su hijo se retrase debido a la ausencia de ella, sobre todo si trabaja más de 35 horas a la semana. Al igual que el vínculo entre padre e hijo, cuando el primero trabaja largas horas fuera de casa, suele tardar más en desarrollarse. Pero no se ha demostrado que haya de ser necesariamente perjudicial para el pequeño, mientras éste se sienta seguro en su entorno y con las personas que lo cuidan. Los pequeños son capaces de cambiar de vínculos afectivos (o de asumir otros nuevos) sin efecto devastador alguno. No en vano, la adopción tardía suele funcionar bien. Pero la cuestión de si un niño puede asimilar una larga lista de cuidadores indiferentes, mientras sus padres trabajan largas horas, es harina de otro costal. Un dato más positivo reside en que los pequeños criados por terceros durante el día son más sociales, adaptables, juguetones y exploradores que aquellos que se crían en casa durante sus dos primeros años de vida. También se muestran más confiados y menos temerosos. En la parte negativa, cabe mencionar que suelen ser, asimismo, más agresivos.

Los estudios llevados a cabo demuestran que los cuidados diurnos de terceros no perturban los vínculos afectivos si:

◆ El niño se siente seguro con sus cuidadores.

◆ El niño procede de una familia estable.

◆ Recibe unos cuidados de calidad.

◆ El bebé y la madre se asemejan en cuanto a temperamento. Si el tiempo que pasan juntos es escaso, resulta más fácil entenderse con alguien en quien uno puede reconocerse.

◆ La madre es comprensiva con las necesidades de su hijo.

◆ El matrimonio o la relación de pareja funciona bien.

◆ La madre no trabaja más de 35 horas a la semana.

◆ En la familia se respira un bajo nivel de tensión.

◆ Los padres son cálidos y transigentes.

◆ El niño no es dejado a cargo de un cuidador entre los 6 y los 12 meses, y entre los 18 y los 24 meses de edad.

◆ La madre disfruta con su trabajo.

POR QUÉ NO HAY QUE PREOCUPARSE SI SE ES MADRE TRABAJADORA

✖ *Por el hecho de no estar siempre en casa. El niño necesita buenos cuidados las 24 horas del día. Pero no tiene que ser usted la única que se los proporcione.*

✖ *Porque el niño, feliz y saludable, parece más unido a su cuidador de siempre que a usted. Alégrese de que sea capaz de querer. No lo mida por la cantidad.*

✖ *Porque el niño parece irritarse cuando usted llega a casa. Sólo está poniéndola a prueba.*

✖ *Porque la enfrenta con la persona que lo cuida. Todos los niños lo hacen.*

✖ *Porque la ausencia materna pueda causar problemas a largo plazo. No hay evidencias de ello.*

POR QUÉ CONVIENE PREOCUPARSE SI SE ES MADRE TRABAJADORA

- ✔ *Por la calidad de los cuidadores. De que el niño desarrolle con ellos un cálido vínculo emocional.*
- ✔ *Porque los cuidadores no van a estar siempre ahí, y porque en la vida no existe ni seguridad ni certeza. Los niños quedan afectados por la desaparición de personas a las que aprecian. Para los más pequeños y los bebés, los efectos suelen ser bastante transitorios. Pero demasiados cambios sí tendrían su efecto en el desarrollo de los vínculos tempranos, en especial si la madre trabaja muchas horas.*
- ✔ *Porque usted y su pareja tengan tiempo para desarrollar una relación íntima con su hijo. El tiempo de calidad no sustituye al tiempo real.*
- ✔ *Porque el niño crezca en un ambiente favorable y estimulante.*
- ✔ *Porque el niño no entre en un entorno punitivo.*
- ✔ *No espere que los "genes" actúen. Lo que usted pone a partir del momento de la concepción tiene mucha importancia.*

Desarrollo de vínculos

El tipo de vínculo inicial que el niño establece con la persona que lo cuida se mantiene a lo largo del tiempo. Unos padres deficientes durante los primeros doce meses no suelen mejorar con los años. Un vínculo afectivo deficiente puede tener influencia sobre muchos otros aspectos de la vida del niño. Los primeros vínculos se consideran especialmente importantes para el desarrollo futuro, porque sirven al pequeño como una base segura, a la hora de dar un sentido a su mundo y a las personas que forman parte de él. El padre es el ancla y el refugio seguro al cual se aferra, un lugar donde acudir cuando está asustado. Cualquier persona que haya sufrido el desamor de su pareja sabrá lo perturbador que eso llega a ser. Los vínculos crean también un modelo para las posteriores relaciones sociales. Pero aquí hay que tener muy en cuenta el plural. Si el niño resulta ser bastante antisocial, eso no debe ser atribuido sólo a la madre. Existen otras personas en la vida del pequeño, y sus vínculos con ellas refuerzan y favorecen –o bien minan– su confianza. Los vínculos no tienen por qué establecerse durante el primer año. Los niños pueden llegar a establecer unas relaciones muy buenas y estables con padres adoptivos.

Aunque los estudios realizados en este campo se refieren a los efectos de unos vínculos afectivos deficientes sobre el comportamiento futuro del pequeño, es necesario recordar que resulta virtualmente imposible separar un vínculo deficiente de unos padres deficientes. Una madre poco comprensiva con un hijo que gatea es poco probable que se haya convertido en una madre modélica cuando el niño cumpla cuatro años. A lo largo de los años se van consolidando hábitos por ambas partes, los cuales cada vez resultan más difíciles de cambiar. Los estudios que sugieren que la calidad del vínculo se mantiene estable en la mayoría de los niños corroboran dicha afirmación. Sin embargo no señalan que el retraso en el vínculo entre una madre que trabaja y su hijo signifique que éste vaya a presentar problemas. Es posible que ambos tarden más en conectar, pero la relación llegará a ser igual de buena; los niños suelen establecer buenas –aunque tardías– relaciones con la figura del padre trabajador.

Hay tres factores que subyacen al vínculo. El primero es la ansiedad por la separación, que tal como el nombre indica es el temor del pequeño a perder a una persona a quien quiere. Ese temor alcanza su período álgido cuando el niño tiene entre siete y treinta meses. El segundo se refiere a negociar un equilibrio entre vínculo y exploración. Se podría concebir como la interacción entre el deseo de estar con la madre y la necesidad de salir a un mundo más amplio, a fin de explorarlo. Cuando un niño se aleja gateando y, en un momento dado, vuelve la vista atrás para ver si usted lo está observando, usted verá esa interacción en funcionamiento. La seguridad constituye el componente decisivo. Un niño seguro se siente lo bastante confiado como para dejar a su persona querida, y para que ésta lo deje a él. Es una forma de medir su certeza de que (ambos) volverán a estar juntos.

Tipos de vínculos

◆ Un niño con un vínculo afectivo firme se siente cómodo cuando está con su progenitor. Los comportamientos de ambos encajan bien. Son dos personas que se quieren. El pequeño se siente desgraciado si la madre lo deja en un lugar extraño o con personas que no conoce. Pero se apresura a saludarla con alegría cuando ella regresa junto a él. No se enfada ni le guarda rencor. No necesita engancharse a ella. Tal vez permanezca a su lado durante un rato, pero una vez consolado estará dispuesto de nuevo a explorar. Los niños seguros tienen madres y cuidadores accesibles, coherentes y sensibles, que responden al llanto, a las sonrisas y a cualquier señal.

◆ Un niño inseguro y esquivo no conecta con su progenitor. Cuando ambos están juntos, puede que el pequeño parezca incómodo, o incluso desinteresado. Si la madre lo deja, tal vez no llore, pero la evitará activamente cuando regrese, desviará la mirada, continuará con lo que estaba haciendo cuando ella lo llame y patalearà cuando lo coja en brazos. La madre de un niño inseguro y esquivo tiende a ser bastante egocéntrica. Sólo responde a su hijo si está de humor para hacerlo. El pequeño deberá adaptarse a ella. Este tipo de madre es menos sensible a las necesidades de su hijo y, a menudo, prefiere evitar el contacto físico. Ninguno de los dos se implica con el otro como debería.

◆ Un niño ambivalente tiende a aferrarse a sus padres, aunque eso al parecer no le consuele demasiado. Unas veces la madre le hace un mimo, otras pierde la paciencia. Cuando la madre se va, es posible que el niño se ponga fuera de sí. Cuando regresa, sin embargo, le consuela muy poco. Puede que el niño se enganche a ella, llorando lastimeramente, pero al rato se dedique a evitarla, luchando para que lo baje cuando ella lo coge en brazos. Es como si necesitara castigarla, como si ninguno de los dos, ni el niño ni la madre, supieran lo que quieren. La madre de un pequeño ambivalente tiende a actuar de forma incoherente, mimándole un minuto e ignorándolo al siguiente.

◆ Un niño desorganizado y desorientado despliega gran variedad de modelos de comportamiento desorganizado, el cual está cargado de contradicciones. A veces es esquivo y otras muestra un intenso deseo de aproximación. Parece aturdido, inseguro y falto de cualquier forma coherente de interacción con sus progenitores. Los padres se comportan con frecuencia de manera abusiva.

Factores que pueden influir en la primera vinculación del niño

◆ Una madre dulce, sensible y con disponibilidad suele establecer, por lo general, un vínculo firme con su hijo.

◆ Que a una madre no le resulte difícil desarrollar apego hacia un bebé difícil.

◆ Los padres dispuestos a demostrar sus emociones tienen unos vínculos más firmes con sus hijos.

◆ Si la madre está deprimida y tensa, tal vez actúe de manera incoherente con su bebé. Distraída con sus propios problemas, quizás no siempre responda a su pequeño.

◆ Un trabajo de más de 35 horas a la semana. Hay evidencias de que dejar al niño más tiempo retrasa el establecimiento de vínculos, sobre todo en los chicos.

◆ La cultura. Culturas diferentes defienden ideales diferentes. Las madres alemanas fomentan la independencia de sus hijos y, a menudo, son emocionalmente más distantes que las madres británicas o japonesas. En Japón, las madres raramente dejan a sus pequeños un solo momento, duermen con ellos y nunca utilizan los servicios de un canguro. Sus hijos crecen claramente más dependientes. El hecho de que cada cultura produzca individuos bien adaptados (así como otros mal adaptados) sugiere que no existe un camino 'verdadero'.

Factores que promueven una seguridad temprana en el niño

◆ Lo que el niño necesita es coherencia en la expresión del amor y en las expectativas de independencia. Los medios de expresión y el nivel de independencia que se fomenten resultan relativamente irrelevantes. El pequeño necesita saber en qué situación se encuentra, qué puede hacer y que siempre podrá recurrir a usted. Cómo se lo demuestre no es importante, pero su accesibilidad, sí. Necesita la confianza de su madre, saber que usted fomenta su independencia. Si eso le permite gatear hasta el centro de la habitación o hasta la otra punta es menos importante que saber que los límites se hallan claramente definidos.

◆ El niño necesita cuidadores que respondan a sus demandas, aunque la respuesta sea "no".

◆ El niño y su cuidador necesitan tiempo para desarrollar vínculos.

¿Educación a temprana edad?

El desarrollo no viene determinado por los genes que un niño hereda de sus padres. Estudios efectuados con niños adoptados de entornos muy problemáticos demostraron que los pequeños se criaban bien si eran acogidos por unos buenos padres adoptivos, que les apoyaran y estimularan. Los niños que permanecían en orfelinatos deficientes crecían con graves dificultades para aprender; los afortunados pequeños que pasaban a formar parte de hogares felices acababan siendo niños normales e inteligentes. Padres, cuidadores y educadores influyen en el desarrollo de los niños. Al igual que los acontecimientos de la vida. Incluso el lugar de nacimiento es importante: los niños urbanos tienden a ser más espabilados que los rurales. Cuando los padres se divorcian, es posible que el pequeño se estanque durante un tiempo, o incluso que se retrase un poco con respecto a sus compañeros. Cuanto mayor es el niño, más largos serán los efectos de cualquier trastorno. Pero la mayoría se sobrepone a dichos problemas.

Niños que se desarrollan hasta llegar a ser adultos muy inteligentes son descritos en su niñez como independientes, acostumbrados a resolver sus problemas, con iniciativa propia y capaces de espabilarse sin necesidad de ser constantemente guiados. Son cosas que los padres han de fomentar desde una edad muy temprana. También pueden dedicar tiempo a hablar con el niño y leerle, si bien la cantidad de vocalización empleada por los padres con el bebé parece que sólo en las chicas mantiene alguna correlación con la inteligencia. Tal vez la mejor evidencia de que importa aquello que se enseña al niño a una edad muy temprana reside en que la calidad del juego activo e interactivo predice la inteligencia posterior.

Estudios realizados revelan que un hogar feliz y que brinda apoyo va asociado con logros elevados, mientras que un hogar crítico y punitivo se asocia con logros escasos. Aunque formalmente nos es imposible educar a los niños a esta edad, sí nos es dado fomentar que se hagan preguntas, alabar sus esfuerzos y capacitarles para el juego. Algunas veces debemos permitirles que lo descubran por sí mismos, otras podemos mostrarles o explicarles cómo se hace una cosa. La manera exacta de mezclar los elementos depende del pequeño. Los niños que van bien suelen tener madres muy cariñosas, que se implican y se interesan por cuanto ellos hacen. Pero puede que eso sea más un reflejo de la sociedad que una necesidad real de los niños.

CÓMO NO EDUCAR A SU BEBÉ

- ✖ Perder interés por lo que el bebé está intentando hacer. Prohibirle que lo haga, incluso antes de que se ponga a ello.
- ✖ Mostrarse crítica ante el modo en que lo intenta y ante su forma de jugar. Ignorar sus juegos.
- ✖ Adelantársele. Él no puede hacerlo tan bien como usted. Si le coloca el listón tan alto, ¿cómo va a intentarlo siquiera?
- ✖ Demostrar con sus acciones que no tiene confianza en él.
- ✖ Castigarle por hacer las cosas mal, por armarse un lío o por no conseguir algo.
- ✖ No darse nunca por enterada cuando el niño hace algo bien.
- ✖ No jugar nunca con él (o raras veces).
- ✖ Pensar que el niño no es demasiado listo. Decir a los demás que él es 'el simpático' y su hermano 'el inteligente'.
- ✖ Nadie puede ser educado durante cada minuto del día. La educación cuaja mejor si entre las sesiones de trabajo también queda tiempo para descansar y para consolidar lo aprendido.

> ## CÓMO EDUCAR A SU BEBÉ
>
> ✔ *Tratarle con cariño.*
> ✔ *Alabarle cada vez que haya excusa para hacerlo. Mostrar interés por lo que hace.*
> ✔ *Jugar con él. Hablar con él. Relacionarse con él tan a menudo como sea posible.*
> ✔ *No afirmar nunca que sólo está jugando. Jugar significa aprender.*
> ✔ *Tener elevadas expectativas respecto a sus capacidades y demostrarle que confía en él. Animarle a que intente solucionar los problemas, pero ayudarle cuando lo necesite.*
> ✔ *Fomentar su independencia.*
> ✔ *Animarle a que juegue solo, a iniciar actividades, a espabilarse con las cosas sin necesidad de que lo supervisen todo el rato. Pero no debe esperar demasiado de él. Los niños necesitan unos estímulos graduales y suaves, no hay que forzarles.*

Quizás, lo más importante sea que crea en las posibilidades de éxito de su hijo y le transmita esa creencia. Si él sabe que es capaz de hacerlo y piensa que usted también lo sabe, está a medio camino del éxito. Los padres que siempre se muestran críticos ante los esfuerzos de sus hijos suelen tener niños menos exitosos. Según estudios, la madre es más importante que el padre en lo que se refiere a estas cuestiones.

¿Tiene importancia lo que come?

En la actualidad existe una obsesión por la comida sana que hace difícil considerar los hábitos alimentarios de muchos niños pequeños sin un ápice de alarma. Nosotros creemos que, dejados a su libre albedrío, los niños y los adolescentes no comerían más que las poco saludables comidas rápidas. Sin embargo, sorprendentemente, experimentos realizados sugieren que, dejados a su aire, los niños eligen en realidad dietas bastante equilibradas.

¿Por qué? Porque cualquier otra cosa acaba por hacer que se sientan mal. Un niño que echa de menos algún ingrediente vital en su dieta se encuentra enfermo y decaído. Si su hijo está lleno de vida y energía y presenta un crecimiento normal, eso significa que está tomando todos los nutrientes que necesita, aunque éstos procedan de hamburguesas y perritos calientes.

Como muchos de nosotros nos convertimos en padres teniendo muy poca experiencia, todas las preocupaciones nos afectan. Nuestros temores respecto a qué comen nuestros hijos son impulsados por la inseguridad acerca de si somos unos buenos padres. En el pasado, ser padres era una consecuencia inevitable de una relación sentimental y del matrimonio. Ahora que podemos elegirlo, somos más que responsables en lo que se refiere a hacerlo bien.

La comida se ha convertido en un icono de nuestros cuidados, un tema candente, al igual que todo aquello en que invertimos nuestro dinero. Muchas de las preocupaciones que están de moda no tienen mucho sentido. Si la elección se halla entre persuadirle de que se siente con un libro a comer un perrito caliente o dedicar tiempo en prepararle arroz integral con vegetales frescos, realmente no hay color. La historia es con mucho el mejor alimento para el cerebro. Los niños sobreviven, crecen y maduran con una dieta bastante básica.

Algunos hechos acerca de la dieta infantil

- Los niños no necesitan una dieta variada. Si lo que toman les proporciona todos los nutrientes que precisan, no importa que coman lo mismo todos los días.

- Los niños no necesitan una gran cantidad de proteínas. Si éstas llegan a un 2 por ciento de su dieta, eso les basta. Realmente no es mucho. La mayoría de los niños europeos consume muchas más proteínas de las que necesita. Hamburguesas, palitos de merluza congelada, salchichas, garbanzos, alubias, yogures y helados proporcionan proteínas más que suficientes.

- Los niños no necesitan una amplia variedad de vegetales. Muchas de las vitaminas y oligoelementos que aquéllos aportan se hallan presentes también en otros alimentos (por ejemplo, en los cereales, el ketchup, los zumos de frutas, el yogur y el helado). En caso de duda, siempre le queda la opción de darle vitaminas y minerales en gotas.

- Si la naturaleza pretendiera que los niños menores de dos años vivieran de algo, ese algo sería la leche. En caso de duda, suplemente su dieta a base de leche o de productos lácteos como el yogur entero o el queso.

¿Toma demasiados dulces?

- Los azúcares proporcionan energía para todas las células del cuerpo y del cerebro. Se obtienen a través de la comida o bien siendo ingeridos directamente. La mayoría de los niños quema todos los azúcares que consume. Muy pocos niños pequeños están flacos. A veces necesitan crecer 1 cm en una sola noche. Precisan tener reservas a mano (o mejor dicho en la tripita). Si su hijo no está más rellenito que la media, es activo y lleno de energía, se cepilla los dientes después de las comidas, come otras cosas aparte de natillas y no consume más de una o dos chucherías y galletas cada día, no hay razón para que se preocupe por su ingesta de azúcar, a menos que usted o su marido tengan mucho sobrepeso.

◆ Cuando ya han probado lo dulce, los pequeños rechazan a menudo las comidas saladas. Quizás sea porque los platos salados que les preparamos suelen ser muy suaves de sabor, en especial si los comparamos con los dulces que se venden. Un niño que rechaza su cena, tal vez prefiera una hamburguesa, o patatas fritas, porque tienen un sabor fuerte. Algo de especias, ajo, hierbas o salsa de tomate mejorará los sabores. Vaya añadiendo una pizca cada vez, a fin de ir sobre seguro.

◆ Los dulces dañan los dientes. Enseñe a su hijo a cepillarse siempre los dientes después de tomar cosas dulces.

◆ No le prometa natillas si se termina la papilla de verdura. Eso convierte a las natillas en un premio y a la papilla en un castigo.

◆ Deje de preocuparse. A los niños les gusta ponernos nerviosos. Eso les demuestra cuánto nos importan. Si usted se obsesiona con el tema de la comida, él aprenderá que es ésa la tecla que ha de pulsar.

◆ La miel no engorda menos ni es menos perjudicial para los dientes que cualquier otro dulce.

¿Toma demasiadas grasas?

◆ Los niños necesitan más grasas que los adultos, dado que son esenciales para la formación de las células. Las paredes de las células que componen nuestro cuerpo contienen grasas. A medida que van creciendo, los niños van formando más y más células (al tiempo que van renovando las que ya tienen). Por eso los niños han de tomar leche entera.

Si bien nunca debe restringir la ingesta de grasas de su pequeño, a menos que sea por recomendación médica, no estará de más que vigile un poco la cantidad de fritos que le da, no porque ahora vaya a hacerle daño, sino porque puede convertirse en un hábito nocivo en el futuro.

Los bebés que gatean deben tener reserva de grasas. Si el pediatra no muestra objeción alguna con el peso del pequeño, esté tranquila.

Alergias a ciertos alimentos

◆ El concepto de alergia alimentaria suele utilizarse como excusa ante problemas de comportamiento cuya causa real es una atención deficiente por parte de los padres. Las alergias alimentarias existen y su incidencia ha aumentado durante los últimos años, pero se manifiestan a nivel físico, no de comportamiento. El niño enferma, se siente abatido o bien le salen manchas, erupciones cutáneas, enrojecimiento o hinchazón. Cuando algún ensayo clínico a gran escala ha estudiado los efectos sobre el comportamiento de los agentes alergenos más comunes, nunca se ha demostrado que el hecho de consumirlos fuera causa de hiperactividad o de baja atención. Si el pequeño se porta mal, es más probable que el fallo resida en los padres que en su dieta.

◆ Los niños desarrollan a veces alergias a los alimentos. Si sospecha que algún alimento está provocando una reacción alérgica a su hijo, consúltelo con el médico.

◆ Usted misma puede realizar algunas pruebas previas, a base de excluir de su dieta determinados alimentos. Retírelos durante una semana o diez días, y luego reintrodúzcalos en la dieta. Si a continuación no observa cambios, es improbable que la causa sea una alergia al alimento que había excluido.

◆ Estudios exhaustivos no han logrado demostrar que los colorantes alimentarios tengan algo que ver con la hiperactividad. Eso no significa que sea una buena idea consumirlos en cantidad. Dado que no conocemos los efectos a largo plazo de los aditivos en nuestra dieta, lo sensato será evitarlos cuando sea posible.

◆ Los alergenos más comunes son la leche y los productos lácteos, el trigo y el gluten, los frutos secos y las fresas.

Acabar con las manías y lograr que los niños coman

◆ La mejor manera de recompensar a los comedores maniáticos es mostrarse preocupados.

◆ La mejor manera de animar a su hijo a rechazar la cena es convertir su "problema" en el centro de atención.

◆ La mejor manera de combatir las manías es darle de comer aquello que le gusta durante un mes o dos. Si se muestra activo, energético y va creciendo, no existe problema alguno.

◆ No fuerce a su hijo a comer. Los niños no ayunan hasta morirse de hambre. Ni siquiera llegarían al extremo de ponerse enfermos por comer 'demasiado poco'.

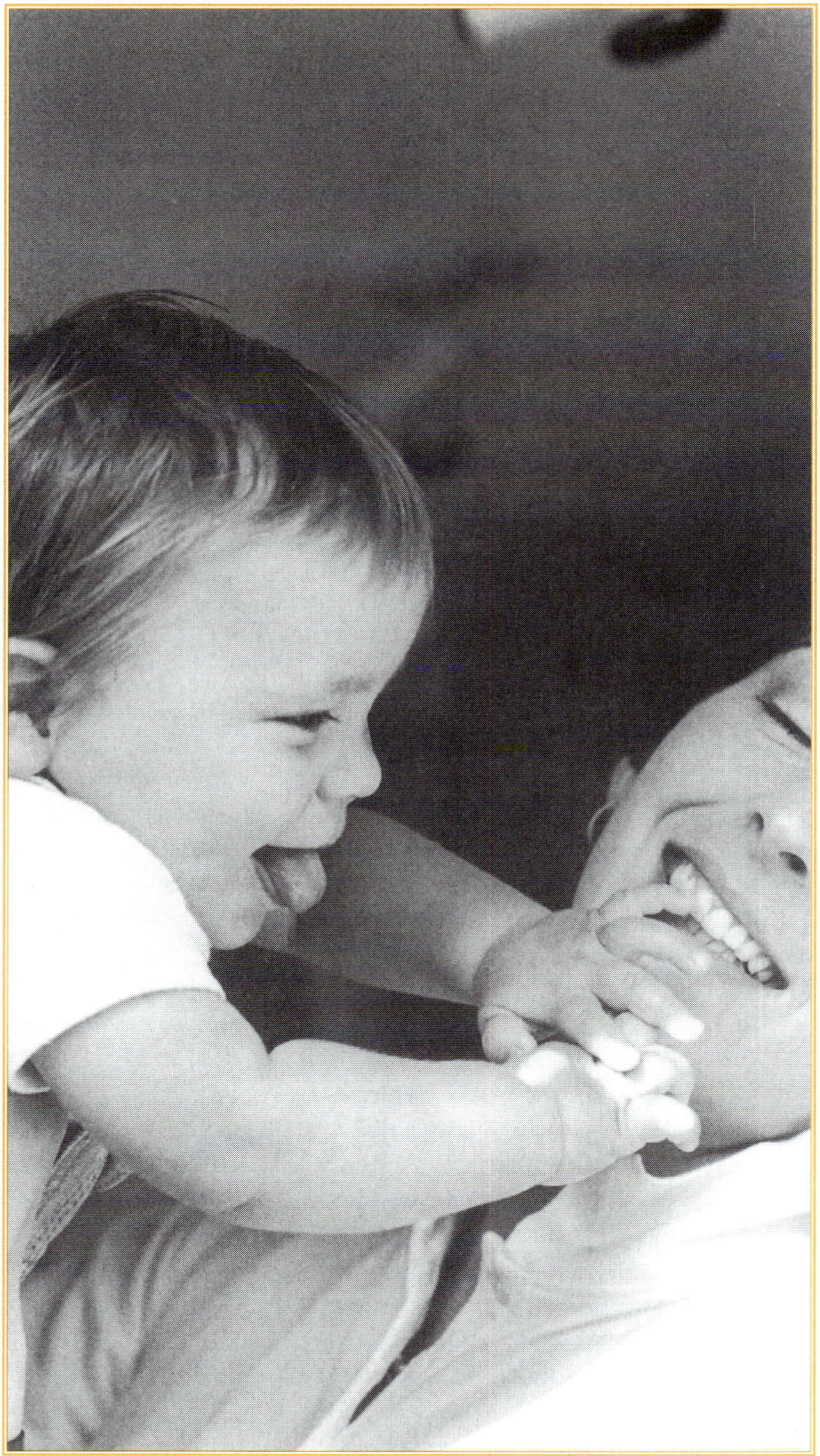

De los dos a los tres años y medio

Hitos: el segundo cumpleaños

Un niño de dos años bien equilibrado, ¿cómo es? Aunque diga muy pocas palabras entiende muchas cosas. Cada vez está más organizado y dispuesto a ayudar; también es más cariñoso y consciente de sí mismo. El comportamiento típico del niño de dos años genera un buen número de historias entrañables y divertidas. Probablemente, en años venideros los padres las sacarán a relucir delante de los amigos, consiguiendo con ello que su hijo se sonroje.

Por otra parte, el pequeño necesitará atención constante. Si cree que es capaz de bajar sin ayuda su bicicleta por la escalera o irse solo al parque, lo intentará. La mayoría de los niños sufre accidentes menores al abordar hazañas de este tipo. Por fortuna, como todavía son muy flexibles, resulta difícil que un niño de dos años se fracture un hueso a consecuencia de una caída.

En otro orden de cosas, el pequeño es aún muy dependiente, llorará cuando usted lo deje sin explicación y se pegará a sus faldas cuando lo lleve a un lugar desconocido para él. Eso es algo normal y natural. El niño que no llora en circunstancias de este tipo es el que tal vez debería preocuparnos.

Está en la época en que el 'no' y el 'yo hacer' son sus expresiones favoritas; son los años en que va adquiriendo una creciente independencia. En resumen, es un ser delicioso e irritante a la vez (como todo el mundo). Éste es el punto esencial: a los dos años debe ser considerado mucho más una 'personita' que un bebé.

Lo que hay tras los cambios

Subyacen a los cambios la paulatina madurez, crecimiento y desarrollo de las habilidades físicas, sociales y mentales del niño. Ahora ya coge, explora, pega, pincha, tuerce y gira, recoge y suelta; coloca una pieza encima de otra, hace garabatos con un lápiz y desata las correas del cochecito de paseo. Ya anda, se para, se detiene a recoger algo del suelo. Sube y baja por las escaleras de peldaño en peldaño, empuja un cochecito, maniobra con su patinete y lleva arrastrando tras de sí su conejito sobre ruedas.

Comerá solito (armando un zafarrancho), beberá en vaso, sabrá quitarse los calcetines, abrir puertas y salir disparado hacia la puerta abierta. Al no ser capaz de visualizar las consecuencias de sus actos, no percibe los peligros que lo acechan. Debe ser vigilado a todas horas, lo cual acarrea la beneficiosa consecuencia de que siempre hay una persona cuidándole que se halla en continua relación con él y que efectúa comentarios sobre todo lo que hace, y escucha e interpreta lo que dice.

En contrapartida, el pequeño ama de manera completa y absoluta, sin ningún elemento de juicio. Aunque los padres no cumplan de manera adecuada con su función, el niño se mantendrá (inicialmente) devoto a ellos. Hacia los dos años, habrá formado la mayor parte de sus principales lazos de amor, así como algunos de los secundarios. En el centro se encuentran sus padres y hermanos, así como las personas que lo cuidan, en tanto que en la periferia están los vecinos, amigos de la familia y otros parientes. El pequeño observa lo que hacen sus seres queridos, mira hacia donde ellos miran y llora en cuanto los pierde de vista. En un sitio extraño, los utiliza como refugio de seguridad. Cuando tiene miedo, se aferra a ellos con todas sus fuerzas.

Las evidencias demuestran que la naturaleza de estos vínculos tempranos tiene efectos duraderos sobre el comportamiento del pequeño. Un niño cuyos vínculos tempranos son firmes es capaz de construir otras amistades y relaciones de afecto, a imagen y semejanza de aquéllos. Un niño con unos vínculos afectivos pobremente asentados establecerá a su vez vínculos afectivos deficientes. A medida que el pequeño crezca, la seguridad de esos primeros vínculos afectará a otras áreas de su vida: cómo responde a personas y lugares desconocidos, cómo se relaciona con sus hermanos y con otros niños, cómo explora su entorno y hasta qué punto gusta a otros niños como él.

Establecer vínculos

El vínculo se ve facilitado por cuidadores sensibles, dulces y accesibles, que están pendientes de las necesidades del niño y expresan sus sentimientos y emociones, en especial si dicha expresión es física.

A los niños pequeños les resulta difícil establecer un vínculo con un cuidador que se muestra esquivo e inaccesible, que evita el contacto físico y/o reprime sus emociones y sentimientos.

Tampoco es fácil para un niño crear un vínculo con cuidadores que están muy estresados, deprimidos y/o enfadados. Se hallan demasiado absortas en sus propios problemas.

Por último, a un niño le es difícil establecer un vínculo con un cuidador que se muestra negativo, esquivo y/o incapaz de adaptarse al modo de ser del pequeño.

Importancia de la memoria

En la raíz de muchos de los cambios en el comportamiento del niño, se encuentra una paulatina mejora de la memoria.

La memoria de un niño pequeño es un ente bastante escurridizo. Él mira y ve, pero en cuanto se da la vuelta aquello ya no está. Fuera de la vista significa fuera de la mente. En los primeros meses vive sólo por y en el momento. Cuando mira algo (como por ejemplo a usted), es capaz de reconocer que la ha visto con anterioridad, pero su memoria no va más allá de eso; no sabe cuándo o en qué ocasión la vio por última vez. En ese breve momento tal vez se dé cuenta de que usted ha cambiado de peinado, pero no se acordará de que ha estado ausente en la peluquería durante las últimas tres horas. En los primeros años del pequeño se registra un incremento gradual en la longitud de su 'ahora' (el momento en que vive) y en la extensión y detalle de su 'entonces' (los momentos que recuerda).

Cuando usted lleva al parque a su hijito de dos años, éste no sólo recuerda que se trata de un lugar familiar; también se acordará de algunas de las cosas que le han ocurrido allí en otra ocasión. Unirá los recuerdos del 'entonces' con su experiencia de 'ahora'. Si, por ejemplo, en una ocasión se le acercó un perro grande y le dio un susto, tal vez recuerde ese 'entonces' cuando vuelva al parque, y diga 'perro malo' o mire a su alrededor con expresión de ansiedad. Es posible que se ponga a llorar cuando vea un perro.

Hacia los dos años, su 'ahora' es lo bastante largo para permitirle elaborar planes sencillos, y para hacer comprensibles sus intenciones y necesidades. Como es capaz de retener más de una idea a la vez, su comportamiento es más fluido.

Sus alegrías y temores son más inmediatos, obvios e individuales. Dado que puede mantener y basarse en sus humores, es capaz de mostrar

LA FORMA ERRÓNEA DE AYUDARLE A RECORDAR

✖ *No ofrecer apoyo a una memoria frágil:*

Niño: Perro malo

Madre: No seas tonto. No hay perro

Niño: Pato

Madre: No, hoy no vamos a ir allí

FORMA CORRECTA DE APOYAR A UNA MEMORIA FRÁGIL

✔ *En lugar de censurar, agradecer:*

Niño: Perro malo

Madre: El perro malo se ha ido

Niño: Pato

Madre: Muy listo. Los patos están allí

gran alegría y exaltación, pero también irritación y mal genio. Su humor cambia de la alegría al llanto con bastante rapidez, y cuando se le ha pasado el acceso (con independencia de lo fuerte que sea), enseguida se comporta como si nada hubiera sucedido. Usted le ayudará a salvar esos altibajos, fomentando el desarrollo de su memoria. Obviamente, no se trata de un proceso que se pueda o se deba forzar, pero hay enfoques constructivos para desarrollar la memoria y otros que no lo son.

El sentido del "yo" a los dos años

El sentido del yo es la sensación de ser conscientes y vivir en el propio cuerpo, sabiendo que estamos viendo las cosas a través de nuestros ojos y oyendo a través de nuestros oídos; es la sensación de que existimos como personas individuales. Los bebés no pueden reconocerse a sí mismos en el espejo. Si le pintamos la nariz a un niño de un año y lo colocamos frente al espejo, el pequeño extenderá la mano para tocar la mancha roja en el espejo. Pregúntele: "¿De quién es esa graciosa nariz?", y el chiquitín señalará el espejo. Si lo hace cuando el pequeño cumpla los dos años no dudará en tratar de limpiarse la mancha roja de

CÓMO FOMENTAR EN EL NIÑO LA CONCIENCIA DE SÍ MISMO

- ✔ *Llámele siempre por su nombre. Si emplea un apodo cariñoso, utilícelo y que sólo sirva para él.*
- ✔ *Refiérase a sus relaciones con usted y con los demás. "Mi pequeña." "Tu hermano mayor." "Tu amigo."*
- ✔ *Refiérase a sus cosas. Al principio el niño se concibe a sí mismo en el contexto de sus posesiones.*
- ✔ *Refiérase a las cosas que el pequeño puede hacer. El niño se concibe a sí mismo por sus competencias.*
- ✔ *Los juegos frente al espejo le ayudan a comprender: "Éste soy yo".*
- ✔ *Estimule su independencia. Un niño se concibe a sí mismo en el contexto de su individualidad.*

su propia nariz. Pregúntele quién es ese bebé o quién tiene la nariz roja, y él responderá "Yo". Colóquese sigilosamente detrás de él, y el niño se volverá para mirarla, en lugar de observar el espejo y reírse como habría hecho en el pasado. Un pequeño de dos años ya es consciente de sí mismo.

Algunas personas han descubierto que abrazar fuertemente a un niño entre 15 y 30 minutos diarios le alivia los problemas.

Ser malo

Ahora es capaz de reflexionar sobre lo que quiere y contrastarlo con las normas y expectativas familiares referentes a cómo debe comportarse. Eso le permite volverse atrevido y empezar a sentir vergüenza u orgullo por las cosas que hace.

Hacia los dos años y medio empezará a sentir miedo de cosas que se imagina, y ofrecerá sencillas explicaciones de por qué otras personas hacen gala de determinadas emociones: "Ahí está mamá. Tiro el zumo". Sabe qué acciones deben ir emparejadas con qué sentimientos, por lo cual dirá: "Yo no llorar ahora. Yo contento". También sabe que los actos afectan a otras personas, y diría algo como: "Yo lloro. Mamá me da". Asimismo, es capaz de hacer llorar a su hermanito pequeño. Sin embargo, a pesar de que sabe que si le pega le hará llorar, no comprenderá que le ha hecho daño. Aún no es consciente de que cuanto los demás ven, piensan y sienten es distinto de sus propios pensamientos y sentimientos. Él pega, el otro llora. Pero si a él no le ha dolido, ¿por qué ha de dolerle al otro? Su comprensión de qué es ser malo es más bien cuestión de "porque mamá lo ha dicho", que de entender realmente el daño que puede hacer.

Abrazar con fuerza

La técnica consiste en coger al niño y abrazarle con fuerza. Aunque quizás se resista, usted no renuncie. Al cabo de unos minutos se calma-

> **LA MANERA ERRÓNEA DE TRATAR CON UN NIÑO DIFÍCIL DE DOS AÑOS**
>
> ✖ *Fomentar una situación en que el niño se ve obligado a ser malo para que lo vean o le presten atención. Esté disponible para él.*
>
> ✖ *Ignorar sus sentimientos o sus esfuerzos. No le diga: "Estás muy tonto", "No seas bebé." "No estás esforzándote lo suficiente."*
>
> ✖ *Ser incoherente. No le diga: "No te lo voy a dar", y luego dárselo para que se calle.*

rá. Continúe estrechándolo con fuerza. Da la sensación de que estuviéramos extrayendo de él las ganas de ser malo. No espere a que se porte mal. Hay quien piensa que una sesión diaria de abrazos reduce el número de choques por día. Otros son de la opinión de que una sesión de abrazos funciona cuando el niño tiene ganas de pelearse o está comportándose mal. Suena un poco raro, pero realmente funciona con muchos niños.

Acepte sus limitaciones

En ocasiones, lo más sencillo es evitar una pelea. Si bien sería estúpido enseñar al niño que él ganaría con un mal comportamiento, a veces es necesario atajar choques, incluso si eso significa encontrar un compromiso que no es enteramente aceptable para usted. Si necesita mantener la paz con miras a su propia salud mental, es mejor ceder un poco al principio que ceder mucho al final.

Disculparse

Si pierde los nervios, dígale que lo siente. Si es el niño quien los pierde, deje que le haga mimos hasta que se sienta mejor.

Niños difíciles a los dos años

La personalidad de un bebé se marca con bastante claridad en su familia. La vida de ésta da un vuelco completo con la llegada de un nuevo miembro, pero la mayor parte de dicha agitación sería inducida por cualquier bebé que trajésemos a casa. A medida que van pasando los meses, su individualidad y personalidad van grabándose con mayor firmeza en todo cuanto hace, lo mismo que su manera de responderle.

Un bebé irritable puede ser dejado en la cuna mientras usted se pone los tapones para los oídos y trata de leer el periódico. Un niño que ya gatea y que tiene mal carácter nunca es invisible. Usted no puede dejarle a menu-

LA FORMA CORRECTA DE TRATAR CON UN NIÑO DIFÍCIL DE DOS AÑOS

✔ ***Siempre*** *debe buscar tiempo para demostrarle amor. Cuando se porte bien, asegúrese de comentárselo. "Estoy muy contenta de que me ayudes." "Qué besitos más cariñosos me das." "Qué bien te has portado hoy."*

Se ha demostrado que a los padres, en general, no les cuesta más amar a un niño difícil que a uno de comportamiento moderado. Los pequeños que son queridos y que están muy ligados a sus padres tienen más posibilidades de superar sus dificultades. Recuerde que un niño a quien se debe llamar con frecuencia la atención para disciplinarlo necesita saber (con igual frecuencia) que sus padres lo quieren.

Ayúdele a encontrar soluciones

"Para un niño pequeño ese zapato es difícil de poner. Lo has hecho muy bien."

"La próxima vez dejaremos los zapatos al final del pasillo y así metes los pies directamente dentro. ¿Quieres que probemos a ver si así resulta más fácil?"

Enséñele algún truco para preparar los zapatos cada uno en su pie correspondiente. Luego pídale que lo haga él solo.

✔ ***Nunca*** *lo compare con niños que se portan mejor que él. En lugar de eso dígale: "Me parece que tú sabes que puedes hacerlo sin llorar". Refiérase a su comportamiento normal y aceptable sin mencionar que algún otro niño se porta de esa manera.*

✔ ***Acepte*** *sus frustraciones: "Es difícil." "No me extraña que te cause mal humor."*

✔ ***Aprecie*** *el hecho de que lo intente. "Hoy lo has hecho la mar de bien." "Ya sé que te has esforzado por portarte bien."*

✔ ***Aprecie*** *sus esfuerzos aunque éstos terminen en mal humor. "Toda la mañana has estado esforzándote mucho." "Casi ya te habías puesto toda la ropa. Los dichosos calcetines son los que te causan problemas."*

do, de modo que el pequeño dispone de multitud de oportunidades para manipularla.

Si bien los recién nacidos problemáticos tienden a serlo también cuando empiezan a gatear, las predicciones nunca suelen ser perfectas. Hasta cierto punto, eso depende de las causas de su irritabilidad, así como de la respuesta que usted haya dado (y dé) al problema. Un niño con tendencia a sufrir cólicos suele abandonar sus rabietas nocturnas tan de repente como las inició. No tiene más probabilidades de ser un niño difícil que cualquier otro bebé. Tal vez el pequeño que ha estado enfermo de manera intermitente durante el primer año sea un niño difícil cuando empiece a gatear, en especial si los problemas médicos persisten. ¿Se le puede echar eso en cara? Un dolor de oído recurrente, uno de los problemas más comunes, no es algo que nos ponga especialmente alegres. Incluso se ha comprobado que los adultos con mal genio es probable que fueran bebés enfermizos. Los pequeñines que lloran mucho durante el primer año (por la razón que sea) también tienen tendencia a ser difíciles a los dos años.

Hay algo en los niños radicales que hace que la madre acabe por concordar con ellos. Camina de puntitas junto al niño, que de otro modo se pasaría hora y media llorando, porque después de una larga y tensa jornada necesita esa paz. Entonces, la inicial irritabilidad del pequeño se completa con el hecho de que aprende a utilizar la amenaza de su mal genio para manipular a su madre. A pesar de que usted lo sabe a veces es necesario que anteponga sus necesidades a las del niño. Ponerse duros no siempre es la mejor política con este tipo de niños.

Los pequeños difíciles evolucionan mejor con padres sensibles y cariñosos. El problema de no transigir es que su enfado y frustración tal vez no se disipen tan deprisa como los de su hijo. Hace falta ser un santo para calmarse de inmediato y hacer mimos a un niño de dos años que se ha pasado una hora llorando al final de una larga jornada cargada de tensiones. Si usted se siente frágil, evite choques o intente encontrar otras vías para que el pequeño demuestre su irritación y frustración. Si queda claro que eso no funciona, recuerde que es mejor ceder un poco al principio que mucho al final.

A medida que va creciendo, el comportamiento del niño difícil se centrará en unas relaciones problemáticas con los amigos. Si se siente despreciado fuera de casa, necesitará manipular la situación en el hogar para probarse que sus padres todavía lo quieren.

Los niños difíciles despiertan el deseo de pegarles o de regañarles. Quizás con el tiempo, usted incluso llegue a darse cuenta de que está utilizando al niño como blanco de sus frustraciones cotidianas, que le sienta bien gritarle. Todos los padres se han sentido así en algún momento, pero se trata de un sentimiento que es necesario mantener firmemente bajo control.

Algunos de estos niños difíciles desarrollan problemas de comportamiento. Pero una gran mayoría seguirá teniendo un carácter vulnerable. Se ha comprobado que estos pequeños se ven especialmente afectados por los problemas familiares o por la separación de los padres. Asimismo, tienen mayor probabilidad de continuar siendo el blanco de la irritación de sus padres, y metidos en cintura de una manera más ruda que los niños con temperamentos más tranquilos.

Cómo evolucionan los niños que representan un término medio en cuanto a carácter es bastante menos predecible Estos niños aprenden más de un truco de comportamiento para su repertorio: unas veces utilizan sus encantos, otras reclaman para obtener la atención que necesitan.

Usted refuerza su mal comportamiento si cede después de que el niño se haya portado mal o haya tenido una pataleta. Está dándole el mensaje de que si se porta lo suficientemente mal, ganará.

NIÑOS IMPULSIVOS

Hay niños que miran siempre antes de saltar, y otros saltan siempre antes de mirar. Ante una cosa nueva, algunos niños la examinarán cuidadosamente antes de tocarla, mientras que otros lo harán sin ningún reparo. Los niños de dos años impulsivos, quizás fueron también bebés impulsivos y crecerán, a su vez, para convertirse en adultos impulsivos.

No obstante, tal vez esto sea exagerado. Un niño reflexivo (lo contrario de impulsivo) tiene, como cabe imaginar, más probabilidades de granjearse las simpatías de sus profesores. Al principio, los muchachitos reflexivos suelen obtener resultados ligeramente mejores en la escuela, pero no se trata de una ventaja tan grande como parece a primera vista. Los niños impulsivos se acostumbran a hacerlo mal. Están más dispuestos a 'lanzarse' y tienen menos probabilidades de ver minada su confianza por aquello que la gente considera "ventajas importantes".

Ser bueno

Los niños pequeños aprenden muchas cosas a base de imitar a sus padres, y dado que los padres, por lo general, suelen brindar apoyo a sus hijos, los pequeños son solícitos en contrapartida. Cualquier cosa que usted haga, ellos intentarán hacerla mejor. Se sienten satisfechos consigo mismos cuando han regado las plantas o recogido sus juguetes. "Yo buena niña", le dirá señalando el suelo –bastante húmedo– del baño que acaba de fregar por usted. ¿Quién iba a dudarlo? A los niños les gusta colaborar.

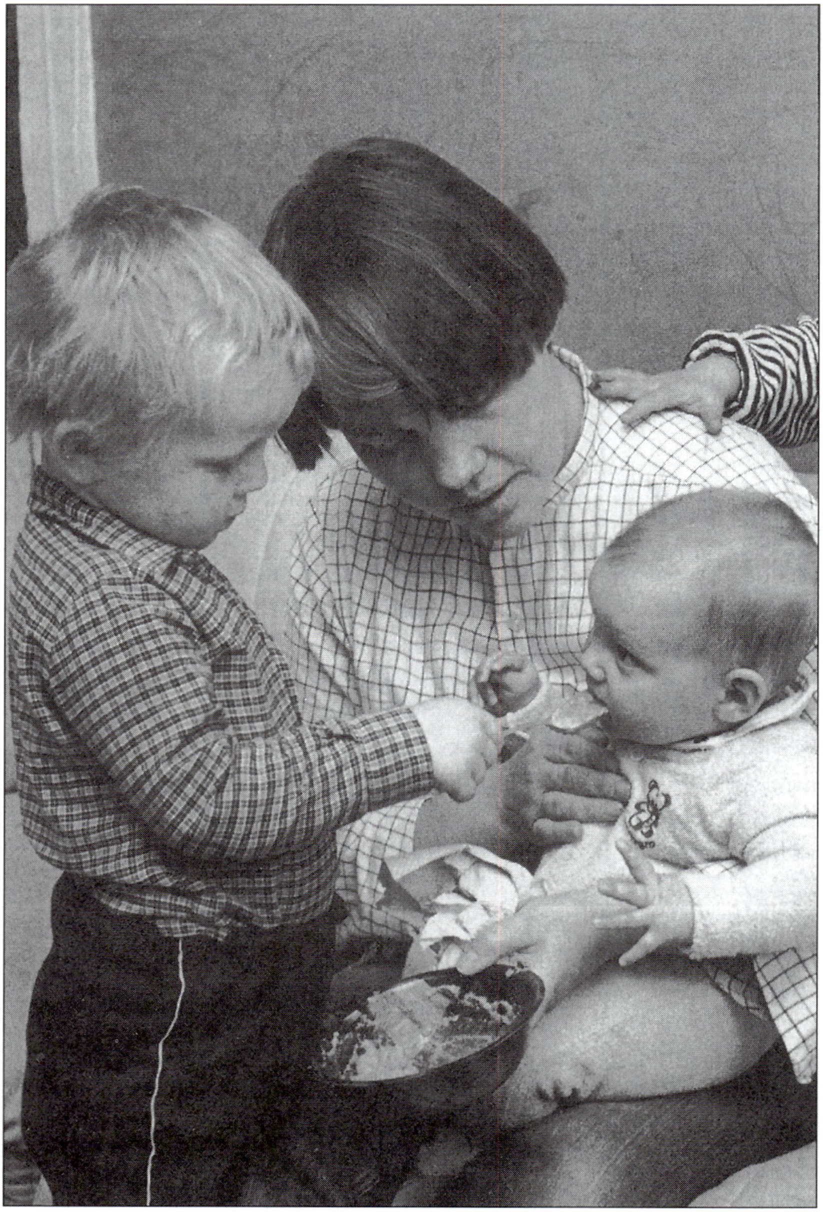

A medida que los bebés van creciendo su carácter es más cooperativo, solícito y armonioso. Saboréelo. Estos pequeños, ahora tan dispuestos y responsables, puede que se vuelvan cada vez más competitivos y egoístas al irse haciendo mayores. Este carácter 'bondadoso' alcanza su momento álgido hacia los cuatro años. Después de esa edad la cosa ya suele ir cuesta abajo.

Diversos estudios han demostrado que la cultura fuera y dentro del hogar ejerce influencia sobre el nivel de competitividad y cooperatividad de los hijos. En el pasado, los niños eran requeridos para ayudar en casa y cuidar de sus hermanos pequeños. Muchos juegos tenían como objetivo la cooperación y el juego juntos más que el ganar. Mientras ésa fue la tónica general, probablemente la cooperación persistió, en especial entre las niñas.

En la actualidad, la sociedad valora más la competitividad que la cooperación. Es común una intensa competitividad. Mientras los pequeños están en la escuela primaria, es probable que esa competitividad vaya borrando algunas de las tendencias colaborativas (si no todas) que tiene el niño. Los niños de siete años son menos cooperativos que antes de empezar la escuela, y a menudo les cuesta bastante trabajar juntos.

Fomentar el espíritu de cooperación

◆ Es más probable que el niño la ayude si sabe cómo hacerlo; por lo tanto, enséñele.

◆ Es más probable que desee ayudar si usted le demuestra que aprecia su ayuda; así pues, déle las gracias y no sea demasiado crítica con él.

◆ Es más probable que el niño ayude si ve que sus padres (y hermanos mayores) se ayudan entre ellos; por tanto, dé ejemplo con su familia. Los padres que discuten mucho y son competitivos suelen tener hijos a su imagen y semejanza en lo que se refiere a ese aspecto.

◆ Cree un entorno del 'nosotros'. Cooperen en casa. Los niños deben ayudar a sus padres y también ayudarse entre ellos. Ayudar no debe constituir un favor especial. El enfoque será: "¿Podrías ayudar a tu hermana a hacer eso?" Y no: "Sé bueno y ayuda a tu hermana".

◆ Las familias deberían realizar actividades conjuntas, hablar, apoyarse unos a otros, comer juntos y socializar.

◆ A veces es preciso anteponer el interés de uno de los miembros al de los demás. Ser justos con los niños fomenta la competitividad. Los niños saben al dedillo quién se ha llevado el trozo más grande del pastel, y tienen muy claro cuánto tiempo más que su hermano se han pasado fregando los platos.

◆ No reparta todo de manera igualitaria. Si usted es siempre imparcial, los niños se pasan el tiempo averiguando quién se ha llevado lo mejor. Todo lo que hacen se convierte en parte de la gran competición de la vida.

Rabietas

Casi todos los niños a los dos años tienen rabietas más o menos a diario. Hay niños que tienen rabietas regularmente durante años; la mayoría va dejándolas atrás en un plazo de dos años. También hay niños que nunca tienen un berrinche.

Una rabieta empieza con gritos o llanto. Por lo general hay una nota de protesta ("¡No! ¡No quiero!"), una demostración de enfado (dar un portazo, chillar, pegar, dar patadas, dar golpes en el suelo). En este punto, el mal humor del niño va en aumento. A medida que se va desplegando la rabieta, el niño agita los brazos, patalea, da puntapiés, arquea la espalda (en especial si usted está tratando de atarle las correas del cochecito) o se tira al suelo. Se pone rojo y grita y llora. Incluso tal vez le pegue deliberadamente, dé golpes a los muebles o tire cosas al suelo.

Los muy pequeños parecen salirse muy rápido de sus casillas. El berrinche viene de no se sabe dónde y desaparece deprisa y por completo. Una vez pasado, es como si nada hubiera sucedido. En un niño más mayor, la rabieta tiene más probabilidades de gestarse y desvanecerse más despacio. Es más probable que el pequeño se arrepienta o continúe un rato enfadado.

Otras características típicas de las rabietas incluyen empujar a la madre, pegarle o gritarle, así como deshacerse con violencia de peluches, chupete y otros objetos cuando ella se los ofrece. Puede que le dé incluso por autolesionarse, y se muerda el brazo hasta hacerse sangre o se golpee la cabeza contra la pared. Estas acciones son alarmantes, pero no constituyen un presagio de enfermedad.

Las rabietas son más comunes cuando el pequeño está enfermo o cansado, pero también cuando son los padres los que están enfermos o cansados. Esto sugiere que buscan relacionarse –que, en definitiva, es lo que hacen–. Los niños sólo tienen rabietas cuando están con personas que se preocupan por ellos y los quieren.

En ocasiones, parece como si el niño provocase esas rabietas de forma deliberada. Pide algo que sabe que le está vetado (y que nunca se le ha permitido tocar) o bien lo pide con una voz que usted no acierta a oír o comprender. Si intenta explicarle con toda su paciencia por qué no puede tocar ese objeto deseado o le pide que le aclare qué quiere, no conseguirá evitar el berrinche. Al contrario, más o menos se está asegurando su rápido desencadenamiento.

Una vez en marcha, la rabieta suele ser intensa en sus inicios. Esta fase puede ir seguida por una fase más calmada, en la cual el niño se muestra triste y arrepentido. Los sollozos remplazan a los gritos, y tal vez el pequeño

CÓMO FOMENTAR LA COOPERACIÓN

Dani, su hijo de dos años, quiere limpiar la mesa. Su hermana Sara quiere seguir jugando con el Lego.

Fomente la cooperación y desaliente la competitividad:

Madre: Voy a buscarte un trapo. Sara, ¿puedes enseñar a Dani cómo limpiar la mesa, cuando hayas terminado con el juego?

Sara: Dani, te ayudaré cuando acabe esto

Dani: Tengo trapo

CÓMO NO FOMENTAR LA COOPERACIÓN

Está frenando la cooperación y fomentando la competición.

Madre: Tú no sabes hacerlo. Es muy difícil para ti. Deja que lo haga Sara, que no armará tanto lío

Sara: No quiero

Dani: Yo hacer

se acerque a usted, todavía no recuperado del trance. Esta tristeza da paso a un ansia por ser perdonado, fase en la cual quizás el niño necesitará algunos mimos. A pesar de esos mimos, algunos pequeños seguirán enfadados o de mal humor durante un rato. Una vez más, en los niños más mayores es más probable que el enfado y el mal humor persistan.

Rabietas – las causas

Las rabietas se producen siempre dentro de un determinado contexto social. Es muy raro el caso del niño que tiene pataletas cuando no está presente su madre u otra persona que habitualmente cuide de él. A muy pocos les ocurre eso con los profesores de la guardería o con el líder del grupo de juego. Puede que los

Ayúdele a aprender a expresar sus sentimientos

Enséñele cómo expresar sus sentimientos.

Es muy difícil estar calmados. ¿Ponemos la música de gritar y gritamos?

o bien

Es difícil no ponerse nervioso, ¿verdad? ¿Cómo te sientes de mal? Pega a este cojín. Vaya, bastante mal. Pero ¿cómo te sientes ahora? ¿No tan mal?

Muéstrele los límites.

Establezca unos límites claros y trate de mostrarse tan coherente como le sea posible.

Te he dicho que no puedes comer antes de cenar, y lo mantengo.

Para ya de una vez. A las personas no se les pega.

Me voy arriba. Sube a verme cuando te hayas calmado.

No quiero que lo repitas. Vete a tu habitación. Puedes volver cuando te hayas calmado.

pequeños que pasan la mayor parte del día con un canguro sólo tengan berrinches serios cuando están en casa con sus padres.

Casi todas las rabietas se producen en casa, en especial cuando la madre está ocupada en algo que excluye al niño. Los pequeños suelen tener más rabietas cuando los padres están enfadados, deprimidos o enfermos. También es momento

Por lo general, el niño que tiene rabietas tiene una a diario, y la rabieta promedio dura unos cinco minutos. Pero hay niños que tienen más de cinco berrinches diarios, y algunos de ellos duran más de una hora.

RABIETAS: CÓMO ABORDARLAS

✔ ***Desvíe la atención.*** *A veces es posible evitar o desviar una rabieta inminente distrayendo al niño. Léale un cuento, implíquelo en una actividad novedosa o invéntese algún juego. Si el pequeño busca pelea, encuentre algo que hacer que salga de lo habitual.*

✔ ***Ignórela.*** *Una vez se haya desencadenado la rabieta, trate de ignorarla, si es que puede. Márchese de la habitación. Las rabietas no se producen en el vacío, ocurren en el contexto de una relación. Si usted no está presente para ser testigo de la pataleta, ésta se acabará.*

✔ ***Sea coherente.*** *Si el niño conoce sus límites, es menos probable que luche contra ellos. No tendrá expectativas de éxito cuando pida algo que sabe que no puede tener, y se sentirá menos frustrado cuando usted le diga 'no'.*

✔ ***Abrácele.*** *Abrazarlo muy fuerte, rodeándole con los brazos y no dejándole ir, funciona bien. Resulta muy práctico cuando se trata de abordar una rabieta en el supermercado.*

Apretarle fuerte induce rabietas, pero también parece que las 'exprima' hasta hacerlas desaparecer. ¿Quién sabe? Hay quien sugiere que se debe mirar al niño a los ojos mientras se le abraza, y otros que dicen que es mejor no hacerlo.

✔ ***Mímele.*** *Los pequeños que reciben mimos cuando se ponen tristes y se arrepienten de la pataleta, suelen tener menos rabietas que los niños que son dejados solos hasta que se les pasa.*

✔ ***Hable con él.*** *Hablar de las causas de la rabieta y de cómo evitar que se repita en el futuro reduce la frecuencia, sobre todo en niños más mayores.*

RABIETAS: CÓMO NO ABORDARLAS

✖ ***Dar un cachete.*** *Los cachetes incrementan la frecuencia y la duración de las rabietas. Al parecer van asociados con rabietas especialmente violentas.*

✖ ***Ceder.*** *Los niños aprenden cómo manipular a sus seres queridos con su temperamento. Si con una rabieta consiguen lo que quieren, tendrán más berrinches porque realmente valdrá la pena tenerlos.*

propicio para los berrinches cuando los padres están hablando con amigos o concentrados en la compra.

Los niños también tienen pataletas: cuando están enfermos y enfadados, cansados, frustrados o se les quiere atar en el cochecito. No obstante, las rabietas siempre tienen que ver con: el amor, el vínculo afectivo, la seguridad y la irritación. Los adultos nos ponemos de mal humor con las personas a quienes más queremos; a ellos les sucede lo mismo. Al igual que nosotros gritamos y lloramos con más facilidad en la seguridad de nuestros hogares o coches, o con nuestros seres queridos, lo mismo les ocurre a los niños. El cansancio, la enfermedad, la preocupación y la inseguridad afectan a los niños de un modo similar como a nosotros.

En el fondo, las rabietas entre los dos y los tres años de edad son ni más ni menos que el resultado de la incapacidad del pequeño para controlar emociones profundas. No son en modo alguno, a esta edad, un síntoma de inestabilidad.

Niños que comen muy poco

Es lógico que los niños no se coman todo lo que se les pone delante. Hacer de padres sería verdaderamente difícil si así lo hicieran. Imagínese teniendo que vigilar la casa y el jardín porque el niño se come (no sólo lo chupa o mastica, sino que se lo traga) cuanto le parece comestible.

Los niños poseen un mecanismo que les hace cautelosos ante comidas nuevas. Es parte de nuestra herencia, y está escrita en nuestros genes. De camino hacia la edad adulta aprendemos que resulta bastante seguro comer cosas nuevas en determinadas ocasiones. Pero nuestro grado de disposición para comer se halla marcado además, casi con seguridad, por un conocimiento y una experiencia más amplios en relación con la comida.

Los niños necesitan aprender cosas sobre la comida, y lo hacen de multitud de maneras. No se ha demostrado que las preferencias en particular por determinados alimentos se transmitan de madre a hijo a través de la leche, aunque sí le transmitimos un determinado modelo cultural en el comer, el cual es declarado familiar y seguro. Tradicionalmente, un niño aprenderá que la zanahoria, la patata y las natillas son sanas para comer. Así, nuevos alimentos pueden ser deslizados en la dieta, disfrazados (o debajo) de patatas o natillas.

La manera más sencilla de enseñar a un niño a no rechazar la comida reside en empezar con un alimento que él conoce y acepta y añadirle luego una pequeña cantidad de algo nuevo. El pequeñín probará unos cuantos guisantes con patatas y, una vez aceptado esto, más guisantes. Introduzca un solo alimento nuevo en cada ocasión, y en cantidades pequeñas, de tal modo que apenas dé sabor al plato. Poco a poco vaya incrementando la cantidad del alimento nuevo y reduciendo las cantidades de los elementos básicos.

SÓLO COME PATATAS FRITAS Y PUDIN DE CHOCOLATE: CÓMO ABORDARLO

✔ *Empiece con patatas y un cuarto de salchicha de Frankfurt, cortada bien pequeña para añadirla a las patatas y que no se vea. Una vez el niño haya aceptado eso, incremente la cantidad de salchicha de forma muy gradual. No le fuerce; tal vez tarde usted dos meses en llegar a darle la salchicha entera.*

✔ *Introduzca el queso y las judías de la misma manera, y utilice el pudin de chocolate para enmascarar un flan de huevo, plátano y cereales. Si el niño deja de aceptarlo, retroceda unos pasos. A veces la batalla no es por causa de la comida, sino por la independencia, las relaciones, los vínculos...*

✔ *Deje de preocuparse y plantéese las siguientes preguntas:*
¿Está creciendo mi hijo normalmente?
¿Está en forma y goza de buena salud? ¿Tiene mucha energía?

✔ *Si la respuesta a estas preguntas es afirmativa, el pequeño está tomando la cantidad adecuada de alimentos. Es fácil obsesionarse con la necesidad de los niños de alimentarse de forma saludable. La mayoría de los niños se cría con una dieta bastante básica y monótona. Tal vez es que los pequeños lo prefieren así. No les hace daño alguno. La dieta tradicional, compuesta de leche, patatas, una pequeña cantidad de vegetales, fruta, carne y pescado, constituye una dieta excelente para los niños pequeños.*

✔ *Es más probable que el niño coma si la familia se reúne en torno a la mesa para comer. Busque cosas que sepa que su hijo comerá y déselas. Evite las peleas antes de probar la ampliación de su dieta.*

✔ *Las alubias constituyen una valiosa fuente de proteínas y fibra.*

✔ *Todas las carnes llevan oligoelementos y proteínas; entre las carnes se encuentran las salchichas de Frankfurt y las hamburguesas.*

✔ *Las patatas fritas, los ganchitos o incluso las galletas y los pastelitos tienen muchos carbohidratos y grasas que resultan esenciales para los niños. En realidad, contienen más grasas de las que los adultos sedentarios o los pequeños con sobrepeso necesitan. Pero los niños problemáticos raras veces son sedentarios; están creciendo y, en cualquier caso, no comen más de la cuenta.*

Prohibirle ese tipo de comidas, cuando éstas constituyen la porción principal de la dieta preferida del niño, equivale a buscarse problemas.

SÓLO COME PATATAS FRITAS Y PUDIN DE CHOCOLATE: CÓMO NO ABORDARLO

✖ ***No*** *introduzca demasiados alimentos nuevos a la vez en la dieta del niño, con la esperanza de que al menos uno le guste, si el pequeño parece problemático con la comida: a muchos de esos niños sólo les gustan los alimentos muy, muy familiares.*

✖ ***Los niños mal alimentados*** *se muestran siempre apagados, presentan un crecimiento vacilante y se hallan más expuestos a las enfermedades. Si le preocupa que su hijo no esté consumiendo suficientes proteínas, o bien que no tome los oligoelementos que precisa, relájese. Toda enfermedad presenta síntomas evidentes. Si algo no fuese bien, usted se daría cuenta, al igual que el pequeño. Se ha comprobado (hace tiempo ya) que, dejados a su libre albedrío, los niños seleccionan una dieta que contiene cuanto ellos necesitan. Recuérdelo. Es un principio bien establecido que todos los animales (incluido el hombre) poseen un mecanismo que garantiza que si una dieta les sienta mal (como sucedería si tuviera un déficit serio de algún elemento), la rechacen y prueben con otra. En caso de duda, lleve al niño a que le hagan una revisión médica. Si le encuentra bien y en buena forma, está recibiendo la nutrición que necesita.*

✖ ***Persista*** *en el empeño de que el niño se coma el tipo de comida que no le gusta y convertirá las horas de las comidas en el foro de todas las batallas que nada tienen que ver con la comida, y que se producirán inevitablemente entre los padres y el pequeño.*

La comida como desencadenante de rabietas

Los niños detectan nuestras principales preocupaciones. Si usted está obsesionada con darle una alimentación sana y equilibrada, ese hecho le será útil a su hijo en caso de que esté tramando una pelea. Tal vez decida ceder en ese preciso momento, tratando de poner distancia entre el control de usted y su propia independencia. Mientras que para algunos niños el campo de batalla es rechazar el orinal, para otros es la comida.

CÓMO ABORDAR UNA INMINENTE RABIETA POR LA COMIDA

✔ *Ofrézcale una comida que le resulte familiar. Deje que se la coma solo, utilizando los dedos si así lo prefiere.*

✔ *Si quiere levantarse de la mesa, permítaselo.*

✔ *Si no come, ignore el hecho.*

✔ *No permita que los demás hagan comentarios: el objetivo es no dejar que su comportamiento difícil la controle a usted o a cualquier otra persona.*

✔ *Si el niño tiene hambre, ofrézcale alimentos que usted sabe que comerá.*

✔ *No haga caso si se los come o no.*

✔ *No deje que el niño le enfrente con su pareja por este tema. Usted y su cónyuge deben acordar una manera de abordar el asunto que probarán durante tres semanas, esperando que expire ese plazo para ver qué pasa.*

✔ *Tómese una pausa y considere cómo hablan usted y su pareja de la comida. Si siempre están haciendo comentarios del tipo: "Esto no me gusta" o "Esto me gusta", en ese caso no es razonable que esperen que un niño de dos años no exprese también sus gustos.*

✔ *A menudo resulta muy instructivo grabar una cinta de qué forma habla a su hijo de la comida. Si usted fuese él, ¿cómo reaccionaría si le hablaran de ese modo?*

Recuerde que la denominada 'comida basura' también es nutritiva. Los cereales azucarados tienen vitaminas adicionales y además se toman con leche. No engordan más (y con frecuencia son más nutritivos) que la papilla de avena con azúcar moreno.

De los tres años y medio a los cinco

Hitos: Su hijo a los tres años y medio

Tres años y medio. ¿Por qué no sólo tres? La respuesta es que a los tres años y medio el niño ha dejado de ser un bebé y pasa de repente a ser un niño. Entre los dos y los tres años y medio los pequeños van cambiando gradualmente. Entre los tres y los cuatro años en cambio, dan un salto repentino en su desarrollo.

Ahora, el niño ya no tiene esos andares de enanito con los pies planos, firmemente plantados en el suelo y las piernas muy separadas. Por el contrario, camina a saltitos. Sus manos, aunque todavía bastante torpes, no dan la sensación de que utiliza todo el brazo para moverlas.

Cuando cumpla cinco años, correrá y saltará; subirá y bajará por las escaleras alternando los pies; se lavará, comerá y se vestirá solo; sabrá sostener y usar un lápiz, y encajará bien las piezas de un puzzle. Todas estas habilidades todavía no se dan a los tres años y medio, pero sí las tendrá cuando llegue el momento de empezar la primaria. Los cordones de los zapatos, botones pequeños y cremalleras ceñidas todavía se le resistirán a los cinco años.

Sus habilidades en cuanto al lenguaje irán mejorando. En este momento ya es capaz de expresar recursos: "más coches"; no existencia: "no hay zumo"; atribución: "flor bonita"; posesión: "mi abrigo"; nominación: "ese gato"; sujeto-acción: "Hugo pega", y sujeto-acción-objeto: "Marta coge pelota".

Pone los verbos en gerundio: "yo andando"; utiliza palabras para marcar dónde están las personas o las cosas: "Laura en el cochecito"; emplea plurales: "dos vacas"; posesivos: "el sombrero de mamá"; conjuga verbos en pasado: "se rompió", y añade a los verbos las terminaciones correctas: no "ellos canta", sino "ellos cantan". Conoce unas 1.000 palabras, a las que añadirá más de 200 en los próximos seis meses.

Se vuelve más sociable en general, y prefiere jugar con otros niños que limitarse a jugar solo junto a ellos. Cuando llega a la guardería, se pone muy contento al ver a sus amigos y sale corriendo alegremente hacia ellos para jugar. Cuando se incorpora a la mesa de actividades no se limita a sentarse, sino que saluda a los demás pequeños, hablando y riendo con ellos mientras juegan. Todavía no entiende los chistes, pero le da la risa tonta cuando oye una palabrota y muestra un horror ridículo cuando le dicen que otro niño se ha portado mal.

Necesita muy poco estímulo para ponerse a hacer carreras a su alrededor, lanzando gritos de entusiasmo. Si debe permanecer en clase en días de lluvia, explotará como una palomita de maíz en cuanto deje de llover. Sabe cómo ser malo y es muy mojigato respecto al comportamiento de otros niños. Pero su idea de lo que es ser malo está basada en falsas premisas. La intencionalidad no figura en su reglamento. Romper sin querer dos vasos es para él un delito mayor que romper uno de manera intencionada. Por eso, el hecho de romper cosas sin querer lo deja tan abatido.

Nuestro sentido de ser conscientes, residir en nuestro propio cuerpo, ver a través de nuestros propios ojos y escuchar a través de nuestros oídos se va desarrollando de manera gradual durante los años de la infancia. El primer signo claro de que el niño empieza a pensar en sí mismo como individuo se produce cuando se reconoce por primera vez frente a un espejo. En la mayoría de los niños, esto ocurre entre los 20 y los 24 meses. Durante los años de preescolar, el niño se define también en términos de atributos o posesiones. Así, por ejemplo, es "el niño del abrigo azul" y "el niño al que le gustan los trenes". Hacia los siete años, es mucho más consciente de su yo particular, de sus emociones y pensamientos propios y únicos. Si a esta edad se le pide que se describa a sí mismo, utilizará términos bastante abstractos y establecerá comparaciones entre él y sus compañeros: "yo soy el mejor de la clase en lectura" o "soy uno de los más bajitos de mi clase".

Antes de los tres años, el pequeño no distingue su propio punto de vista del de los demás, ni tampoco es capaz de verse a sí mismo desde el punto de vista de otros. Hacia los tres años y medio empezará a comprender que cada persona es una isla separada de pensamientos y sentimientos. Ahora comprende que pegar a su hermanita pequeña no sólo hace que grite, sino que además le duele. También se da cuenta de que puede engañar a su madre, y ésta a él aunque en este momento todavía no lo domina demasiado. Asimismo empezará a sentir simpatías y empatías. Aunque aún no es capaz de responder a cambios leves, si usted se siente realmente baja de moral puede que el niño se le acerque espontáneamente para hacerle una caricia. Todavía le cuesta leer los signos que anuncian: "estoy perdiendo el interés" o "estoy perdiendo la paciencia".

Hacia los tres años y medio, la mayoría de los niños empieza a tener un mayor control sobre sus emociones. Para muchos pequeños, las rabietas van ya en franca retirada, y hacia los cuatro años habrán desaparecido en casi todos los casos.

En este momento, el pequeño tiene ya más capacidad para planificar actividades. Los juegos de construcción le resultarán menos frustrantes que antes. Lo mismo sucede con el hecho de vestirse. El pequeño de tres años se muestra revoltoso, alegre, triste, valiente, confiado, cariñoso y solícito. Tiene la flor de la inocencia, y esa maravilla de ojos muy abiertos que hace que a veces a usted le asomen las lágrimas. En general, es mucho más asequible de trato que hace un año (y de lo que lo será el próximo). La mayor parte del tiempo, el niño es una pura delicia. Parte de ello se explica por su creciente independencia. Ya no necesita tener a alguien al alcance de su vista todos los momentos del día.

Autoestima

La independencia, la felicidad y la seguridad dependen del amor y la autoestima. Un niño con autoestima no necesita estar constantemente atrayendo la atención mediante mal comportamiento. Que usted aprenda la manera de dar y compartir amor con sus hijos pequeños y alimentar su autoestima vale por mil manuales sobre el tema. Nuestra manera de actuar en nuestra calidad de padres va cambiando a medida que los hijos van creciendo. En lugar de limitarse a enseñarles lo que deben hacer, ha de enseñarles por qué deben comportarse de determinadas maneras y la necesidad de considerar a los demás, no sólo a sí mismos. Las armas que usted emplea para controlar su comportamiento siguen siendo casi las mismas. Ahora podría usted empezar a fomentar la responsabilidad del pequeño ofreciéndole opciones razonables, en lugar de limitarse a plantearle demandas. El hecho de preguntarle "¿Qué prefieres hoy un baño o una ducha?" implica que el niño se lavará antes de acostarse, pero también le brinda la oportunidad de opinar acerca de cómo ha de hacerse. No obstante, no siempre existen diversas opciones, y el pequeño seguirá necesitando determinadas reglas.

Razonar

Cuando alcanzan la edad de siete años empiece a razonar con sus hijos, pero que lo haga con niños de preescolar no tiene sentido. Aun cuando hacia los cuatro años ya entienden que otras personas tienen puntos de vista diferentes, no son capaces de mantener en equilibrio puntos de vista diversos. En suma, no pueden comprender la democracia.

Si su hijo no sabe (u olvida) que usted lo está vigilando, tal vez se olvide de ser bueno. A los tres años y medio no es capaz de controlarse a sí mismo interiormente. Sin embargo, en los últimos años de preescolar, eso va cambiando y el niño comienza a interiorizar el control. Éste será un síntoma fiable de madurez real: en lugar de permitir que su comportamiento sea manipulado por otros, se fía de sus controles autogenerados.

La autoestima se halla en la raíz del autocontrol, porque afecta a su facilidad para interiorizar el control. Un niño con un alto grado de autoestima posee la confianza para actuar; un niño con un bajo grado de autoestima sigue estando gobernado por su necesidad de atención,

CÓMO COMUNICAR AMOR

✔ *Sencillamente, estando con ellos. Es fácil empecinarse en que siempre se deben estar llevando a cabo actividades con los niños, y se olvida a menudo que a veces basta con estar con ellos. Compartir implica también relajarse juntos: "Ven a sentarte aquí conmigo: hoy ha sido un día muy agitado".*

✔ *Utilice su cuerpo para comunicar. Las posturas y expresiones faciales son tan elocuentes como las palabras. Mírele a los ojos cuando le hable: acarícele, sonría, demuestre interés; conviene que su lenguaje corporal sea abierto y acogedor.*

✔ *Palabras positivas y actitudes positivas. Todos necesitamos escuchar comentarios positivos acerca de nosotros mismos. Si él sabe que la divierte, se siente bien.*

✔ *Tómele en serio. Si es importante para él, debería serlo también para usted.*

✔ *Demuestre que está al corriente. Usted puede comunicar amor desde el extremo opuesto de una habitación llena de gente, mediante una mirada que anuncie que sabe que él está allí, que comprende lo que hace y que se alegra de que lo esté pasando bien.*

✔ *'Tiempo de calidad' es uno de los términos de que más se ha abusado durante los últimos años: no tiene por qué ser entretenimiento concreto. Es una medida de cuánto significan uno para el otro. Los niños no son tontos: saben leer los mensajes, y éste, precisamente, resulta demasiado claro: "Lo sentimos, pero tenemos cosas más importantes que hacer".*

CÓMO NO COMUNICAR AMOR

✖ *No sea demasiado permisiva. Los niños necesitan unos límites seguros y razonables. Decir "Haz lo que quieras" equivale a "No me importa lo que hagas".*

✖ *No lo sobreproteja. De ello se desprende "no me fío de que seas capaz de hacerlo".*

✖ *No se lo "gane" a base de juguetes y chucherías. La indulgencia nada tiene que ver con el amor.*

✖ *No vale el autosacrificio, que no es amor sino autoindulgencia.*

✖ *No vale el tiempo en cantidad. Pasar horas y horas juntos no necesariamente comunica amor, si usted no consigue implicarse de veras.*

✖ *Evite el amor condicionado. Nunca diga "Te querré, si..." o "Te quiero, porque...".*

de alabanza o de desaprobación por parte de otras personas. Si los padres minan la autoestima del pequeño, al basarlo siempre todo en su poder superior, o le rebajan, el pequeño acaba por verse indefenso e insignificante. Aunque un niño con esta visión de sí mismo se resiste al control externo, no tiene claro qué debe poner en su lugar.

Del vínculo a la autoestima

En sus primeros años de vida la seguridad de un niño procede del vínculo establecido con su familia. La seguridad de esos lazos afectivos influye en todos los aspectos de su vida. Él ama y, como ama, piensa que los demás lo aman también. Por tanto, un niño que es amado se siente seguro. Uno menos amado, o amado de manera condicionada, se siente inseguro.

A medida que los niños van creciendo, ese vínculo inicial cambia elaborando un 'guión' para la vida. Según se perfecciona su memoria, lo que le ha sucedido hasta entonces es tenido en cuenta para definir cómo son las cosas, cómo deberían ser y cómo se ha de actuar. Al final acaba por definir cómo es él. Su 'guión' de la vida tiene varios argumentos secundarios: lo que piensan y hacen las personas ajenas a la familia, en qué medida logra la sociedad los objetivos que plantea, cómo le ven sus semejantes. Y también su nombre, su aspecto, su procedencia, la cultura en que crece y en qué grado logra los objetivos que se valoran dentro de su cultura y su grupo social.

Cuando reunimos recuerdos de cosas que hemos conseguido o no hemos logrado conseguir –la admiración o el enfado de otras personas, los papeles que otros nos han asignado ("¿Por qué no puedes ser tan ordenado como tu hermana?")–, acabamos por formarnos una visión de nosotros mismos en el contexto de los demás que llamamos nuestra autoestima. Es, ni más ni menos, que el amor por nosotros mismos.

Si su hijo se quiere mucho, no necesita reafirmarse complaciendo a los demás o portándose mal para llamar la atención. Un niño que se quiere a sí mismo puede reverberar el amor de los demás con firme generosidad, y no limitarse a absorberlo. Un niño que tiene autoestima ejerce el control.

El regalo de la autoestima

Resulta difícil sobrevivir y prosperar sin contar con la estima de los demás, y el recurso más seguro para ello es la autoestima. Enseñe a su hijo cómo quererse a sí mismo de forma incondicional. Amor incondicional por uno mismo significa quererte a ti mismo porque tú eres tú. La autoestima es la conciencia del niño de que tiene derecho a la felicidad y al respeto. Nada tiene que ver con darse importancia o ser egoísta, actitudes que surgen con mayor frecuencia en un contexto de falta de autoestima. Las personas que están a gusto consigo mismas no necesitan pisar a otros para sentirse mejor.

MANERAS DE DESARROLLAR UN ALTO GRADO DE AUTOESTIMA

✔ *Trátele de forma personalizada. "Te quiero porque eres Hugo." Alabe idiosincrasias, siempre que no perjudiquen a otros.*

✔ *Tómele en serio, así como a sus necesidades. "Sé que pensar en monstruos da miedo." "No te preocupes. Si hablas de ellos no te darán tanto miedo."*

✔ *Crea en él. "Sé que tú puedes hacerlo." Déle la impresión de que tiene poder personal y posibilidad de elección, aunque en realidad haya poca opción. "¿Quieres ponerte los calcetines rojos o los azules?" en lugar de "Ponte de una vez los calcetines".*

Si la estima no proviene de dentro, debe ser creada a partir de esa carencia; un proceso en conjunto más azaroso. Sin un núcleo interno de autoestima, la persona busca sin cesar otros medios para darse tono; va por el mundo en una desesperada búsqueda de aceptación; no es frecuente que unos se preocupen de alimentar el ego de los demás.

No es posible dar a un niño autoestima directamente. Es algo que debe aprenderse. Aprender a respetarse a sí mismo le resulta más sencillo a su hijo si usted lo acepta como es. Un niño debe aprender a valorarse a sí mismo, pero le será más fácil si usted lo valora.

Los niños aprenden pronto que el mundo está lleno de contratiempos y que cada día hay cientos de oportunidades para la humillación. Nadie puede evitarlas todas. Además de fomentar que desarrolle su autoestima, debe proporcionar al pequeño estrategias para mantener la autoestima cuando se halla bajo presión. Debe ser capaz de desconectar si le increpan y de relativizar los fracasos para empezar de nuevo.

Proteger la autoestima

Prohíba la falta de consideración: "Nosotros no insultamos a los demás: es una norma en nuestra familia".

Enséñele a hacer frente: Exclame "¡Ay!" cuando las palabras duelan o silbe como una serpiente y amenace con el índice y el anular doblados a modo de dientes de serpiente. Hágalo en clave semihumorística.

Enséñele a hacer una pausa y luego preguntar "¿Te pasa algo?" cuando alguien haya dicho algo que duela. La pausa resulta sorprendentemente incómoda para la otra persona, y la pregunta (que raras veces obtiene respuesta) desmantela por completo su juego. O bien, si alguien está mostrándose irreflexivamente desconsiderado, "Eso dice más sobre ti que sobre mí".

Cómo proteger la autoestima fuera del círculo familiar: aconséjele la retirada. Si alguien está comportándose de manera cruel, que se marche y se ponga a pensar en otra cosa. Que se diga a sí mismo: "Es su problema, no el mío".

CÓMO HACER QUE UN NIÑO TENGA UN BAJO GRADO DE AUTOESTIMA

✖ *Rechazo. Falta de atención, ignorarle, no tomarle en serio, no escucharle: "Vete; deja ya de molestarme". "Ahora no". "Dentro de un minuto."*

Amar al niño de manera personalizada

Ésta es otra de las claves en cuanto se refiere a la autoestima en los niños. Si usted sale a comer fuera de casa, ¿es la comida más importante que el lugar donde la consume? La comida italiana, ¿es siempre mejor que la china?

La respuesta dependerá del humor que tenga, de lo buena que sea la comida, de la compañía de que disfrute y de las necesidades del momento. Quizás una terraza al aire libre con vistas al mar nos lleve a perdonar la mala calidad de su comida, dada la maravillosa panorámica que ofrece el lugar y el carácter único de la experiencia que supone.

Cada uno de sus hijos es único, y si los juzga en términos absolutos está minando su autoestima. Probablemente sí quiere a cada uno de sus hijos de manera única, pero ¿lo perciben ellos así?

Es muy fácil mandar señales confusas. La ven haciendo regalos cuidadosamente elegidos por el mismo valor, y deducen que el amor es cuantificable; ven que los manda a la cama siguiendo un orden de menor a mayor y creen que quedarse levantados unos minutos extras transmite poder sobre los afectos de usted.

Los niños no deben tratarse de manera igualitaria

■ Dé a cada hijo lo que necesite, no porciones iguales.

Compre un libro para Hugo esta semana; algunos lápices para Laura la próxima. Ofrezca a cada niño un trozo de pastel pequeño. Dígales que si quieren un poco más cuando hayan terminado, sólo tienen que pedirlo.

■ Dé a cada niño un amor único, no un amor igual.

Nunca diga: Te quiero igual que a tu hermano

Diga: Te quiero porque tú eres tú

■ Conceda a cada niño el tiempo que necesite, no el mismo tiempo a todos. Unos días Hugo necesita más ayuda, y otros días es Laura quien la requiere.

Cuando haya terminado de atender a Laura iré a ver tu dibujo, Hugo

■ Evite las comparaciones.

No diga: ¿Por qué no te comportas como tu hermana?

Sólo comente los hechos: Si te portas mal harás que me enfade

■ Déjeles sentir lo que sienten. Estarás enfadado por esa razón

y no Haces una montaña de un grano de arena

■ Deje que sean ellos mismos.
Los monstruos debajo de la cama no son una "tontería".
Tener miedo de los ascensores no es una "chiquillada".

Hay que alabar a los niños

■ Cuando las cosas no les salen como deberían:

"Es frustrante. Seguro que te gustaría que alguien hiciera calcetines sin talones para niños. Ya le vas cogiendo el truco. Mucho mejor."
"Estoy orgullosa de ti. Te lo has tomado realmente en serio."
"Me gusta mucho como has pintado el cielo."

■ Cuando las cosas les salen bien:

"Has dibujado muy bien ese gato."
"Esto es verdaderamente difícil. Te habrás pasado mucho tiempo haciéndolo."
"Estarás muy satisfecho de ti mismo."

Técnicas disciplinarias para niños de entre tres y cinco años

Establezca límites que reflejen competencias crecientes
Su hijo será quien determine cómo ir ampliándolos. Recuerde que no aprenderá a ser responsable si siempre está controlado y dominado. Déle la estructura, pero ofrézcale opciones dentro de la misma.

Establezca algunas normas de la casa
Por ejemplo:

"No vale insultarse unos a otros ni pelearse."
"Los problemas los discutimos y procuramos darles solución."
"No vale hacer daño a personas, animales o propiedades."
"Incluso los pequeños son útiles."

Imponerle un tiempo de reflexión, retirarle la atención, ponerle mala cara y esperar a que las cosas se hayan calmado siguen siendo las principales armas. Cuando los niños se hallan próximos a la edad de entrar en preescolar, ya pueden decidir ellos mismos cuándo se han calmado y están preparados para volver.

Utilice el tiempo de reflexión de manera positiva. Sugerirle "Me parece que necesitas un tiempo para calmarte; vuelve cuando estés más tranquilo" le enseña a autocontrolarse. Hágale saber que también usted necesita calmarse. Dígale "Estoy enfadada y necesito calmarme"; y salga de la habitación.

Continúe enseñando a los niños a comportarse. El razonamiento irá adquiriendo cada vez mayor importancia. Establezca límites por adelantado. "Laura, vamos a comprar un regalo para Hugo, es su cumpleaños." Luego mencione que Laura podrá también comprarse algún pequeño detalle. "Si te pones pesada y te empeñas en pedir más, nos volvemos sin regalito para ti."

Procure emplear mensajes positivos. "Pídelo con educación, como tú sabes", en lugar de "No, así no".

La posibilidad de elección da autoridad a los niños y les permite asumir el control. "Necesitamos tener la mesa despejada para la cena cuando la manecilla grande del reloj señale las seis. Podéis recoger ahora o terminar primero lo que estáis haciendo."

Reuniones familiares. Han de ser discusiones informales durante las comidas o bien más formales, cuando haya algo importante que discutir. Cada niño debe sentir que su contribución es importante. El orden del día podría ser: 1. Dar las gracias y felicitar por cosas bien hechas. 2. Planes para la semana. 3. Reparto de las tareas semanales. 4. Discusión de un problema familiar (como recoger los juguetes) y búsqueda de una solución. 5. Planear una actividad familiar, como una merienda en el campo.

LO QUE NO HAY QUE DECIR A LOS NIÑOS

Eres un niño tonto

✖ *Todos hacemos tonterías de vez en cuando. Si hace alguna tontería, descríbale lo que ha hecho y cómo se siente usted. "Has echado papel al fuego. Eso a veces provoca grandes incendios en las casas. Y es algo que me da mucho miedo. Prométeme que no volverás a hacer cosas tan peligrosas."*

Mira a lo que he renunciado por ti

✖ *Usted eligió tener un hijo. Si no era consciente de las consecuencias de dicha decisión, él no tiene la culpa.*

Ojalá no hubieras nacido

✖ *El máximo rechazo. Si nota que siente impulsos de decirlo, márchese antes de llegar a hacerlo.*

Serías guapa, si...

✖ *Si usted le dice que no es guapa, ¿cómo va a sentirse así?*

Serías listo, si...

✖ *Si le dice a su hijo que es tonto, ¿cómo va a sentirse listo? Diversos estudios han revelado que los niños alcanzan los niveles de las etiquetas que se les asignan, más que su verdadero potencial.*

¿Por qué no eres como...?

✖ *En otras palabras: "No te quiero tanto como al perfecto niño de nuestros vecinos" o, aún peor, "No te quiero tanto como quiero a tu hermana".*

¿Por qué tienes siempre que estropearlo todo?

✖ *No le ponga etiquetas. Ataque el comportamiento del niño, no a él.*

No hay nada de qué tener miedo

✖ *Al contrario, si su hijo se asusta, significa que sí lo hay.*

Se lo diré a tu padre

✖ *Cuando se lo cuente, la travesura habrá pasado ya. Sólo conseguirá que el padre se enfade.*

Si no te comportas, te dejo aquí

✖ *Si el niño le cree es usted muy cruel. Si no le cree, no le servirá para nada.*

QUÉ HAY QUE DECIR A LOS NIÑOS:

Soy muy feliz por haberte tenido. Siempre has sido una joya para mí

✔ *Los niños deben saber en todo momento lo importantes que son para sus padres.*

No es no, y basta

✔ *Si hace que valga la pena discutir, discutirán.*

Todo el mundo se equivoca. No pasa nada

✔ *El mensaje queda más claro si se lo hace saber cuando es usted quien se equivoca.*

Acabo de hacer una tontería

Contar chismes está bien

✔ *Si decimos a los niños que no cuenten chismes, tal vez dejen de contarnos chismes importantes.*

✔ *Las emociones no son malas.*

Puedes llorar. Puedes estar triste. Puedes sentir miedo

✔ *¡Lo has hecho tú sólo! ¡Uau!*

Puedes decir "No"

✔ *Los niños no tienen que hacer siempre lo que les piden.*

✔ *Exagerar los peligros de la vida les priva de la iniciativa y la libertad propias de la infancia. El mundo exterior no está lleno de hombres malos esperándoles para raptarles o asesinarles.*

Es bonito ser niño

El mundo es un lugar excitante y seguro

Está muy bien relajarse y no hacer nada

✔ *Los niños no tienen que estar todo el día aprendiendo y haciendo cosas.*

Manténgase al margen de sus peleas. Es preferible hacer oídos sordos, a menos que la cosa se salga de madre.

Evite las profecías anticipatorias. Decir a los niños que son tontos es probable que los haga volverse tontos. Existen estudios fiables que sugieren que las personas defraudamos o cumplimos con las expectativas de los demás. Incluso a veces se muere si nos dicen que eso va a suceder.

Solucionar problemas

Para los menores de cinco años debe hacerse de manera sencilla. Supongamos que su hermana se está burlando de él. Empiece por aceptar su enfado y mostrarle su empatía. "Mi hermana solía hacerme lo mismo, de modo que comprendo cómo te sientes." A continuación, describa la situación y/o los deseos del niño. "Laura se está burlando de ti mientras tú intentas dibujar, y te gustaría que dejara de hacerlo." Esto le ayudará a tomar un poco de distancia respecto a los acontecimientos y abrirá una pausa para considerar posibles soluciones. "¿Qué te parece que debes hacer?" "¿Contestarle con una mueca horrible o silbarle como una serpiente? ¿Cuál te parece la mejor solución? No queremos que la cosa se ponga peor."

Cuide su salud mental

Hay momentos en que incluso los pequeños más tranquilos nos sacan de nuestras casillas. Todos los niños tienen fases difíciles y la mayoría también tienen fases buenas. Ambos tipos de fase se van alternando. Si las cosas han ido mal durante un mes o dos, espere con bastante certeza una mejora. Si han ido bien, es probable que empeoren. Las fases se rigen por el ritmo de crecimiento y desarrollo de cada niño; esto no significa que se sucedan de una manera regular, sino que es un proceso con saltos en el ritmo.

Cuando se encuentra en uno de estos saltos, el niño se siente mal. Mientras ustedes se adaptan a ser los padres de este 'nuevo' niño, también se sienten mal. Un gran salto se produce a los dos años, otro alrededor de los tres y medio, y un tercero hacia los seis o siete años.

Si el niño la pone frenética, tómese unos minutos cada día para relajarse: un paseo por las calles, tumbarse un rato sobre la hierba, nadar un poco o sencillamente tomar un baño relajante. Aprenda a relajar los músculos a fin de reducir tensiones. Un masaje hace maravillas.

Resérvese unos minutos para usted. Que sus hijos aprendan que hay momentos en que usted está fuera de su alcance. "Mamá está meditando" era la fórmula que a mí solía funcionarme. Entretenga a los niños con un vídeo o con la televisión. Recójase en una habitación contigua (deje la puerta abierta)

CÓMO ESTIMULAR A UN NIÑO

✔ ***No espere de él que actúe siempre de forma desinteresada.*** *Son pocos los adultos que lo hacen. La estimulación convierte a los niños en vencedores. A veces es posible estimularles con una simple sonrisa, otras, con una estrellita dorada. Las recompensas inmediatas son las que mejor funcionan. Cuanto más pequeño es el niño, más instantánea debe ser la recompensa. Si ésta debe ser aplazada, un vale servirá de gratificación visible y tangible. Dado que a todos los niños pequeños les gusta coleccionar cosas, estos bonos tienen valor por sí solos. Cuentas en un bote, notas de agradecimiento en una bolsa o estrellitas en un gráfico resultan soluciones excelentes por igual.*

✔ ***Gráficos de estrellas.*** *Dibuje un gráfico que contemple los siete días de la semana. Si conviene, divida cada día en mañana y tarde. Dé título al gráfico. Llámelo, por ejemplo, "No gritar en el coche". Después de cada viaje en coche durante el cual no haya gritado, el niño recibirá una estrella, que él mismo pegará en el gráfico. Al final de la semana las canjeará por un pequeño premio. Los premios grandes arruinan la finalidad del sistema; de hecho, a menudo las estrellas bastan por sí solas. La técnica funciona al dirigir la atención del niño hacia un comportamiento en particular. Haga que sea sencillo; un solo gráfico a la vez.*

✔ ***Tiempo.*** *Estar sentados y callados es un gran esfuerzo que precisa recompensa. Ponga plazos de tiempo con el avisador de cocina o muéstreselos al niño en un reloj grande.*

✔ ***Recompensas adecuadas: mimos,*** *pequeños detalles, algo extra como quedarse por la noche hasta más tarde, su comida favorita...*

CÓMO NO ESTIMULAR A UN NIÑO

✖ *Darle sólo por lo que hace, nunca por lo que es. Los niños necesitan ser amados y apreciados por ser quienes son.*

✖ *Darle amor sólo cuando el pequeño se porta bien. El amor nunca debe ser condicionado.*

✖ *Recompensar Todo cuanto hace. ¿Cómo se las arreglará para rendir en su ausencia, si siempre espera ser recompensado?*

✖ *Dar demasiado. Dando demasiado no se consigue nada.*

✖ *Recompensarle con comida. Es posible que de adulto coma en demasía cuando necesite autorrecompensarse y coma demasiado poco cuando se sienta mal consigo mismo. Usted no querrá establecer ese hábito desde ahora.*

y túmbese tranquilamente en el suelo durante cinco minutos. Relaje todos los músculos uno a uno, empezando por la cabeza. Si lo hace todos los días, sus hijos lo considerarán algo normal. Si necesitan hablar con usted, que se queden a su lado y esperen pacientes hasta que haya terminado.

O bien pruebe con la visualización. (Ver más abajo.)

Salga de casa. Vaya a clase, haga deporte, aprenda algo que siempre ha querido aprender ¿Bailar claqué?, ¿tocar la flauta?

Visualización

Procúrese un ambiente cálido y relajado. Túmbese, cierre los ojos y relaje todos los músculos. Piense en alguna imagen de la felicidad. ¿Olas bañando la arena mojada? ¿La nieve que cae y le llega hasta las rodillas? ¿La neblina sobre una verde pradera? Piense en los colores de la felicidad. Visualice esas escenas y esos colores. Deje que el sol brille todavía más, bañando su escena de fulgor dorado. Relájese y que esa sensación fluya por su cuerpo. Practique cada día un rato hasta que sea capaz de "enchufar" la felicidad. Ahora, cuando note que le sube el estrés, cambie al canal de la visualización.

Deje volar su fantasía. Lo que usted no puede tener en la vida real, téngalo en sus fantasías. Imagine que se encuentra en otro lugar dando su paseo favorito, calmada y relajada.

Apúntese a una asociación de padres. Los problemas no resultan tan agobiantes cuando hay más gente que pasa por lo mismo. Una de las causas de estrés más comunes es la sensación de que no somos capaces de hacerles frente. Estar en contacto con otros padres hace que tomemos conciencia de ello.

Inicie un círculo telefónico. Forme un grupo de amigos y acuerden llamarse por teléfono cuando se sientan aislados.

La habilidad para escuchar, pedir y rechazar

Si nunca escucha a su hijo, el pequeño crecerá pensando que sus opiniones no son importantes. Incluso poseyendo unas buenas dotes para la comunicación, a veces somos mal comprendidos. Mucho peor será si no somos buenos comunicadores.

Un pequeño que no sabe cómo pedir es muy probable que crezca siendo muy absorbente. Aunque las familias aceptan a los niños exigentes y difíciles (ya que piensan que no les queda otro remedio), los pequeños así son impopulares entre los demás. Cuando se trata de elegir amigos, los niños difíciles y agobiantes son dejados de lado y sólo tienen como compañeros otros individuos como ellos.

Incluso los niños agradables y sencillos son marginados por sus semejantes si no saben cómo hacerse 'atractivos' a los ojos de los demás. La vida moderna no estimula la comunicación en el seno de las familias. Son pocas las que se reúnen con regularidad en torno a la mesa familiar. Tardes enteras transcurren frente al televisor, el remedio universal tras un día de trabajo agotador.

Los padres son modelos deficientes a este respecto. Hay quien piensa que su familia constituye en sí misma un círculo social adecuado; que las amistades bastan. Se dicen 'hola', pero no hablan. Sin unas dotes sociales que copiar de los padres, un niño se verá marginado de un grupo social. Y ese hábito a veces perdura.

Comunicar bien

Un niño necesita unas dotes específicas para escuchar. Necesita, asimismo, aprender los movimientos y posturas asociados a la conversación. Cuando dos personas están hablando, tienden a imitarse mutuamente el lenguaje corporal. Asienten con la cabeza antes de que el otro termine la frase, desvían la mirada mientras hablan. Si uno equivoca los movimientos, quizás la otra persona piense que no le está escuchando.

Si bien escuchar es importante, nunca es suficiente por sí solo. Uno exigirá, manipulará o simplemente pedirá; pero con sólo escuchando no llegará a conseguir lo que necesita. A los niños se les suele enseñar a exigir, mientras que a las niñas se les enseña más bien a engatusar y a manipular. No hay demasiado a elegir aparte de dichas opciones. Exigir y manipular puede conseguirnos lo que necesitamos, pero a un coste elevado. Además de los sentimientos negativos que despertamos en otros, a menudo nos hacen sentir mal con nosotros mismos. Pero, si nos acarrea dos horas de mal humor, ¿vale realmente la pena?

Resulta más fácil, tanto para los padres como para el niño, si le enseñan a decir "¿Puedes prestarme atención?", en lugar de dejarle que pase por todo el galimatías de mal comportamiento, disputas y reconciliaciones antes de cubrir sus necesidades. Los niños no aprenden a pedir si le ven a usted (el padre o la madre) exigiendo y manipulando a los demás cada dos por tres. No han nacido con la habilidad para manipular: usted debe enseñársela. Y a pesar de que sí han nacido con la habilidad para plantear demandas, es fácil enseñarles un estilo que entrañe un menor grado de confrontación. Al fin y al cabo, de eso debe tratar la educación.

Enseñar a los niños a pedir directamente lo que quieren les otorga autoridad y le libera a usted, que debe decir 'No' a engatusamientos y exigencias, si desea que el niño aprenda sus límites.

Interésese y muestre su interés cuando su hijo le hable. Mírele a los ojos; bájese a su altura. Mírele cara a cara, inclínese un poco hacia delante. No cruce los brazos ni balancee el cuerpo de manera agresiva.

◆ **No juzgue**. Déjele que diga lo que desee. Póngase en su piel y trate de ver las cosas desde su punto de vista. Primero escúchele; componga su respuesta cuando haya terminado de hablar, no mientras lo esté haciendo.

◆ **Lea entre palabras.** Los niños pequeños no engañan –no sabrían cómo hacerlo–, pero los más mayores, sí.

◆ **Déjele terminar.** No acabe sus frases ni lo interrumpa antes de que termine de hablar. Si lo interrumpe, que sea únicamente para animarle a que continúe con la historia. Su atención es un regalo para él. Un niño con muchos dones posee entre ellos el don de hablar.

◆ **Refleje sus sentimientos** ("Te habrás enfadado mucho") y su punto de vista ("Comprendo por qué piensas que no es justo"). Hágalo aunque más tarde pase a mostrar su desacuerdo. Exprésese en un tono neutral. "Eso te haría enfadar."

◆ **Juegue al tenis conversacional.** Lleve la conversación de un interlocutor al otro. Es el turno de saque del niño, pero eso no significa que usted deba esperar que le sorprenda con una sucesión de servicios ganadores.

◆ **Establezca un campo de pruebas para la comunicación.** La hora de cenar es tradicional para ello. También va muy bien una reunión familiar (véase página 127). Asegúrese de que los miembros más jóvenes disfrutan de su turno de intervención. Escuchar conversaciones que no entiende no animará a hablar a un niño de tres años.

Empezar a dejarle ir

Su objetivo es formar a individuos independientes que funcionen sin usted, elaboren sus propios pensamientos, cometan sus propios errores y triunfen en sus propios términos, lo cual significa que, tarde o temprano, usted deberá ponerse a un lado y dejar que sus hijos hagan las cosas por sí mismos. Durante estos años preescolares no se empecine en vestirle siempre, decirle qué debe comer, sugerirle cómo se siente o negar su experiencia. Evite comentarios del tipo: "Es posible que tengas hambre" o "¿Estás seguro de que tienes pipí?"

◆ **Empiece a estimularle para que sea él quien decida.** "¿Qué quieres para desayunar? ¿Un huevo o cereales?"

◆ **Mantenga viva la llama de la esperanza.** Nunca diga "Es demasiado difícil"; diga "Si necesitas ayuda, dímelo".

◆ **Muestre respeto.** Cuando se esfuerce por ser independiente y se dé un batacazo, no le diga "Ya te lo advertí".

◆ **Evite la inquisición.** No le haga demasiadas preguntas. Concédale la privacidad de sus pensamientos.

◆ **Permítale intentarlo.** No se adelante con las respuestas.

◆ **Permítale gastar su semanada.** Ponga el dinero en un monedero y deje que lo saque para pagar.

◆ **Permita que vaya al buzón de la esquina a echar una carta.** Nada malo puede sucederle, si usted lo vigila desde lejos.

No lo va a hacer porque yo se lo digo

Los adultos siempre estamos planteando demandas a los niños. Si usted contase las palabras que dirige a su hijo de dos o tres años, una elevada proporción de las mismas tendría relación con obligarle a hacer cosas que él no ha elegido.

Cuando no le está pidiendo algo, está echando por la borda su posibilidad de decidir. "Esto no te gusta." "Sólo estás cansado." "En verdad no piensas eso de tu hermano."

Póngase en su piel. ¿Qué hace usted cuando una voz interior le dice que deje de leer el periódico y se ponga a limpiar la cocina? ¿O cuando la misma voz le dice que no coma ese trozo de pastel de chocolate? Tal

CÓMO LOGRAR QUE HAGA LO QUE LE DICEN

✔ **No le machaque.** *Si no es importante, déjelo.*

✔ **No imponga.** *Déjele decidir lo que hace y piensa.*

✔ **Describa lo que ve.** *O describa el problema.*

Hay piezas esparcidas por todo el suelo

✔ **Proporcione información.**

Es peligroso. Alguien podría resbalar

✔ **Mencione lo que espera de él.**

Espero que lo recojas

✔ **Si el niño prueba con tácticas de aplazamiento:** *Considere si resulta razonable. Si no lo es, dígaselo.*

Tengo que cocinar. Hay que recoger todo esto ahora

Si es razonable retrasarlo, repita su petición añadiendo el nuevo plazo para hacerlo. Si el niño no actúa, déle opciones.

De acuerdo, quieres ver tu programa hasta el final. Pero en cuanto termine, recoges el Lego

Hugo, o recoges el Lego o lo recojo yo y me lo guardo durante una semana. Tú eliges

✔ **Recuérdeselo con una palabra.** *Al terminar el programa diga*

Lego

✔ **Si el niño sigue sin actuar.**

Veo que has decidido que me quede con el Lego

✔ **Si continúa igual.** *Recoja el Lego y guárdelo.*

✔ **Si protesta.** *Diga*

Hugo, tú lo has elegido. Jugarás de nuevo con él dentro de una semana

CÓMO NO CONSEGUIR QUE UN NIÑO HAGA LO QUE LE DICEN

✖ ***Juzgar al niño y no su comportamiento.*** *Si el pequeño piensa que es él, y no su comportamiento, lo que está mal, es más probable que vuelva a ser malo.*

✖ ***Machacarle.*** *Si usted no cesa de decirle que es malo, ¿para qué se va a esforzar en ser mejor?*

✖ ***Amenazarle.*** *La amenaza no tiene sentido, a menos que usted vaya a actuar de verdad. Y si lo hace, tampoco sirve de nada.*

✖ ***Castigarle siempre.*** *La disciplina funciona mejor cuando existe un respeto y una confianza mutuos. El castigo mina el respeto.*

✖ ***Echarle la culpa.*** *Echar la culpa mina la autoestima. Sin autoestima es muy difícil comportarse bien.*
Véase también páginas 121 a 125.

vez decida seguir esos consejos, pero es improbable que lo haga de buena gana. ¿Cómo reaccionaría usted si su pareja asumiera el papel de esa voz interior?

Los niños no siempre hacen lo que les pedimos. En realidad, resultaría preocupante si fuese así. La obediencia total no es lo que los padres desean inculcar a sus hijos. Sin embargo, sí debemos enseñarles a moverse en la sociedad. Existe un feliz término medio.

Qué no hacer cuando le ponga nerviosa

◆ **No explote.** Lo hace sólo para molestar, porque cuando usted se siente molesta le presta atención al cien por cien. El buen comportamiento sólo le reporta alguna sonrisa aislada y unas palabras de aprobación, compartidas con cualquiera que sea la actividad que le ocupa en ese momento. Pelará media docena de zanahorias y le sonreirá una vez. Pero, el mal comportamiento le vale toda su atención. Usted dejará el cuchillo y las zanahorias y cruzará la habitación para acercarse a él. Cuanto más rápido explote usted, más segura le resulta su técnica.

◆ **No intervenga.** *Los niños se enfadan unos con otros porque les gusta pelear.* Ignórelos a menos que estén a punto de hacerse daño.

◆ **No actúe como árbitro.** Se convertiría en una tarea continua.

◆ **No insista en llegar hasta el fondo de todos los desaguisados.** Eso da demasiada buena prensa al mal comportamiento.

Evite situaciones que desemboquen en conflicto

No permita que sus hijos le vuelvan en contra de su pareja.

◆ **Favoritismos.** El problema no es tener un favorito sino demostrarlo. Es perfectamente normal tener sentimientos diferentes por cada uno de los hijos, tratarles de forma distinta, valorarlos de manera diferente. Lo que sí resulta devastador para un niño es ser siempre el último en todos los sorteos.

◆ **Sea consciente.** A veces, usted mostrará favoritismos de forma inconsciente, mediante su lenguaje corporal, la velocidad de su respuesta, el tono de voz o su disposición para escuchar o responder cuando el niño le echa una mirada en busca de reafirmación. Reflexione sobre su comportamiento y, si es necesario, modifíquelo.

◆ **No compare desfavorablemente a un niño con otro.** Nunca diga: "Ojalá fueras como tu hermano".

◆ **No compare favorablemente a un niño con otro.** Nunca diga: "Ojalá tu hermano fuera como tú".

◆ **No les cuelgue** etiquetas con expectativas, actos o palabras.

◆ **No trate de ser equitativa.** No es necesario que divida su atención exactamente por la mitad. Resulta imposible, y tratar de hacerlo sólo consigue atraer la atención del niño hacia cualquier detalle que no fuera justo.

Responda a cada niño en su calidad de individuo, mostrando interés cuando él (o ella) lo necesite. Sin embargo, si bien no es necesario que divida su atención hora por hora o semana por semana, los niños necesitan saber que en algún momento serán los primeros de la cola, y que cada día habrá algún momento en que se hallarán bajo el foco de su completa atención, mientras los demás esperan.

◆ **Dé según las necesidades,** ya sea tiempo, galletas o atención.

◆ **Demuestre amor particularizado.** Quiéralos por ellos mismos. Busque lo que hay de especial en cada niño, no sólo al niño más favorecido.

Divorcio

Actualmente, un porcentaje elevado de matrimonios acaba en divorcio. Muchas de estas parejas tienen hijos. Los niños no tienen ni voz ni voto en la ruptura, ni control acerca de con quién van a vivir, ni sobre cuán a menudo verán al cónyuge que no ejerce su custodia (si es que lo ven).

No tienen ni voz ni voto cuando sus padres comienzan una nueva relación, ni pueden opinar respecto a la persona elegida como nueva pareja; con la particularidad de que todo eso ejerce una profunda influencia en su vida.

Tienen derecho a recibir explicaciones y a sentirse perturbados por lo que está sucediendo. Muchos niños pequeños piensan que ellos son los culpables de lo sucedido. Creen que lo habrían evitado si se hubiesen portado bien. Esos sentimientos se ven a menudo reforzados por el grado de ensimismamiento y de mal humor de unos padres en tensión, durante las semanas y meses que conducen a la separación. Si los padres están irritados, suele ser culpa del niño. ¿Por qué no ahora? Debe hacerles ver que nada de cuanto hayan hecho o podrían haber hecho habría cambiado en nada las circunstancias.

Tras la ruptura, los padres no es que deseen retirar a sus hijos calor y dedicación, pero a menudo lo hacen, y es posible que se hallen demasiado atrapados en su propia infelicidad como para darse cuenta de lo que están haciendo. En ocasiones, al cónyuge que corresponde abandonar el hogar familiar le resulta demasiado doloroso ver a los hijos, y opta por cortar la relación en seco. Los niños necesitan a la madre y al padre.

Algunos niños perciben que sus padres van a separarse; en cambio a otros les coge por sorpresa. Es necesario comunicárselo tan pronto como se ha tomado la decisión. No permita que se enteren por casualidad o a través de terceras personas. Déles tiempo para asumir la noticia y anímeles a preguntar lo que deseen saber. Responda a sus preguntas lo más honestamente posible, evitando echar la culpa a su cónyuge. Tanto la madre como el padre deberían hablar con los hijos. No hay necesidad de convocar una reunión familiar para comunicar solemnemente la noticia. Si ésta no encaja con el estilo de la familia, semejante desviación de la norma inquietará mucho a los niños. Incluso si las reuniones familiares están a la orden del día en su hogar, presentar la noticia de esta manera es probable que resulte apabullante para la mayoría de niños pequeños.

Permita que los niños exterioricen sus sentimientos. Tienen derecho a estar angustiados y a expresar esa angustia. No menosprecie sus temores con tópicos como "Estoy segura de que os gustará vuestro nuevo papá". Él no es su papá y casi seguro que no les va a gustar, ni ahora ni en un futuro próximo. Tal vez lleguen a tolerarle o incluso a quererle a más largo plazo. No les diga que "todo irá bien". No será así. Tampoco que serán "más felices". Tal vez usted sí, pero ellos no. Estarán bien y felices dentro de un año o dos, pero les llevará tiempo. Es posible que los niños

OTRAS REACCIONES AL DIVORCIO:

- Plantear problemas a la hora de comer; rechazar la comida.
- Bajo rendimiento en la escuela o escaparse de casa (típico de niños más mayores).
- Enfermar o incluso intentar suicidarse con la idea de juntar de nuevo a los padres.
- Enfrentar a los padres; ser gamberros y violentos.
- Plantear una y otra vez las mismas preguntas.

de más edad sueñen siempre en "lo que podía haber sido".

Espere grosería, resentimiento, culpabilidad, insultos, peleas e incluso depresión. Aguarde mal comportamiento, relaciones problemáticas con sus compañeros, rencor y retorno a las maneras del bebé. Pipí en los pantalones y en la cama y una ardiente necesidad de cogerle la mano para dormirse son reacciones muy comunes. La angustia debe salir. Deje que sea así. Ayúdele a expresar su rabia de maneras constructivas: dando patadas a un cojín, lanzando un paquete de arroz contra la pared o gritando muy fuerte.

Procure estar calmada para ellos y mantenga la mayor normalidad posible en las rutinas. No oculte sus sentimientos, sólo los excesos de sentimiento. Si protege por completo a sus hijos de su angustia e infelicidad, está transmitiéndoles el mensaje de que su reacción es excesiva. También les está sugiriendo que no comparte su infelicidad, lo cual es deshonesto.

Evite las peleas delante de sus hijos, o echar la culpa a su ex pareja, ya sea directamente o a través de indirectas furtivas que los niños pueden captar. Aunque su pareja se haya comportado fatal, sigue siendo el padre o la madre de sus hijos. Esa relación es muy importante y va a requerir mucha atención. Si bien resultará muy duro para el cónyuge que ejerce la custodia de los hijos, es necesario que se la dedique. Los niños superan el divorcio. Lo superan bien si ambos cónyuges respetan la relación entre ellos y el otro cónyuge. Un porcentaje muy elevado de cónyuges que han perdido la custodia de los hijos pierde también por completo el contacto con ellos. Estos niños tienen más posibilidades de trastornarse y verse profundamente afectados por el divorcio. Las dificultades añadidas durante esta etapa incrementan esas posibilidades.

Los horarios de los niños suelen verse alterados por el grado de distracción e infelicidad reinantes. Tras el divorcio, los cónyuges ponen menor esmero en su función de padres, y muchas madres solteras viven en la pobreza. Es posible que los niños se vean forzados a mudarse de casa, cambiar de escuela y de barrio. Quizás ahora las madres que no han trabajado fuera desde que los niños nacieron deban buscar trabajo. Por tanto los niños irán a la guardería o se quedarán a cargo de algún parien-

ABORDAR EL DIVORCIO, LA VÍA DURA

✖ ***Llevar el caso a los tribunales.*** *Los abogados no frenan las discusiones entre la pareja. Una vez se hacen cargo del asunto, los problemas tienden a multiplicarse, más que a disminuir. Y a eso hay que añadir que cuesta una fortuna. Es mejor gastar el dinero en unas vacaciones.*

✖ ***Impedir el acceso a toda costa.*** *Los niños tienen derecho a ver a los dos progenitores. Y éstos tienen derecho a ver a sus hijos, a menos que lo hayan perdido por haberles hecho daño.*

✖ ***Optar por una ruptura definitiva con los niños.*** *La ruptura definitiva resulta más llevadera para los padres. Nunca lo es para los hijos.*

✖ ***Seguir la ley al pie de la letra.*** *Si el tribunal dice que fines de semana alternos, obedezca la ley, pero no a rajatabla. No limite el acceso a los fines de semana: los niños deben sentir que tienen acceso en todo momento, tanto a su madre como a su padre. Deberían poder ver al cónyuge que no ejerce la custodia más a menudo de lo marcado por el tribunal, si así lo desean. Si quieren llamarle para darle los buenos días, están en su derecho.*

✖ ***Esperar que los niños encajen en su nueva relación.*** *Nada más susceptible de hacer que a sus hijos les caiga mal su nueva pareja que tenerla presente durante las visitas. Los niños necesitan pasar ratos a solas con ambos padres.*

✖ ***Desacreditar ante los niños el hogar del cónyuge que no ejerce la custodia.*** *Utilizar a los niños como espías. No haga preguntas.*

✖ ***Esperar hacer tabla rasa.*** *Compartir hijos significa que no es posible una ruptura definitiva con su ex pareja. Cuanto antes acepte este hecho, más felices serán todos.*

ABORDAR EL DIVORCIO, LA VÍA INTELIGENTE

✔ ***Resuélvanlo fuera de los tribunales.*** *Cuanto antes se acaben las peleas, antes podrán reconstruir la vida de los niños.*

✔ ***Sean generosos en lo concerniente a verles ambos.*** *Haga todo lo que esté en su mano para facilitar las relaciones entre su ex pareja y sus hijos. Es duro, pero amar siempre lo es. Los niños se merecen este acto de amor. Al fin y al cabo, ellos no tienen la culpa.*

✔ ***Permita que los niños vean al cónyuge que no posee la custodia, más de una vez por semana, sobre todo durante los primeros meses.*** *Si eso resulta imposible, conviene que hablen por teléfono. Llamar para desear las buenas noches (o los buenos días) no cuesta nada.*

te. Eso puede parecer un síntoma de rechazo y abandono para un niño que ha perdido ya a uno de sus padres, y ahora teme perder al otro.

Explíquele qué aspectos permanecerán inalterados y cuáles cambiarán. ¿Dónde vivirá? ¿Quién vivirá en la casa? ¿Qué les sucederá a los animales domésticos? ¿Qué ocurrirá con los muebles? ¿Dónde vivirá su otro progenitor? ¿Tendrá sitio en su casa para que los hijos puedan quedarse con él? ¿Cuánto tiempo pasará el niño con cada uno de sus padres? No rehúya las preguntas. Estudios efectuados en niños cuyos padres se hallan en proceso de divorcio demuestran que, inicialmente, los niños reaccionan con rabia, miedo y un cierto shock. Muchos sufren depresiones y se vuelven reservados. La mayoría de los niños acaba por asumirlo, pero si el conflicto entre los padres se agrava y se prolonga, la adaptación de los hijos a la nueva situación tarda mucho más, hasta el punto de que a veces no llega a producirse nunca. Los niños difíciles tienen mayores problemas a la hora de asumir el divorcio de sus padres. Las chicas tienen más dificultades para aceptar un posterior matrimonio. Cuanto más pequeño es el niño más pronto supera la ruptura. La mayoría de los niños en edad preescolar que pasan por dicho trance muestra síntomas de inquietud y reserva durante un año aproximadamente; a los niños en edad escolar les dura un año o dos, y a los adolescentes bastante más. Los chicos adolescentes suelen quedar más afectados que las chicas de su edad, mientras que las chicas más mayores quedan más afectadas por el trance que los chicos de su misma edad.

Casarse de nuevo

Alrededor de un 80 por ciento de los hombres y el 75 por ciento de las mujeres acaban por casarse de nuevo, y un 25 por ciento de los niños pasarán tiempo con un padrastro antes de cumplir los 18 años. Más de la mitad de los padres casados en segundas nupcias volverán a divorciarse. Cuantas más veces se casen, más probabilidades tienen de divorciarse de nuevo.

Un segundo matrimonio no resulta sencillo. Los niños más pequeños llegan a aceptarlo, pero los más mayores a menudo no lo logran. Eso se cumple sobre todo entre las chicas adolescentes, que tienen problemas en particular para aceptar a la nueva pareja de su madre o de su padre. Los chicos suelen tener más problemas con la nueva pareja de su madre. Puede que no les guste, o tal vez sientan que son desleales a su padre si el nuevo les cae bien.

No imponga su nueva pareja a sus hijos demasiado pronto tras el divorcio. Concédales una pausa para que se acostumbren a la idea. Eso hará que la transición sea mucho más suave. No subestime lo violento que puede mostrarse un niño resentido e infeliz hacia su nueva relación, en especial si la nueva pareja tiene poca o nula experiencia con niños. Dé tiempo al tiempo.

No se alegre si su ex pareja y su nueva compañera pasan por momentos bajos con los niños. Los corazones rotos son los de sus hijos. Nunca aplauda su comportamiento desde la barrera. Lo más conveniente para los pequeños es reducir la tensión en lo posible. Criticar y regodearse es natural, pero restrínjalo a sus amigos y familiares, y hágalo cuando los niños no le oigan.

Hijastros

Los hijastros no eligen a sus padrastros. En realidad, probablemente preferirían pasar sin ellos. No hay razón para que les guste la nueva pareja de usted, ni tampoco sus nuevos hermanastros y hermanastras. Sería perfecto vivir felices de nuevo como una gran familia, pero no es realista pensar que vaya a ocurrir así.

- **Espere celos entre los hijastros,** en especial cuando sus hijos visiten a hijastros que ahora están viviendo con el cónyuge que no ejerce la custodia. Recuerde que también ellos están tratando de adaptarse, y que probablemente habrán pasado un período de tensiones. Dos grupos de niños angustiados, reunidos por las circunstancias, no constituyen la mejor receta para la armonía.

- **Dé tiempo al tiempo.** Los niños se adaptan, y muchos llegan a coexistir con bastante armonía.

- **Dé a la fantasía lo que esté ausente de la realidad.** Deje que sus hijos expresen celos y deseos. "Te gustaría que Laura no viviera con papá. Ya lo sé, pero es así y hemos de procurar acostumbrarnos a ello." "Te gustaría que Hugo no tuviera que venir a vivir con nosotros. Pero creo que, con el tiempo, la idea te parecerá mejor que ahora."

Hermanastros

Los niños a menudo llegan a tener muy buena relación con hermanastros que han conocido desde que eran bebés, pero quizás nunca quieran a los que la nueva relación de uno de sus padres les ha impuesto.

Abusos físicos a cargo de los padrastros

El divorcio significa que ninguno de los padres podrá vigilar a los niños todo el tiempo. Los padres están angustiados y tensos tras el divorcio, y es posible que lo descarguen en los niños. Los padrastros malvados no son sólo personajes de cuento; se ha demostrado que son mucho más capaces de dañar a los niños que los padres naturales. Cuando el abuso aparece en una familia, los padres poseen a menudo algunas de las siguientes características:

◆ ***Un historial de malos tratos,*** sobre todo de cuando eran niños. Se enfadan con rapidez, tienen poco control sobre sus impulsos –sean del tipo que sean–, también pueden infligir malos tratos emocionales o verbales.

◆ ***Una visión distorsionada de los niños y de sus capacidades,*** y unas expectativas poco realistas puestas en ello. No tienen en cuenta la edad de los pequeños o la tensión por la que están pasando.

◆ ***Tendencia a esperar demasiado de los niños.*** Quieren que el niño les cubra alguna necesidad básica, y se sienten decepcionados al comprobar que eso no se produce.

◆ ***Falta de cariño; escasa capacidad de comunicación.*** No saben cómo escuchar a los niños o cómo darles amor.

◆ ***Tendencia a ver a los niños de forma negativa.*** No perciben las características positivas de los pequeños, ni su buen comportamiento.

◆ ***Uso y abuso de poder.*** Pero con frecuencia son débiles en realidad y se sienten impotentes. Tienden a imponer castigos en demasía.

◆ ***A menudo son solitarios y obsesivos, y tienen pocos amigos de verdad.***

Los pequeños, ciertamente, se caen y se hacen daño, se encaraman a los estantes, se hacen magulladuras y se queman. Pero tal vez no todas esas heridas sean fortuitas. Es conveniente saber reconocer los signos:

◆ **Magulladuras o heridas frecuentes** resultan siempre sospechosas.

◆ **Las heridas ocultas** bajo la ropa también son sospechosas. Después de una caída, un niño suele tener también algún signo de herida al descubierto, además de las que no se ven. Las magulladuras o laceraciones resultan especialmente sospechosas si son grandes. Puede ocurrirle una vez, pero no dos o tres veces.

Si los niños son algo torpes, se hacen daño tanto en casa como en el colegio. Pero no se ponen los dos ojos morados.

Si cree que alguien abusa de su hijo, busque ayuda de inmediato. En las grandes ciudades existen grupos de autoayuda para padres. Tal vez pueda consultarlo con su médico. Ponga distancia entre usted y el niño. Procure calmarse. Respire profundamente. A continuación llame a algún amigo o pariente para que la ayude.

Muerte de un animal doméstico

La pérdida de un animal doméstico es la primera confrontación del niño con la pena. Uno de los argumentos de más peso en favor de tener en casa animales de corta vida, como los hámsters, reside en que les enseña a querer y a cuidar, les muestra la aflicción por una pérdida y a aceptar que la muerte le llega a todo el mundo. Por supuesto, la muerte de una mascota no prepara al niño para la pérdida de un padre o una madre, pero ayuda al niño a comprender el dolor que experimenta un adulto cuando pierde a un ser querido. También le enseña que las cosas negativas ocurren, pero que la felicidad vuelve.

El dolor de un niño por la pérdida de su animal doméstico es real. Ayúdele, explicándole que todas las criaturas nacen, viven y mueren. Explíquele que no está en nuestra mano cambiar las cosas, por mucho que lo deseemos. Ayúdele a recordar los buenos tiempos.

Pedir su colaboración al niño para enterrar el cuerpo puede ayudarle a aceptar el carácter definitivo de la muerte. Unas flores y una pequeña lápida demostrarán respeto por el dolor de su hijo. Explíquele que aunque el animal muere, lo que significó y la felicidad que trajo perdurarán.

Muerte de un pariente o amigo

La muerte de alguien cercano a nosotros, por mucho que la esperásemos, es casi imposible de comprender. Reaccionamos a la noticia negándola primero, luego lo hacemos con rabia y protesta y, finalmente, con dolor y depresión. Los pequeños menores de cinco años tienen dificultades para comprender el carácter definitivo de la muerte, y asumirán que esa persona volverá, tal como lo hace durante la vida. Aunque utilizan las palabras 'muerte' o 'muerto', tienden a pensar en la muerte más en términos de dibujos animados que en términos reales. Eso no es el resultado de ver muchos dibujos animados, sino el modo de pensar de los niños pequeños.

No emplee eufemismos como 'descansa en paz' o 'ha pasado a mejor vida'. Los niños no comprenden su significado, y dichas formulaciones reforzarán su creencia de que la persona 'durmiente' despertará, o les hará temer que mientras duerman ellos pueden morir. Es mejor utilizar la palabra 'muerto'. Explique al niño de forma sencilla que esa persona no va a regresar. Aunque no sean religiosos en la familia, tal vez le resulte más fácil si emplea palabras como 'cielo' para indicar que esa persona querida está en un lugar del cual no puede volver. La idea de que alguien deja de existir es difícil de asimilar para los menores de cinco años, en especial si la persona fallecida ha tenido una importancia central en sus vidas.

No reprima sus sentimientos. Los niños lo llevan mejor si pueden compartir las lágrimas y la pena. No se enfade con ellos si se los encuentra asesinando a sus ositos de peluche u organizando funerales en el jardín. Es su manera de enfrentarse a la muerte, no una falta de respeto.

No aparte a los niños de la pena. Hábleles a menudo de la persona que ha muerto. Recuérdeles los buenos tiempos. Subraye que la vida sigue, que vendrán tiempos felices y que también debemos crearlos, aunque sólo sea porque la persona desaparecida lo habría querido así. El significado que esa persona ha tenido para nosotros es algo que perdura, nadie nos podrá arrebatar el pasado, si bien tampoco conviene que éste haga sombra al futuro.

Procure que las personas fallecidas sean santos y pecadores a la vez; no pretenda construir perfección a partir de la imperfección. Un hermano 'perfecto', pero muerto, es un modelo imposible para un niño. Coloque fotografías de la persona desaparecida bien a la vista. Los pequeños no siempre son capaces de visualizar. Necesitan recordar la apariencia.

Sea honesta. Responda a las preguntas sin tratar de parecer omnipotente. Usted es capaz de explicar lo que causó la muerte, pero ninguno de nosotros es capaz de decir por qué ha ocurrido. A veces la respuesta a sus 'porqués' es que la vida no pódía continuar así. "La abuela estaba muy mal, ya no soportaba el dolor y nosotros éramos incapaces de verla sufrir."

La pena: abordarla de manera práctica

◆ **Prepare al niño para la posibilidad de la muerte cuando alguien esté muy enfermo.** No aparte a los pequeños de una persona querida que está agonizando. No es necesario que monten guardia, pero tampoco hay que prohibirles la entrada a la habitación. Tampoco hay que mantenerles alejados de la habitación una vez ha fallecido. No necesitan besar al difunto para despedirse, si ello les da miedo, pero sí es bueno que al menos se despidan de palabra.

◆ **Cuando uno de los padres fallece,** la primera preocupación del pequeño suele ser que el otro muera también. Puede ponerse bastante histérico si usted sale, llega tarde a casa o cae enferma. No espere que eso pase deprisa. Procure mantener la rutina del niño lo más regular posible: las comidas a sus horas, el cuento antes de dormirse y acostarlo a la hora acostumbrada reforzarán su sensación de seguridad.

◆ **Cuando un hermano fallece,** solucione con diplomacia los celos, las culpabilizaciones y las peleas entre el pequeño y su hermano muerto. Todos los niños desearían a veces ver muerto a un hermano. El hecho de que ese deseo se haga realidad puede resultar devastador.

◆ **Llore la realidad.** Echar de menos las imperfecciones de alguien es, después de todo, un verdadero signo de amor y respeto. Permita que cada persona lleve el duelo a su manera.

◆ **Comparta la pena.** Explique a sus hijos que a usted le resulta difícil de llevar la pena y que es consciente de que ellos se ponen tristes viendo que es desgraciada, al igual que a usted la entristece verlos apenados.

Nunca haga sentir a un niño que debe ocupar el lugar de otro

◆ **Dé permiso a su hijo para estar enfadado** y anímele a expresar la rabia que lleva dentro, aunque eso comporte estar enfadado con la persona fallecida. "¿Por qué tuviste que cruzar la calle sin mirar?" es una pregunta razonable, y una razón lógica para estar enfadado con alguien.

◆ **Echar de menos al ser querido.** Los cumpleaños, las vacaciones y las celebraciones familiares son momentos muy difíciles. No intente huir de ellos. Cada familia debe afrontarlo a su manera. A algunas les gusta recordar momentos transcurridos con quienes se han ido. Otras necesitan modificar algunos hábitos.

◆ **Déjese ayudar al máximo por familiares y amigos.** Si no salen adelante, busquen ayuda profesional para ustedes y para los niños.

Tartamudear

Un pequeño que tartamudea intenta decir una palabra, duda y prueba nuevamente a decir esa palabra. El ritmo del discurso es discontinuo y las palabras no salen fluidas. Tartamudear es hablar con interrupciones involuntarias, repeticiones o sonidos vocálicos prolongados. El tartamudeo es más frecuente en sonidos sonoros como 'b', 'd' y 'g' que con los sordos 'p', 't' y 'k'. Tanto en niños como en adultos, hay de cuatro a ocho veces más tartamudos entre los hombres que entre las mujeres.

Algunos hechos respecto a tartamudear

◆ **Hay tartamudos que hablan bien cuando están solos o en familia.** Tartamudean cuando están con personas desconocidas. La ansiedad juega claramente un papel en el problema.

◆ **Todos tartamudeamos de vez en cuando.** Los niños lo hacen con más frecuencia. Uno o dos ataques de tartamudez no

constituyen ningún problema. Incluso si un niño parece tartamudear con cierta frecuencia, tal vez no sea más que un trastorno temporal. La mayoría de los niños lo supera.
La tartamudez ligada al crecimiento suele empezar entre los dos y los cuatro años; suele durar algunos meses.

◆ **La tartamudez benigna empieza entre los tres y los ocho años** y puede prolongarse durante dos o tres años.

◆ **La tartamudez persistente empieza entre los tres y los ocho años,** en algunos casos, aunque no en todos, persiste en la edad adulta. En general, cuanto más tarde empieza, más serio es el problema.

◆ **La tartamudez secundaria requiere atención inmediata.** Se manifiesta por una enconada lucha por hablar, muecas faciales, movimiento de brazos y pies y/o respiración irregular. Si su hijo presenta ese cuadro de tartamudez, consulte a su médico.

◆ **Muchas personas que tartamudean cuando hablan cantan sin tartamudear** o hablan al compás de un metrónomo.

◆ **La mayoría de los tartamudos tiene una inteligencia normal o por encima de la media.**

◆ **Un 4 por ciento de los niños de entre dos y cinco años tartamudea.**

◆ **Un 1-3 por ciento de los niños en edad escolar son tartamudos.**

◆ **Un 1 por ciento de la población adulta tartamudea.**

◆ **Un 75 por ciento de los niños de diez años que tartamudean, de adulto será tartamudo.**

◆ **El 80 por ciento de los niños tartamudos no tendrá el problema en la edad adulta.**

La tartamudez suele hacer que los niños sean tímidos y retraídos. Socava la confianza en uno mismo y mina las aptitudes sociales. Los problemas pueden ir más allá de la tartamudez. Es importante hacer todo lo posible por mejorar y mantener la autoestima del tartamudo.

Comunicarse con un niño tartamudo

Los problemas pueden ser fomentados o afrontados:

FOMENTARLOS

- ✖ *Decirlo en su lugar*
- ✖ *Impacientarse*
- ✖ *Aceptar la tensión*
- ✖ *Mirar hacia otro lado*

AFRONTARLOS

- ✔ *Dejar que lo diga él*
- ✔ *Tener paciencia*
- ✔ *Reducir la tensión*
- ✔ *Mirarle con ganas de dar ánimos*

Tartamudear, algunas causas

Un problema con el retorno auditivo. Las personas nos oímos hablar, tanto 'en nuestra cabeza' como a través de los oídos. Casi todos somos capaces de unir estas dos fuentes de sonidos del habla, aunque van separadas por una pequeña fracción de tiempo. Esta separación se produce porque la onda sonora necesita una pequeña cantidad de tiempo para viajar desde la boca hasta el tímpano.

Una teoría sobre la tartamudez en los niños sugiere que los tartamudos prestan demasiada atención al sonido de su propio discurso. Es como si se estuviesen escuchando hablar con un ligero eco. Cuando las personas no tartamudas intentan hablar con esa clase de eco, también tartamudean.

Ritmo correcto. Dado que el discurso requiere un ritmo muy preciso, cualquier alteración en el orden de los pequeños sonidos que forman una palabra o en la duración de cada uno de ellos hace que un niño tartamudee. Se cree que algunos pequeños tartamudean cuando (y mientras) esos mecanismos de *timing* son todavía inmaduros.

Dominio cerebral. Es posible que el dominio cerebral esté relacionado con el problema. El cerebro se compone de dos mitades. Al igual que los brazos y las piernas, estos dos hemisferios cerebrales funcionan en gran medida de manera independiente, si bien en realidad se hallan conectados. Normalmente el hemisferio izquierdo domina cuando estamos hablando.

La teoría del dominio cerebral sostiene que los niños tartamudean si su hemisferio cerebral izquierdo no ha alcanzado el nivel de dominio

ABORDAR DE FORMA INCORRECTA EL PROBLEMA DE LA TARTAMUDEZ EN NIÑOS

✖ *Sin pretenderlo, algunos padres prestan más atención a un niño si tartamudea que si habla con fluidez. Esta atención adopta la forma de crítica, compasión, paciencia, tiempo extra o incluso privilegios adicionales. Si el niño gana con su tartamudez, tal vez persista en ella. La mejor manera de evitarlo es esforzarse por ignorar que tartamudea.*

✖ ***Presionar;*** *perder la paciencia.*

✖ ***Preocuparse en exceso.*** *Algunos padres reaccionan con alarma exagerada al menor titubeo en el habla. Si usted y su pareja le están diciendo siempre "empieza de nuevo, y esta vez trata de hablar más despacio", es probable que el niño se ponga nervioso cuando tenga que hablar con adultos.*

✖ ***Decirle que es tartamudo.*** *Las etiquetas nunca ayudan a los niños. Si él mismo espera tartamudear, a buen seguro lo hará.*

✖ ***Esperar demasiado poco*** *de un niño con problemas de habla. No convierta sus problemas en una excusa para rebajar las expectativas puestas en él. Un niño con problemas necesita tenacidad para combatirlos, no la resistencia pasiva en la que sus propias batallas son libradas por sus padres.*

necesario para garantizar un habla fluida. En cuanto lo alcanza, la tartamudez desaparece.

Agravar la tartamudez

Aunque el problema tenga su origen en causas físicas, también existen evidencias de causas emocionales. El cansancio, la ansiedad y el trastorno emocional empeoran el cuadro en muchos tartamudos.

Esperar demasiado. Se piensa que la tartamudez es el resultado de unos padres que esperan que su hijo sea capaz de hablar con fluidez a una edad muy temprana. Si hablar con los demás le representa una fuente de ansiedad en lugar de ser un placer, tal vez desemboque en tartamudez. Cuando el niño ha empezado a tartamudear adquiere clara conciencia de que sus interlocutores en ocasiones pierden la paciencia. Eso agrava el problema.

ABORDAR CON ACIERTO LA TARTAMUDEZ

✔ ***Mantenga la calma.*** *La ansiedad agrava los problemas. Proporcione un entorno relativamente pacífico, cálido y de apoyo emocional, pero no lo sobreproteja. Los niños sobreprotegidos tienen enormes dificultades cuando los padres no están presentes para protegerles. Busque conscientemente un feliz término medio entre expectativas demasiado elevadas y expectativas demasiado bajas.*

✔ ***Promueva la adaptación.*** *Haga énfasis en la necesidad de que se lleve bien con otros niños y adultos. Utilice el reparto de papeles para enseñárselo: haga ver que usted es otro niño e invítele a jugar. Póngale un ejemplo de interacción relajada.*

✔ ***Ajuste el estilo familiar para adaptarse al niño.*** *A algunas familias les gusta la agitación: se pelean, gritan, etc. No todos los niños son lo bastante fuertes como para afrontarlo, y el tartamudo suele ser más frágil que la mayoría. Las palabras calmadas y las rutinas seguras se vuelven esenciales. Asegúrese de que el niño comprende que las peleas y los gritos son una parte natural de la vida familiar y que no va a suceder nada terrible. Procure que él también esté presente cuando se reúnan todos.*

✔ ***Acepte que tartamudear un poco es normal en niños de entre dos y cinco años.*** *Recuerde que su habla será más fluida si no es autoconsciente. Si su hijo empieza a tartamudear, sea lo más comprensiva y cariñosa posible.*

✔ ***Adapte métodos profesionales al uso doméstico.*** *Las terapias relacionadas con el lenguaje tienen mucha demanda. Aunque le hayan derivado ya hacia un especialista, puede que todo se retrase. Mientras espera puede empezar con uno de los métodos siguientes. Ensáyelo durante un mes. Si la tartamudez de su hijo no mejora, pase a otro. Empiece con cualquier método que le parezca adecuado para su hijo.*

✔ ***Ralentizar el discurso.*** *Anímele a que hable más despacio, empezando cada sílaba en un susurro. Enséñele cómo respirar desde el abdomen, no desde el pecho, y a utilizar la respiración profunda al hablar. Practiquen la respiración abdominal colocándose uno al otro las manos sobre el diafragma para controlar que la respiración sea correcta. Pruebe también pidiéndole que hable frente a la llama de una vela, haciéndola oscilar pero sin llegar a apagarla. A los niños les resulta más difícil que a las niñas hablar pausadamente. Anímele a inspirar y exhalar una vez antes de comenzar a hablar, y a hacerlo de nuevo entre frase y frase. Eso le ayudará a hablar más despacio y más calmado.*

✔ ***Acompasar el discurso*** *es el método más antiguo para ayudar a los tartamudos. Y sigue funcionando. Un metrónomo constituye la ayuda ideal para acompasar el discurso. Simplemente pida al niño que procure hablar al compás de un ritmo lento del metrónomo. Cuando haya conseguido hacerlo sin tartamudear, aumente el ritmo. Una vez que el niño lo haga ya a un ritmo normal, pídale que hable sin el metrónomo. Si es posible, plantéelo como un juego. Practíquelo con regularidad.*

✔ ***Reduzca la ansiedad del niño.*** *En primer lugar, identifique las situaciones que crean ansiedad al niño. Luego piense en posibles maneras de exponerle a esas situaciones de una manera relajada. Por ejemplo, si le da miedo salir de casa sin usted, siénteselo en la falda, hágale mimos y cuéntele una historia sobre un niño que sale de casa sin su madre. Más adelante léale un libro sobre un niño que pierde (y encuentra de nuevo) a su madre. El niño pensará: "pensamientos peligrosos", pero la ansiedad no llegará a aparecer. Aborde siempre estas sesiones despacio y con cuidado. Si ve que se asusta, déjelo correr y aborde el nuevo intento con mayor suavidad todavía.*

✔ ***Si el niño tiene problemas para hablar con adultos*** *desconocidos, empiece hablándole del tema mientras ambos se hacen mimos en el sofá. Luego, anímele a hablar con parientes y amigos mientras usted permanece a su lado y lo mima. Vaya endureciendo las condiciones. Que hable mientras usted le mira y lo sonríe, pero no lo coja. Más adelante, que hable en la tienda, mientras usted lo lleva de la mano, y así sucesivamente.*

✔ ***Reduzca tensiones.*** *Un problema común para este tipo de pequeños es ir de visita a casas donde los niños no gustan demasiado. Su hijo percibe la tensión imperante y la refleja en su comportamiento. En lugar de ir de visita, pida a los amigos que vengan a su casa.*

✔ ***Fíjele objetivos.*** *Al principio recompénsele cuando consiga decir unas cuantas palabras sin tartamudear; luego cuando diga una frase entera; luego dos, tres o cuatro. A medida que vaya decreciendo la frecuencia del tartamudeo, el tiempo sin tartamudear necesario para ganarse sonrisas y atención deberá irse incrementando.*

✔ ***Si el niño responde a estos tratamientos*** *caseros, no será necesario hacer nada más. Si la tartamudez persiste o empeora, necesitará el consejo de un profesional. Pida que le recomienden un terapeuta especializado en problemas de habla y de lenguaje, y/o un psicólogo, en caso de que le parezca que esos problemas tienen una raíz emocional.*

Las peleas y discusiones frecuentes provocan tensión a los niños y a veces eso causa o agrava la tartamudez en algunos. Se cree que las tensiones prolongadas hacen que los niños más susceptibles tartamudeen.

Hablar demasiado rápido. Un niño se esfuerza en hablar demasiado rápido porque los adultos que lo escuchan parecen aburridos y poco interesados. Cuando los niños hablan deprisa, cometen errores. Entonces el adulto parece más insatisfecho todavía; el pequeño habla más rápido y se equivoca más.

Cambios forzados, como por ejemplo obligar a un niño zurdo a utilizar la mano derecha, se hallan también asociados a la tartamudez.

¿Puede una alergia provocar mal comportamiento?

Cuando uno imagina a un niño con una reacción alérgica, los primeros pensamientos se asocian a una nariz que gotea, picores, estornudos, eccemas o asma. En algunas guarderías, casi todos los niños tienen anotado en la lista algún tipo de reacción alérgica. La alergia no se reduce ya a cuadros sintomáticos como una reacción digestiva a la comida, una reacción de la piel a algún tipo de contacto o una reacción respiratoria a sustancias contenidas en el aire, sino que se concibe como una serie de respuestas conductuales, inducidas por la comida, tales como hiperactividad, irritabilidad, actitud negativa, agresividad, dificultades sociales, dificultad de integración con sus semejantes y problemas para controlar o aceptar disciplinas, entre otras. A mí me parece que esto no tiene demasiado sentido.

Existen evidencias de que un ínfimo número de niños se vuelve irritable o hiperactivo cuando consumen determinados alimentos, pero sería una simpleza asumir que su mal comportamiento jamás es fomentado o reforzado por los padres. Lo cual no quiere decir tampoco que las reacciones alérgicas nunca causen problemas de comportamiento, sino sencillamente que dichas reacciones son mucho menos comunes que los pequeños traviesos.

Es cierto que algunos niños y adultos sufren reacciones alérgicas a alimentos corrientes. Los cacahuetes y la harina constituyen ejemplos habituales. La malta y la levadura son otros.

Pero la extendida visión de que la comida causa hiperactividad y desórdenes del comportamiento resulta difícil de probar. En los estudios llevados a cabo con procedimientos de ensayo doble ciego (ni el paciente, ni el médico, ni los padres sabían que los pequeños estaban consumiendo determinados alimentos en su dieta) no se han encontrado evidencias que lo corroboren.

Sí se ha demostrado que los niños diagnosticados como hiperactivos se 'curan' con ciertas dietas, pero los resultados no son muy impresionantes. Al efectuar el ensayo doble ciego, sólo se controló la actividad de un 5 por ciento de los niños a los que se les había diagnosticado un trastorno por déficit de atención. Eso significa que los efectos de la dieta sobre el comportamiento se dan en menos de uno de cada 200 niños.

Hiperactividad

El trastorno por déficit de atención (TDA), como se llama ahora frecuentemente a la hiperactividad, no tiene todavía una definición clara. En general, los niños a quienes se diagnostica este trastorno presentan unos niveles de actividad inapropiados. Se pasan el día corriendo, subiéndose a todas partes y raramente permanecen quietos. Les falta, o al menos eso parece, capacidad de concentración, y como sólo consiguen mantener la atención fija en algo durante poco rato, no perseveran en una actividad, sino que van saltando de una a otra. También son muy impulsivos.

Estos pequeños requieren mucha supervisión, y tienen problemas para esperar a que les llegue el turno. Estos síntomas describen el comportamiento de la mayoría de niños pequeños y medianos, al menos durante parte del tiempo. Los niños que padecen el trastorno por déficit de atención (TDA) lo hacen más a menudo, y siguen haciéndolo de más mayores. Es una cuestión de grado.

Las causas que originan el TDA se desconocen, pero muchos sostienen que son de orden biológico. Otros piensan que las causas hay que buscarlas en la dieta moderna. La hiperactividad es más común en los grupos socioeconómicos más bajos, entre los chicos, entre los niños excesivamente regañados por los adultos y entre aquellos que tienen un coeficiente de inteligencia muy elevado. Se cree que los adultos 'muy motivados' fueron en su día niños 'muy motivados', aunque no hay estudios sistemáticos al respecto.

Muchas de las cosas que sabemos sobre las causas de comportamientos destructivos y de búsqueda de atención indican que la hiperactividad, si bien no es enteramente causada por la actuación de los padres, sí se ve agravada por ella. Y el hecho de que los comportamientos hiperactivos a menudo sean tratados con igual eficacia mediante modificación de comportamientos que mediante medicación lo corrobora. Pero nos movemos en un campo minado. La verdad es que nadie conoce en realidad la amplitud del problema o sus causas.

Con frecuencia, los niños hiperactivos son tratados con estimulantes. En Estados Unidos por ejemplo, una proporción alarmantemente elevada de niños (el uno por ciento de entre cuatro y doce años) recibe tratamiento a base de dosis diarias de ritalina o anfetaminas. Aunque esta medicación se usa claramente en exceso, a veces resulta beneficiosa. Pero debe usarse en conjunción con un cambio de actitudes, expectativas y comportamientos de los padres, y no como una alternativa al mismo. Los efectos secundarios de esta medicación son desconocidos, lo cual resulta preocupante, ya que existen evidencias de que el uso habitual de anfetaminas (a grandes dosis) provoca una psicosis similar a la esquizofrenia en los adultos. En algunos casos se sabe que ha originado ataques de apoplejía. Los niños que se medican a diario llegan a pensar que no son capaces de controlar su propio comportamiento.

Síntomas del TDA

Hay que señalar que no todos los niños presentan todos los síntomas:

- **Falta de atención.** Le cuesta mucho escuchar. Olvida o ignora las instrucciones, y visualmente tampoco presta atención. Se distrae con facilidad y es ciego al peligro.
- **Impulsivo.** Salta antes de mirar. Habla antes de pensarlo. Agresivo. Fácil de dirigir.
- **Activo en exceso.** Irritable, impulsivo, nervioso, destructivo, afectado por el ruido (empeora), tenso en presencia de mucha gente.
- **Torpe.** Propenso a los accidentes.
- **Socialmente inepto.** Baja tolerancia al fracaso. Actúa con necedad cuando está en grupo. Quiere integrarse, pero no siempre sabe cómo. Habla sin pensar y no escucha.
- **Desorganizado.** Con frecuencia desordenado y mal vestido, le cuesta encadenar las acciones. Poca capacidad para secuenciar.
- **Baja autoestima.**
- **Problemas específicos de aprendizaje.** Son más comunes entre los niños hiperactivos.
- **Agresivo.** Cuando la agresividad y el TDA aparecen en combinación, los pronósticos son pesimistas. Los problemas (y la agresividad) tienden a mantenerse en la edad adulta.
- **Lenguaje.** El niño olvida lo que está diciendo a media frase. Interrumpe a los demás. Se confunde.

¿Existen realmente los niños hiperactivos?

Ésta es una cuestión que ha levantado y levanta todavía mucha controversia, pero la respuesta es afirmativa.

Es más difícil determinar si nacen hiperactivos o bien se hacen hiperactivos con el tiempo. A este respecto todavía no se ha emitido un juicio. Sin embargo, el sentido común sugiere que los niños difieren en temperamentos, y también en actividad y capacidad de concentración.

- **Apagar la televisión.** Si a un niño le cuesta relacionarse, necesita más relaciones de tú a tú y menos atención pasiva.

◆ **Apagar la radio.** Todos los niños tienden a distraerse y a mostrarse hiperactivos cuando los niveles de ruido son altos.

◆ **Reducir la estimulación.** Todos los niños se distraen y se muestran hiperactivos cuando reciben un alto nivel de estimulación. Los pequeños hiperactivos juegan mejor en situaciones de tú a tú que en grupo. El hecho de que los chicos (que se divierten en pandilla y gritan, más que hablan, entre ellos) suelen ser más hiperactivos es un reflejo de ello.

◆ **Practique la cara de póquer.** Resulta difícil ignorar la hiperactividad, pero los estudios realizados demuestran que imponer tiempos de reflexión y presionar para que se esgriman comportamientos apropiados son remedios que funcionan tan bien como la medicación.

◆ **Incrementar la autoestima.** Véanse páginas 121-125.

◆ **Eliminar todas las etiquetas.** Un niño que piensa que es hiperactivo, y cree que no es capaz de concentrarse, se comportará acorde con ello.

Empiece a esperar buen comportamiento

◆ **Estructure y organice.** Introduzca rutinas, reglas y expectativas. Establezca unos límites firmes. Estos pequeños tienen dificultades para organizarse, pero son capaces de hacerlo.

◆ **Hablar.** Bájese a su nivel y mírele a los ojos cuando le hable. Hágalo con suavidad, empezando con una voz susurrante y elevando gradualmente el volumen mientras habla. Economice palabras. Formule el mensaje de manera clara, escueta y concisa. Refuerce sus palabras con un lenguaje corporal diáfano. Escúchele. Muestre interés.

◆ **Procure que mantenga un bajo nivel de azúcar** en sangre. Hay quien piensa que resulta útil alimentarle a intervalos regulares y evitar hacerle esperar demasiado entre comidas.

◆ **Reduzca tensiones,** tanto en casa como en su vida. Hágaselo saber cuando vaya a modificar una rutina. Los baños calientes, masajes y relajación son beneficiosos.

◆ **No lo castigue en exceso.** Alabe su buen comportamiento y procure ignorarlo todo, excepto lo inaceptable.

◆ **Use pegatinas, estrellas y sellos.** Los gráficos de buen comportamiento funcionan bien con los pequeños hiperactivos. Establezca unos niveles para el día y gratifíquele con una estrella cuando alcance el objetivo. Trabaje sobre uno o dos comportamientos específicos, más que sobre 'ser bueno' a nivel general.

◆ **Adapte el entorno.** Ponga la casa a prueba de TDA. No le plantee demandas que él no pueda satisfacer, como esperar de él que permanezca sentado y tranquilo en algún sitio, cuando no tiene nada que hacer.

◆ **La medicación no es aconsejable para niños menores de cinco años.** A partir de esa edad hay tratamientos a base de fármacos.

◆ **La dieta Feingold.** En 1973, el doctor Ben Feingold declaró que existe una conexión entre la dieta y la hiperactividad. Sostenía que nuestra dieta contiene hasta 2.700 aditivos; no sólo aditivos artificiales, sino también sustancias que actúan como conservantes naturales en las dietas tradicionales. Según afirmó, el 50 por ciento de los niños que se pasaron a su dieta especial libre de aditivos mostró una rápida mejoría.

Sin embargo, a pesar del hecho de que muchos padres tienen una fe absoluta en la dieta, y afirman categóricamente que sus hijos, que la siguen, progresan, existen pocas evidencias de que los cambios en la dieta sean la causa de dicha mejora. Estudios realizados poniendo a dieta a los niños, pero dándoles secretamente aditivos en forma de bebidas o dulces que solían ser puros, pero que en momentos impredecibles contenían aditivos, llegaron a la conclusión de que los niños no se comportaban mal o se mostraban hiperactivos los días en que consumían aditivos.

Una ínfima proporción de niños –1 de cada 500– sí puede verse afectada por los aditivos en su dieta. Diez veces más niños se ven influidos por el convencimiento de sus padres de que serán hiperactivos. Si quiere probar suerte con la dieta, conviene que sepa de antemano que va a tener que eliminar todos los salicilatos (conservantes naturales) contenidos en naranjas, manzanas, piñas, peras (y sus zumos), frutas del bosque y tomates. Los nitratos contenidos en el beicon, los conservantes que llevan los alimentos envasados, los colorantes artificiales contenidos en dulces, galletas, muchos pasteles, margarina, bebidas, yogures, natillas y púdings envasados, además de las aminas que lleva el chocolate, quedan prohibidos. Asimismo hay que tener cuidado con la miel, los dentífricos, los detergentes para fregar platos, jabones perfumados, champús y acondicionadores del cabello. Si le parece que merece la pena probarlo consulte a su médico o a un dietista cualificado.

Espere buen comportamiento si prueba con una dieta. Los estudios sobre la dieta Feingold revelan que el 50 por ciento de los niños mejora cuando siguen una dieta libre de aditivos, a pesar de que la gran mayoría de estudios demuestran que la dieta en sí no tuvo absolutamente ningún efecto sobre la mayoría de esos niños. En nueve de cada diez casos, la mejora en el comportamiento del niño era causada por las expectativas, tanto de los padres como del pequeño, de que el comportamiento iba a mejorar. Los estrictos regímenes que los padres debían imponer para llevar a cabo la dieta tienen, asimismo, alguna influencia.

No es extraño que las expectativas de los padres causen tales diferencias. Se podrían citar muchos otros ejemplos de la literatura psicológica. La mayoría de ensayos clínicos con drogas efectuados por

CÓMO NO TRATAR A UN NIÑO GROSERO

✖ ***Pegarle y exigirle una disculpa.*** *Un niño que es tratado así no aprende educación o buenas maneras. Aprende a tener miedo.*

✖ ***Insultarle.*** *Muéstrese grosera con él o refiriéndose a él. Compruebe cómo se siente. Eso sólo le enseña que ser grosero es aceptable.*

✖ ***Culpar a alguien –tal vez a otro niño– por "enseñar a mi hijo a ser grosero".*** *Nadie enseña a otra persona a ser grosera; la persona elige serlo. Echando la culpa a los demás está excusándole y animándole a ser más grosero todavía.*

CÓMO TRATAR A UN NIÑO GROSERO

✔ ***Constate en voz alta lo que está oyendo.*** *"Oigo a un niño que está siendo grosero."*

✔ ***Exprese lo que siente.*** *"Eso no me gusta nada."*

✔ ***Acepte el enfado.*** *"Tener que dejar de jugar te hace enfadar."*

✔ ***Repita las reglas.*** *"Pero la grosería no está permitida."*

✔ ***Subraye sus expectativas.*** *"Estoy segura de que te disculparás con la abuela."*

farmacólogos y médicos, y no por psicólogos, demuestra que las expectativas de curación juegan un papel muy importante en la eficacia de los medicamentos conocidos. Muchos estudios han revelado que pacientes que tomaron pildoritas de azúcar creyendo que eran un medicamento milagroso mejoraban, siempre y cuando el médico hubiera expresado su convencimiento de una probable curación.

◆ **Buscar ayuda profesional**. Los pequeños hiperactivos son agotadores. Es útil contar con la opinión y el apoyo de un profesional. Pero conviene ser cautos y no utilizar la sanción profesional de hiperactividad como etiqueta o excusa. Los niños logran el control cuando les planteamos demandas y ellos mismos creen que el control es posible. No mejorarán si les decimos que somos conscientes de que les resulta imposible actuar de otro modo a como lo hacen.

El niño tímido

Los niños tienen que saber imponerse, pero no necesitan ser enérgicos. Usted querrá que tenga amigos, pero no habrá de ser siempre el alma de la fiesta. Los niños que parecen necesitar mucha excitación tienden a ser extrovertidos. Los que precisan menos excitación son más introvertidos. Aunque es imposible cambiar el temperamento básico de un niño, podemos trabajar sobre él a fin de capacitarle para tener el máximo número de opciones posible. Los niños tímidos llegan a ser adultos fuertes y competentes, igual que los pequeños extrovertidos.

- **Hágale saber que él es importante.** "Tú eres muy especial."
- **Nunca deje que otros le cuelguen etiquetas.** Si alguien le llama tímido, usted diga, por ejemplo: "Tímido no, muy reservado" y/o "Los niños reservados como Hugo prefieren reflexionar bien las cosas antes de opinar" y/o "Suele quedarse callado al principio, pero cuando le conozcas mejor te darás cuenta de que no es tímido sino silenciosamente competente".
- **Refuerce su 'ego'.** "Hugo se toma su tiempo para pensar lo que debe hacer."
- **No le empuje a meterse en determinadas situaciones.** Si se niega, acéptelo. Concédale tiempo.
- **permítale actuar de acuerdo a como se siente.** "Si no te encuentras preparado para incorporarte al juego, quédate aquí conmigo y espera hasta que lo estés."
- **Exprese sus sentimientos y acéptelos.** "Sé que te da miedo jugar con los demás niños. Ya irás con ellos cuando te sientas preparado."
- **Ayúdele a reunir valor.** "¿Pronunciamos las palabras que dan valor? Si estás nervioso, sólo tienes que decir las palabras especiales para el valor y te sentirás mejor."
- **Voz interior.** Fomente el poder de una voz interior positiva. Si él dice y escucha cosas positivas acerca de sí mismo con la frecuencia suficiente, las creerá. Enséñele cómo usar esa voz. "Basta con decirte a ti mismo que tú puedes." "Cuando digas la palabra 'adelante', te ayudará a recordar que mamá, papá, el abuelo y la abuela te quieren y saben lo mucho que te esfuerzas." "Si la voz del 'no' empieza a gritar, ordénale que se calle. Dile 'cállate voz del no, no te voy a escuchar'."
- **Pensar en gris.** Los niños piensan en blanco y negro. Un error de lo más pequeño ya lo vuelve todo negro. Anímele a que, en lugar de pensar en blanco y negro, piense en tonos de gris. Hoy no ha hablado con los demás niños, pero se ha sentado cerca de ellos. Sentarse cerca es un gris bueno.

◆ **No es una catástrofe.** Respete sus sentimientos, pero ayúdele a asirse a la realidad. "¿Cómo hemos de considerar esto? ¿Como una gran montaña, una colina baja o sólo como subir por una calle cuesta arriba?"
◆ **Hacer ver.** Cuando le diga que no puede hacer algo, respóndale lo siguiente: "Hagamos ver que sí puedes". Esboce varios escenarios que le den en la fantasía lo que encuentra difícil en la realidad.
◆ **Dé ejemplo y enséñele dotes sociales.** Que le escuche discutir las ventajas de la amistad, no los inconvenientes.
◆ **Paso por paso.** Deje que pague él en las tiendas. Invite a otros pequeños para que jueguen con él. Los niños que se las arreglan en situaciones de uno a uno aprenden a sobrevivir en multitudes.
◆ **Desarrolle su confianza, implicándole en actividades formales que haga él solo.** Música, natación, salto de trampolín, gimnasia... Más adelante considere actividades que realizará con otros niños, pero que no requieren hablar demasiado: kárate, danza...
◆ **El aislado social.** Hay un grado de diferencia entre ser tímido y estar aislado socialmente. Los aislados sociales no desean relacionarse con los demás y se empeñan activamente en evitarlo. El aislamiento social está muy relacionado con otros problemas, como dificultades en los estudios, defectos de personalidad e inestabilidad emocional. Estos niños necesitan la ayuda de un profesional.

No teme a nada

Siempre hay alguno de nuestros hijos que, ha tenido suerte de sobrevivir a algún accidente. Si un niño le viene con un rasguño, su reacción será la de reñirle o pegarle, porque usted se habrá asustado. Si se asusta con demasiada facilidad, eso será un juego para él. "¿Cuánto puedo acercarme al borde del precipicio hasta que mamá pierda los nervios?"

◆ **Ponga cara de póquer.** Póngale a salvo y luego dígale: "El precipicio es muy resbaladizo. Mira cómo han caído esas rocas. Acercarte tanto al borde ha sido muy peligroso".
◆ **No le dé lecciones.** Cálmese. Hágale preguntas que le induzcan a pensar, en lugar de dictarle cómo debería sentirse y actuar. "¿Qué pasaría si alguien estuviera sentado al pie del precipicio y tú hicieras caer rocas por él?"
◆ **Háblele de peligros comunes:** el tráfico, las alturas, el agua, el fuego.

Sentimientos fuera de control; sentimientos bajo control

Sentir es humano. Sentir toda una gama de emociones es del todo normal; tener sentimientos profundos no supone ningún crimen. No tenerlos es anormal, y suprimir las emociones resulta perjudicial cuando uno se guarda en el interior las emociones negativas. Pero a veces debemos engañar para protegernos a nosotros mismos de aquellos que utilizarían la expresión de nuestras emociones para herirnos más.

El dilema para los padres de niños muy sensibles reside en lograr que su hijo encuentre el equilibrio correcto. ¿Le enseña a controlar sus sentimientos y a reprimirse los negativos o bien le permite ser "él mismo", convirtiéndole así en presa de la impaciencia y las burlas de los demás? Un niño que cumple con los estereotipos es más aceptable que el que no se ajusta a ellos. Los estereotipos difieren de una cultura a otra; determinados sentimientos son aceptables para las chicas, pero no para los chicos, y viceversa.

Lo que cabe esperar de un niño emocional debería ser siempre un compromiso entre algún tipo de ideal y la realidad. No hay forma de medir nuestras expectativas; de todos modos, muy pocos niños se ajustan a las normas culturales.

CÓMO TRATAR LOS SENTIMIENTOS DE SU HIJO

✔ ***Los sentimientos son positivos.*** *Acepte lo que él siente y expréselo. "Eso te ha hecho enfadar."*

✔ ***Los sentimientos son personales.*** *"Si pegas a tu hermana, ella se enfadará." "Con eso me haces enfadar." Cada uno de nosotros tiene sentimientos diferentes. Y todos son válidos.*

✔ ***No hay necesidad de esconder los sentimientos.*** *"Muéstrame cómo te sientes. Grita tanto como enfadado estés."*

✔ ***Los sentimientos no tienen por qué tener una explicación.*** *"A veces las personas se sienten tristes sin más."*

✔ ***No excuse los actos.*** *"Comprendo que estés enfadado, pero eso no es excusa para que le pegues."*

✔ ***Comprender sus emociones hará que se sienta mejor.*** *"Estás triste porque papá no está aquí."*

CÓMO NO TRATAR LOS SENTIMIENTOS DE SU HIJO

✖ ***Sugerirle control.*** *"¡Deja ya de estar enfadado!"*

✖ ***Controlar sus sentimientos.*** *"En realidad, ahora no te apetece un helado."*

✖ ***Reprimirle.*** *"¡Para de llorar de una vez!" "Los niños mayores no lloran."*

Un niño que confía en los adultos puede confiar en sus sentimientos.

Por tanto:

◆ Trátelo con respeto; sea cariñosa.
◆ Acéptelo como es.
◆ Satisfaga sus necesidades.
◆ Que se sienta seguro.
◆ Que ambos estén a gusto cuando están juntos.
◆ Sea digna de su confianza.
◆ Diga lo que piensa, y piense lo que diga.
◆ Cumpla con sus promesas.
◆ Sea predecible.
◆ Esté preparada y asegúrese de que los niños lo están.

Enseñarle el control adecuado

◆ **Acepte sus sentimientos.** "Quieres un helado."
◆ **Intervenga en el nivel del pensamiento.** "Es casi la hora de cenar, y te quitará el apetito."
◆ **Intervenga en el nivel del comportamiento.** "Lo siento, pero ahora no es momento de comprar un helado."
◆ **Intervenga utilizando imaginación.** "Me gustaría comprarte un helado tan grande como ese coche, pero estamos a punto de comer."

Enséñele cómo afrontarlo

"Cuando estés enfadado con tu hermana, trata de imaginártela con el pelo verde. A ella no le gustaría ¿no es cierto?" "Cuando yo me enfado, pongo un disco y bailo. Eso hace que me sienta mejor." "Cuando no puedo hacer algo, me siento mejor si procuro pensar en todas las cosas que puedo hacer."

Es muy testarudo

Cuando un niño se atrinchera en sus rabietas y se niega a ceder terreno, decimos que es testarudo y obstinado. Cuando nosotros nos mantenemos en nuestro terreno y no permitimos que nos saquen de nuestros derechos, lo llamamos autoafirmación.

Impidiéndole que sea testarudo, también le impedimos autoafirmarse. Si le enseñamos a autoafirmarse, le enseñamos a ser tozudo. Lo que realmente queremos es un niño que haga cuanto le decimos pero que tenga su propia personalidad. ¿O tal vez no?

Sospecho que no. Llegado el momento, todos queremos a un hijo capaz de reaccionar; un hijo cuya autoestima le permita asumir el control de todo lo que le sucede.

Los niños son tozudos por muchas razones, algunas bastante insondables. ¿Quién sabe por qué no quiere ponerse determinado jersey o por qué sólo se come las patatas si le ponen la salsa a un lado en el plato?

Situación no negociable.

Identifique sus deseos: No quieres ponerte el chubasquero

Dé información: La ropa se moja cuando llueve

Describa sus sentimientos: Me preocupa que te pongas enfermo si llevas la ropa mojada

Ofrezca alguna opción, si es que hay opción posible: O te pones el chubasquero o te quedas en casa; tú eliges

Explique lo que hay que hacer: Tenemos que ir a buscar a Ruth; por favor, ponte el chubasquero

Situación negociable.

Identifique sus deseos. Quieres ponerte las botas de agua

Dé información: Hace calor

Describa sus sentimientos: Me preocupa que te suden los pies

Solucione el problema:

Podríamos llevarnos un paño húmedo para limpiarte los pies

O quizás puedes llevarte las sandalias en una bolsa

O puedes sonreír y aguantarte, si luego te dan calor

¿Se te ocurre algo más?

¿Qué te parece que debemos hacer?

Situación sin importancia. Está bien, si quieres las botas de agua póntelas

El niño roba

Son muy pocos los pequeños que pasan el estadio de la niñez sin llevarse algo que no les pertenece. En ocasiones coger las cosas resulta obviamente inofensivo (como robar una galleta de la caja). Otras veces, ese comportamiento parece mucho más grave. Casi todos los padres se quedan estupefactos cuando descubren que su hijo les ha cogido dinero del monedero o que ha traído a casa un juguete de otro niño. Antes de los cuatro años, los pequeños no son capaces de ponerse en el pellejo de otra persona. Aunque parece que comprenden el concepto 'mío', lo que suelen entender es que el objeto en cuestión se halla en ese momento en su posesión. Así pues, no comprenden que otras personas piensen también 'esto es mío'.

Los niños pequeños cogen lo que les interesa. Aunque tengan edad suficiente para comprender cómo piensan otras personas acerca de sus pertenencias, seguirán cogiendo las cosas muchas veces antes de que lleguen a comprender la diferencia entre 'mío' y 'tuyo'.

- **Sea paciente. Mantenga la confianza y no le acuse de robar.**
- **No le pregunte si ha cogido algo cuando tenga la certeza de que lo ha hecho.** Si él piensa que usted está enfadada, le mentirá.
- **Explíquele lo que hay que hacer.** Este coche vive en la guardería. Mañana lo devolveremos a su casa.
- **Explíquele cómo se sentirán los demás.** Robert estará triste cuando eche de menos su coche.
- **Aprópiese de los problemas.** "Recuerda lo que dijimos ayer. Los juguetes del cole deben quedarse en el cole."
- **Enséñele a tomar conciencia de los demás.** ¿Es capaz de separar la ropa entre la 'tuya' y la 'mía'? ¿Sabe poner la mesa para 'ti' y para 'mí'? '¿De quién es este plato?'

El niño escupe

Se trata de un hábito común, pero bastante molesto. Es también una estupenda manera de convertirse en el centro de atención, sobre todo en clase. Un niño que escupe consigue que los padres más liberales deseen en alguna ocasión que se los trague la tierra. Es el momento idóneo para que usted ponga su mejor cara de póquer. Conserve la calma, coja al niño y lléveselo de allí.

- **Describa lo sucedido y recuérdele las reglas.** "David, has escupido a Ana. No se escupe a las personas. La regla es ésa."
- **Acepte sus sentimientos y comuníquele cómo espera que se comporte.** "Comprendo que Ana te ha hecho enfadar, pero ya sabes cómo usar las palabras para decirle que estás enfadado. No vuelvas a escupir a nadie."
- **Intervenga.** Si escupe cuando se siente frustrado, distraiga su atención antes de que lo haga.

◆ **Planifique.** Discuta el problema de antemano. "Olga va a venir a jugar. ¿Recuerdas la regla sobre lo de escupir? Ya sé que es fácil de olvidar. ¿Quieres que te la recuerde con una palabra secreta? ¿Qué palabra secreta utilizamos?" Si le parece que el niño está a punto de escupir, recuérdele la palabra secreta. "Hugo, acuérdate de nuestra conversación."

◆ **Dé opciones.** "Puedes quedarte y jugar. Si escupes, nos iremos a casa. Tú eliges." Sea consecuente. "Veo que has elegido que nos vayamos a casa."

◆ **Alábelo.** "Hoy no has escupido en todo el día. Eso está muy bien."

◆ **Deje que escupa allí donde resulte inofensivo.** "Si quieres escupir, ¿por qué no haces gárgaras con este elixir y lo escupes en el lavabo?"

Cepillarse los dientes

En la lucha contra la caries, el flúor constituye la principal defensa de su hijo. Si no se cepilla los dientes y usted no lo añade al agua para beber, debería darle flúor en pastillas.

La segunda defensa es aclararse la boca. Casi todas las sustancias azucaradas que destruyen la dentadura se eliminan con un vaso de agua. Lo que queda puede limpiarse con un trapito. Si el niño rehúsa cepillarse los dientes después de cada comida, enséñele a beberse un vaso de agua y a limpiárselos con una servilleta. De todos modos, es conveniente que utilice el cepillo por la mañana y por la noche.

La tercera defensa es reducir la presencia de dulces y refrescos azucarados en su dieta, y condicionar el consumo de cosas dulces al hecho de lavarse los dientes. "Hugo, si te tomas un refresco, debes prometerme que luego te cepillarás los dientes. Ésa es la regla. Si no quieres lavarte los dientes, tómate un vaso de agua. Tú eliges." No es razonable esperar que los niños pequeños se acuerden de limpiarse los dientes cada mañana y cada noche. Recuérdeselo y asegúrese de que lo haga.

Toma demasiados dulces, chucherías y refrescos

La mayoría de los niños piensa que no toman suficientes dulces, chucherías o refrescos, y casi todos los padres opinan que toman demasiados. Prohibirles lo que más desean sólo lo hace más atractivo a sus ojos. Usted debe racionar las cantidades, aunque si lo hace incrementará, con toda seguridad, el número de discusiones y lloriqueos de la semana.

◆ **Racione.** Ponga aparte la cantidad diaria permitida. Colóquela en un lugar especial. "Cuando se acabe, no hay más." Los niños necesitarán cajas o bolsas separadas para su ración diaria.

◆ **Asocie los dulces con la semanada.** Déle una cantidad de dinero para gastar en dulces cada semana. Cuando se acabe, no habrá más.

◆ **No utilice las chucherías para sobornarle.** Eso las hace todavía más interesantes.

◆ **Ocasiones especiales.** Las chucherías, los dulces y los refrescos se tomarán sólo cuando los dos se sienten juntos a charlar. Alguna vez, guárderlos junto a la cama para cuando se despierte. Eso tiene la ventaja añadida de concederle a usted diez minutos extras por las mañanas (en la habitación de mamá y papá no se comen dulces). Por supuesto, su consumo es anterior a lavarse los dientes por la mañana.

◆ **Lavarse los dientes después de los dulces.** El niño tiene que lavarse los dientes cada vez, pero cuando esté fuera de casa, un enjuague con un vaso de agua se lleva gran parte de los residuos pegajosos.

El niño impulsivo

Los niños impulsivos actúan espontáneamente de un modo repentino y enérgico. Tienen tendencia a actuar primero y a pensar después, lo que a veces les acarrea problemas y los pone en peligro. Estos niños raras veces tienen en cuenta las consecuencias de sus actos, aunque las conocen. Por ello, al igual que muchos niños más pequeños, se hallan constantemente a merced de sus impulsos. El comportamiento impulsivo en pequeños a punto de entrar en edad escolar y durante los primeros años de escuela es común. En los más pequeños es casi universal. Los niños más mayores muy impulsivos es probable que también sean más agresivos, y se peleen y discutan más.

El comportamiento impulsivo, en especial el más extremado, probablemente es causado por una maduración lenta de los mecanismos de inhibición del cerebro o por deficiencias en su capacidad para madurar. La ansiedad es otra causa, y los niños que la padecen se lanzan a menudo a hacer las cosas en accesos de pánico. Como no están tranquilos, no piensan las cosas. Algunos son impulsivos porque los padres o los hermanos mayores también lo son, o porque los padres nunca les han enseñado cómo retrasar la gratificación o planificar actividades.

◆ **Enséñele a esperar.** Aprender a esperar es una de las lecciones más importantes de la primera infancia. Los padres deben mostrarse firmes pero relajados cuando piden al niño que espere. Deben decir la intención que llevan y luego cumplir con lo dicho. "Te ayudaré con eso cuando termine de pelar estas zanahorias." Y hacerlo.

◆ **Enseñe a su hijo a escuchar su voz interior.** Sugiérale que se diga a sí mismo "puedo esperar mi turno". Dígale: "Es bueno aprender a esperar." Dé ejemplo de este comportamiento y demuestre que aprecia sus esfuerzos. Intente actuar a través de escenarios figurados en los cuales los niños tienen que esperar.

◆ **Ofrezca soluciones.** Discutan maneras en que él aprenda a esperar. "Tal vez mientras esperas podrías ir tocándote con el pulgar todos los dedos uno a uno. ¿Qué te parece?"

◆ **Indúzcale.** Déle indicaciones para el buen comportamiento. Para conservar el control, a algunos niños de esta edad les sirve de ayuda construir una C con los dedos índice y pulgar.

◆ **Busque ayuda profesional.** A veces, un niño muy impulsivo necesita la ayuda de un profesional.

El niño torpe

Algunos pequeños son torpes porque son impacientes e impulsivos; otros, por ser hiperactivos; otros, por no tener un buen control sobre los movimientos delicados del cuerpo o porque les cuesta verse a sí mismos moviéndose en el espacio. Todos los niños son torpes en cierta medida, y no es sencillo definir un grado de torpeza lo bastante severo como para precisar atención profesional, pero veámoslo en detalle.

◆ **Es prioritario enseñar a este tipo de niño a ser menos impulsivo.** Véase el apartado anterior.

◆ **Estructure y organice.** En ocasiones, la torpeza es el resultado de una falta de planificación por parte del pequeño.

◆ **Practique las habilidades motoras.** Los niños que emplean las manos con regularidad ganan en habilidad.

◆ **Si vestirse le resulta difícil,** prime la comodidad sobre la moda. Vestirse es muy frustrante para un niño torpe. Es el recordatorio diario del "no puedo".

◆ **Fomente los pasatiempos físicos.** Los pequeños que se pasan el día dando vueltas en bicicleta, escalando y forcejeando con los demás niños tienen mayor conciencia de su cuerpo en el espacio.

◆ **Deje que haga cosas por sí mismo.** A veces, los niños no tienen habilidad para hacer las cosas porque los padres los han vestido siempre y nunca han esperado de ellos que hicieran las cosas por sí mismos.

◆ **Busque ayuda profesional.** Hágalo si le parece que su hijo es excepcionalmente torpe, por ejemplo, si necesita bastante más ayuda con los botones o para utilizar el lápiz que otros niños de su edad

El niño rencoroso

Los niños aprenden a ser rencorosos. A veces eso empieza cuando se ponen celosos por la atención que usted dispensa a otro niño o por la preferencia que demuestra un profesor hacia otros compañeritos. Algunos niños aprenden que el rencor es ganador seguro en las batallas con los hermanos más pequeños. Otros son espoleados por hermanos menores, que lo ven como una forma segura de meter en problemas al hermano mayor. En ocasiones resulta difícil intervenir, ya que los actos de rencor suelen ser rápidos y furtivos. Tal vez no llegue a presenciar el comportamiento rencoroso, sino que se entere de él por terceros. "Mami, Hugo me ha derrumbado el castillo". "No, yo no he sido. Lo has derrumbado tú." Lleve un registro del comportamiento del niño, detallando el contexto de todos sus actos de rencor. ¿Es una manera de atraer su atención? ¿Sólo es rencoroso con su hermana? ¿Lo incita ella? ¿Sucede sólo cuando está cansado?

CÓMO NO TRATAR A UN NIÑO RENCOROSO

✖ ***Como siempre, no le cuelgue etiquetas.*** *Si él cree que es rencoroso, actuará de ese modo.*

✖ ***"No pienso discutirlo. No quiero oír tus excusas."*** *Los niños tienen sus razones. No niegue cómo se ha sentido él por el mero hecho de que usted no aprueba lo que ha hecho.*

✖ ***No permita el "Laura es una estúpida."*** *Nunca tolere el insulto; ni siquiera cuando esté justificado.*

✖ ***No compare.*** *"No sé por qué tienes que ser siempre tan rencorosa, Laura. Hugo sabe comportarse bien." Las comparaciones socavan la autoestima. Con frecuencia, un bajo grado de autoestima se halla en la raíz del comportamiento rencoroso. Hacer que la autoestima baje todavía más empeorará el problema.*

✖ ***No diga:*** *"No hay manera de que te portes bien, ¿verdad?". Porque el niño le respondería, con toda la razón: "Sí que la hay, pero tampoco te darías cuenta. Aunque lo intento nunca lo percibes". Ataque siempre el comportamiento, no al niño.*

✖ ***No diga:*** *"¡Calláos! Por última vez, he dicho que os calléis y que paréis los dos". Es la manera para conseguir atención.*

✖ ***El rencor requiere acción, no palabras.*** *Separe al rencoroso de sus compañeros de juego e impóngale un período de reflexión. Luego discuta sus sentimientos y busquen conjuntamente una solución al problema.*

CÓMO TRATAR A UN NIÑO RENCOROSO

✔ ***Como siempre, describa el comportamiento, no al niño.*** *"Te oigo hablar con rencor." "Aquí no queremos rencores. Ya sabes cómo pedir lo que quieres."*

✔ ***Reconozca el enfado.*** *"Debes estar enfadado porque se ha estropeado el juego." Describa la situación desde el punto de vista de cada niño. "Has arañado a tu hermana porque te ha cogido el coche con que estabas jugando." Explíquele la regla. "Pero Marta, la regla es que…"*

✔ ***Nunca deje que otros cuelguen etiquetas.*** *Si llama a su hermana "cerda rencorosa", dígale: "Parece que estás furioso, pero yo espero que trates a tu hermana sin insultarla." "En casa no hay insultos, es una de nuestras reglas."*

✔ ***Atienda a la parte herida.*** *"El castillo ha quedado derruido. ¿Quieres que te ayude a reconstruirlo?"*

✔ ***Enseñe al niño rencoroso a ser agradable.*** *"Pero tú también sabes ser muy simpático."*

✔ ***Indague posibles causas físicas.*** *En ocasiones, un período unilateral de comportamiento rencoroso se produce a causa de que el pequeño está enfermo o en tensión, se siente inseguro o indefenso. Los niños que se sienten frustrados en el seno de un grupo social porque son ignorados, a menudo se muestran rencorosos o destructivos.*

✔ ***No preste su atención a comportamientos rencorosos.*** *Utilice el tiempo de reflexión y la cara de póquer. Tenga cuidado de no reforzar a la víctima para que incite al agresor a desplegar más comportamientos rencorosos. Los pequeños son astutos. Cuide a la parte inocente.*

El niño cruel

Para la mayoría de los niños, la crueldad es una fase transitoria. La crueldad requiere premeditación. Un niño daña a otro por impulso, pero eso no significa crueldad. Será cruel si hiere con intención y obtiene placer al hacerlo. Los niños que son crueles con otros pequeños y con animales tienden a ser niños con un coeficiente de inteligencia más bajo y con tendencia a la hiperactividad y a la destrucción. Suelen tener padres que les maltratan o que han sido maltratados a su vez. El modelo de estilo educativo suele ser dictatorial o demasiado permisivo.

Atajar la crueldad

◆ **Reduzca los modelos agresivos.** Si los padres se pegan entre ellos o plantean siempre demandas agresivas, los niños plantearán esas demandas a otros.

◆ **Fije límites.** Por supuesto, no hay que tolerar la crueldad. Si la detecta, actúe. Ponga cara de póquer, llévelo aparte y dígale: "No se admite la crueldad. Sabes muy bien cómo conseguir lo que deseas sin herir".

◆ **Eleve las expectativas.** "Tengo confianza en que serás amable con tu hermana."

◆ **Ofrezca opciones.** "Sabes cómo comportarte con crueldad, pero también sabes ser agradable. Si quieres actuar con crueldad hacia los demás niños del parque, tendremos que irnos a casa. Si actúas con amabilidad, podrás quedarte a jugar. Tú eliges."

◆ **Fomente la expresión alternativa.** Enseñe a su hijo cómo expresar su enfado y sus celos. No niegue sus sentimientos. "Seguro que eso te ha enfadado mucho." "Debes estar harto de que el bebé interfiera siempre en tus juegos." Enséñele cómo expresar esos sentimientos de manera constructiva. "Hazme un dibujo de lo enfadado que estás."

El niño preocupado en exceso

Los niños se preocupan. Se preocupan por lo que pueda sucederles a sus padres. Se preocupan de lo que eran antes de nacer. Se preocupan cuando su hermano mayor se sube a la montaña rusa o su hermana pequeña sube por las escaleras del tobogán. Se preocupan porque el gato no vuelve a casa, por los monstruos del armario de la entrada y por si conseguirán hacer amigos. A menudo se trata de un círculo vicioso. Cuanto más se preocupan, más angustiados se sienten y más se preocupan. Entran en tensión. A medida que van haciéndose mayores, con frecuencia niegan los hechos desagradables.

El sentimiento de seguridad de un niño es muy tenue, y es fácil que se asuste. Hacia los tres años, los pequeños muestran ansiedad ante posibles heridas físicas, la pérdida del cariño y la aprobación de los padres, por ser diferentes o no ser capaces.

El apogeo de la preocupación y la ansiedad se da entre los tres y los seis años, cuando los niños se ven a menudo agobiados por preocupaciones y temores. Lo real y lo imaginario se fusionan en sus pensamientos. Todo es lo mismo. Los monstruos en el armario y los perros en el parque son iguales.

La preocupación provoca agitación, llanto, gritos, pensamientos obsesivos, náuseas, dificultades respiratorias, tics, pesadillas y falta de apetito o sobrealimentación. Algunos niños parecen estar siempre ansiosos y casi parecen buscar razones por las que preocuparse. Estos pequeños se sienten incómodos con frecuencia y se muestran aprensivos. Los niños muy ansiosos suelen ser menos populares que sus compañeros más tranquilos; puede que sean asimismo menos creativos y flexibles. Son más rígidos, cautos e indecisos.

Cómo ayudar a un niño ansioso o preocupado

- **Fomente que tenga una imagen positiva de sí mismo.** Los niños ansiosos tienen a menudo una pobre imagen de sí mismos. Dígale que es especial y que se alegra de tenerle; que usted cree que él puede hacerlo. Repítaselo mañana, pasado mañana y el otro.
- **Fomente su independencia.** Los niños preocupados suelen ser dependientes. Deje que tome decisiones. Ofrézcale opciones.
- **Ayúdele a expresar sus enfados.** Los niños preocupados no siempre saben expresar su enfado. Dígale: "Debes estar enfadado". "Muéstrame lo enfadado que estás, dando patadas a este cojín."
- **Reconozca los sentimientos.** "Te habrás asustado." "Seguro que eso te ha dejado preocupado."
- **Empatice.** "Recuerdo que cuando era pequeña tenía un vestido con animales cosidos alrededor del dobladillo. Me daba mucho miedo. Yo pensaba que los animales me morderían cuando yo no mirase. Pero no lo hicieron, y aquí estoy hoy."
- **Sea coherente.** La incoherencia pone muy nerviosos a los niños. Asegúrese de que las personas que cuidan a su hijo le transmiten los mismos mensajes que usted. Elabore un plan semanal para que él sepa qué va a ocurrir cada día. Consúltelo con frecuencia. Tache las cosas que vayan haciendo. Anote los cambios que se produzcan. Emplee símbolos sencillos que él entienda. Si el pequeño ve lo que va a suceder tendrá menos motivos para preocuparse.
- **Espere imperfección.** Tener unas expectativas irrealmente elevadas causa ansiedad. Deje que vaya hasta sus propios límites. Si los niños se sienten ansiosos, no aprenden. Si tienen baja la autoestima, no rinden.
- **Establezca límites.** Ser demasiado permisiva y/o negligente alimenta la inseguridad del niño.

- **Dé ejemplo.** Unos padres ansiosos producen hijos ansiosos.
- **Acepte la fantasía.** Que le digan que no sea tonto, que los fantasmas no existen, le crea más ansiedad, no menos.

El niño autoritario

Mientras es pequeño, usted encontrará encantadoras sus maneras de mandón. Pero a medida que vaya haciéndose mayor dejarán de agradarle. Los niños suelen hacerse los mandones cuando se encuentran con otros pequeños en la guardería o en el parque, sobre todo cuando no están acostumbrados a jugar juntos. Procure no avergonzar a su hijo en público. Una palabras susurradas –"Hugo, ésa es tu voz de mandón"– suelen ser suficientes. Cuando lleguen a casa, hablen de buenos y malos modos de pedir a otros que hagan algo. Utilice como modelo ositos de peluche y muñecas. "¿Le pido a esta muñeca que lave los platos con una voz bien mandona?" "Muéstrame cómo lo pediría esta muñeca con una voz agradable." Recuerde que el pequeño aprende del ejemplo. Si usted le manda, él mandará a los demás. Enséñele a saber imponerse sin ser autoritario. Modele el comportamiento prestándole su atención cuando lo haga bien e ignorándole cuando lo haga mal.

Aborde la persistencia del comportamiento mandón como haría con cualquier otro comportamiento que persigue llamar la atención.

Ignórelo siempre que sea posible

- **Describa su comportamiento mandón,** más que ponerle enseguida la etiqueta. "Ésa es tu voz mandona."
- **Fomente la cooperación.** "Tu hermana sabe compartir. Pídele con tu voz amable si te deja el juego de construcción."
- **Ponga un ejemplo.** Fomente el liderazgo más que un estilo exigente. "Laura, si me ayudas a despejar la mesa, comeremos enseguida. Y luego habrá tiempo para pararse en los columpios, cuando vayamos a buscar a Hugo."

Comportamiento inmaduro

Muchos niños maduran en ciertos aspectos, pero siguen siendo inmaduros en otros. A veces la inmadurez es una reacción a la tensión de los acontecimientos de la vida, que minan la seguridad (como empezar a ir al colegio, la enfermedad de uno de los padres o el nacimiento de un hermanito). En ocasiones, las causas son más orgánicas: la enfermedad puede inducir un control deficiente de la vejiga urinaria, por ejemplo. Otras veces, la inmadurez es activamente fomentada por los padres, porque les parece más rápido o más fácil vestir al niño que esperar a que él mismo lo haga.

A veces los padres cuelgan a su hijo la etiqueta de inmaduro: y el pequeño, sencillamente, los complace, tal como hacen los niños (y los adultos) cuando son etiquetados de este modo. En ocasiones, el niño asumirá una cantidad de tensión durante un breve período de tiempo, pero luego perderá la calma y empezará a mojar la cama, a coger rabietas o a quejarse. Mal humor, berrinches y lloriqueos son más comunes el día que sigue al pipí en la cama.

El regreso a comportamientos inmaduros es moneda común cuando los niños se ven sometidos a tensión, en especial los más pequeños. Las críticas intensifican el problema. Si la actitud vuelve sobre anteriores estrategias de búsqueda de atención, los comentarios y las críticas al respecto sólo sirven para reforzarlas.

Hacer el payaso

Cuando un niño pequeño se hace ver, hace el payaso o le gusta hacer tonterías, la reacción natural es reírse. Al principio hace mucha gracia. Pero las payasadas y la tontería se vuelven agotadoras una vez ha pasado la novedad. Para entonces, ese comportamiento ha arraigado: una etiqueta que usted le cuelga y que él se cuelga también. Para un niño inseguro, con dificultades para conseguir amigos, hacer el payaso se convierte en un estilo de vida. Las circunstancias y las causas de que empezara a comportarse así se pierden con el paso del tiempo, y el niño continúa haciendo de bufón, porque ello le reporta la atención y los amigos que necesita.

Eso no siempre es bueno para la imagen que el pequeño tiene de sí mismo y para su autoestima. Todos necesitamos ser queridos por nosotros mismos, no por los actos que escenificamos para los demás.

◆ **Los niños hacen el payaso para acaparar la atención.** No importa si esa atención es positiva o negativa.

QUÉ NO HACER CUANDO LOS NIÑOS HACEN EL TONTO

✖ ***Reírse siempre.*** *Eso refuerza la tontería.*

✖ ***No reírse nunca.*** *Divertirse no es un crimen.*

✖ ***No invitar nunca a un amigo a jugar con él.*** *A veces los niños utilizan la tontería como medio para ser aceptados en un grupito; por tanto, fomente amigos de uno a uno.*

✖ ***Aumentarle la autoestima.*** *La tontería es a menudo el signo externo de una autoestima negativa.*

✖ ***Rechazarle, porque no ha salido como usted quería.*** *Esperar que los niños sean lo que no pueden ser los impulsa a desplegar estrategias para acaparar la atención y captar aprobación, entre las cuales hacer el payaso es una de las más comunes. Por ello:*

✖ ***Dar a ese comportamiento plena atención, ya sea positiva o negativa.*** *Si el niño necesita atención (y qué niño no la necesita), continuará haciendo el payaso.*

QUÉ HACER CUANDO LOS NIÑOS HACEN EL TONTO

✔ ***Acéptele.*** *Los niños en edad preescolar deben ser despreocupados y hacer tonterías, en especial cuando se hallan en compañía de otros pequeños. A veces les gusta hacerse ver, darse tono y demostrar con orgullo lo que saben hacer. Estallarán en risas y empujarán a sus amiguitos de puro contento. Sin embargo, la necesidad de dominar por completo todos los procedimientos mediante la tontería y las payasadas debe ser controlada.*

✔ ***Ignórele.*** *Si la tontería y la payasada van demasiado lejos o empiezan a predominar, adviértaselo al niño. Si no hace caso, ponga su cara de póquer e ignórelo. Si persiste en su actitud, que se vaya a su cuarto.*

✔ ***Enséñele cómo captar la atención por otros procedimientos.*** *"Hugo, mi amiga María va a venir a visitarnos. ¿Qué te gustaría enseñarle?" Si no lo sabe, sugiérale algo. "¿Te gustaría enseñarle tu chándal nuevo y los dibujos que hiciste en la escuela?" Piense en algo interesante que el niño pueda hacer mientras ambas charlan. "Tal vez te gustaría jugar en la pila de la cocina mientras nosotras disfrutamos de nuestro 'tiempo para adultos'?" Y recuerde que los niños pequeños necesitan una reafirmación constante de que usted sigue pensando en ellos. "Voy a hacer café para María y para mí. ¿Quieres que te prepare algo?"*

✔ ***No espere que el niño se distraiga solo*** *mientras usted atiende a sus visitas.*

✔ ***Muéstrese coherente.*** *No lo estimule para que lleve la voz cantante en la guardería y espere que luego en casa sea una florecita cabizbaja.*

✔ ***Dé a todos los niños la oportunidad de ser escuchados.*** *Fomente la charla y la discusión. Hablen de los sentimientos. La forma más fácil de hacerlo es mantener una sesión regular de charla al final del día. Los niños necesitan que les digan: "Dentro de un minuto será tu turno". Recuerde que los pequeños de preescolar tienen una memoria corta. Si se ve obligado a esperar demasiado, habrá olvidado lo que quería decir. Eso no significa que no fuera importante. Si es posible, incítele a que recuerde lo que deseaba decir.*

✔ ***Otros niños constituyen los mejores antídotos para la cuestión de hacerse notar.*** *Son menos impresionables y menos tolerantes que los adultos.*

✔ ***Si su hijo necesita amigos,*** *discutan maneras de conseguirlos.*

- **A veces los niños hacen el payaso para esconder cómo se sienten.**
- **A veces los niños hacen el payaso** porque es lo que se espera de ellos: el clásico ejemplo es el del niño gordito y alegre; otro sería el del payaso no muy listo.
- **Hacer el payaso es divertido.** A veces los niños hacen el payaso porque son niños y se divierten: y es su derecho por nacimiento.

Eructar y echarse pedos

Eructar y echarse pedos son maneras particularmente irritantes de hacerse notar. Si le parece embarazoso intervenir para que no lo haga, ése será el mejor triunfo para el niño. Recuerde, a esta edad los pequeños adoran las groserías. Echarse un pedo mientras hacen cola es táctica ganadora en presencia de otros niños. Eructar también funciona bastante bien.

CÓMO ATAJAR PEDOS Y ERUCTOS

- ✔ ***No diga nada, limítese a actuar.*** *Cuando el niño eructe, abandone la habitación. Si usted está con alguien, sugiera a la otra persona que ambas salgan. Si eructa para atraer su atención en la mesa, ponga cara de póquer, levántese, coja una bandeja y vaya a comer a otro lado.*
- ✔ ***En público.*** *Agarre de la mano a su hijo de inmediato, pero con toda calma, y lléveselo de allí. Ponga cara de póquer. Cuando hayan salido, dígale: "Puedes elegir entre volver ahí dentro o marcharnos a casa. Si eructas, nos vamos a casa. Tú eliges". Si una vez de vuelta en el sitio el niño repite su acción, cójale y salgan de nuevo. Dígale: "Veo que has elegido que nos vayamos a casa". Si está claro que eructa porque se quiere ir, añada: "Ahora sigue eructando pero si lo haces, cuando lleguemos a casa te quedarás en tu habitación". En este caso, es esencial que usted se muestre coherente: aplique el castigo, aunque de camino a casa el pequeño haga todo lo posible para ganarse de nuevo su favor.*
- ✔ ***Las gratificaciones funcionan con niños más mayores:*** *una estrella por cada día sin eructar; un pequeño premio por cada siete estrellas.*
- ✔ ***Identifique los sentimientos del niño, explique también los suyos.*** *"Parece que te gusta eructar." "A mí me da vergüenza cuando lo haces."*

CÓMO FOMENTAR PEDOS Y ERUCTOS

✖ ***Pretender que nunca lo hace, pero mostrarse avergonzada.***

✖ ***Prestarle mucha atención.***

✖ ***Dejarle hacer lo que quiera.*** *Si sabe que así evitará que usted se pare a hablar con los vecinos, continuará haciéndolo.*

Actúa como un bebé

Los niños recurren a menudo al lloriqueo y a hablar como bebés, en especial si están tensos, cansados o necesitan atención. Algunas veces eso ocurre a determinadas horas del día. Otras, los niños recurren a esta estrategia cuando se incorporan a la escuela o acaban de tener un hermano. Por lo general, eso pasa tan deprisa como comenzó. Comprenda el mensaje –"Necesito un poco más de atención"– pero ignore el comportamiento. Detrás del mismo se esconde probablemente la necesidad de aferrarse de nuevo a la seguridad que el niño sentía tiempo atrás, cuando era más pequeño, y que ahora parece evaporarse a causa del cambio.

CÓMO ACEPTAR AL NIÑO CUANDO ACTÚA COMO UN BEBÉ

✔ ***Busque tiempo extra para él.*** *Unas cuantas caricias suplementarias no estarán de más. Disponga de un rato al día para él.*

✔ ***Ignore su charla de bebé.***

✔ ***Si persiste, demuéstrele que lo quiere, pero que no aprueba su manera de actuar.***

Hugo, a medida que vas creciendo te quiero más y más y más

Cuando eras pequeño yo te quería así

(los brazos bien abiertos).

Adivina cuánto te quiero ahora

✔ ***Explíquele que resulta difícil de comprender.***

Hugo, me haces enfadar cuando hablas de esa manera, porque me gusta cuando hablas como un niño mayor

Secunde el hecho de hablar como corresponde a su edad.

Ahora te escucho

CÓMO RECHAZAR AL NIÑO CUANDO ACTÚA COMO UN BEBÉ

Deja de actuar como un bebé

Probablemente ya se siente rechazado.

Te he dicho que no hables así

✖ *La increpación constante le proporciona su atención. Es el refuerzo que necesita para continuar.*

✖ ***Rechazar.***

Vete de aquí. ¿No ves que estoy dando de comer al bebé?

Claro que lo ve. Por eso quiere ser un bebé.

No necesitamos más bebés por aquí

El niño lo interpretará como

No me quieren

Si se sintiese seguro de su papel en la familia, no haría el papel de bebé.

Desordenado, desaliñado

Los pequeñines suelen ser desordenados. Cuanto más perfeccionistas son los padres, más se manifiesta el desorden del hijo. Es necesario fijarse unas expectativas realistas. Los niños utilizan el hábito del desorden y el desaliño como un modo de atraer la atención, en especial si dicho comportamiento constituye una preocupación central para los padres. Los niños más mayores suelen usarlo para afirmar su independencia. Una vez más, la cuestión se ve agravada en familias donde hay reticencias respecto a la independencia. Nuestra apariencia y la de nuestro entorno son dos maneras básicas de expresar independencia.

Hay muchas razones por las cuales hay niños más desordenados que otros. Algunos, sobre todo los más pequeños, carecen de habilidad para organizarse. Otros viven en hogares desorganizados: si los padres lo son, tal vez los niños lo sean también. A otros niños desordenados nadie les ha enseñado a serlo.

◆ **Los niños en edad preescolar no son capaces de organizar una secuencia compleja de comportamientos sin ayuda y supervisión.** Enséñele cómo recoger su ropa y sus juguetes.

◆ **A los pequeños en edad preescolar se les puede enseñar a mantener su cuarto *relativamente* ordenado,** aunque no perfecto.

Deben ayudar a recoger sus juguetes, si bien necesitarán ánimos, asistencia y dirección. Tener los juguetes ordenados, de tal manera que los de un tipo (por ejemplo muñecos) vivan en un armario y los de otro (como los puzzles y los juegos de construcción) en un cajón, ayuda al niño a organizarse. Una caja grande para todos los juguetes acarrea desorganización. Hacia los tres años es justo esperar que el pequeño no deje sus juguetes tirados por ahí durante días.

◆ **Enseñe a los niños a hacer las cosas de manera ordenadamente,** controlando cada paso a medida que lo van haciendo. Es útil elaborar unos carteles con imágenes que contengan las instrucciones. Una secuencia sería: guardar las piezas del puzzle en su caja; poner la caja en el estante del armario; cerrar la puerta.

◆ **Encargarse de tareas domésticas sencillas enseña a los niños a hacer las cosas desde el principio hasta el final.** Déjele que barra el suelo, limpie la mesa o guarde la compra. Separar la colada en diferentes montones antes de doblarla es otra sencilla tarea de organización, o bien separarla por colores antes de lavarla.

◆ **Es razonable esperar de un niño de tres años que se mantenga** relativamente limpio durante un corto espacio de tiempo, aunque no cabe esperar que permanezca limpio todo el día si va a jugar en el jardín o en la guardería. De un niño en edad escolar es de esperar que se lave los dientes, se cepille el pelo y se lave las manos, que se mire cada día al espejo y compruebe que lleva la ropa bien puesta, limpia y aseada. Esperar pasivamente a que haga las cosas por él fomenta el carácter desordenado. Si nunca le piden que recoja, ¿por qué va a molestarse?

◆ **Es razonable esperar de un niño de cinco años** que lleve la ropa sucia a su sitio, que alise el edredón por la mañana y ayude a pasar el aspirador por su cuarto, que vacíe la papelera en la bolsa de basura.

Con tres años no se acostumbra al orinal

Es difícil afrontar las protestas de un niño que no quiere sentarse en el orinal, y mantener la calma cuando a esa edad todavía usa pañales, y cuando usted lleva un año intentando que se acostumbre al orinal. Si la cosa no funciona, déjelo correr, cálmese y espere. Al cabo de un mes o dos inténtelo de nuevo.

Ponga el orinal delante del televisor o deje que se siente en él a mirar su vídeo favorito. Si opone resistencia, déjele puesto el pantalón. Lo importante es conseguir que se siente; una vez lo haya logrado, se acostumbrará enseguida. Si no le gusta su orinal, déjele usar el váter. Un taburete especial para niños y un par de escalones serán de utilidad. No a todos les gusta sentarse. Algunos prefieren ponerse en cuclillas sobre la taza. Cuando un niño sigue resistiéndose al orinal después de los cuatro años, suele tener algún motivo. Tal vez sea una llamada para captar la atención originada por un estado de tensión o bien por una infección persistente que le dificulta el control. El niño no querrá probar, si le duele al hacer caca o pipí. Los niños con bloqueo intestinal no pueden aprender a controlarlo.

Mojar la cama en niños más mayores

- **La mayoría de los pequeños de tres y cuatro años se hacen alguna vez pipí en la cama.** Uno de cada diez niños de entre 5 y 6 años moja la cama con frecuencia. Tantos como uno de cada cuatro niños entre los 4 y los 16 años tiene el problema de vez en cuando, y lo tiene alguna vez uno de cada ocho niños de entre 6 y 8 años, así como uno de cada veinte niños entre los 10 y los 12 años de edad. Las niñas tienen más problemas de este tipo que los niños.
- **Algunos niños se lo hacen encima durante el día,** en especial si están enfrascados en algún juego. Eso se suele evitar sugiriéndoles que vayan al lavabo antes de ponerse a jugar, y recordándoles que vayan de nuevo cuando ya lleven un rato jugando. Estas medidas frenarán su posible vergüenza cuando se encuentre en presencia de otros niños. Pero no asuma usted toda la responsabilidad.
- **Hay dos tipos de 'mojadores de cama'**. Los que se orinan de manera continuada porque nunca han aprendido a controlarse la vejiga durante el sueño, y los que lo hacen sólo de manera ocasional que aprendieron a controlarlo pero volvieron a tener problemas.
- **Los que se orinan de manera continuada, es probable que estén afectados por una lenta maduración de los mecanismos de control de la vejiga.** El control retardado suele ser una característica familiar. Los padres de estos niños tienen tres veces más probabilidades de haber pasado por problemas similares cuando eran niños. Si usted todavía mojaba la cama cuando empezó a ir a la escuela, existe una clara probabilidad de que a su hijo le ocurra lo mismo. No vale la pena avergonzarse por la cuestión.
- **No arme un escándalo.** La ansiedad exacerbará el problema. Avergonzarle no funcionará, ni tampoco las broncas y los castigos. Por lo general, el niño se siente al menos tan ansioso como usted a raíz de los pipís en la cama. La relajación es la clave del éxito.
- **Reduzca las bebidas de la tarde/noche.** No permitiéndole que beba demasiado por la tarde/noche, asegurándose de que haga pis antes de acostarse y levantándole de nuevo para que lo haga al cabo de un par de horas, conseguirá un éxito limitado.
- **Los gráficos de estrellas funcionan bastante bien.** El niño gana una estrella por cada noche que transcurre en seco. Las noches mojadas son ignoradas.

◆ **Reduzca el nivel de estrés.** Establezca un rato antes de ir a la cama en que el pequeño recibirá toda la atención de uno de los padres.
◆ **Mejore el control muscular.** A veces los 'mojadores de cama' continuados tienen un escaso control muscular. Eche al váter una pelotita de ping-pong y dígale que apunte, que pare, que apunte, etc. Eso refuerza el músculo.
◆ **Entrene al niño a retener la orina.** Otro sistema que funciona es entrenar al pequeño a retener la orina, animándole a esperar hasta que tenga la vejiga verdaderamente llena. Los gráficos de estrellas ayudan a alargar los períodos entre pis y pis. Una vez que el niño es capaz de retener alrededor de un vaso de orina, el problema de mojar la cama por las noches por lo general habrá desaparecido.
◆ **Despertarle a tiempo.** Si, por ejemplo, se hace pipí tres horas después de acostarse, ponga el despertador para dos horas y media después de ponerle a dormir. Al niño más pequeño déjele un orinal cerca de la cama o bien deje encendida una luz en el cuarto de baño, para que no tenga miedo de levantarse.
◆ **Al cabo de una semana de noches secas, ponga el despertador para dos horas.** Luego, tras otra semana ponga el despertador para una hora y media, y así hasta que deje de necesitarlo.
◆ **Progrese a pasos pequeños.** Si no se las arregla con media hora menos entre pipís, pruebe con 15 minutos o menos.
◆ **Método de la almohadilla con alarma.** Este método funciona bien, en especial con niños más mayores. Entrena al niño a reconocer cuándo está a punto de orinar. El sistema tiene una tasa de éxitos de cerca del 70 por ciento a los dos o tres meses de uso.

Se coloca una almohadilla especial sobre el colchón, en la cama del pequeño. Cuando ésta se humedece, suena una alarma y se enciende una luz. Eso despierta al niño, que deja de hacer pipí.

Hacerse caca

Hacerse caca, ya sea de día o de noche, les ocurre alguna vez entre los tres y los ocho años de edad. Es más raro que hacerse pipí, y afecta sólo a un 3 por ciento de los pequeños, sobre todo varones.

◆ **Hacerse caca va asociado al estrés.** Ocurre casi siempre en niños que se retienen las heces de una manera deliberada. Cuando los pequeños sufren estreñimiento severo, siempre dan la impresión de intestino lleno, de modo que es muy difícil saber si están a punto de hacer caca.
◆ **Hacerse caca en sí es causa de estrés.** Los niños que padecen este problema suelen desarrollar una baja autoestima. Al igual que mojar

la cama, el hacerse caca puede suceder de forma continuada u ocasional. Hacerse caca de vez en cuando suele ir asociado al estrés.

◆ **Hacerse caca es un rasgo familiar.** Los padres de hijos que se hacen caca quizás tuvieron ese problema de niños.

◆ **Lo psicológico pasa a ser físico.** Aunque las causas del problema sean inicialmente psicológicas (originadas en una crisis familiar, por ejemplo), es posible que más tarde se conviertan en físicas. Cuando el niño retiene las heces el intestino sufre distensión y, si la retención continúa, puede acabar bloqueándose. Entonces el ano se abre parcialmente y por ello rezuma. En esta fase, a pesar de que cesen los problemas psicológicos, el colon no funciona bien y el problema persiste.

◆ **Suele ser necesario recurrir a la ayuda profesional.** Tal vez resulte necesaria la aplicación de un edema para desbloquear el colon; un cambio de dieta será también necesario para regularizar el movimiento intestinal y evitar el estreñimiento. Con el colon vacío, las señales de que es inminente una deposición son más fáciles de reconocer.

◆ **Acostumbre al pequeño a ir al lavabo con regularidad.** Utilice un avisador de cocina, y haga que permanezca sentado en el váter durante diez minutos dos o tres veces diarias. Justo después de desayunar, comer y cenar son buenos momentos para ello. Los gráficos de estrellas recompensarán el éxito.

Siga los consejos de las páginas 121-125: incrementará la autoestima del niño, reducirá tensiones, evitará colgar etiquetas y, sobre todo, será paciente, lo cual no es tarea fácil.

Estereotipos sexuales

Tan pronto como los niños sepan decir las palabras, nos dirán a qué sexo pertenecen, y en cuanto su lenguaje sea lo bastante bueno nos dirán cómo deben comportarse hombres y mujeres. Los estereotipos perduran. Los niños pequeños piensan en blanco y negro, no en matices de gris, y sus estereotipos son invariablemente sexistas.

No se preocupe. La visión que tiene ahora pasará. Tratando de comprender el mundo, los niños aplastan y capturan ideas. Adoptan visiones simplistas, y luego las modifican cuando su entorno les anima a hacerlo. Acepte sus visiones de ahora, confiando en fomentar poco a poco una visión imparcial de las diferencias entre ambos sexos.

La identidad sexual describe los sentimientos que abrigamos sobre nosotros mismos. Suele ir asociada a la forma del cuerpo, aunque no siempre con sus preferencias sexuales (los homosexuales suelen estar tan seguros de su identidad sexual como los heterosexuales). Algunas personas se encuentran como atrapadas en un cuerpo equivocado, y lo sienten con tal intensidad que están dispuestas a someterse a una operación de cambio de sexo. Pero no todos sufren una crisis de identidad, al menos, no una crisis de identidad sexual. El cambio de sexo, total o parcial, incrementa la capacidad de ingresos de los hombres que se prostituyen, y acarrea notoriedad a individuos que la necesitan desesperadamente. Lo cual significa, pues, que al menos algunos de los aspectos de la identidad sexual pueden ser pasados por alto... o pueden ser aprendidos.

Los psicólogos del desarrollo humano dividen el aprendizaje de los papeles sexuales en tres fases: aprender la identidad ('yo soy una niña'), la continuidad ('siempre he sido y seré mujer') y la permanencia ('haga lo que haga, siempre seré mujer'). La identidad parece estar clara a los dos años, la continuidad a los cuatro y la permanencia a los seis. Eso significa que, tan pronto como el niño es capaz de expresarlo, sabrá cuál es su sexo. Llegado este punto, no obstante, todavía no comprenderá que siempre ha pertenecido a ese sexo o que crecerá perteneciendo al mismo. Así pues, un niño de tres años podría pensar que de bebé fue una niña (particularmente si todos los bebés que conoce son niñas) y que cuando crezca se convertirá en una 'mamá'. Para cuando cumpla los cuatro años ya no cometerá esos errores, pero es posible que aún piense que algún día se convertirá en una niña si se pone un vestido o juega con una muñeca.

Desde el momento en que empiezan a mostrar interés por otras personas, niños y niñas se interesan más por los miembros de su mismo sexo. Esta tendencia suele mantenerse hasta alcanzar la edad adulta. Para muchas personas, eso no cambiará en toda la vida. La igualdad de oportunidades puede ser posible, pero crear una sociedad que ignore totalmente los sexos resulta imposible.

Diferencias de comportamiento

Los padres tienden a tratar a niños y niñas de manera diferente. Son más rudos con los niños, juegan con ellos de forma más bruta, les hacen cosquillas con más fuerza y los persiguen más a menudo. Cuando el niño llora, buscan algo que lo distraiga. Cuando la niña llora, la consuelan y la miman. Las expectativas sociales para niños y niñas reflejan, asimismo, ese trato distinto. Esperamos de los niños que sean más duros y más físicos; pensamos que las niñas deben ser más dulces y sensibles.

De ellas esperamos que sean más amables, más conformistas y fáciles de tratar, más cariñosas, pero también más manipuladoras. Los niños deben ser más activos, agresivos, ambiciosos, competitivos y dominantes, y conseguir lo que quieren mediante la exigencia, más que por la manipulación.

Juguetes sexualmente estereotipados

Desde los años setenta, el papel de la mujer en muchas sociedades ha cambiado radicalmente. Son muchas más las mujeres que trabajan, y muchos más hombres los que llevan a cabo tareas en el hogar, cocinan y se implican en el cuidado de los niños. Durante ese mismo período, los padres han intentado tratar a los niños con una mayor igualdad sexual que antes. Los resultados se manifiestan en logros educacionales mucho mayores por parte femenina, tasas más elevadas de penetración femenina en las profesiones importantes y, en general, en una mayor independencia de las mujeres. Sin embargo, no ha cambiado el modo de jugar de los niños pequeños, que sigue siendo sexualmente estereotipado.

Muchos padres han procurado animar a sus hijas a que jugaran a juegos típicamente masculinos. Aun así, la niña británica media suele tener tres muñecas, mientras que la alemana tiene más, y la norteamericana, entre cinco y diez muñecas tipo Nancy. Aunque estas muñecas llevan también mono de trabajo, los vestidos de novia, los conjuntos de noche y los modelitos de estrella del rock siguen siendo los que más venden. Las muñecas tampoco han perdido senos ni han adoptado aires andróginos. Al contrario: representan a un modelo de belleza femenina que es posible conseguir con ayuda de un cirujano plástico y con una cuenta bancaria muy saneada.

Entretanto, los niños juegan a hacer las cosas que sólo hacen los hombres de verdad: gángsters, luchas, conquistas, y proteger y salvar al mundo como *power rangers, madelman,* etc. Puede aparecer la figura femenina ocasional, el negro o el chino ocasional, pero por lo general el apuesto hombre blanco es quien conquista el mundo.

Entonces, ¿de qué va todo esto? No existen respuestas tajantes, pero, en mi opinión, ello refleja la necesidad de los niños pequeños de comprender los papeles propios de hombres y mujeres, algo que solía ser tan sencillo y que se está volviendo más y más complicado. A esta edad, los niños necesitan respuestas sencillas, y los juguetes sexualmente estereotipados se las ofrecen. De modo que no se preocupe por la aproximación aparentemente sexista a la vida que observa en su hijo en edad preescolar. Nada ocurre porque ahora tenga una visión simple, que más adelante desarrollará de manera más amplia.

El niño quiere llevar tacones, la niña es muy marimacho

Los padres se han preocupado siempre por la cuestión de si sus hijos juegan de manera apropiada a su sexo, y esta visión es reflejada tanto por la sociedad como por los compañeros de los niños. Una hija puede ir con una gorra de mecánico y una bolsa de herramientas, pero a usted ya no le entusiasma tanto la idea de dejar salir a su hijo con su muñeca. 'Marimacho' es una forma benévola de llamar a la niña, mientras que 'mariposa' es una palabra insultante para referirse al niño. Existe una justificación para esta incoherencia. Son muchos más los hombres que las mujeres que crecen confundidos sobre su sexo, lo cual sugiere que los papeles masculinos son más difíciles de definir que los femeninos. Los niños aprenden copiando. Cuando los hombres están en casa, casi nunca hacen lo que sólo los hombres pueden hacer, ya que lo hacen fuera de casa. Tal vez eso refleje una verdad central: que hay pocas cosas que los hombres hacen que las mujeres no hagan alguna vez; pero hay una cosa importante que una mujer hace y un hombre nunca puede hacer, y es tener un bebé.

¿Se ha escuchado a sí misma?

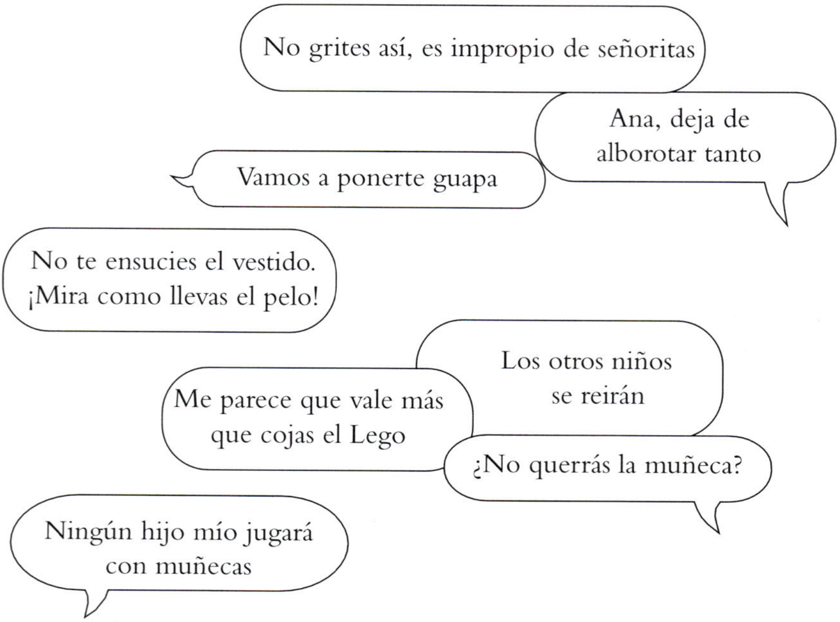

¿Qué le preocupa en realidad?

◆ **Problemas de sexo.** No existen evidencias de que los niños que juegan con juguetes que 'no les corresponden' acaben siendo transexuales u homosexuales. Una amplia mayoría de chicos a quienes les gustan los juguetes de niñas, y de chicas a las que les gustan los juguetes de niños, acaba por desarrollar una identidad sexual que se corresponde con su cuerpo, y prefieren al sexo opuesto.

◆ **Homosexualidad.** Algunas lesvianas siempre fueron más masculinas que femeninas, pero la mayoría no cumplen con esa premisa. Algunos hombres gays son más femeninos, pero la mayoría no lo es. Existen estudios que demuestran que el niño afeminado que siempre se ha visto más niña al compararse con los demás pequeños, ya se sentía así antes de empezar a seleccionar juguetes que fueran 'inapropiados', y viceversa para las niñas.

◆ **Transexuales.** Ellos refieren que sabían que eran diferentes desde los seis años, más o menos; recuerdan que les atraían las cosas femeninas, lo mismo que les sucede a muchos chicos que después no son transexuales u homosexuales. Por tanto, es improbable que si los chicos juegan con juguetes de niña (o viceversa) tenga alguna influencia en el resultado.

◆ **Conformarse.** La mayoría de los niños se conforma con los estereotipos que encuentra a su alrededor. El miedo al ridículo ayuda a meter en cintura a la mayoría de los chicos. Si eso le parece cruel (que lo es), tal vez le apetezca fomentar o permitir más juegos femeninos en la intimidad de su hogar. No resulta perjudicial.

◆ **Transvestirse.** Muchos individuos obtienen placer del hecho de transvestirse. Eso tiene poco que ver con la identidad sexual o las preferencias sexuales. Algunos que se transvisten son transexuales. Unos pocos son homosexuales. Muchos no son ni una cosa ni la otra. Unos cuantos de los que se transvisten recuerdan así lo bien que lo pasaban cuando lo hacían de niños. Otros que solían transvestirse de pequeños, nunca lo hacen ya en la edad adulta.

CÓMO NO ABORDAR EL PROBLEMA

✖ ***Ignorarlo.*** *El sexo es poderoso y toda persona necesita saber cómo controlar y usar ese poder.*

✖ ***Gritar de horror.*** *El sexo no es terrible sino algo natural. Está bien ser sexual, pero debemos aprender a respetar mutuamente nuestros cuerpos.*

✖ ***No decírselo a nadie.*** *Si lo mantiene en secreto, ¿quién va a controlar a los niños?*

✖ ***Pegarle.*** *Pegar en lo relacionado con el sexo equivale a buscarse problemas.*

✖ ***Pensar que nada tiene que ver con sexo.*** *¿Está ciega? Están explorando y siendo curiosos. Pero seguro que además lo pasan bien.*

✖ ***Pensar que no se repetirá.*** *Fue divertido y agradable, ¿por qué no iban a hacerlo otra vez si están aburridos?*

✖ ***Pensar que van a estar siempre igual.*** *Los niños ocupados tienen cosas mejores que hacer.*

La encontré en la cama con el niño del vecino

La masturbación es normal, y el paso de explorar los genitales propios a explorar los de otros niños es muy común: se produce sobre los cuatro años. A casi todos nosotros nos choca encontrar a nuestros hijos entregados al juego sexual. La idea de que los niños obtienen placer del sexo es tan chocante para la mayoría de nosotros que preferimos negarla.

CÓMO RESPONDER DE MANERA ÚTIL

✔ ***No regañe, aleccione o mande a casa al compañero de juego.*** *Haga saber a los niños que es algo normal y que usted sabe por qué les gusta hacerlo. Evite prestar una atención desmesurada o causar vergüenza innecesaria.*

✔ ***Hable con los niños.*** *Haga una clara distinción entre "yo" y "los demás". Está bien tocarse uno mismo, pero no tocar a otras personas. Los niños pueden tocarse sus propios genitales, pero deben esperar a ser mayores antes de tocar a otros o dejarse tocar por otros. Esto no es un pecado. Sólo es algo que hacen las personas adultas y los niños no, como conducir y trabajar. No hacen falta sermones, tan sólo un mensaje claro: "No quiero que volváis a hacerlo".*

✔ ***Dirija su curiosidad sexual.*** *Proporciónele información sexual. Si no tiene muy claro lo que debe decir, se han publicado unos cuantos libros excelentes sobre la cuestión. Los niños que cuentan con las respuestas a sus preguntas sexuales es menos probable que se impliquen en juegos de ese cariz.*

✔ ***Discuta la situación con los padres del otro niño implicado.*** *Cada uno de ustedes debe hablar del tema con su propio hijo.*

✔ ***No los deje solos durante períodos largos.***

✔ ***No le dé miedo decir no.*** *Si los sorprende de nuevo dígales que está enfadada de verles con los pantalones bajados; pídales que se vistan, y ocúpese de que vengan a recoger al otro niño. La próxima vez que ambos vayan a jugar juntos, adviértales que pueden jugar durante toda la tarde, pero que si se meten en juegos de cama, el otro niño tendrá que marcharse a su casa. Dígales: "Vosotros elegís". Si continúan, zanje la cuestión: "Veo que los dos habéis elegido que Jenny se vaya a su casa". Decir "no" nunca será el inicio de una vida de represión sexual.*

✔ ***El juego sexual excesivo y la precocidad sexual son preocupantes.*** *Pueden ser síntoma de que el niño ha sufrido abusos sexuales. Casi todos los niños sometidos a abusos sexuales los reciben por parte de parientes y amigos de la familia. Estas personas parecen normales, y desde luego resultan cautivadoras. No llevan un distintivo que diga "soy un abusador". A menudo son pilares de la comunidad, completamente respetables a los ojos de la misma. Hable con su hijo sobre el tema de los abusos. Explíquele que siempre debe contarlo a alguien. Si observa que el niño suele llevar la voz cantante en el juego sexual, manténgase especialmente vigilante. Si es dirigido por un niño en particular, sea cauta a la hora de dejar que su hijo pase tiempo a solas con los miembros masculinos de la familia del otro niño, en especial si éste da muestras de coquetería y precocidad sexual con los adultos.*

"Sólo tienen curiosidad", suele ser el comentario más frecuente. Es comprensible que esquivemos el tema, si en realidad no nos apetece pensar en él.

Y ése es el dilema. ¿Reprimir la experimentación sexual puede causar represión sexual? ¿Fomentar la sexualidad infantil abrirá el camino a los que quizás abusaran de ellos? Es una preocupación importante para muchas personas, pero la respuesta a ambas preguntas es no.

Una familia abierta, respetuosa y sincera respecto al sexo puede poner límites a la experimentación sexual infantil sin temor a causar el menor daño. No fue lo que a nuestros abuelos les dijeron que no hicieran lo que causó problemas. Fue lo que les dijeron que no sintieran, y cómo esos sentimientos eran utilizados para minar la autoestima, lo que causó represión.

Muchos psicólogos modernos piensan que tal vez Freud tuviera razón a la primera: que sus pacientes se trastornaron no por la represión de su sexualidad infantil, sino por el abuso sexual. Decir al niño que no se meta en la cama con la niña del vecino no le creará problemas sexuales más tarde. Nunca debería darnos miedo poner límites al comportamiento sexual, no más del que debería darnos ponérselos a otro tipo de comportamientos. El sexo, como cualquier otra conducta, necesita ser controlado. El sexo es el sexo. Resulta agradable. Y relajante. Pero no se trata del Santo Grial ni del centro del Universo. Tampoco es el aspecto más importante de la vida. Ni algo que el niño no sea capaz de controlar. Todos podemos controlarlo, incluso en el momento del orgasmo.

Entró cuando estábamos haciendo el amor

Los niños deben aprender a respetar la privacidad. Siempre hay que llamar a una puerta cerrada antes de abrirla. Si su hijo entra sin llamar, dígale que ése es un tiempo privado, que debe salir y cerrar la puerta, y que usted estará con él dentro de un momento. Vístase y acuda a su lado. Déle un beso. Cíñase a la regla: llame a su puerta si él la tiene cerrada. Se trata de una cuestión obvia, pero hay quien pasa por alto lo obvio: si hay cosas que usted no quiere que su hijo vea, mejor coloque un pestillo en la puerta de su habitación.

Niños sexualmente precoces

A los niños les gusta explorar, y este tipo de exploración da placer. Un cierto grado de coquetería también cabe dentro de lo esperable. Las niñas miran a los hombres a través de las pestañas a los 3 y a los 33 años. ¿Pero qué hay de comportamientos que se manifiestan más sexuales?

Un niño se frotará contra usted en la cama de formas que son claramente sexuales. Tal vez esté echado a su lado y se masturbe. Entonces, el comportamiento 'normal' empieza a desplazarse hacia lo anormal, y quizás usted se sienta incómoda y se preocupe. Es posible incluso que despierte en usted una inesperada excitación sexual que la hará sentirse culpable. Su comportamiento no está mal porque usted haya reaccionado de esa manera. Ni tampoco el deseo incitado hace de usted un monstruo. Pero actuar conforme a esa excitación sí está mal. El abuso sexual siempre es malo, incluso si el niño parece invitar a ello.

Los niños pequeños no saben, por lo general, a qué están invitando. Cuando lo saben, suele ser porque alguien ha abusado de ellos, y piensan que ésa es la manera en que las personas demuestran amor por los niños.

Los ingredientes para el abuso sexual se hallan siempre presentes en todas las familias. Por eso los abusos sexuales son tan comunes. De hecho, los ingredientes para el abuso físico también están presentes.

El poder es probablemente la clave de ambos. La mayoría de nosotros ha sentido alguna vez la urgencia de pegar a un niño, y con la mayor impotencia es posible que debamos reprimir con mucha firmeza esos deseos para evitar hacerlo. Uno de cada diez adultos sufrió de niño abusos sexuales, la mayor parte de las veces y las más graves por parte de personas a quienes conocen y quieren. Ahora que la gente habla ya de estas cosas, es probable que todos conozcamos a alguna persona que pasó por ese trance.

Uno de los síntomas de abuso sexual en niños es un comportamiento sexual precoz. Un pequeño que coquetea abiertamente con los hombres puede estar siendo víctima de algún abuso. Una pequeña que se sube a menudo al regazo de los hombres y se frota contra ellos puede haber sido enseñada a actuar así. A los niños pequeños que buscan amor y obtienen abuso sexual, por lo general les han dicho que es así como niños y adultos se demuestran afecto unos a otros.

Por supuesto, todos los niños son sexuales, pero si un niño parece comportarse de una forma manifiestamente sexual, no desestime el dato. Manténgase vigilante. Acusar a sus seres queridos de abusar de su hijo es una circunstancia demasiado terrible de contemplar. Pero rechazar la sospecha y más tarde descubrir que era cierta será todavía peor.

Cómo proteger a los niños del abuso

El gran problema reside en identificar el abuso sexual. Casi todos los asaltos sexuales son cometidos por personas conocidas del niño. Éstos son los más perjudiciales, ya que persisten durante muchos años, negando el amor y la confianza. Los asaltos cometidos por extraños son sólo la punta de un enorme iceberg. Nos llegan más noticias de los mismos porque los periódicos dan mucha relevancia a este tipo de historias. Cuando un padre abusa de su hija durante muchos años, la protección de la identidad de la niña requiere reforzar las restricciones informativas. Esos casos no representan buenas historias para los medios de comunicación.

Numéricamente, el padre es el ofensor más común, aunque los padrastros y los novios de las madres abusan en porcentajes más elevados. (Las cifras que corresponden a estos dos últimos son más bajas, porque hay menos padrastros que padres.) Los hermanos mayores también abusan con bastante frecuencia de hermanos más pequeños.

El abuso sexual empieza a cualquier edad. Raramente implica un solo episodio o acto. Y tampoco, en caso de que haya hermanos, tiene por qué limitarse a un solo niño. En la mayoría de los casos se da una progresión gradual de los tocamientos apropiados a los inapropiados. Los abusos empiezan a la hora del baño, en el momento de acostarse o cuando tienen al niño sentado sobre las rodillas. La masturbación, la penetración o la gratificación oral viene después. Al contrario de lo que se suele creer, raramente se utiliza la fuerza. El abuso violento se produce cuando un extraño viola a un niño. Si es un familiar quien lo hace, no emplea la violencia, sino afirmaciones de amor. "Así es como los padres demuestran que quieren a los niños." "Lo hago porque tú eres especial para mí." También utilizan amenazas: "Si lo dices a alguien vendrán y te raptarán." Como el violador conoce al niño, sabe de qué manera asustarle, engatusarle y hacerle sentir que ese comportamiento es normal. El hecho de que muchos niños sufran abusos durante mucho tiempo demuestra lo fácil que resulta hacerlo. A menudo se dice a los niños que la culpa es suya, que ellos son malos mientras que el violador es bueno.

Los factores críticos que conducen al abuso son la presencia de alguien que tenga la motivación para abusar de niños, la superación de su propia inhibición inicial para abusar (a menudo mediante el alcohol), la falta de protección para la víctima y la resistencia propia del niño.

Dado que, con tanta frecuencia, quienes abusan de los niños son miembros de la familia, de poco sirve decir a los pequeños cosas como "Nunca aceptéis nada de un extraño". Tampoco es fácil mantenerse vigilantes frente al abusador, si resulta que éste es una persona querida. Creemos que nos daríamos cuenta de cuanto está ocurriendo y que los signos serían obvios. Pero no lo son y aunque lo fueran, pocos querríamos verlos. Admitir algo así es demasiado terrible para soportarlo.

Reconocer los signos de abuso: menores de cinco años

◆ **Abusos altamente probables:** heridas genitales; enfermedades venéreas u otras infecciones; revelación del abuso sufrido; descripción de vívidos detalles o conocimiento de actividades sexuales como sexo oral, eyaculación o penetración; masturbación compulsiva, sobre todo en contextos inapropiados; representación de actividades sexuales, en especial actividades sexuales explícitas; dibujos sexuales.

◆ **Abusos probables/posibles:** mostrar un miedo repentino hacia una persona en particular; tener mucho miedo de alguien; pesadillas frecuentes; infección vaginal/urinaria crónica; dolor en los genitales o el ano; miedo específico a ser bañado, cambiado de ropa o acostado.

◆ **Abusos posibles:** regresión en el desarrollo; comportamiento agresivo y hostil; enfermedad psicosomática.

Signos de abuso: de 5-12 años

◆ **Abusos altamente probables:** Los mismos que para los más pequeños, y además exponerse a sí mismos; comportamiento sexual precoz; invitar o iniciar actividades sexuales explícitas; promiscuidad; escaparse de casa; intentos de suicidio; abuso de drogas y sexo.

◆ **Abusos probables/posibles:** infección vaginal/urinaria crónica; dolor de genitales y ano; lavarse obsesivamente; depresión; histeria; hacerse pipí y caca en la cama, o encima durante el día; anorexia; pesadillas frecuentes; hacer novillos; posesión de regalos o dinero injustificados.

◆ **Abusos posibles:** regresión en el desarrollo; comportamiento agresivo y hostil; enfermedad psicosomática; problemas de relación; dolores abdominales; bajo rendimiento escolar.

Signos de abuso: más de 12 años

◆ **Abusos altamente probables:** heridas genitales; revelación del abuso sufrido; automutilación en pechos y genitales; enfermedades venéreas u otras infecciones; embarazo antes de los 14 años; prostitución.

◆ **Abusos probables/posibles:** alardes sexuales; infección vaginal o urinaria crónica; enfermedad venérea en niñas de 14 años o más; embarazo a los 14 años o más; ataques sexuales; autoabuso, intentos de suicidio; histeria; comportamientos obsesivos; rebeldía contra los hombres; abuso de drogas y otras sustancias; mentira compulsiva y continuada; hacer novillos; escaparse de casa; posesión de dinero o regalos injustificados.

◆ **Abusos posibles:** depresión; anorexia; negarse a ir a la escuela; delincuencia; enfermedad psicosomática; problemas de relación; problemas con la ley.

Por qué los niños no cuentan a nadie cuando abusan de ellos

◆ Piensan que no los creerán.

◆ Piensan que es culpa suya.

◆ No hay nadie a quien puedan decírselo.

◆ No hay nadie en quien confíen.

◆ Tienen miedo de que les hagan daño si lo cuentan.

- Tienen miedo de lo que pueda pasarles si lo dicen.
- Tienen miedo de que eso vuelva a los padres en su contra.
- Tienen miedo de que las autoridades los separen de sus hermanos y hermanas.
- Se sienten sucios, piensan que nadie querrá saber nada de ellos y les preocupa qué dirán sus amigos.
- Son demasiado jóvenes para comprender lo que está pasando.
- No saben que no está bien lo que hacen.
- Han tratado de decirlo, pero no les han creído.
- Piensan que nada cambiará aunque lo cuenten.

Qué decir a un niño sobre los abusos sexuales

El abuso sexual es lo bastante común como para mantenerse en guardia. Una de cada diez personas declara que sufrió abusos sexuales en su infancia. En la gran mayoría de los casos, al menos uno de los padres deseaba proteger al niño en contra de los abusos y creía que lo estaba haciendo. Por desgracia, es imposible tener al niño atado de una cuerda. Casi todos los niños sufren los abusos sexuales en sus casas y a manos de parientes o amigos en quienes el niño (y usted) creen que pueden confiar: padre, padrastro, compañero de la madre, abuelo, tío, hermanos mayores y amigos de la familia. La mayoría de los que abusan son hombres, pero también lo hacen algunas mujeres.

Asegúrese de que su hijo comprende que:

- **El desnudo** es natural y normal si se está tomando un baño, nadando, jugando en la playa o en la piscina. Dígales que en dichas ocasiones es normal dejar que otras personas les vean el culito y los genitales; pero que no es normal que alguien les pida verles desnudos o que se bajen los calzoncillos. "Si alguien te pide eso, siempre debes contármelo, aunque esa persona en cuestión te pida que lo mantengas en secreto."
- **Ver a gente desnuda.** Es normal ver a personas desnudas en la playa o entrar en el baño cuando algún miembro de la familia está bañándose o tomando una ducha. Es normal ver el pene del hermano. Pero no es normal que un hombre pida a un niño que mire su pene, a pesar de que sea alguien conocido. "Siempre debes contárselo a alguien, aunque el hombre te pida que no lo hagas."
- **Haga una clara distinción entre 'yo' y 'los demás'.** Es normal que los niños se toquen sus propios genitales, pero no que otras personas se los toquen, aun siendo conocidas. Que sea el niño quien se lave esas partes. Dígale: "Aunque quien pretenda tocarte sea una persona que conoces, siempre debes contarlo a alguien, aun en el caso de que la persona te pida que no lo hagas".

SITIOS PELIGROSOS

◆ **El hogar; los hogares de amigos y familiares.**

◆ **Ascensores y escaleras.** Se trata de lugares comunes donde extraños y vecinos pueden molestar a los niños. Si vive en un bloque de pisos, sus hijos obviamente subirán y bajarán por la escalera o del piso al jardín. Diga a los niños pequeños que nunca suban a un ascensor con una sola persona.

◆ Diga a los niños que siempre suban y bajen juntos por las escaleras, o que esperen a que haya un grupo de personas que vaya a subir.

◆ Diga a los niños que llamen al timbre desde abajo antes de subir, para que usted los esté esperando.

◆ Diga a los niños que griten o golpeen la puerta del piso más cercano, si alguien se les acerca con intenciones dudosas. Pero adviértales que nunca entren en casa de un extraño.

◆ **Lavabos públicos.** Los lavabos de las cafeterías de autopista suelen ser buenos terrenos de caza para pedófilos de mírame-tócame. Los chicos son los que corren mayor peligro, pero también las chicas corren a veces el riesgo. Acompañe a sus hijos pequeños al baño. Mande a los más mayores por parejas.

◆ Diga a los niños que se marchen de inmediato si alguien intenta tocarles o pretende engatusarles. Dígales que informen de ello a alguien que tenga autoridad.

◆ Diga a los niños que nunca entren con nadie en un lavabo, con independencia de lo que diga la persona. Explíqueles que algunos engañan a los niños, contándoles que hay un gatito atrapado o que se les ha caído el reloj y necesitan a alguien con el brazo pequeño para recuperarlo; dígales que siempre son mentiras.

◆ Subráyeles que no deben tener miedo de armar un escándalo si hay la posibilidad de que alguien lo oiga; pero que no lo hagan si la persona los amenaza.

◆ Diga a los niños más mayores que nunca entren solos en lavabos públicos solitarios.

◆ **Obscenidades y exhibicionismo.** Explique a los niños que no tienen por qué escuchar obscenidades o mirar a alguien que les enseñe el pene. Dígales que desvíen la mirada y/o se tapen los oídos. En lugares públicos, que se lo cuenten a alguien.

◆ **Si alguien se acerca.** Que se dirijan siempre hacia las tiendas, casas o cualquier otro lugar donde haya gente.

◆ **Sentarse en el regazo de alguien.** "Es normal sentarse en el regazo de otras personas, pero no tienes por qué hacerlo si no te apetece. Si te da miedo hacerlo, dilo. Si alguien insiste en que te sientes en su regazo, y tú no quieres, debes decirlo."

◆ **Explicar a los abuelos** que usted ha fijado esa norma y pedirles que la respeten.

◆ **Que alguien se meta en tu cama.** "Ningún adulto debe meterse contigo en la cama. Si alguien te lo pide, cuéntaselo a alguien, aunque la persona que lo pretenda sea conocida y te diga que no pasa nada."

◆ **Meterse en la cama de otros.** "Es normal que te metas en nuestra cama, o tal vez en la de los abuelos. Es normal que te metas en la cama de otros niños pequeños. Pero no es normal que te metas en la cama con niños más mayores que tú o en la cama de algún adulto cuando te quedes a dormir en su casa. Si alguien te pide que lo hagas, cuéntanoslo."

◆ **Aunque algo sea agradable, puede estar mal.** El término abuso suena como si hubiese de ser algo terrible, pero a menudo no lo es. La progresión de los mimos al abuso se desarrollan de manera muy gradual. Tal vez el niño piense que no está bien, pero como tampoco le sienta mal, puede que decida no contarlo a nadie.

◆ **Contar chismes.** "Si algo te asusta, cuéntaselo a tus padres, aunque te hayan dicho que es un secreto."

◆ **"No te ocurrirá nada malo si lo cuentas."** "Contarlo no significa que alguien venga a raptarte."

◆ **No resistirse demasiado en caso de amenazas.** Sufrir abusos por parte de un extraño da mucho miedo, es horrible y puede doler. "Si alguien te amenaza y te dice que te matará si no te callas, lo mejor es que le obedezcas. Conviene que hagas lo que te digan. Pero siempre debes contar a alguien lo que te ha ocurrido. Una vez estés a salvo en casa, de nuevo con tu familia, nada terrible te sucederá."

◆ **No todos los hombres son malos.** Explíquele que la mayoría de las personas respeta a los niños y es buena con ellos. Una pocas personas tienen problemas.

◆ **Los niños que han sufrido abusos necesitan ayuda profesional.** La policía le indicará dónde encontrar ayuda.

Vacaciones

Para un adulto, un cambio es tan bueno como unas vacaciones; los niños odian ambas cosas. Si el pequeño pudiera elegir, se decantaría por su camiseta favorita, su huevo frito con tostadas para cenar, el mismo vídeo de

CÓMO LOGRAR QUE LAS VACACIONES SEAN UN DESASTRE

✖ ***Poner tensos a los niños con una fiebre anticipatoria.***
✖ ***Esperar que estén calladitos, aunque usted no les haya llevado juguetes.***
✖ ***Estar mucho rato al sol.*** *Los niños se queman con facilidad.*
✖ ***Decirles que deberían estar pasándolo en grande.***

siempre e idéntico cuento cada noche antes de acostarse. Se sienten seguros con la rutina y la familiaridad. Aunque se excitan con los cambios de casa o las vacaciones, la excitación imita a la de sus padres; ellos no saben todas las implicaciones que acarrea el hecho. En realidad, los niños se sienten a menudo infelices y perturbados por las mudanzas y las vacaciones. De hecho, a muchos adultos les sucede lo mismo. Ese tipo de acontecimiento suele proceder a brotes de enfermedad y depresión.

Mudarse de casa

Los traslados de domicilio son doblemente destructivos si además apartan al niño de su guardería, del parque frecuentado y de sus amigos. Por ello espere que el niño no esté fino, duerma mal y necesite mucha atención y mimos.

No vaya como un torbellino. Si organizarse le lleva más tiempo del previsto, ¿realmente importa? Si los padres se muestran felices y relajados con la nueva casa, los pequeños tienen más probabilidades de adaptarse al cambio.

◆ **Prepare al niño.** Muéstrele su nueva casa y su escuela, el trayecto hasta el nuevo parque y dónde podrá gastar su semanada. Enséñele con palabras y hechos que muchas de las rutinas cotidianas seguirán siendo las mismas cuando se hayan cambiado de casa. Quizás le resulte útil hacer un planning semanal de rutinas.
◆ **Despídase.** Es raro que un niño de cuatro años comprenda que el cambio es permanente. Tal vez espere volver a la antigua casa al cabo de unos días. Déle en la fantasía lo que no puede tener en la realidad. "¿Te gustaría volver a nuestra antigua casa? ¿Hacemos ver que tenemos una alfombra mágica que nos lleva de vuelta allí? Ya estamos en casa. ¿Qué hacemos primero?"
◆ **"Otra familia vendrá a vivir aquí."** A los pequeños les suele chocar la idea de que otra persona vaya a dormir en su habitación o a comer en su cocina. Tranquilícele diciéndole que todo el mobiliario (y en particular su cama) será trasladado a la nueva casa. Explíquele lo agradable que será estrenar cortinas y colcha en su nueva habitación.

CÓMO DISFRUTAR DE UNAS VACACIONES CON NIÑOS

✔ ***Mantenga la calma*** *y no pretenda una organización perfecta. Si se olvida la crema de protección solar, compre una cuando llegue allí.*

✔ ***Reserve los preparativos*** *y el hacer maletas para el día anterior, y llévelo a cabo cuando los niños estén en la cama.*

✔ ***Mantenga algunas rutinas de casa,*** *si le es posible. Son vacaciones. Relájese. No pase hasta el último minuto haciendo cosas. Por esta razón, ir de un lugar a otro no suele ser recomendable para los pequeños. Los niños suelen estar más a gusto si se establece una base y desde ella se hacen excursiones.*

✔ ***Levantarse tarde.*** *Si se quedan levantados hasta tarde, déjeles dormir a la mañana siguiente.*

✔ ***Lleve algunos de sus aperitivos preferidos.*** *El hambre añade un puñado adicional de irritación al cansancio, y a pocos niños les gustan las comidas que no conocen.*

✔ ***No espere demasiado.*** *Acepte que quizás no se lo pasen bien durante las vacaciones. No lo achaque a la 'ingratitud' y se enfade por ello.*

✔ ***Elija unas vacaciones apropiadas.*** *Los hoteles tienen a veces muy poco espacio personal para un niño, y las habitaciones muy grandes ejercen un efecto intimidatorio en ellos. Procurar tenerlos calladitos en los lugares públicos pone a todo el mundo de mal humor. El camping o hacerse la comida es una elección mejor con niños en edad preescolar.*

✔ ***Ofrezca opciones.*** *El lunes todos haremos lo que papá quiera. El martes será el turno de Laura; el miércoles descansamos, y el jueves le tocará a Hugo. El viernes será mamá quien elija.*

✔ ***Vaya con otra pareja*** *para tener una noche libre de niños.*

✔ ***Prepare al niño.*** *Explíquele lo que van a hacer. Tal vez no se acuerde de las vacaciones del pasado año.*

✔ ***Déjele comer lo que prefiera.*** *Dos semanas a base de comida rápida no representan ningún desastre.*

✔ ***Prepare a su hijo para el viaje.*** *Los pequeños se portan a menudo sorprendentemente bien en vuelos largos y viajes largos en coche. Casetes de cuentos, libros para pintar y juegos ayudan a pasar el tiempo. Comente cosas de los lugares por los que vayan pasando, canten, etc.*

◆ **"Los animales domésticos se vienen con nosotros."** Asegúrele que sus animales y sus muñecos también vivirán en la nueva casa.

◆ **No intente convencerle de que le va a encantar.** Tal vez no le guste. Acepte sus preocupaciones. "Será un poco extraño para todos nosotros cuando nos cambiemos."

◆ **Háblele de la casa antigua.** Dado que su memoria se compone más de imágenes que de palabras, cuando se muda de casa sus símbolos se quedan atrás. Con pocas cosas que refresquen su memoria se siente desorientado. Procure compensarlo manteniendo vivo el pasado. Háblele de cosas que sucedieron, de personas que conoció, de lugares que visitó. Mantenga viva la conexión entre el entonces y el ahora, al menos hasta que haya acumulado algunos recuerdos.

El niño adoptado

En el pasado, la adopción era una cuestión sobre la que procuraban echar tierra tanto la madre biológica como la adoptiva. Muchos niños no se enteraban de que eran adoptados hasta que eran adultos. Algunos ni siquiera llegaban a saberlo. Hoy en día, casi todos los expertos en el tema de la adopción recomiendan que el niño sepa que es adoptado mucho antes de que comprenda lo que es. La manera más fácil de hacerlo es que los padres le expliquen que lo querían y lo eligieron. Cuando se haga mayor, tal vez necesitará explorar lo que eso significa, quiénes eran sus padres biológicos y por qué fue adoptado. Responda a esas preguntas de un modo directo y afectuoso: enfatice siempre que lo quieren mucho y que eligieron tenerle; que sus padres biológicos no podían hacerse cargo de él, nunca que no lo quisieran.

Haga un álbum de fotos que muestre la historia de su adopción. "Éstos somos nosotros cuando te trajimos a casa. Mira lo felices que estamos."

En un gran estudio comparativo sobre niños adoptados no se revelaron diferencias de adaptación entre los niños adoptados y los que viven con sus padres biológicos.

Hijo único, hijo mayor, hijo menor

El sentido común nos dice que los hijos únicos son personas adultas sanas y perfectamente equilibradas. De hecho, investigaciones llevadas a cabo demuestran que los hijos únicos llegan a ser individuos con mucho éxito. Coja cualquier lista de grandes nombres, ya sean científicos, políticos o escritores, y entre ellos habrá más hijos únicos de los que usted habría esperado encontrar.

Se suele aceptar que el primer hijo está orientado hacia el logro. Tiende a ser capaz, voluntarioso, responsable y seguro. También es conformista, hace lo que debe y tiene más probabilidades de llevarse bien con sus padres.

El segundo hijo va mucho menos dirigido. Es más espontáneo y sencillo, tiene más tacto, es más adaptable, paciente y relajado. En general, está más equilibrado, tal vez porque sus habilidades sociales se hallan bien apuntaladas por una vida de práctica con iguales (o casi iguales). El bebé aprende rápidamente cómo causar problemas a su hermano mayor, irritarle y manipularle. También es más probable que sea querido por él mismo, no como producto de los sueños de sus padres. Quizás el hecho de que, académica o físicamente, no gane cuando se enfrente a su hermano mayor (al menos a corto plazo) se deba a que los hijos intermedios y los pequeños tienden a ser menos competitivos. Cuando verdaderamente tienen éxito suele ser con ideas extravagantes. Galileo y Darwin eran los hijos menores en sus respectivas familias, y aunque Freud era el hijo mayor, tenía dos tíos jóvenes viviendo en la misma casa cuando él era pequeño. Dado que los hijos menores deben aprender maneras de hacerse ver y atraer la atención de los adultos, en ocasiones son manipuladores y otras veces más democráticos. (Ello no les predispone para ser políticos: la mayoría de las figuras políticas son hijos mayores.) También tienen más probabilidades de protestar y rebelarse. El hijo menor tiene un papel especial en familias de más de dos hermanos. De vez en cuando es posible que se sienta fuera de lugar o inferior. Más común es que aprenda a usar sus encantos para conseguir lo que quiere.

Hermanos

No hay truco que funcione. Tampoco engaño posible. Se conocen demasiado. Nadie encajará de nuevo con tanta rapidez en la vida de una persona como un hermano con el cual no se ha convivido durante algún tiempo. Los hermanos no pueden esconderse unos de otros, pues durante los años más formativos compartieron muchos secretos (y se 'chivaron' del resto). Las habilidades que tenemos para expresarnos, esconder nuestros sentimientos, comprender a los demás, engañar, engatusar y manipular se forjaron en el seno de esa relación.

En algunas sociedades, las relaciones entre hermanos se consideran las más importantes de la vida. Siendo la mayor de cinco hermanos, lo comprendo a la perfección. Con frecuencia son las relaciones más duraderas que mantenemos, extendiéndose en muchos casos desde la cuna hasta la tumba. Los niños se proporcionan mutuamente la compañía de otros niños, y desplazan el centro de la familia del mundo de los adultos hacia su mundo infantil. Si bien los hermanos practican juegos de poder, lo hacen en calidad de casi-iguales. Los hermanos suelen entenderse entre ellos mucho mejor de lo que los entienden sus padres.

Tener hermanos crea el tipo de presiones y tensiones, competición y cooperación que se practican y se supera mejor en la infancia. Si se es uno entre varios hermanos, se ve a los padres tratar con los hermanos y hermanas, perder los nervios y ponerse histéricos; se les ve bajo una luz más completa y humana que proyectada por los padres de un hijo único. Los adultos parecen menos endiosados cuando los has visto ser manipulados por un pequeño de dos años. Los niños que se crían con hermanos tienden a tener una visión más redondeada de las demás personas, comparada con la que tienen los hijos únicos, y una más natural confianza en sí mismos en lo que atañe a las relaciones superficiales.

Pocos niños con hermanos elegirían ser hijos únicos, a pesar de que no todas las familias son acogedoras, cariñosas, ni se apoyan mutuamente. Es un tema en torno al cual me resulta imposible ser imparcial. Se me antoja imposible imaginarme como hija única o ver ventajas a ese hecho.

Relaciones entre hermanos, buenas y malas

Hay temporadas en que los niños se llevan bien y otras en que no es así, diferencias de edad que funcionan y otras que no. No hay garantías de que los hermanos vayan a llevarse bien, ni el cuadro se mantiene igual todo el tiempo. A veces una determinada diferencia de edad parecerá pequeña y los niños se llevarán bien. Otras veces, esa misma diferencia parecerá muy grande y los hermanos se pasarán el día discutiendo e incluso peleándose. O en ocasiones se da todo lo contrario.

Que en este momento se lleven de maravilla no significa que el año que viene la situación vaya a ser la misma. Tampoco, por fortuna, el hecho de que haya conflictos en el presente significa que vaya a haberlos siempre. Todos los niños pasan por fases fáciles y otras difíciles, las cuales más o menos se corresponden con su estadio de desarrollo. Véase más abajo y la página siguiente.

Los tres años –más bien tranquilos– corresponden a un período de estabilidad y de firme consolidación de habilidades. Van seguidos de un cuarto año que es turbulento, en el cual los pequeños empiezan a pensar y a sentir de manera diferente sobre otras personas. Luego hay otro año de calma, los cinco, antes de que los niños se metan de lleno en los muy turbulentos y agitados seis. Por tanto, las relaciones entre los hermanos pasan de fáciles a imposibles en cuestión de meses. Si usted tiene en casa la distancia tradicional de dos años entre los hermanos, encontrará bastante mortal la combinación de dos/cuatro y cuatro/seis, mientras que la combinación tres/cinco le resultará bastante llevadera.

A los tres

Los niños de tres años suelen ser de trato fácil y pacíficos. Si es el menor (en especial si los hermanos mayores son bastante mayores), quizás se lleve bien con ellos. Si los hermanos son sólo un poco mayores o sólo un poco más pequeños, entonces el comportamiento es menos predecible. Es posible que se mantenga bastante tranquilo, incluso cuando lo provoquen o que se lance al ataque sin previo aviso.

El niño de tres años tiene las mayores dificultades con niños de dos y cuatro años. Un pequeño de tres años estará encantado con la llegada de un bebé, mientras que otro protestará de manera alarmante y cogerá unas buenas rabietas siempre que sus padres miren hacia otro lado. Pero, en general, el niño medio de tres años, dejado a su albedrío, es un alma sociable. Sus problemas surgen cuando hermanos menores, que todo lo tocan, estropean sus pacíficos juegos, o cuando sus hermanos mayores, más salvajes, intentan ejercer el poder sobre él de maneras que, justificadamente, no le gustan nada.

A los cuatro

Los niños son salvajes y maravillosos, más independientes, más sociables y más preocupados por lo que dice, piensa y hace la gente. A esta edad el pequeño se muestra supercariñoso y cuidadoso con sus hermanitos menores, pero no por ello es digno de confianza. Una chispa de celos desencadenará en él una repentina mezquindad. Con los hermanos de entre tres y seis años es mandón, agobiante, malintencionado y violento. Quizás intimide y manipule, y llegue a ser muy desagradable, todo dulzura en un momento dado y al siguiente todo veneno. No se siente intimidado por sus hermanos mayores, y puede ser agresivo y destructivo con ellos, arruinando sus juegos por el puro placer de hacerlo. En ocasiones se quejará de que uno está mirando por su ventanilla del coche o dirá que ha tocado uno de sus libros, cuando el hermano ni estaba mirando el libro ni pretendía hacerlo.

A los cinco

A los cinco años el niño está más calmado y es más asequible. Se muestra menos autoritario y exigente. Es decididamente el período de calma antes de la tempestad que se levanta a los seis años. El pequeño de cinco años es particularmente bueno con sus hermanos menores. Es menos egoísta y exigente que un año atrás, más capaz de esperar su turno y de compartir. Le gusta la aprobación de los adultos y sabe cómo manipularlos para conseguirla. Pero cuidado: en cuanto le den la espalda tal vez ya no sea un niño tan modélico. La voluntad de gustar significa, sin embargo, que con frecuencia se lleva extremadamente bien con sus hermanos mayores.

Chicos y chicas

Si bien existen excepciones, tal vez sea cierto que las familias con sólo chicas son más apacibles que las de chicos. Pero ambas resultan menos apacibles que las de la consabida parejita.

Los chicos se pelean. Las chicas tienen sus propias maneras de herirse unas a otras. Se provocan, se toman el pelo, se manipulan y se insultan. Discuten y se quejan en general. También ponen en escena grandes representaciones teatrales. Aunque se arañan y se tiran de los pelos, es menos probable que se pongan a luchar físicamente como sus hermanos. Por supuesto, esto no son más que generalidades.

Cada familia tiene su propia personalidad. Padres e hijos fueron preguntados acerca de cómo se llevaban los hermanos entre sí; todas las combinaciones de hermanos y/o hermanas declararon tener buenas y malas relaciones: pellizcar, tirarse de los pelos, pegarse, sentarse encima, perseguirse y toda una relación de otros comportamientos agresivos. Hablaron de mezquindades como no compartir, esconderse los juguetes, no dejar entrar en la habitación, contar mentiras, mandar y engatusar. Se enfadan unos con otros, gritan, lloran y se dan sustos. Pero preguntados sobre si preferirían ser hijos únicos, todos respondieron que no.

Combinaciones, buenas y malas

Las relaciones que tienden a causar más violencia son las de chicos con sus hermanos mayores, y las de chicas con sus hermanas mayores y menores. Casi todas las peleas verbales y amenazas provienen de chicos con sus hermanos menores; son menos frecuentes entre chicas con sus hermanas mayores. Ellas se enfadan más con sus hermanas mayores y menores, y ellos con sus hermanos mayores. Todas las combinaciones utilizan el chantaje emocional y plantean demandas. La combinación más fácil, y la que conduce a un menor número de peleas y discusiones a lo largo de la infancia, es la de un hermano con una hermana menor. Las parejas de niños del mismo sexo suelen discutir más que las mixtas, pero desde luego esto no es más que una estadística, a la cual se encuentran numerosas excepciones.

El temperamento de una familia

Dentro de estos grupos generales se ponen de manifiesto, claro está, muchas diferencias. Los temperamentos de los niños juegan su papel, pero también el temperamento de la familia. Familias muy emocionales probablemente discuten y se pelean, seguramente porque el ejemplo ofrecido por los padres establece el modelo a seguir. Si los padres discuten sus diferencias con calma y de manera racional, también los hijos lo harán, al menos parte del tiempo.

Cuando el niño tiene que ganar siempre

Es su fiesta y él ha de ganar si quiere, y si no gana, entonces se enfurruña. Resulta embarazoso y frustrante que su hijo la ponga en evidencia negándose a jugar al juego. Y todavía es peor si se empeña en ganar siempre los juegos familiares. Si él quiere ganar, significa que otro tiene que perder, y si el otro niño no está dispuesto a ceder, entonces su hijo rompe a llorar; usted trata de echar tierra sobre el asunto y los demás se ponen a gritar: "¡No es justo!", y entonces se desencadena la tormenta. La escena es de lo más habitual en muchas familias. A veces los padres tampoco lo hacen mucho mejor. Sacan el juego de cartas de la Familia Feliz y el padre empieza con ánimo de ganar, mientras que la madre va descartándose para el menor de cartas ganadoras. "¿Cómo van a aprender los niños a dar y recibir si los dejas ganar de esta manera?" "¿Cómo puedes ser tan infantil? Sólo es un juego." La Familia Feliz se convierte en la Crisis Familiar.

La mayoría de los niños de menos de cinco años es capaz de jugar a juegos de azar. También les resulta más fácil si participan adultos.

◆ **Los juegos cooperativos o juegos en equipo** suelen ser los más apropiados para jugar con niños pequeños. Se pueden cambiar las reglas, y la mayoría de ellos se adapta a jugar en parejas.

◆ **Cuando la competición constituye un problema,** identifique sus sentimientos y empatice con él. "Te comprendo. Me acuerdo que solía sentirme así cuando jugaba con mi hermana." Halle soluciones. "Nadie está obligado a jugar. Los juegos son para divertirse. Si este juego no os divierte, mejor que no juguéis."

◆ **No compare.** Resulta muy tentador decir: "Mira, Sonia está jugando bien", pero no lo haga.

◆ **Si el niño pierde el control,** que se vaya. Que se tome un tiempo de reflexión para calmarse.

◆ **Minimice la competición.** Ríase cuando usted consiga una puntuación baja. Dígale: "Lo has hecho bien", aunque pierda.

◆ **Influencias culturales.** Los padres competitivos tienen hijos competitivos. Las culturas competitivas producen niños competitivos. Si desea que el niño escale hasta lo alto del montón, tendrá que sonreír y soportar los juegos de prácticas.

Cómo no convertirse en árbitro cuando sus hijos se pelean

Los niños se pelean, en primer lugar y sobre todo, porque disfrutan con una buena pelea. No es que se pasen el tiempo peleando, aunque tal vez lo parezca. Los padres tienden a tener una visión más bien selectiva de las cosas. De hecho, sus discusiones suelen versar sobre cuestiones sensibles, problemas de principios, pertenencias, etc., y también discuten por cosas que para cualquier persona razonable no merecerían cruzar ni una palabra. Ése es el comportamiento con el cual armonizan, porque es el que les causa más problemas. Las temporadas felices y tranquilas no conllevan oleaje y uno tiende a ignorarlas. Pero todos los niños tienen temporadas tranquilas, cariñosas y cooperativas; períodos de estar muy juntos y de preocupación mutua. Son épocas menos ruidosas y de menor tensión, por eso a menudo las ignoramos.

Si es una pelea menor:
Ignórela.

Si es algo más seria:
Empiece por reconocer lo enfadados que están los niños.

Parece que estáis muy enfadados

Escuche a cada niño con respeto.

Me ha cogido mi pieza

La necesito para mi muralla

Demuestre que entiende que el problema resulta complicado.

Una pieza que ambos necesitáis. La cosa es difícil

Refleje el punto de vista de cada niño.

Tú querías la pieza para tu coche, y tú la necesitas para terminar tu muralla

Exprese confianza en su capacidad para resolver el problema.

Estoy segura de que entre los dos lo solucionaréis

Márchese.

Tal vez así no logre resolver la discusión, pero la frena y evita que vaya a mayores. Si la cosa no surte efecto y la pelea se le está yendo de las manos:

Describa lo que ve y separe a los niños.

Veo a dos niños furiosos Los dos necesitáis calmaros. Hugo, vete a tu habitación y tú, Laura, te vas a la tuya. Volved cuando os parezca que os habéis calmado

CONSEGUIR QUE LOS NIÑOS PELEONES SE PELEEN MENOS

Regla 1: Lugares en que no se admiten peleas: el coche, el salón después de comer, la mesa durante las comidas.

Regla 2: Cada uno tiene su propio territorio. Cada niño tiene su sitio para guardar sus cosas y una caja con un candado para objetos especiales.

Regla 3: Cada uno decide quién utiliza sus cosas.

Regla 4: Si los niños no son capaces de ponerse de acuerdo, el juguete queda confiscado. Tienen diez minutos para ponerse de acuerdo. Ponga el despertador. Si la pelea tiene que ver con el vídeo que desean mirar o con el programa de la tele, apague el televisor.

Si han tenido una mañana de peleas, ofrezca alternativas. "Muy bien, vosotros dos poneos los abrigos, vamos a salir." Especialmente en días lluviosos, organícese por adelantado para esta eventualidad.

Tome nota cuando se peleen. Lleve un registro. Si un modelo se repite, trate de acabar con él. Quizás se pelean cuando tienen hambre. Si es así, una galleta les irá bien. Quizás se pelean cuando están cansados. Sentarlos a mirar un vídeo es una buena solución. Tal vez cuando llevan mucho rato encerrados en casa. Llévelos a algún sitio. Otra posibilidad es que ocurra cuando tengan un exceso de energía. Que hagan una sesión de danzas salvajes y gritos endiablados.

Regla 5: No vale insultarse. "Si quieres di: 'No creo que eso sea verdad', pero nunca 'Eres un mentiroso'."

CÓMO NO HACER DE ANIMADORA CUANDO LOS PEQUEÑOS SE PELEAN

✔ ***No les cuelgue etiquetas.*** *Los niños suelen hacer honor a sus etiquetas. Evite el dicho constante:*

Siempre te estás peleando

Recuerde que

¿Por qué no te portas como los demás niños?

le sugiere que no puede, ¿por qué probarlo?

✔ ***No compare.*** *Todos los niños se pelean. Es así. Al igual que hace la mayoría, donde más se pelean es en casa, un lugar donde ningún extraño les ve ni les oye.*

Ester y Marco no se pelean como vosotros dos

✔ ***Procure definir una zona libre*** *de peleas en la casa y retírese a ella. Si la siguen, recuérdeles las reglas.*

No se pelea en el comedor

✔ ***Acepte lo que ellos dicen.*** *A nadie tiene por qué gustarle otra persona todo el tiempo.*

Marta te ha cogido el coche sin pedírtelo

No me extraña que te sientas así. Te habrás puesto hecho una fiera

✔ ***Acepte lo que ellos sienten.*** *En ese momento, realmente odian a su hermano.*

✔ ***Permítales estar enfadados,*** *pero insista en que encuentren la manera de demostrar su enfado sin hacer daño a los demás.*

Enséñame lo enfadada que estás. Hazme un dibujo sobre ello

✔ ***Evite daños mayores.*** *Sepárelos. Imponga un período de reflexión.*

Laura a la cocina. Marta al comedor

✔ ***Escuche las dos versiones.*** *Sea neutral. Limítese a reflejar lo que dicen, no juzgue.*

Marta, tú querías ese vestido para tu Barbie. Pero el vestido pertenece a tu Barbie, Laura

✔ ***Téngalo en cuenta cuando se porten bien.***

Voy a hacerme una taza de té; ¿queréis un zumo?

✔ ***Hágales reír.***

Cuando me enfado mucho con alguien me imagino a esa persona llevando un sombrero horrible y en zapatillas

Detrás de cada pelea hay un combate entre voluntades, la necesidad de autoafirmarse, un deseo de atención, respeto y amor. Los niños suelen pelearse más con las personas que más les importan, al igual que hacen los adultos. Muchos pequeños que se pasan la infancia batallando hacen lo mismo de mayores. Los padres se ven implicados en las peleas como árbitros, jueces y jurados. Deben actuar, a la vez, como consejeros del fiscal y como consejeros de la defensa. Cuando los niños intenten implicarle, limítese a decirles: "Tengo confianza en que vosotros solos lo solucionaréis sin mi ayuda".

El peleón y la víctima: papeles familiares

Con frecuencia, las familias asignan a cada niño su papel. Puede ser de bueno: "El que se porta bien es él" o de malo: "Éste siempre está discutiendo". Pero, buenos o malos, los papeles limitan, no sólo al pequeño en cuestión, sino también a sus hermanos. Si un niño es el que se porta bien, otro tiene que ser el que se porta mal. Un papel negativo para un niño puede dar un brillo positivo al otro niño, pero también les enseña cómo manipular la situación a su favor.

No más peleones

◆ **No llame peleón al niño.** Un niño que piensa que es un peleón actuará como tal. Busque oportunidades para mostrarle una imagen diferente de sí mismo.

◆ **Póngale en situaciones donde se vea de un modo diferente.** "Hugo sabe hacerlo muy bien. Hugo, ¿puedes enseñárselo a tu hermana?"

◆ **Hágale ver que es capaz de conseguir lo que quiera sin pelearse.** "También sabes cómo pedir a tu hermana lo que quieres, en lugar de cogerlo sin más."

◆ **Deje que el niño la escuche comentando cosas positivas sobre él.** "Jamie ha tenido mucha paciencia con Lucy esta mañana. Tendrías que haberle visto enseñando a la niña a ponerse las botas de agua."

◆ **Deje que otros niños la oigan comentando cosas positivas.** "Él sabe cómo ser amable."

No más víctimas

◆ **Llamarle peleón** anima a su contrincante a hacerse la víctima. Obtiene la simpatía de sus padres y además trae problemas a su hermano –casi seguro que se merece un bofetón–. Busque oportunidades para demostrar a la víctima una imagen diferente de sí misma. "Laura, si no quieres que tu hermano juegue, sé que eres capaz de hacérselo entender."

◆ **Consolando siempre a la víctima** está fomentando que el niño adopte en todo momento ese papel.

◆ **Eleve el grado de autoestima de la víctima.** Busque 50 maneras de decirle "tú puedes, tú eres capaz".

◆ **Hágale saber que es capaz de imponerse.** "Espero que pidas lo que necesitas; sé que no me decepcionarás."

Tratos corrompidos

Los pequeños siempre están comerciando con propiedades. Mis dos hijos menores pasaron tres meses en California en el momento álgido de la locura por una determinada colección de cromos. Regresaron a casa con una serie de cromos que todavía no estaban a la venta en Gran Bretaña; eran como pepitas de oro. Los chicos de seis y siete años los consideraban realmente material precioso. El valor de los juguetes aportados para el trueque debía rondar las 10 libras o los 15 dólares. Me vi obligada a prohibir que los cromos salieran de casa y que los juguetes entraran en ella.

La mayoría de los trueques no son justos. Aunque de momento lo parezcan, dejan de serlo al cabo de cinco minutos. Pero el ganador es muy probable que argumente que un cambio es un cambio, y que no hay vuelta atrás.

◆ **Los niños deben aprender que tienen poder.** Dígales que tienen el derecho a negarse a hacer cosas que no quieren hacer, lo mismo que a imponerse si piensan que una cosa no es justa. Nadie puede comprar amigos. Ponga ejemplos de trueques justos y de trueques injustos. Si lo tienen bien claro, podrán afrontar casos que no son justos.

◆ **Los niños deben aprender cómo ser justos.** La forma más sencilla de conseguirlo es esperar que lo sean, tener confianza en su habilidad para solucionar sus asuntos y dejar que lo hagan sin interferencias indebidas.

◆ **En caso de duda, acuñe una regla de la casa.** "Los trueques son temporales. Cada uno tiene derecho a reclamar su propiedad, a menos que el cambio tenga el sello de la aprobación familiar." En un bloc anote los trueques aprobados por la familia y póngales las iniciales. Ahora la propiedad pertenece al otro niño. Tiene todos los derechos sobre ella como si siempre hubiera sido suya.

De los cinco a los ocho años

Hitos: su hijo a los cinco años

Después de la agitación de los cuatro años, el niño de cinco es agradable, tiene ganas de aprender, se muestra solícito y abiertamente afectuoso. Saboréelo. Tal vez estén por venir años difíciles.

A los cinco años, casi todos de los niños saben correr y hacer regates, parando e iniciando cada trayectoria con facilidad. Ya saltan, botan y brincan, suben y bajan por las escaleras alternando las piernas, y pedalean en un triciclo. Algunos niños incluso esquían, nadan, pedalean en una bicicleta sin ruedas estabilizadoras o montan a caballo. Estas habilidades precisan de la confianza que sólo una práctica intensiva proporciona.

A los cinco años tiene un control de las manos mucho mayor. Será capaz de hacer construcciones con piezas pequeñas, colocando cada una con cuidado para que no se derrumbe la torre que está levantando. Le construirá un modelo con cajitas y envases de yogur, pegará las partes por donde corresponde y lo pintará. Sabrá hacer rompecabezas, sostener el lápiz, dibujar y, tal vez, escribir su nombre. Reconocerá unas cuantas letras y, quizás, una palabra o dos. Algunos niños incluso saben leer. La pequeña cuenta, recita poemas y canta canciones que le enseñan en la guardería, aunque tal vez todavía no entone mucho, ya que su gama de notas es aún bastante limitada. Sabe usar el cuchillo y el tenedor, si bien todavía necesitará que le corten la carne. También se unta la tostada con mantequilla, pero tiene dificultades para pelar una naranja. Sabe vestirse sola, aunque todavía se le resisten los cordones de los zapatos y los botones pequeños en los lugares más difíciles. Se lava la cara y las manos, se lava los dientes y se cepilla el pelo, si lo lleva corto, aunque no siempre sabrá cepillarse la parte de atrás, hacerse la raya en medio o una trenza.

A los cinco años, el niño amplía sus capacidades para cumplir con las expectativas que usted tiene puestas en él. Si usted sigue abotonando la blusa a su hija, la pequeña adoptará una actitud pasiva, esperando que lo haga usted como siempre, pero si espera que ella se ponga la mantequilla en el pan, también lo hará.

A los cinco años tiene bien definidas las cosas que le gustan así como las que no, aunque a veces no nos parezcan muy lógicas. Es posible que le guste la zanahoria a rodajas pero que no se la coma si está cortada a tiras; que le gusten los vegetales crudos mojados en salsa, sin embargo sin salsa no se los coma. Aunque le encantan las mariposas, le dan miedo las polillas; adora las mariquitas pero odia los demás bichitos.

A los cinco años, casi todos los niños mantiene la atención el tiempo suficiente como para realizar tareas simples con cuidado y concentración. Con frecuencia están ocupados haciendo algo, saben divertirse solos y lo pasan la mar de bien mirando un libro o un vídeo. Jugará sola en el jardín, mientras usted está en casa, o bien en su habitación. Cuando usted tenga compañía, ella se irá a jugar. Estas cosas suceden poco a poco, y es difícil decir cuándo empezará usted a sentir que no hay necesidad de mantener una vigilancia constante. Lo cierto es que alrededor de los cinco o seis años, esa necesidad desaparece. A partir de ahora podrá leer el periódico o tomar una taza de café sin ser constantemente interrumpida. La vida le resultará mucho más sencilla.

Ya habla de una manera más adulta. Hace preguntas, plantea peticiones y también un discurso que ya se parece más a la charla. Su lenguaje es sofisticado y adulto. Utiliza los diferentes tiempos verbales y comete menos errores gramaticales, si bien es probable que todavía tenga dificultades con la pronunciación de determinadas palabras. Sabe expresar sus pensamientos y sentimientos, y es capaz de tomar en cuenta los sentimientos y el punto de vista de usted, aunque no tiene claro que usted ve y siente lo mismo que ella. La niña habla con su hermanito bebé, con el perro o con sus muñecas como ve que hace usted, elevando la voz y explicando las cosas con todo detalle. Cuando quiere contarle lo sucedido en la escuela, adobará el relato con todo lujo de detalles. Ya no dirá "Daniel, malo", sino más bien "Hoy en la escuela, un niño de mi clase que se llama Daniel se ha portado muy mal".

Como sabe que puede esconderle sus pensamientos y sentimientos, empezará a tener secretos. Entre los cinco y los siete años, éstos irán aumentando en importancia. A los cinco es todavía la niña no consciente de sí misma que usted ha conocido siempre. A los siete, le demostrará que es demasiado consciente de sí misma como para hacer algún tipo de representación frente a sus invitados.

A los cinco años, la mayoría de los niños es capaz de seguir una historia sin necesidad de imágenes, y de escuchar una conversación sin estar interrumpiéndola a cada momento. Ellos mismos se cuentan mutuamente historias y mantienen conversaciones con sus muñecos. A los cinco años, la jornada del pequeño está llena de imaginación y fantasía, y tal vez usted pueda escucharle furtivamente. A los siete, en cambio, el niño se habrá retirado a un mundo mucho más privado. Con siete años, cuando regresa a casa del cole, ya no se pone a contarle alegremente cuanto ha hecho, sino que es probable que adopte la moda de responder con monosílabos cuando usted se lo pregunte. "Oh, cosas", contestará, o bien "Nada". Los chicos suelen ser peores que las chicas cuando se trata de dejar que sus padres entren en su mundo de la mediana infancia, pero la diferencia es relativa.

A los seis años, los pequeños comienzan a arrebatarle poder, tanto si a usted le gusta como si no. Ya no hacen lo que usted les pide, sino que lo discuten y utilizan tácticas dilatorias. Un niño de cinco años que era complaciente y suave con sus hermanos menores se volverá obstinado y peleón a los seis. Es la edad del batallar, cuando el pequeño se queja de que su hermano le ha tocado su silla o ha mirado por 'su' ventanilla del coche sólo para molestarle, y cuando el 'ojo por ojo' se convierte en su ética fundamental. Si bien casi siempre es cierto que el hermano ha mirado por "su" ventanilla del coche sólo para fastidiarle, cuesta no enfadarse con un niño que comienza a gritar por esas trivialidades. Pero para un pequeño de siete años, esas cosas importan. Él las utiliza para afirmar su autoridad e independencia. Necesita pensar por sí mismo, plantear demandas y afrontar las negativas. También necesita saber que usted está de su parte.

Ser padres de un niño que tiene entre cinco y ocho años: soltar las riendas

En cuanto el pequeño comprende que sus pensamientos y sentimientos están separados de los de otras personas, reivindicará su privacidad. Esto es difícil de aceptar, en especial si el niño o la niña ha compartido siempre todo con usted. Empiece poco a poco. Cuando la niña tiene cinco años, los padres no deben comentar cada acción, intervenir en cada pelea o esperar de ella que explique todos y cada uno de sus pensamientos y sentimientos. Usted tiene que iniciar el largo proceso de ir soltándole las riendas, poco a poco, en todos los frentes.

Alguien dijo una vez que los buenos padres se miden por lo que no hacen por sus hijos. Y nunca es más cierta esta máxima que cuando los niños tienen esta edad. Si no percibe o no acepta que su hija tiene necesidad de tomar al menos algunas decisiones por sí misma, la pequeña estará resentida y es posible que se tome su independencia sin ninguna responsabilidad. Los niños se sienten más seguros y más felices si usted les anima y espera de ellos que sean responsables e independientes. La pequeña no actuará por sí misma, a menos que usted le dé cierta autonomía. Si la madre le abrocha los botones del abrigo, ella esperará que continúe haciéndolo. Si siempre corre detrás de ella con el equipo de gimnasia que ha dejado olvidado, la niña nunca se acordará de cogerlo. Si su padre o su madre le dice siempre "No subas más arriba", ella esperará el aviso y seguirá subiendo hasta que lo oiga.

Los padres ayudan a su hijo a crecer a base de no ayudarle y no estar todo el día dictándole lo que debe hacer. Un niño de siete años necesita límites firmes, pero precisa que cada uno de sus actos sea regulado y controlado por sus padres. Todos los niños deberían disponer de la suficiente libertad de acción y de pensamiento como para desarrollar confianza en sí mismos y autocontrol. Ello puede resultar particularmente difícil a los padres de hijos únicos o disminuidos. Pero un pequeño que se cría siendo el sumiso sujeto de unos padres dictatoriales se halla en grave peligro de pasar de las reglas de los padres a las de otros dictadores mucho menos benignos. Lo mismo les sucede a los niños que se crían sin que les pongan ningún tipo de límites. Se trata de un camino que luego resulta difícil de desandar.

Cómo mejorar las relaciones familiares

◆ **Normas de la casa.** Deberían establecerse claramente cómo deben tratarse unos a otros los miembros de la familia, incluyendo cláusulas sobre insultar, herir los sentimientos de otro y hacer daño físico. También, establecer cómo ha de tratar cada uno la propiedad de los demás, y qué hacer ante la grosería, el robo o el coger algo prestado sin pedir permiso. Aclarar cuándo y dónde pueden hacer ruido, qué propiedades y espacios son comunitarios y cuáles privados. Las normas también habrían de establecer qué deben hacer los miembros de la familia para compensarse mutuamente el daño que se haya infligido a la propiedad o a los sentimientos de alguno de ellos. Si una norma es quebrantada con frecuencia por algún miembro de la familia, no estará de más escribirla en un papel y colgarla en la pared. "Hugo, acuérdate de las normas respecto al coche. ¿Qué dicen de las peleas en el coche?"

◆ **El contrato familiar.** Un contrato familiar es un acuerdo formal firmado entre dos niños, o un adulto y un niño. Los estudios efectuados al respecto sugieren que los contratos enseñan a los hermanos a tenerse consideración mutua y reducen la rivalidad. Un contrato diría, por ejemplo, algo como: "Hugo acuerda pedir permiso a Laura cada vez que quiera coger prestado el Lego. Cuando termine de jugar, lo guardará de nuevo en la caja. Laura acuerda prestar a Hugo su Lego cuando ella no lo esté utilizando. A cambio de tomar prestado el Lego, Hugo acuerda prestar a Laura la bicicleta, cuando él no la esté utilizando."

El contrato debe ser claro y específico, y contemplar sólo un aspecto del comportamiento. Debe ser debatido y acordado entre todos los hermanos (o entre padres e hijos) antes de pasarlo a limpio en papel y firmarlo. Como cualquier otro contrato, tendrá que llevar la fecha y, en caso de renovarlo, la fecha de renovación. Los contratos deben colgarse en un tablero de anuncios, bien a la vista de todos. Si alguno no mantiene su parte del acuerdo, el contrato perderá su valor.

◆ **Reuniones familiares.** Cada uno tiene derecho a exponer su caso y, a continuación, el grupo familiar alcanzará un consenso al respecto. Si bien estas reuniones son muy populares entre los expertos en el tema de 'ser padres', a mí me parecen algo idealistas, o incluso me atrevería a decir que tienen un toque condescendiente. Se conciben con un orden del día formal, un tiempo asignado a cada uno y un espacio dedicado a las felicitaciones públicas por los trabajos bien hechos. Incluyen discusiones entre todos ellos, abiertas y razonadas, de los problemas que haya Aquellas familias que consiguen con facilidad este tipo de discusiones abiertas y democráticas no necesitan esperar a celebrar una reunión formal, mientras que las familias que no lo logran, es probable que ni siquiera tomen en consideración la opción de convocar una reunión. No obstante, vale la pena adoptar algunas de estas ideas. Las familias deben discutir los problemas, y cuando un tema concierna a más de un miembro, cada uno debe gozar de la oportunidad y la responsabilidad de exponer su opinión. La felicitación pública es algo que debe darse en todas las familias, pero cuidando siempre de no utilizar la alabanza a uno de los niños como crítica o condena soterrada a otro.

◆ **Estrellas y gráficos.** Alabar el comportamiento deseado e ignorar el no deseado constituye una de las mejores maneras de modelar el comportamiento de los niños. El sistema funciona incluso con los pequeños más difíciles y con los comportamientos más arraigados. Las 'economías simbólicas' se han utilizado con gran éxito durante muchos años en multitud de instituciones. Recuerde que debe abordar un solo comportamiento (o grupo de comportamientos) a la vez. Las estrellas se otorgan cuando el pequeño se comporta del modo deseado, mientras que el 'mal comportamiento' no merece atención alguna. Las estrellas se canjean (aunque no necesariamente) por determinados privilegios.

◆ **Terapia familiar.** A veces, los problemas escapan a nuestro control, y entonces la familia necesita ayuda profesional. Nunca tenga reparo de preguntar. El psicólogo escolar y/o su médico de cabecera le pondrán en contacto con un terapeuta. También vale la pena consultar a un grupo de terapia de autoayuda. Si su problema va asociado al de un hijo que tiene problemas de comportamiento o físicos, contacte con alguna organización de ayuda.

Cómo escuchar lo que dicen los niños

◆ **Escuche con plena atención.** En lugar de decir "Te escucho, Laura" mientras sigue con los ojos pegados al televisor, préstele toda su atención. Mire a la niña cuando ella hable e inclínese levemente hacia ella. No hace falta que diga nada. A veces la pequeña sólo necesita ver que usted asiente con la cabeza u oírla decir "Ajá".

◆ **Nunca niegue lo que dicen los niños.** "Te parece que has visto algo raro en el armario", nunca "No seas tonta" o, incluso menos, "Te hago unos cariñitos y nos olvidamos de ello". Nombrar un sentimiento lo hace mejorar, no lo empeora.

CÓMO HABLAR A LOS NIÑOS EN EDAD ESCOLAR

Eso hay que limpiarlo: busca un trapo

✔ *Describa cómo espera que actúe.*

✔ *No hace falta que oculte su enfado. Pero no es necesario que lo utilice para empequeñecerle o herirle.*

Ver este desorden me pone de mal humor

¡Oh! ¡Oh Dios! ¡Ya veo! ¡Qué pena!

✔ *comunica al niño que usted se hace cargo de la situación y comprende sus sentimientos, aunque no esté de acuerdo con él.*

✔ *Exprese lo que el niño debe sentir:*

Eso debe de haberte puesto triste

te gustaría...

sientes que...

quieres que...

Sé que tú puedes...

Espero de ti que...

Tengo confianza en que...

te ayudaría, si...

Berta, ahora tengo que ir a preparar la cena

✔ *Ellos deben saber que usted tiene derechos.*

No te rindas

✔ *Lo diga como lo diga, éste es un mensaje que debe estar escrito en mayúsculas.*

Confío en ti

✔ *Un niño que sabe que confían en él, tiene confianza para hacerse independiente.*

Todos nos equivocamos

✔ *Los niños deben saber que los padres también cometen errores. Una sesión de confesiones en que cada uno cuenta a los demás miembros de la familia las tonterías que ha hecho durante la semana y todos se ríen con (no de) la persona que explica la historia, hace saber al pequeño que no necesita ser perfecto para que lo quieran y lo respeten. Un niño que está preparado para cometer errores, lo seguirá intentando hasta que le salga bien.*

CÓMO NO HABLAR A LOS NIÑOS EN EDAD ESCOLAR

¡Qué torpe! Mira lo que has hecho

✖ *Critique el comportamiento, no al niño. Nunca le cuelgue etiquetas.*

No niegue las creencias o sentimientos del pequeño. No se debe insultar a los niños.

Te importa un bledo que yo vaya limpiando detrás de ti. Eres un palurdo

¿Por qué nunca puedes...?

¿Por qué no puedo confiar en que...?

¿Por qué eres tan...?

Tú nunca...

¿Qué ocurre contigo?

✖ *Esto no son preguntas, sino críticas gratuitas.*

No hay razón para estar enfadado

✖ *Si eso fuese verdad, no estaría enfadado. Las acciones que se derivan de los sentimientos deben ser objeto de limitación.*

Ahora mismo voy

✖ *No deje siempre todo lo que esté haciendo cuando su hija la llame; la pequeña debe aprender que no es la única persona con sentimientos y derechos. Lo entenderá mejor si le insiste en que a veces debe esperar a que usted acabe lo que tiene entre manos, y en que debe intentar solucionar las cosas con su hermano sin que usted deba intervenir.*

¿Qué estás pensando?

✖ *Si la niña le ofrece compartir sus sentimientos con usted, permítaselo. Aparte, concédale su privacidad. La línea que separa el mostrar interés del fisgar es muy sutil. Asegúrese de situarse en el lado correcto de la misma. Si la pequeña le pide ayuda o se comporta de manera que atrae la atención, está claro que necesita terapia materna. Otras veces recuerde que ella tiene tanto derecho a su privacidad como lo tiene usted.*

Espera, ya lo haré yo por ti

CÓMO TRATAR A NIÑOS DE SIETE AÑOS

Laura, hemos de salir para la escuela dentro de diez minutos

✔ *Ella puede prepararse la cartera y ponerse el abrigo sola. Si usted siempre le resuelve sus asuntos, ella dejará que lo siga haciendo.*

He olvidado el equipo de gimnasia

Me parece que tendré que comprarte una agenda y colgártela en la pared, así apuntaremos cada día lo que necesitas, y tu repasarás la lista antes de salir para el cole

✔ *Un niño de siete años es capaz de asumir la responsabilidad de acordarse de sus cosas. Si consulta la agenda, no se olvidará de nada. Al principio recuérdele que la consulte, mejor que recordarle lo que debe hacer. Más adelante espere que la consulte automáticamente. Si todavía no lee, utilicen dibujos.*

Mami, ¿puedo beber algo?

Hay zumo. Pero cuidado, porque el cartón está muy lleno

✔ *Un niño de siete años se servirá él mismo el zumo si el cartón está abierto. Que lo intente, pero asegúrese de que comprende que puede pedir ayuda si le resulta demasiado difícil.*

Son casi las ocho y media, Laura

✔ *Dentro de un plazo de tiempo, los niños deben asumir la responsabilidad de irse a la cama. Han de estar acostados a las 9.15 de la noche, o sea que tienen que dejar lo que están haciendo a las 8.30 si quieren tener tiempo para lavarse, ponerse el pijama y para que les lean un cuento.*

CÓMO NO TRATAR A NIÑOS DE SIETE AÑOS

Laura, ven que te ponga el abrigo

✖ *Incluso una niña de cuatro años es capaz de hacerlo por sí sola.*

He olvidado el equipo de gimnasia

Lo siento. Me lo anotaré en mi agenda y así la próxima vez no pasará

✖ *¿Por qué iba a acordarse usted por ella? Es asunto suyo.*

¿Puedo tomarme un vaso de agua?

Espera un minuto. Te traeré uno en cuanto termine con esto

✖ *Una niña de siete años sabe abrir el grifo.*

¿Te has lavado los dientes?

✖ *Nunca lo hará de manera automática si usted está siempre pendiente y no ella.*

Confíe en su intuición

◆ **Cuando dude, póngase en el lugar del niño.** Dígase: "¿Cómo me sentiría si alguien estuviera diciéndome todo el tiempo lo que debo hacer? ¿Cómo me sentiría si la persona a quien más quiero hubiese encontrado un nuevo amor? ¿Cómo me sentiría si la gente me hablase siempre con un ojo puesto en otra cosa? (¿Cómo me siento?) ¿Cómo me sentiría si la gente pensase siempre que yo no soy capaz de hacer las cosas, en lugar de pensar que sí puedo hacerlas?".

◆ **Cuando dude, haga lo que le parezca correcto con confianza.**

◆ **Cuando dude, recuerde que si la niña tiene alta la autoestima, afrontará lo que haga falta.** Usted la quiere, la aprecia, la apoya y le deja espacio para crecer, usted puede perder los estribos alguna vez, cometer errores y, en general, caerse de su pedestal sin causar ningún daño. Es bueno que los niños sepan que los adultos no siempre se las arreglan bien. Eso les proporciona un modelo realista que emular.

¿Por qué no es más lista? ¿Por qué no es más guapa?

El ingenio y la belleza son, en gran medida cuestión de suerte. Aunque no sean rasgos enteramente genéticos, es probable que llevemos un elevado grado de predisposición a ellos en nuestros genes. Los niños construyen sobre sus dones iniciales, y lo que construyen depende de sus experiencias, circunstancias, personalidad, confianza y autoestima. También depende del amor, las enseñanzas y el apoyo que le presten aquellas personas que influyen en él y le guían. Tal vez un niño que es querido no se convierta en una gran catedral, pero casi siempre llegará a ser una iglesia bastante bonita.

Asignar de antemano un papel a los niños

Aunque por fortuna la mayoría de los profesores adoptan una actitud profesional hacia los niños que tienen a su cargo, no pueden evitar mostrar algún leve favoritismo. Algunos pequeños son más encantadores y tienen personalidades más atractivas que otros. Usted no ha fracasado con su hija aunque no sea la más mona, la más lista y la más encantadora de su clase. Habrá fracasado si la induce a creer que eso le importa y que está decepcionada por su fracaso.

Estudios realizados en Estados Unidos hace bastantes años demostraban que los niños tendían a superarse para cumplir con las expectativas que sus profesores habían puesto en ellos. Si son bajas, los pequeños no llegarán muy lejos. Así, en un experimento, una niña que había sido etiquetada como 'no demasiado lista' acababa obteniendo resultados propios de una niña 'no demasiado lista', a pesar de que su coeficiente intelectual anunciaba que era muy inteligente. Un niño mediocre etiquetado como 'inteligente' obtenía un éxito sonado. Si bien estos resultados no se repitieron en todos los experimentos, vale la pena no perderlos de vista. Crea siempre que sus hijos son capaces de hacer las cosas. Pero no crea en imposibles. Casi todos los niños correrán para atrapar al niño que va un paso por delante en la carrera; pero si el líder los está adelantando, reducirán la velocidad y renunciarán a ganar.

◆ **Recuerde que, tengan la edad que tengan, los niños necesitan que les digan que son especiales.** Precisan ser amados por lo que son, no por lo que hacen.

◆ **Los niños deben ser gratificados por sus esfuerzos,** a pesar de que no siempre les salga bien lo que quieren hacer. Sea realista con sus expectativas. Nunca descarte nada.

◆ **No delegue su vida en sus hijos.** Vivir a través de los hijos es patético e injusto. No es tarea de un niño pequeño reforzar la autoestima flaqueante de sus padres, en especial si debe hacerlo a expensas de la suya propia. Si usted siempre ha querido tocar el piano, tome lecciones. La ambición de un niño debe salirle de dentro, a él.

◆ **No convierta a sus hijos en el epicentro del mundo.** Vivir para sus hijos significa invariablemente que espera demasiado de ellos. Por supuesto, los niños deben saber lo especiales que son para usted, pero asimismo deben saber que usted también lo es, no sólo en su papel de madre, sino como individuo. Si usted deja de vivir por sí misma, ¿cómo van a aprender los niños a respetarla?

◆ **No se apodere de ellos.** Su hija no debe tomar las lecciones de música que usted se perdió de joven, sino las que a ella le apetezcan. Si se niega a practicar como corresponde, pare las lecciones. Son muchos más los niños que aborrecen la música por ser forzados a estudiarla siendo demasiado pequeños que quienes salen adelante.

◆ **Déjele hacer.** Es difícil para un niño estar a la altura de los ideales de sus padres sin abrigar también un profundo resentimiento.

Empezar la escuela

Hoy en día, empezar la escuela no suele constituir el hito que era en el pasado, ya que los centros son mucho más acogedores que antes. Para casi todos los niños, el primer día de escuela no es el primer día fuera de casa. Muchos habrán ido antes a la guardería, habrán pasado horas en casa de la vecina o bien al cuidado de canguros o cuidadores. Los niños cuyos padres trabajan son conscientes de que poco pueden hacer respecto al hecho de separarse a diario de sus padres durante la jornada. Los que sólo han estado en la guardería necesitarán que les digan que ir a la escuela ya no es voluntario, sino obligatorio.

Problemas con la lectura

Para aprender a leer, el niño necesita saber primero lo que significa leer. Es decir, debe saber que obtendrá información a partir de esos signos escritos en el papel. El pequeño pasa básicamente por tres fases cuando aprende a leer. Al principio sustituye las palabras que deduce que deberían estar allí por las palabras reales en el papel, por lo general valiéndose de las ilustraciones para guiarse. Esta estrategia de 'lectura-adivinanza' le proporciona confianza.

En la segunda fase, el niño comprende que lo que 'lee' debe de tener alguna conexión con los garabatos que hay sobre el papel. Se detendrá un momento cuando llegue a una palabra que no conoce o, simplemente, saltará hasta la siguiente palabra que pueda leer.

Por último, empezará a reconocer palabras que no conoce. Tratará de averiguar qué palabra es ésa examinando su forma general, descodificando las letras una por una y pronunciando los sonidos, o bien por analogía con una palabra similar que él sea capaz de leer. El tipo de errores que cometa dependerá de la fase que haya alcanzado.

La mayor parte del tiempo leemos reconociendo palabras o incluso frases dentro de un contexto. Así, por ejemplo, si estamos leyendo sobre unos niños que juegan en el parque, no nos sorprenderá leer "la madre se sentó en el banco". Por otra parte, si leemos sobre una persona que desea cobrar un cheque, no nos sorprenderá que ponga "entró en el banco con el cheque en la mano". No pensaremos en el significado alternativo de la palabra 'banco'. Pronunciar la palabra, en este caso, no nos ayudaría a distinguir ambos significados. En otros casos, naturalmente, pronunciar una palabra sí nos ayuda a leerla, en especial si se trata de una palabra que no hemos visto escrita con anterioridad (ejemplos obvios serían los nombres químicos o los nombres de medicamentos). A veces nos aventuramos con palabras nuevas por su analogía con otras conocidas, cuando la palabra desconocida es corta, y la pronunciamos si tiene más de una o dos sílabas o no tiene palabras análogas obvias. Así, la palabra sin sentido 'talma' sería leída por analogía con 'calma', pero una palabra sin sentido más larga, como 'caperoimitabresca' necesitaría ser pronunciada.

La cuestión de cómo enseñar a los niños a leer ha suscitado una gran controversia. ¿Combinamos el contexto con un método tipo mira-y-dilo para enseñar palabras nuevas, o bien usamos el método de la pronunciación para construir palabras con sonido? La mayor parte de los estudios sugiere que la inclusión de algún elemento del mira-y-dilo hace que los niños se lancen más rápido a la lectura, pero que los compañeros que se entrenan con el método de la pronunciación les dan alcance en el plazo de un año, más o menos. El sistema que utiliza la escuela de su hijo combinará, casi con seguridad, los dos métodos. La combinación más común empieza con el mira-y-dilo y el contexto, para introducir métodos de pronunciación en cuanto el niño ha adquirido mayor confianza.

Típicos errores disléxicos en la lectura

Un niño disléxico comete algunos de los siguientes errores, pero para mejor información vea las páginas 225-227.

- Montar una historia basada en las ilustraciones del libro, que nada tiene que ver con el texto de la página.

◆ Dudar ante las palabras y, en general, leer muy despacio.

◆ Usar un dedo para reseguir el texto.

◆ Perder el punto, saltarse párrafos, saltar de una línea a otra y leer algunos pasajes más de una vez.

◆ Leer palabra por palabra, sin dar al texto expresión o cambios a la entonación.

◆ Demostrar poca habilidad para unir sonidos. Dice cómo suena cada letra pero no sabe poner juntos los sonidos para formar una palabra. Sabe decir 'c-a-s-a' pero no es capaz de decir 'casa'.

◆ Pronunciar mal las palabras, por ejemplo, 'pero' en lugar de 'perro'.

◆ Poner el acento en el lugar equivocado: por ejemplo, 'fotográfia' en lugar de 'fotografía'.

◆ Leer mal los tiempos verbales. Leer en presente, aunque las palabras escritas estén en pasado.

◆ Inventárselo por las buenas.

◆ Leer las palabras al revés. 'Las' en lugar de 'sal' puede ser un ejemplo.

◆ Confundir vocales, como 'voz' por 'vez'.

◆ Colocar letras o sílabas en orden equivocado, como 'cato' por 'acto'.

◆ Leer mal las letras iniciales. Sobre todo inversión de letras como 'col' por 'sol'. Puede que confunda también letras similares.

◆ Colocar las sílabas en un orden equivocado, como 'estiogamo' en lugar de 'estómago'.

◆ Invertir palabras cortas, por ejemplo, 'tener más' por 'más tener'.

◆ Acortar las palabras, por ejemplo, 'fografía' por 'fotografía'.

◆ Añadir sílabas a las palabras, como en 'revolvió' por 'volvió'.

◆ Ignorar los signos de puntuación.

◆ Añadir palabras que no están en el texto, por ejemplo, leer 'vamos a' en lugar de 'vamos'.

◆ Omitir palabras cortas como 'el', 'es', 'son'.

◆ Añadir palabras cortas como 'el', 'es', 'son'.

◆ Leer equivocadamente palabras comunes y confundirlas entre sí, como 'aquí' por 'ahí'.

◆ Leer equivocadamente palabras similares, como 'convertir' y 'convenir'.

◆ Escribir con faltas, al invertir el orden de las letras.

◆ Invertir las letras al escribir, como 'ábrol' por 'árbol'.

◆ Escribir las palabras tal como suenan, como 'ucha' por 'hucha'.

◆ Omitir letras y sílabas de las palabras escritas.

◆ Incapacidad para escribir la letra cuando se le da el sonido.

◆ Incapacidad para escribir la letra cuando se le da el nombre de la misma.

◆ Incapacidad para elegir una letra de entre una muestra o para emparejar letras iguales cuando se lo piden.

Dislexia o alteración específica del aprendizaje

Estos términos se utilizan indistintamente para describir los casos de niños que, siendo inteligentes en otros aspectos, tienen problemas para leer y/o escribir. Entre un 5 y un 10 por ciento de niños en edad escolar tienen dificultades para aprender a leer y escribir. Se dice que un niño es disléxico si presenta un crecimiento esencialmente normal, pero todavía tiene dificultades sustanciales para leer, dos o tres años después de haber empezado la escuela. Los pequeños que aprenden a leer en el momento correcto, pero después tienen serios problemas para escribir, también son considerados disléxicos, si bien está claro que su afección no es tan seria como en los anteriormente mencionados.

Los niños con dislexia tienen dificultades para procesar determinada información. A menudo no están seguros de si deben escribir en una dirección o en otra, y es común que confundan la 'b' y la 'd' u otros pares de letras similares. Esta confusión en torno a la dirección hacia donde miran las cosas es más general. Por ejemplo, a veces los niños tienen dificultades para distinguir la mano derecha de la izquierda. A los niños disléxicos también les cuesta encontrar la palabra justa, y a menudo la sustituyen por 'eso' o 'ya sabes lo que quiero decir'. En ocasiones les viene a la mente una palabra equivocada y la utilizan mal sin que al parecer se den cuenta de ello. Tienen problemas para identificar los sonidos que componen las palabras y encuentran extremadamente difícil deletrear esos sonidos. La secuencia de sonidos en palabras largas también les acarrea problemas, y a veces los niños disléxicos tienen incluso dificultades para decir palabras largas. Cuando escriben una palabra larga quizás se equivoquen en la secuencia de sonidos. Así, por ejemplo, tal vez escribirán 'invegistación' en lugar de 'investigación'.

Algunos de estos problemas no afectan sólo a niños disléxicos. La mayoría de los pequeños tienen problemas con la 'd' y la 'b', y muchos las escriben en la dirección equivocada antes de saber leer bien. De hecho, hay quien piensa que estos problemas son un resultado de la dislexia más que la causa de la misma. Casi todas las personas tenemos, en ocasiones, problemas para encontrar una palabra determinada. El tener una palabra 'en la punta de la lengua' –por el cual una persona sabe la palabra que busca e incluso es capaz de decir la primera letra, pero no se acuerda de ella– nos es común a todos. Con frecuencia, la palabra nos viene a la mente tan pronto como dejamos de hacer esfuerzos por recordarla. En individuos disléxicos ese fenómeno se da más a menudo.

La dislexia es más común entre los chicos que entre las chicas. También suele haber una transmisión hereditaria, si bien no todos los miembros de una familia se ven afectados del mismo modo. Uno irá muy retrasado en lectura y escritura, en tanto que otro aprenderá a leer al ritmo normal, pero tendrá problemas con la ortografía. Otros niños tienen dificultades para aprender poemas y tablas. Éstas son las principales áreas problemáticas:

- **Ver las palabras.** Son muy pocos los niños que tienen dificultades para descodificar información visual. La palabra escrita en sí misma no parece ser el problema para los disléxicos. Es la traslación de las 'formas vistas' a los 'sonidos escuchados' lo que plantea problemas. El problema parece residir en integrar las dos fuentes de información.

- **Escuchar las partes integrantes de las palabras.** Algunos niños tienen enormes dificultades para escuchar las partes que componen las palabras. Los pequeños en edad preescolar que tienen problemas para hacer rimas es más probable que también tengan problemas con la lectura. La práctica ayuda, pero no servirá si conlleva demasiada presión.

◆ **Problemas más amplios con el lenguaje.** Muchos niños disléxicos tienen problemas más amplios relacionados con el lenguaje, como secuenciar los sonidos o reconocer palabras. El nombre con que antiguamente se conocía a la dislexia –la ceguera de la palabra– tal vez no sea del todo incorrecto.

La dislexia es un rasgo familiar

La dislexia es un problema que se da en nuestra familia. Yo soy disléxica y mis tres hijos están también afectados en cierto modo. Uno tuvo dificultades con la ortografía y la pronunciación, otro con la ortografía y las tablas de multiplicar o las rimas de la guardería. El más pequeño, al igual que yo, tuvo dificultades con la lectura y la escritura. Yo empecé a leer a los ocho años y, aunque era un fenómeno en matemáticas, siempre tuve dificultades para saber por qué lado debía empezar a sumar o multiplicar. Eso no tiene importancia y pronto descubrí que sumar y restar es mucho más rápido y más fácil de hacer 'de cabeza'. Sí importa por dónde se empieza una división, y eso me dio siempre grandes quebraderos de cabeza.

Aunque ahora sé leer (bastante despacio), todavía tengo problemas con la ortografía. Escribo con un procesador de texto que lleva corrector ortográfico. Cuando paso el corrector por una página escrita, suelo tener entre ocho y diez errores ortográficos. Algunos son tan garrafales que el corrector es incapaz de identificar cuál es la palabra que pretendía escribir. A veces, cuando me ocurre eso, no soy capaz de dar con la ortografía correcta. Así, por ejemplo, sé que una palabra como 'xilofón' no empieza por 'ch', pero no se me ocurre qué otra letra usar.

La dislexia nos viene de la familia de mi madre, y tengo tíos, primos, sobrinos y sobrinas afectados. No sé si mis abuelos tenían dislexia, pero sí que mi bisabuelo no sabía leer. Intentó aprender ya de adulto, y la crónica familiar cuenta que se sentía extremadamente frustrado ante su propia incapacidad. La mía no es la única familia con muchos individuos disléxicos. Una clínica londinense que trata niños con dislexia declara que un 88 por ciento de los mismos tiene un historial de dislexia familiar. Algunos investigadores han sugerido que la dislexia la lleva un gen dominante. Eso significa que si usted es disléxica, sus hijos tienen un 50 por ciento de posibilidades de serlo; si ambos padres lo son, todos los hijos serán disléxicos. Este modelo parece que no se corresponde con la distribución del mal en mi familia, donde individuos no afectados han tenido hijos seriamente afectados. La idea de un gen dominante tampoco explica la irregular distribución entre los sexos.

Las causas de la dislexia son todavía inciertas, si bien se han encontrado crecientes evidencias (por imágenes PET y autopsias), que indican que una zona del cerebro en particular podría estar dañada. Las autopsias han revelado alteraciones neuronales en determinadas áreas del cerebro responsables del lenguaje, así como la presencia de neuronas sin envoltura de mielina. (Eso significa que las neuronas de dichas áreas están funcionando en cierto modo como cables eléctricos sin su cubierta de plástico.) Los nervios que no llevan mielina son más lentos a la hora de transmitir sus mensajes. Dado que la información relativa al lenguaje ha de ser muy precisa en el tiempo, captar los sonidos en un orden incorrecto cambia completamente el sentido de una palabra. La mielinización incompleta es, por tanto, problemática.

El hecho de que la dislexia se halle registrada en los genes no significa que no pueda superarse. A los ocho años yo no era capaz de leer la palabra *moon* –lo sé porque recuerdo que los demás niños se reían de mí–, pero continué estudiando hasta sacarme una buena licenciatura y una cátedra en la universidad. Hay muchos individuos disléxicos como yo, y otros que consiguen mucho más. En mi caso, mi deseo de demostrar que no era tan estúpida como algunos profesores pensaban me llevó, finalmente, a hacer lo que todos ellos creían imposible: escribir libros.

Reconocer la dislexia

A los niños se les puede hacer un test para valorar su edad de lectura, y comparar los resultados con su coeficiente intelectual. De los niños con un coeficiente intelectual medio (esto es, con un coeficiente intelectual de 100) se espera que tengan una edad de lectura que se corresponda con su edad cronológica. Por cada 10 puntos por encima de 100, el niño debería ganar un año en la edad de lectura. Por cada 10 puntos por debajo el niño debería retrasar un año en la edad de lectura. Las oportunidades y el grado de madurez general también deberán ser tenidos en cuenta: un niño con un coeficiente intelectual de 140, a los tres años no leerá si no le han enseñado. Es imposible hacerse una idea clara de los problemas que vaya a tener un niño con la lectura hasta que haya pasado uno o dos años en la escuela. Sin embargo, incluso en los estadios más tempranos, en general puede decirse que si un niño parece mucho más inteligente de lo sugerido por su rendimiento en lectura y escritura, puede que tenga un problema.

No necesitamos un test para decir si un niño es inteligente o no. Un niño que piensa las cosas, plantea preguntas penetrantes, tiene conciencia social y es rápido en la resolución de sus problemas cotidianos, es inteligente. Pero también existen motivos que explicarían que un niño inteligente no hiciera ninguna de esas cosas: problemas en la familia; en casa le regañan en exceso; nunca le han animado a pensar y a discutir sus pensamientos. Por éstas y otras razones, a una persona que no es especialista en el tema le resulta difícil reconocer la dislexia; incluso los profesores tardan en darse cuenta durante los primeros años.

Los padres pueden valorar de manera informada el grado de inteligencia de su hijo, pero no suelen ser muy buenos jueces. La mayoría de los padres cree que sus hijos son más inteligentes que sus hijas, aunque en realidad la inteligencia media de niños y niñas no difiere entre sí; y en tests efectuados a los padres, éstos (en particular el padre) sobrestimaron la inteligencia de sus hijos varones. Los hombres también sobrestiman su propia inteligencia.

Si tiene la sospecha de que su hijo está quedándose atrás en lo que se refiere a leer y escribir, es mejor que lo consulte con un profesional lo antes posible, en especial si tiene historial familiar de dislexia. Recuerde que la lista que ofrecemos más adelante es válida para todos los niños en los estadios iniciales de la lectura. Lo que resulta sintomático es la persistencia de estos problemas. Incluso si un niño es disléxico, no todos los síntomas listados estarán presentes. La dislexia no es un problema bien definido, con síntomas claros e inequívocos, y puede manifestarse en un confuso número de maneras diferentes. Muchos niños presentarán sólo uno o dos de los síntomas que aparecen en la lista; si presentan más de dos, y éstos persisten, coméntelo en la escuela.

- ¿Es inteligente en la mayoría de los sentidos, pero tiene especiales dificultades para leer o escribir? Es típico de la dislexia.

- Una forma de comprobar si su hijo tiene dislexia es pedir, cuando esté con sus amigos, que se sostengan sobre una sola pierna con los ojos cerrados. Si él no es capaz de aguantar tanto como los demás, usted debería mantenerse alerta ante la posible presencia de dislexia, y efectuar unas cuantas pruebas más de las que se apuntan a continuación.

- ¿Tiene dificultades para encontrar una rima a palabras como 'bar' o para identificar los sonidos que componen palabras como in-ves-ti-ga-ción?

- ¿No hace caso de la puntuación?

- ¿Lee una palabra, y no la reconoce cuando aparece de nuevo? ¿Parece adivinar muchas palabras en lugar de leerlas?

- ¿Le supera el lenguaje de las matemáticas? ¿No entiende que sustraer y restar significan la misma cosa y que la suma y la adición es lo mismo?¿Confunde el más y el menos? (¿O, como en mi caso, le resulta imposible aprender la diferencia entre < y >?) Alrededor de un 60 por ciento de los disléxicos tiene dificultades con la aritmética básica, pero muchos poseen gran facilidad para las matemáticas de más alto nivel.

◆ ¿Tiene un historial familiar de retraso en la lectura y problemas con la ortografía? Alrededor de un 85 por ciento de los disléxicos tiene un historial familiar de dislexia.

◆ ¿Tiene dificultades para seguir los movimientos del cuerpo cuando debe reproducirlos? Por ejemplo, ¿mueve la pierna equivocada cuando trata de copiar a un profesor de danza que está enfrente de la clase?

◆ ¿Confunde su izquierda y su derecha?

◆ ¿Tiene dificultades para aprender la hora? Alrededor de un 90 por ciento de los disléxicos las tiene.

◆ ¿Le costó aprender a atarse los cordones de los zapatos? A un 90 por ciento de los disléxicos les cuesta.

◆ ¿Confunde los tiempos verbales?

◆ ¿Tiene dificultades para concentrarse cuando lee o escribe?

◆ ¿Escribe las palabras de muchas maneras diferentes?

◆ ¿Tiene dificultades para poner nombre a las cosas, para acordarse de autores o de títulos de libros?

◆ ¿Le costó aprender los días de la semana en el orden correcto?

◆ ¿Es zurdo o le costó mucho decidir qué mano utilizar? Alrededor de un 25 por ciento de los disléxicos son zurdos.

◆ ¿Hay antecedentes de zurdos en la familia? Alrededor de un 90 por ciento de los disléxicos tiene familiares cercanos que son zurdos.

◆ ¿Le costó empezar a hablar? Alrededor del 60 por ciento de los disléxicos se retrasa en lo que respecta a hablar.

◆ ¿Fue un niño de a gatas descoordinado o le costó empezar a andar? Alrededor de un 20 por ciento de los disléxicos empieza tarde a andar.

Véase también la lista de los típicos errores de lectura que cometen los disléxicos, en las páginas 220-222.

Dislexia oculta

Hoy en día, los niños inteligentes con problemas muy obvios para la lectura suelen ser identificados por padres y profesores. Son más bien los que tienen problemas más marginales los que pasan desapercibidos. Entre los signos de dislexia oculta figuran mala ortografía, falta de concentración, problemas para copiar de la pizarra o para pasar a limpio y mala organización. Mi hijo mayor era un caso así. Aunque empezó muy temprano a leer, funcionaba bien en clase y tenía claras dotes para las matemáticas, su trabajo escrito era siempre deficiente. Tres escuelas diferentes lo achacaron a pereza y falta de concentración. La opinión generalizada era que el niño estaba demasiado ocupado puliendo sus dotes sociales como para ponerse a trabajar (y en parte era verdad). Habiendo tenido yo misma serios problemas para aprender a leer, me sentí tan aliviada de que aprendiera tan pronto que pasé por alto otros signos. Cuando me dijeron que leía adivinando un elevado porcentaje de palabras, rechacé esa afirmación. Cuando el niño tenía cerca de nueve años, empecé a aceptar que tenía problemas.

Ayudar a los niños disléxicos en edad escolar

Si usted sospecha que su hijo es disléxico:

◆ **Solicite una cita con el psicólogo del colegio para que le ofrezca una valoración o consulte con un profesional privado.** Su médico le recomendará alguno. De otro modo, busque en el listín telefónico la asociación de disléxicos de su localidad o la asociación nacional que se ocupa de la dislexia.

◆ **Procure al niño una enseñanza especializada, como suplemento a su educación escolar.** Algunas escuelas ofrecen ese servicio; en otros casos, los padres deben buscarlo ellos mismos. Si se decide por un profesor particular, asegúrese de que tenga la formación adecuada para enseñar a niños disléxicos. No todos los profesores facilitados por las escuelas la tienen. Si no está segura, consulte con alguna asociación.

◆ **No espere que el niño coopere con usted.** Muchos no lo hacen. A veces resulta más fácil obtener ayuda fuera del círculo familiar más cercano.

◆ **Trate de motivar sin presionar,** y procure no perder nunca la paciencia. Si usted se siente tensa, se lo transmitirá al niño. La tensión no ayuda. Alabe cada pequeño logro, por insignificante que parezca. Recuerde que es casi seguro que el niño es lo bastante crítico consigo mismo; procure no añadir leña al fuego.

◆ **Ayúdele a mantener su autoestima.** Aprender a leer es la piedra angular de la primera fase de la educación. Un fracaso en ese terreno minará el sentimiento de autoestima del niño.

◆ **Elimine las tensiones.** Motívele proponiéndole juegos educativos, más que enseñándoselos directamente. Si el niño va a la escuela y además tiene profesor particular en casa, ya está trabajando lo suficiente. Si quiere relajarse y olvidar las tensiones cuando esté en casa, permítaselo. No se empecine en recalcarle sus errores. Construya sobre sus puntos fuertes.

◆ **No espere resultados rápidos.** El progreso será siempre lento.

◆ **Si el niño se enoja, acepte su enfado.** Exprésele su simpatía y muéstrele modos de desahogar su enfado. Déjele que tenga en la fantasía lo que no puede tener en la realidad: saber leer de la noche a la mañana. "Hugo, ¡deja que te toque con la varita mágica y haremos ver que ya sabes leer!"

◆ **Manténgase en contacto** con los profesores de la escuela de su hijo. Pídales consejo. Deben trabajar juntos. Mantenga al tutor informado de lo que cada uno hace con el niño: la última cosa que un niño disléxico necesita es una enseñanza o unas expectativas incoherentes. Su hijo es un alumno más en una clase de niños, y todos tienen necesidades. No puede pretender que el profesor le haga leer en voz alta cada día.

◆ **Póngase en contacto con otros padres.** El intercambio de información y consejos resulta muy útil. También da mucha seguridad descubrir que los problemas del niño son separables.

◆ **Léale.** No trate de imponerle que lea cada día, a menos que el niño quiera. Pedirle que lo haga le supone demasiada presión, sobre todo si está cansado. A mis hijos les fueron muy bien los libros realizados como el de *Tintín*. Las viñetas explican la historia, aunque el niño no lea todas las palabras, y el formato cómic enseña el orden correcto de la escritura: de izquierda a derecha a lo largo de la línea, y de arriba hacia abajo en la página. Este orden suele ser confundido debido a la dislexia.

◆ **Encuentre sus puntos fuertes.** Destacar en algo ayudará al pequeño a sentir que es capaz de hacerlo bien. Pero no lo implique en demasiadas actividades a la vez. También necesita relajarse, distraerse y no sentir una presión constante para conseguir algo.

◆ **Ayúdele con los deberes, pero no los haga por él**. Esté disponible para ayudarle si se lo pide. Repase su trabajo, alabando lo que está bien. Pregúntele si piensa que determinadas cosas podrían mejorarse, o si está seguro de la ortografía de algunas palabras. Procure que las cosas positivas que le diga compensen las negativas.

◆ **Ayúdele con la ortografía.** Los juegos que requieren ritmo y rima ayudan a los niños a aprender ortografía. Las buenas tiendas de juguetes suelen tener muchos juegos de ortografía y puzzles, pero evite juegos complejos como el Scrabble; son demasiado difíciles. También existen buenos juegos de ordenador que sirven de ayuda para aprender ortografía. Consulte con la asociación de dislexia. Un corrector ortográfico es aconsejable para niños más mayores.

◆ **Ayúdele a memorizar secuencias.** Los juegos de letras o números resultan muy útiles. Decir las letras del alfabeto una detrás de otra también va bien. Enséñele canciones y rimas, en especial las que sirven para aprender el alfabeto, los meses del año o los días de la semana. (Pregunte en la biblioteca por los libros más apropiados, si no conoce ninguna de esas rimas.)

◆ **Ayúdele con la dirección de las palabras.** Los cómics son excelentes para ello. Coloque su ropa de izquierda a derecha para que el niño la vaya cogiendo por orden. Enséñele que la mano derecha es la que utiliza (si es que lo hace) para escribir, y ayúdele a usarla para localizar su ojo derecho y su pie derecho. Cuando tenga clara su derecha, ¿sabe cuál es la derecha de usted? Tal vez la manera más fácil sea escribir las letras I y D en las palmas de las manos.

◆ **Aprender la hora.** Los puzzles de relojes me ayudaron mucho en este aspecto. También usamos un diario con un reloj dibujado en cada apartado, marcando la hora del desayuno, de ir al colegio y de acostarse. La mejor manera de que aprenda es comprarle un reloj y sugerirle que lo consulte con frecuencia.

◆ **Tenga confianza**. El mensaje más importante es: "Esto vas a conquistarlo. Te llevará tiempo, pero llegarás a dominarlo. Tú no tienes la culpa. No es algo que puedas evitar".

Disléxicos famosos y niños problemáticos

Los libros sobre dislexia siempre empiezan con una lista de disléxicos famosos. Es un alivio saber que Albert Einstein no empezó a leer hasta los nueve años; que Thomas Edison, el inventor, no sabía escribir sin faltas de ortografía; que los artistas Rodin y Leonardo da Vinci, así como el escritor Hans Christian Andersen, es probable que fueran disléxicos.

Pero los libros que ofrecen estas listas no siempre señalan que hasta un 10 por ciento de los niños tiene este tipo de problema, y que en un 2 por ciento de los casos el problema es severo. La mayoría de los personajes famosos no son disléxicos y no tienen problemas con la ortografía. De hecho, los individuos disléxicos tienen una representación mínima entre los ricos y famosos, tal como era de esperar.

Si bien la existencia de individuos disléxicos que alcanzan la fama prueba que el tener problemas para aprender a leer y escribir no hace del niño un estúpido, la baja representación de personas disléxicas entre los que triunfan pone de manifiesto la realidad. Tener problemas con la lectura es un serio obstáculo para cualquiera que ambicione triunfar, y una de las razones más importantes es que dichos problemas socavan la autoestima. Por cada niño disléxico que se dice a sí mismo: "Espera y verás. Te demostraré que no soy estúpido", habrá al menos diez que se digan "Si no eres capaz de entender que lo estoy intentando, no voy a molestarme en hacerlo". Yo recuerdo ambos sentimientos. El hecho de que en mi caso prevaleciera el primero fue, pienso yo, una simple cuestión de suerte y de casualidad.

Investigaciones recientes han demostrado que los niños disléxicos se hallan ampliamente representados entre los escolares con problemas de comportamiento. La investigación sugiere, asimismo, que en muchos casos los problemas con la lectura anteceden a problemas de comportamiento. Los síntomas del TDA suelen detectarse en los pequeños antes de que éstos alcancen la edad escolar, pero a veces no ocurre hasta después de iniciado el ciclo escolar. Estos pequeños presentan también problemas con la lectura.

Ayudar en casa

En su mano está regañarles o insistirles. Puede sobornarlos o hacerlo todo por ellos; pero lo cierto es que, tanto si los niños ayudan en casa como si no, las tareas domésticas deben ser realizadas. Incluso en un hogar con una madre con carrera profesional o que cuenta con una asistenta permanente, los niños deben encargarse de algunas tareas. Son muy pocos los padres que educan a los hijos con la expectativa de que les hagan de sirvientes, y aunque muchos hombres siguen dejando en gran medida el tema a cargo de la mujer (a juzgar por los estudios realizados en torno a la implicación masculina en las tareas del hogar), son pocos los que lo seguirán haciendo en un futuro próximo, a menos, tal vez, que sus madres estén aún vivas y en forma.

Toda persona debe saber cuidar de sí misma: cocinar, limpiar, lavar y hacer la compra. También necesita comprender lo que los demás hacen por ella, a fin de que aprecie los cuidados que recibe. Un hombre que nunca se ha planchado una camisa no está en situación de comprender el regalo que supone ponerse una camisa recién planchada. Un niño que nunca ha recogido su habitación, no aprecia los esfuerzos que se invierten en mantenerla ordenada. Existen razones ideológicas, además de prácticas, en favor de que los niños ayuden en las tareas domésticas.

A los diez años un niño debería ser capaz de ir de compras por el barrio y tomar un autobús para bajar al centro a comprar determinados artículos, siempre que los autobuses pasen con frecuencia y tanto la parada como el centro queden relativamente cerca. Debería ser capaz de comprar lo necesario, prepararlo, cocinar una comida sencilla y luego lavar los platos. Debería ser capaz de limpiar su habitación sin que nadie le supervise, lavarse la ropa, tenderla, plancharla y resolver reparaciones tan sencillas como coser un botón o zurcir un roto. Debería ser capaz de cuidar de sus hermanos pequeños (vestirlos, darles de comer, bañarlos), hacer mandados y manejar dinero. Muchos niños saben hacer muchas cosas más.

◆ **A los cinco años** un niño debería ser capaz de ayudar a guardar la compra, limpiar la mesa, recoger sus juguetes, ordenar periódicos y libros, poner la mesa, vaciar las papeleras, preparar el desayuno (poner el pan en la tostadora, los cereales y la leche en un bol, untar el pan con mantequilla y mermelada), despejar la mesa, ir por el correo, ayudar a quitar las malas hierbas del jardín, dar de comer a los animales domésticos, ayudar a planificar los menús, separar la ropa blanca de la de color, deshacerse la cama al levantarse, quitar el polvo, contestar al teléfono y llamar a algunos amigos.

◆ **A los seis años,** un niño debería ser capaz de curarse una herida simple, limpiar verduras, regar las plantas, tender la ropa (en un tendedero adecuado a su altura) y ordenar cajones.

◆ **A los siete años,** un niño debería ser capaz de ir a comprar a la tienda del barrio; contestar al teléfono y anotar un número y/o un mensaje sencillo, acostarse por la noche sin que se le tenga que decir, doblar alguna ropa limpia y ayudar a cambiar las sábanas de la cama.

◆ **A los ocho años** un niño debería ser capaz de barrer, prepararse él mismo el baño o la ducha, coser botones, ayudar a pintar paredes, ayudar a bañar y a vestir a los hermanos pequeños (no al bebé). La responsabilidad referente a la temperatura del agua para bañar al bebé y del biberón debe permanecer en manos de los padres.

◆ **A los nueve años,** un niño debería ser capaz de cruzar la calle solo, ocuparse de la lista de la compra, manejar dinero y controlar el cambio, prepararse un plato precocinado.

Tareas domésticas sin lágrimas (o con muy pocas)

Muchos padres no esperan demasiado de sus hijos pequeños en ese sentido, porque los suponen incapaces de hacer bien las tareas domésticas. Eso es un error. Los niños necesitan adquirir experiencia en la labor en equipo, no en vano la escuela y los hábitos de trabajo modernos lo exigen. En muchos hogares, la ayuda de los niños no es un lujo, resulta esencial.

◆ **Permita a los niños encargarse de las tareas domésticas.** Cuando les piden que hagan algo, muchos niños lo intentarán con la treta del "hacerlo despacio" o con la del "hagámoslo mal". Es frustrante, y seguro que a usted le darán ganas de intervenir. No lo haga. La próxima vez será peor. Si ellos trabajan despacio, usted también debería hacerlo, en especial cuando le toca el turno a la ropa sucia de ellos o a la cena.

◆ **Son un rollo.** La mayoría de los pequeños de tres años piensa que las tareas domésticas son divertidas. Hacia los ocho años, los niños ya no piensan lo mismo: son aburridas e impiden hacer otro tipo de cosas. No espere caras sonrientes, sólo un trabajo bien hecho.

◆ **Permita que cada niño seleccione sus propias tareas domésticas.** Utilice la alternativa de que cada niño elija una responsabilidad para el mes siguiente. No sea excesivamente rígida. Deje que se intercambien las tareas. Procure que los más jóvenes y débiles no sean "timados" por los más mayores y fuertes.

◆ **Elabore un plan de las tareas.** Cuelgue un rotulador para tachar las que ya estén hechas. Ponga el plan en un lugar bien visible. Establezca cuándo debe estar hecha cada tarea, pero sea flexible. Si el programa favorito de los niños en televisión empieza nada más merendar, déjeles verlo antes de que recojan la cocina.

◆ **Puede esperar de un niño de cinco años que haga determinadas tareas,** pero no que se organice el tiempo para hacerlo. Incluso a la edad de siete años, es probable que necesite que se lo recuerden. Informe a los niños de las cosas que hay que hacer ese día y sugiérales las horas en que podrían hace.

◆ **Enseñe a los niños cómo hacerlo.** No dé por sentado que el pequeño sabrá pasar el aspirador o colocar los platos en el lavavajillas.

◆ **Póngales música.** El ruido nos mantiene 'en marcha'. Una tarea sencilla y repetitiva se hace más a gusto en un ambiente ruidoso. Pero el ruido hace difícil pararse a pensar, de modo que una tarea más complicada, como medir los ingredientes para un pastel, se hace mejor en un ambiente silencioso.

◆ **No machaque.** Simplemente insístales con calma y tranquilidad. Dé un aviso de que en cuanto termine el programa apagará el televisor, y luego sea consecuente.

◆ **Ponga etiquetas positivas.** Llámeles buenos trabajadores, competentes, independientes y autosuficientes.

◆ **Haga de las tareas una condición previa para algo preferible.** "Cuando acabemos con esto iremos al parque."

◆ **Acuerde lo que sucederá si no se hacen las tareas.** El que realice la tarea por la persona a quien correspondía hacerla será pagado en especies (relevándole de una tarea equivalente), en dinero (deducido de la semanada en una cantidad convenida) o en privilegios (como no ver un determinado programa de televisión). Otra posibilidad es que el niño se levante más temprano de lo acostumbrado y haga la tarea antes de desayunar.

◆ **No espere para alabarlos** a que hayan terminado.

◆ **Alábeles por sus esfuerzos.** Las palabras tienen efecto, al igual que las estrellas doradas. Hay quien piensa que los trabajos domésticos nunca deben ser recompensados. No es que haya que pagarles por cuanto hacen, pero pegar estrellas doradas en el gráfico de tareas, sobre todo en el caso de los más pequeños, o bien permitirles media hora más de televisión es una forma de alabarlos. Las estrellas plateadas son para recompensar la competencia; las doradas, para garantizar la excelencia.

FOMENTAR LAS BATALLAS POR LAS TAREAS DOMÉSTICAS

✖ ***Repetirle cinco veces que haga una cosa.*** *Y luego decirle: "Nunca me ayudas cuando te lo pido, eres un vago. Vete a tu habitación". Poner usted misma la mesa y estar de mal humor. Si el niño se queda jugando en su cuarto y luego aparece a la hora de cenar, se ha escapado de las tareas con mucha facilidad.*

✖ ***Hacerlo usted misma de mala gana.*** *¿A quién le importa su mal humor, si él continúa haciendo lo que le da la gana? Mamá se pone a menudo de mal humor. Pero no significa nada.*

✖ ***Esperar que disfrute ayudándola.***

✖ ***Asignar las tareas sin consulta o elección posible.***

✖ ***No esperar nada de ciertos niños*** *"porque tienen que estudiar música, hacer los deberes..." y mucho de otros.*

EVITAR BATALLAS POR LAS TAREAS DOMÉSTICAS

✔ ***Desarrolle un plan de acción.*** *Elabore listas de responsabilidades para todos los que viven en la casa, y asegúrese de que son llevadas a cabo.*

✔ ***No deje que las sanciones por mal comportamiento conduzcan a librarse.*** *"Tendrás que enmendar tu grosería de antes, pero primero pon la mesa por mí. Después de cenar, espero que recojas la mesa para compensar lo grosero que has sido."*

✔ ***Explíquese.*** *"Todos somos personas ocupadas en esta familia. Cuando tú estás ocupado en la escuela, papá y yo lo estamos en nuestros trabajos. Todos recibimos algo unos de otros, y eso significa que debemos dar algo. El amor no es sólo cuestión de cariño. Significa ayudarse y cuidarse unos a otros. El que ya es lo bastante mayor para ir a la escuela, lo es para ayudar en casa."*

✔ ***Ofrezca opciones,*** *pero no incluya entre ellas la de no hacer nada. "Puedes poner la mesa o recogerla. Tú eliges."*

✔ ***La cooperación funciona mejor que las expectativas de obediencia.***

◆ **Si es posible, haga que las tareas resulten interesantes.** Es más divertido recoger los juguetes, si éstos tienen que estar en la caja antes de que se acabe la música. Recuerde, sin embargo, que no en vano se llaman tareas.

◆ **Trabajen en equipo.** "Laura y papá se encargan del comedor, y Hugo hace la cocina con mamá."

◆ **No les ofrezca la opción de no hacer lo que deben.** Si pueden mirar la televisión sin necesidad de recoger primero el comedor, lo harán. ¿Y quién diría que no? Establezca que recoger primero sea la condición para mirar la televisión. Si no se recoge la sala, no hay televisión. La forma de plantearlo, por supuesto, es: "Veo que habéis elegido no ver la televisión esta noche".

◆ **No intervenga en luchas de poder.** Cuando el niño especule, no le riña. Ofrézcale opciones. "Ester, acordamos que recoger la mesa es asunto tuyo. Si quieres me pagas (o a Marco) para que lo haga por ti. El coste es de 300 pesetas. Puedo restarte el dinero de tu semanada, si eso es lo que tú eliges. De una manera o de otra, la tarea debe estar hecha a las seis. Hacia las cinco menos diez ven a decirme lo que hayas decidido hacer." Luego ofrezca la tarea y el dinero a otro niño.

Dar independencia a los hijos

En sus primeros años de vida, su pequeñín debe tener la posibilidad de volverse hacia usted en busca de su amor, cuidados y control. No sabe qué tiene que hacer, por eso mira hacia usted para que le guíe. Un niño que se cría en un hogar donde reina el amor incondicional y hay un firme control, se siente seguro y feliz. A medida que los hijos van creciendo, deben efectuar el cambio gradual de depender de la autoridad externa de sus padres a hacerse dependientes de su propia autoridad interna, pasando de llevar a cabo lo que usted les dice a hacer lo que creen que deben hacer.

Hacia los cinco años, los pequeños deben dar sus primeros pasos por la vía del autocontrol, pero sólo pasos. Todavía necesitan límites y control. Otorgamos autoridad a los niños soltándoles paulatinamente las riendas, de manera que sean capaces de asumir el control de su vida. También les damos poder, esperando de ellos que sean capaces y competentes. Si no tenemos esa confianza en nuestros hijos, es posible que crezcan más dependientes de los demás de lo que deberían. Un hijo en quien confiamos es un niño que puede confiar en sus propios sentimientos y creencias.

CÓMO OTORGAR INDEPENDENCIA

✔ ***Suelte las riendas de manera gradual.*** *Que hoy eche una carta al buzón; mañana compre un sello, dentro de unos meses vaya él solo hasta el buzón de correos. La independencia debe construirse sobre cimientos sólidos. Tenerles atados demasiado tiempo y luego dejarles ir, cuando no queda más remedio, es probable que los suma en una orgía de libertades que no serán capaces de controlar. No podemos hacernos cargo de sus vidas para siempre.*

✔ ***Confianza.*** *No esté siempre encima de su hijo cuando éste lleve a cabo alguna tarea doméstica. Confíe en él. "Linda, espero que recojas los juguetes antes de cenar." A veces cuesta confiar en ellos. La primera vez que se permite a un niño cruzar la calle o coger el autobús solo, todos los padres se quedan esperando su regreso junto a la ventana. Explíqueselo. "A veces es difícil no preocuparse, a pesar de que sabemos que eres un niño muy responsable y mayor."*

✔ ***Edúquelo.*** *Base sus respuestas en el respeto, el amor y el apoyo. Anímele a asumir responsabilidades respecto a sí mismo y a sus acciones: "Sé que tú puedes..." "Confío en que tú..." Invítele a expresar sus necesidades: "Pídeme que te haga un mimo si lo necesitas", y ofrézcale ayuda: "Vamos a recoger esto los dos juntos y luego podrás bajar un rato al parque, antes de que oscurezca".*

Crea en él. Espere que se convierta en un triunfador, que madure y tenga éxito. Déle permiso para conseguir el éxito y para ser independiente. Sea abierta, afectuosa y demostrativa. No guarde en secreto su amor por él.

✔ ***Estructure.*** *Un niño obtiene respeto a base de conocer y cumplir con unos límites, de saber que se esperan cosas de él y de cumplir con dichas expectativas. Los niños de quienes se espera que sean capaces lo son. "Javier, sé que quieres acabar ese dibujo. Pero espero que te reserves algún tiempo para ponerte el pijama antes de las nueve." Los niños de los cuales se espera que pidan ayuda si la necesitan, la pedirán.*

✔ ***Valórele.*** *El mejor mensaje que su hijo puede leer entre líneas es "Eres una persona valiosa que está creciendo y se está desarrollando de un modo que yo admiro y respeto. Me siento muy orgullosa de que me asocien contigo".*

ERRORES HACIA LA INDEPENDENCIA

✖ **Controlar y restringir, y luego de repente dejarle ir.** Llevar y recoger al niño del colegio hasta los 12 años, y luego de repente, dejarle cruzar solo la ciudad para ir al instituto. Ir siempre detrás de él recogiendo lo que deja, y luego imponerle una limpieza absoluta en cuanto cumple los 13 años.

✖ **Estar siempre encima de él.** Decirle siempre cuándo debe irse a la cama y preguntarle si ya se ha lavado los dientes. Esperar que lave los platos, pero controlando si lo hace bien. Imaginar que está preparado para ir a la universidad, pero no para lavarse la ropa.

✖ **No confiar en él.** Decirle (y a cualquiera que esté escuchando) que uno no puede fiarse de él.

✖ **Reforzar su fama de hacer mal las tareas domésticas.** "Oh deja, dámelo a mí. Yo lo haré."

✖ **Garantizar libertades sin responsabilidad.** "Ahora que te has comido la mitad de la porción de tu hermana, termínatelo." "Me gustaría que me llamaras para decirme dónde estás."

✖ **Criticar.** "¿Por qué no puedes hacerlo bien?" "Eres tan tonto."

✖ **Infravalorarle.** "¿Por qué no puedes comportarte como un niño normal?" "Mira esos platos: ¿a eso le llamas limpio?"

Irse a la cama

Mantenga el ritual de irse a la cama: leerle un cuento, un beso de buenas noches y una conversación durante tanto tiempo como el pequeño desee. Cuando se hacen mayores, tal vez prefieran hablar en otro lugar que no sea su habitación: su cuarto está convirtiéndose en su propio espacio privado. Si es ése el caso, usted debería respetarlo.

Incluso cuando su hijo ya sabe leer, sigue gustándole escuchar el cuento que le leen a la hora de acostarse. Aproveche la oportunidad para leerle libros un poco más complejos. Mis hijos disfrutaron con *El hobbit* y *Belleza negra*, en una época en que no los habrían leído por sí mismos. Resulta fácil pensar que, cuando ya leen solos, ellos mismos pueden leer el cuento pero en realidad habrá de pasar todavía algún tiempo para que su habilidad alcance a su grado de sofisticación. La promesa de leerles un cuento constituye un útil estímulo para que se vayan a la cama antes del límite horario.

A medida que los niños crecen, los límites horarios han de volverse más flexibles. A mí me funcionó bastante bien establecer un límite máximo de una hora para que se acostaran (el tiempo de los adultos comenzaba a las 21.30). Antes de las 21.30, los niños podían decidir cuándo se iban a la cama, cuándo se duchaban, cuándo se ponían el pijama. También decidían cuándo apagar la luz.

A los ocho años, los niños son capaces de organizarse su tiempo personal para dar cabida a los deberes de la escuela, bañarse, planificar el día siguiente y acostarse a la hora acordada. Pero no elegirán hacer ninguna de esas cosas por sí solos si usted no se lo permite. Los niños pequeños necesitan que usted se haga cargo de ellos por completo. Los niños de primaria no lo necesitan ya.

Las rutinas no son algo natural para la mayoría de los niños de entre seis y diez años. Hay que enseñarles cómo estructurarse el tiempo, y el control sobre la planificación de sus rutinas deben irlo asumiendo de manera gradual. Elabore listas de las cosas que hay que hacer, pero deje en manos del niño la responsabilidad de llevarlas a cabo. No debe ser necesario que usted controle si su hijo de diez años se ha lavado los dientes y la cara. Tampoco debe ser necesario que le avise por la mañana para que se levante o que le indique cuándo debe apagar la luz.

Discuta con sus hijos cuándo deben retirarse a su habitación, cuánta televisión han de ver, a qué hora deben desayunar. Sugiérales horarios sensatos para que se organicen la ropa para el día siguiente, se preparen el equipo de gimnasia, lean libros, hagan los deberes, etc. Déles un despertador. Enseñe a los más mayores a hacerse sus propias listas.

Lo que los niños necesitan saber cuando adquieren independencia

A pesar de nuestra percepción de que el mundo de "ahí afuera" es hoy "un lugar muy peligroso para nuestros hijos", la realidad es que a duras penas es más peligroso de cuanto lo era en las épocas en que mi madre (o yo) era niña. Hay, claro está, bastante más tráfico, y los pequeños no pueden ir en bicicleta o jugar en la calle con la libertad de otros tiempos. Pero los niños lo saben muy bien. No se echan a la calle sin ningún cuidado, como solían hacer sus padres.

Nosotras jugábamos en el chorro de agua que salía de una fábrica, echábamos gasolina en un desagüe y le prendíamos fuego, tirábamos cohetes de fuegos artificiales, jugábamos en edificios en construcción, vías del tren, esclusas; dudo mucho que mis hijos lo hagan en la actualidad. Cuando mi madre era niña, ella y sus amigas solían pasar las piernas por las traviesas del puente y colgarse cabeza abajo cuando se aproximaba un tren de vapor.

Cuando decimos que las calles no son seguras para nuestros hijos nos referimos a la posibilidad de que alguien los coja, los meta a la fuerza en un coche y los secuestre para abusar de ellos. Pero, en realidad, los abusos perpetrados por extraños son, y siempre han sido, raros. Sin embargo, no son raros los casos de abusos a menores. Uno de cada diez adultos declara hoy haber sufrido abusos cuando eran niños, casi siempre a cargo de familiares y amigos cercanos. El peligro no procede, pues, de un extraño escondido en el parque, sino de padres, padrastros, tíos y abuelos que tienen acceso libre a la habitación del pequeño. Es más probable que los niños desaparecidos –en especial los adolescentes– se hayan escapado de casa por causa de abusos de la familia, y no que hayan desaparecido por haber sido secuestrados y violados por un extraño.

Usted debe mantener las cosas dentro de una proporción cuando los pequeños quieren salir a jugar fuera de casa. Negarles esa libertad significa robarles unos años mágicos. Espero que mis hijos y mis nietos no hagan nunca muchas de las tonterías que yo hice de niña, pero quiero que tengan la alegría de pertenecer al mundo de los niños, que disfruten de la libertad de un mundo que se halla por completo apartado del de los padres: guaridas, bandas, códigos secretos, robar manzanas y, sobre todo, la libertad de ir en busca de aventuras. Si los pequeños no experimentan con la libertad a los siete años, la exigirán más adelante. La 'libertad' deseada por un niño de 13 años suele ser, en general, algo más peligrosa: drogas, alcohol, esnifar cola, sexo, coches veloces... Cuestiones, todas ellas, más reales y más comunes que el hombre 'malo' acechando detrás de un árbol.

Debemos advertir a los niños de los peligros que existen, pero equilibrar esas advertencias y nuestros temores ante su necesidad de independencia. Los pequeños deben adquirir conciencia de los peligros sin volverse tan cautos que pierdan las alegrías de la infancia. En el pasado, pocos padres advertían a sus hijos acerca de los abusos sexuales. Así, los niños casi nunca contaban nada cuando les sucedía, y si lo hacían, nadie los creía. Transmitiéndoles de manera implícita que los peligros acechan en la calle, dejamos de protegerles.

Cómo advertir a un pequeñín de los peligros que corre fuera de casa

- Nunca subas al coche, ni aceptes dulces, regalos, ni invitaciones para jugar de ningún adulto o chico mayor sin consultarlo antes con mamá o papá, aunque conozcas a la persona que te invita.

- Nunca te pares a hablar con gente desconocida, en especial cuando vayas solo.

- Si alguien te sigue, acércate a la casa más próxima, llama al timbre y cuéntale a la persona que te abra la puerta lo que te sucede. Pero no entres en casa de personas extrañas.

- Nunca respondas al teléfono y digas que estás solo, aunque sea verdad. Di lo siguiente: "Mamá está en la ducha y le llamará más tarde".

- Procura volver siempre a casa con otros niños.

- Sobre abusos sexuales, véanse páginas 191-193.

Es importante recordar que el pequeño que es precavido, pero confiado, es menos vulnerable que otro demasiado temeroso. No siempre actuamos de manera sensata cuando estamos asustados.

¿Cuándo deben los niños salir solos?

Casi todos los niños que salen solos, lo hacen en completa seguridad. Las posibilidades de sufrir abusos sexuales a cargo de un extraño son mínimas, mientras que las posibilidades de sufrir abusos en casa se mueven en torno a uno de entre 20 y 50 niños, alcanzando esta cifra casi el doble cuando se trata de niñas.

Pero la angustia de unos padres que salen por televisión implorando que les devuelvan a su hijo nos afecta mucho más que estas frías estadísticas. No caemos en la cuenta de que los niños desaparecidos han sido a menudo secuestrados por vecinos o que, a veces, uno de esos angustiados padres resulta ser el asesino. El secuestro y el asesinato de niños pequeños es un crimen horrible. Pero no lo es menos el secuestro y asesinato de muchachitos de 12, 16 o 18 años. No podemos tener a nuestros hijos encerrados bajo llave para el resto de sus días.

Cuándo dejar que salga a jugar fuera de casa es algo que dependerá de su pequeño, de dónde vivan, así como de la actitud que otros padres de su vecindario adopten:

- Dos niños jugando juntos fuera de casa actúan como salvaguarda mutua. Un grupo de pequeños jugando juntos no corre riesgo (a menos que uno se enfade y se separe de los demás).

- Los niños que conocen los peligros suelen estar a salvo de los mismos. Es más probable que aprendan a ser cautos cuando son más pequeños que cuando alcanzan los ocho o nueve años, la edad de las tonterías y los alardes en pandilla.

◆ **Enséñeles a que sean responsables,** se ocupen de sus propias necesidades, los mantengan al corriente cada cierto tiempo, llamen a casa si ven que van a retrasarse, les hagan saber dónde están y con quién.

◆ **Enséñeles a ser independientes:** a usar un teléfono público, a saber qué hacer en una emergencia. Permítales tener sus propias opiniones. Anímeles a pensar por sí mismos y a expresar sus pensamientos y sentimientos. Respételes como individuos independientes. Permítales tener su privacidad.

◆ **Enséñeles a confiar en sí mismos.** Hágales saber que son especiales, que usted confía en ellos y que ellos, a su vez, deben confiar en sí mismos. Discutan problemas potenciales y propóngales soluciones.

◆ **Enséñeles cuándo deben gritar y chillar.** Practiquen lo que el pequeño debe hacer si es abordado por un extraño. Defínale qué es un extraño. Explíquele quién puede tocarle y quién no. Si tiene gente cerca, asegúrese de que le avisarán si se le acerca algún desconocido. Anímele a gritar si alguien puede oírle, pero indíquele que nunca amenace con contarlo ni resistirse si no hay nadie cerca que pueda oírle. Si las opciones son violación o asesinato, es preferible la primera.

◆ **Enséñeles que pueden decir 'no'.** Si usted ha esperado siempre de él obediencia, tal vez a su hijo le cueste negarse. A medida que los niños van creciendo, deben ser animados a expresar su punto de vista y a cuestionar los límites.

◆ **Enséñeles que pueden contarlo.** Hay historias que siempre deben ser contadas.

Odia ir al dentista y tiene miedo de los hospitales

A nadie le gusta ir al hospital o visitar al dentista. Los niños de hoy tienen menos razones para temer esos lugares que los pequeños de otros tiempos. En ocasiones, los temores de los padres son los que expresa el hijo.

◆ **Nunca menosprecie los temores de un niño.** Acéptelos.

◆ **Háblele de sus propios temores.** "Cuando me llevaban al hospital, siendo yo una niña, tenía un miedo horroroso."

◆ **No le diga que no le va a doler.** Sea directa y honesta.

◆ **Nunca lo amenace.**

◆ **Si debe llevar al niño al hospital, explíquele qué va a suceder.** Llévelo al hospital. Quédese con él. La mayoría de hospitales dejan a los padres quedarse acompañando a sus hijos hasta el momento de llevarlos al quirófano. No se aleje para estar al lado del pequeño cuando despierte de la anestesia.

◆ **Llévese a su hijo cuando usted** vaya al médico o al dentista. Lo que el niño comprende, no le da miedo.

◆ **Juegos relacionados** con el tema. Las ideas con que ha jugado le darán menos miedo. Hay muchos juguetes relacionados con médicos y hospitales en el mercado.

◆ **Léale libros.** Pensar en sus miedos cuando se siente seguro junto a usted reduce el poder de los mismos para asustarle. La biblioteca de su barrio o una librería de literatura infantil lo ayudarán. Si tiene dificultades, tal vez en la escuela le brinden alguna sugerencia.

◆ **Representar un papel.** Es difícil para un niño hacer el papel de algo que no conoce. Por tanto, al principio, un adulto deberá hacer de médico o dentista. Una muñeca le servirá como paciente. De esta manera, usted puede mostrar gráficamente al niño lo que va a sucederle.

Rechinar los dientes

Es algo muy común, tanto en niños como en adultos. En los niños, antes y durante el proceso de perder la dentición de leche.

◆ Los dientes que se mueven dan una sensación extraña, y rechinarlos es una manera de investigar en torno a tales sensaciones. Esa costumbre desaparece una vez han salido los dientes nuevos.

◆ A veces es un síntoma de tensión y estrés. Con frecuencia es transitoria y desaparece cuando las tensiones remiten. Cuando le ocurra, intente enseñarle a relajarse: música relajante, baños calientes con aceites aromáticos, respirar hondo y aprender a relajar los músculos uno a uno, empezando por la cabeza y bajando despacio hacia la parte inferior del cuerpo. También funciona un masaje en los pies.

◆ Consulte con su dentista.

Come mal

La mayoría de los niños pasan los años escolares con una larga lista de cosas que no les gustan y un muy limitado menú de comidas que sí les gustan, negándose a comer más que porciones muy pequeñas. Esto llega a ser bastante irritante, en especial si tiene más de un niño y más de una lista de menús odiados. En muchas familias sólo hay un menú o dos que puedan comer todos juntos. Por lo general, es raro que se trate de menús que los padres elegirían.

◆ **Establezca normas.** Anúnciele la comida que se dispone a preparar. Si él no quiere comer eso, que se prepare lo que quiera. Insista en que van a sentarse juntos a cenar. Un pequeño de cinco años es capaz de muchas cosas: hacerse un bocadillo de queso, si usted le corta el pan y el queso; poner una patata en el microondas y sacar la mantequilla de la nevera; sacar una pizza pequeña del congelador y ponerla en una bandeja de horno... A los seis años, ya sabrá hacerse unas rebanadas (que usted habrá cortado) de pan con tomate. Todos los niños saben ponerse un bol con cereales o un yogur. El hecho de que prepararse su propia cena les impida ver el programa de la televisión hará que consideren la posibilidad de comerse lo que usted prepare.

◆ **Procure servir en cada comida algo que sepa que el niño va a comer,** aunque sólo sea pan de ajo o guisantes. Calentar un plato pequeño de guisantes congelados no supone ningún problema. A mí me fueron de maravilla, para los niños que ponían inconvenientes a la verdura, las cestas de bambú chinas para cocer al vapor, que venden en las tiendas especialidades en alimentación china. Cada niño puede hacer su selección, la aliña como más le guste y lo coloca en su propia cesta. Luego se pone una encima de la otra, y a cocer.

◆ **Un bocado.** Deje que el niño elija el día de la semana en que probará 'un bocado' de algo nuevo. Un bocado no significa que tenga que tragarlo. Póngale un vasito para que escupa en él las cosas que no le gusten. Una cucharadita es una cantidad razonable si le permite que la escupa. La próxima vez, cuando sirva la comida, pregúntele si quiere un bocadito en su plato. Después de eso, ofrézcale siempre un bocadito o dos. Recuerde que existen mecanismos internos que dictan a los niños que deben probar un solo bocado.

◆ **Las verduras crudas son más sanas para los niños.** Procure empezar las comidas con verdura cruda, mojada en salsa. A los siete años los niños ya son capaces de preparársela ellos mismos.

◆ **Recuerde que los niños activos y sanos están bien alimentados, aunque dé la sensación de que comen muy poco.**

◆ **No les cuelgue etiquetas.** El mensaje correcto es: "Laura es una comedora selectiva, que todavía está decidiendo qué le gusta y qué no le gusta", y que Laura sepa qué le gusta y qué cantidad necesita.

◆ **Jugar con la comida en el plato.** Ponga un límite de tiempo para comer. Lo que para entonces no se haya comido se retira o se tira a la basura (el niño elige). La comida retirada será consumida antes que otras cosas. Se tirará a la mañana siguiente.

◆ **Niños agitados.** Los niños deben sentarse a comer con los demás miembros de la familia. Pero no es necesario que se queden hasta que todos hayan terminado. Deje que se levanten hasta que llegue el postre.

◆ **Procure ser positiva.** No diga: "Siempre estás buscando problemas", sino "Muchos niños son más sensibles a los gustos y a las texturas de lo que lo son los mayores. Me parece que tú eres uno de esos niños con especial sensibilidad. Cuando te hagas mayor es probable que te des cuenta de que te van gustando más cosas".

Maneras a la mesa

◆ **La hora de las comidas no es el momento para que los adultos** se pongan a hablar de temas que no les conciernen a los niños. Es el momento ideal para comentar las incidencias de la jornada. Cada uno debe tener su oportunidad para seleccionar un tema de conversación y ser escuchado. Permita que los pequeños se levanten cuando hayan terminado. Es perfectamente razonable dejar que los niños se levanten entre plato y plato.

◆ **Normas simples.** El libro de normas para la mesa dice que se debe ser amables unos con otros, pedir por favor que pasen las cosas, solicitar permiso para levantarse de la mesa, comer con la boca cerrada, no hacer ruido al comer, no tocar todo el pan antes de elegir un trozo, no eructar ni echar pedos cuando se está a la mesa, etc. Si los niños transgreden las normas, se las recordamos. "Laura, no se eructa en la mesa. Ésa es la norma." Si lo hace de nuevo: "Laura, escuchar un eructo es muy desagradable para las personas que están comiendo. Por favor, ve a la cocina a buscar un vaso de agua. Vuelve cuando controles los eructos".

◆ **Las horas de las comidas familiares son horas compartidas.** Invite a amigos de los niños y a los suyos. Ha de saber ser y considerado hacia los demás. No avergüence al niño delante de sus amigos. Cuando se hayan marchado, dígale: "Laura, entiendo que estabas muy excitada, pero espero que te acuerdes de que hemos de ser considerados con los demás cuando son nuestros invitados. Ya sé que cuesta, pero se debe hacer. La próxima vez acordaremos una palabra secreta para que yo pueda recordártelo". "¿Qué decimos?" Cuando las cosas se te estén escapando de las manos, diré "Laura, recuerda nuestro secreto". O simplemente diga la palabra acordada.

◆ **Las comidas familiares son para toda la familia.** Cuanto más pequeños empiecen los niños a sentarse a la mesa, antes aprenderán la cultura y las normas a observar durante las comidas.

◆ **Las horas de las comidas son ratos para enseñar.** Son momentos en que se discuten las maneras a la mesa y las cuestiones en torno al comer. Cada persona puede decir lo que no le gusta de otra, y el acusado defender su posición.

◆ **Sea razonable.** No debe esperar que los niños permanezcan sentados sin moverse durante toda la comida, ni tampoco que se traguen cuanto se meten en la boca. Si la carne está dura o han probado una cosa nueva y no les gusta su sabor, permítales que se lo saquen discretamente.

◆ **No compare.** Nunca diga: "Laura, Marco se ha acabado todo lo que tenía en el plato". En lugar de eso, diga: "Laura, ¿has comido suficiente?"; y si desea alabar a Marco, hágalo directamente: "Marco, estoy muy contenta de que te lo hayas acabado todo". Nunca diga: "Hugo, mira lo bien que se ha portado Marta". En lugar de eso, diga: "Hugo, puedes levantarte si lo deseas, pero si quieres quedarte a la mesa tienes que dejar de moverte todo el rato. Tú eliges". Y si desea alabar a Marta, hágalo directamente: "Marta, te has portado muy bien. Estoy muy contenta contigo".

Educación: notas de agradecimiento

Yo no me crié bajo la tiranía de las cartas de agradecimiento. Mi familia vivía cerca, y yo los veía a todos por Navidad, de modo que les daba las gracias personalmente. Pero tenía amigos que sí debían escribir cartas de agradecimiento, aunque ya hubieran dado las gracias de palabra. En un curso normal de los acontecimientos, el procedimiento me parece más bien absurdo, pero a veces, si la relación con quien ha hecho el regalo es formal, o esa persona concede un valor particular a las notas de agradecimiento, entonces tal vez usted quiera que los niños las escriban, además de dar las gracias de palabra en el momento.

- En cualquier caso, es conveniente que recuerde a sus hijos, antes de que les hagan regalos, que deben ser educados y mostrarse entusiasmados con cualquier regalo. Es comprensible que, con la excitación propia del momento de abrirlo, se les olviden las buenas maneras.

- Si el regalo se abre más tarde, una llamada telefónica, un fax, un correo electrónico o una postal dando las gracias será algo bien recibido. Un dibujo del niño a quien le ha hecho el regalo quedará todavía más simpático.

- Las personas especiales, como los abuelos, estarán encantados de recibir un dibujo, una llamada o una postal del pequeño, aunque éste ya diera las gracias en su momento. De todos modos, me parece que los niños no deben esperar a recibir regalos para llamar a esas personas o mandarles dibujos.

Ser educados

Las fórmulas de saludo varían de una familia a otra. Algunas se limitan a decirse hola, mientras que otras se dan besos. Cuando un tipo de familia se reúne con otro, los pequeños se ven envueltos en rituales desacostumbrados.

- Nunca se debe obligar a los niños a besar a otras personas, si no desean hacerlo. Decir hola deberá bastar, en especial si no conocen a la persona. (Si ésta se muestra irritada, explíquele que tiene dicho a su hijo que nunca dé besos a extraños.)

- Los niños jamás deben mostrarse groseros, a menos que la persona les obligue a hacer algo impropio. Asegúrese de que hayan entendido que su propia seguridad es más importante que la educación.

- No se debe esperar de los hijos que sean más educados que los propios padres.

◆ Los pequeños pueden imponerse sin necesidad de ser groseros. "Abuela, la comida estaba buenísima, pero ya no quiero más postre: estoy llena hasta los topes." "Tía Susana, me parece que esto no debo escucharlo, ¿puedes esperar a que salga de la habitación?" "La tapa de este tebeo está rota. ¿Me das otro?"

◆ Es difícil recordarlo en el momento justo. Tome nota cuando lo hagan.

◆ Discuta con los niños por qué son importantes los buenos modales. Tienen que ver con ser amables y considerados; con saber pedir e imponerse sin herir ni humillar al otro; con observar las convenciones familiares.

◆ Haga saber a los niños que eso llamado 'educación' a veces cambia. "En casa permitimos que los niños se levanten de la mesa entre plato y plato, pero en casa de la abuela tenéis que pedir permiso para hacerlo." "En casa no nos parece mal que se hable de culos, pero en casa de la tía Susan no está permitido."

◆ Acuñen maneras apropiadas para los miembros de la familia.

Decir palabrotas

Los pequeños dicen palabrotas. En la actualidad, la mayoría de los niños las dice aunque sus padres no lo tengan por costumbre. Si su hijo no ha empezado todavía a decirlas, es cuestión de tiempo que lo haga. Cuando llegan a la enseñanza secundaria, el lenguaje de muchos niños está abarrotado de palabrotas. A veces parece que es la única manera que tienen de poner énfasis. Admito sin reparos que yo misma digo tacos a veces. En ocasiones no encuentras otra palabra que realmente proporcione el énfasis necesario. De todos modos, las frases que contienen dos o tres tacos o utilizan jodido como único adjetivo me parecen aburridas y tediosas de escuchar.

◆ Los niños dicen tacos para chocar o avergonzar. Generalmente les reporta mucha atención. Ignóreles y lo dirán en voz más alta. Hágase todavía más la sorda y puede que incluso le pregunten si les ha oído. Haga oídos sordos por completo, ponga cara de póquer, y probablemente pararán. Si nadie les presta atención, no tiene sentido decirlas.

◆ **Dé un buen ejemplo.** Los niños siempre imitan a sus padres. La única manera de abordarlo es depurar su propio lenguaje.

◆ **Explíqueles.** Los pequeños no saben el significado de las palabras. Explíqueselo. Cuando los niños saben lo que dicen, a menudo les da más vergüenza utilizar determinadas palabras.

Quiere una camiseta de su club de fútbol preferido y un pantalón de marca

La función de la publicidad es tentar al consumidor para que compre. Si la publicidad no nos indujese a desear cosas, habría muerto hace mucho tiempo. Todo esto está muy bien, pero cuando los pequeños luchan por ser populares y por hacer amistades, los 'objetos de deseo' confieren un brillo más siniestro a los productos anunciados. Determinados objetos se convierten en distintivos de amistad, artículos que 'hay que tener', en especial los niños menos populares. Si 'todo el mundo' tiene algo, es difícil decir no.

En nuestra sociedad actual, centrada en lo material, el distintivo para ser miembro de una pandilla puede ser tener la camiseta de un equipo de fútbol determinado. Eso es un problema, sobre todo para los chicos. Mientras las chicas tienen una o dos amigas, los chicos forman con frecuencia bandas de seis o siete. El insistente "Por favor, mamá" suena desesperado porque es desesperado. Un niño a quien le cuesta hacer amigos no sólo quiere esa camiseta, tal vez la necesite. Es posible que sin la camiseta que corresponde no le dejen jugar. Quizás, si no dispone de videojuegos no tendrá nada de qué hablar con sus amigos.

Los niños deben conocer el valor del dinero: lo que se pueden y lo que no se pueden permitir, cómo hacerse un presupuesto y cómo ahorrar. Pero los padres deben tener conciencia de que los fabricantes y los clubs de fútbol acosan sin piedad a los chicos jóvenes. Los grandes clubs de fútbol obtienen muchos más ingresos por la venta de sus productos que de los socios y la venta de entradas para presenciar los partidos. Aunque esta práctica nos parezca abominable, debemos aceptar que a los niños les importa muchísimo. De todos modos, no necesariamente hemos de permitirnos toda la 'parafernalia' que dice que necesita.

◆ La Navidad y los cumpleaños no deben ser ocasiones para una orgía de regalos. Si la camiseta de fútbol que 'debe tener' cuesta tres veces más de lo que usted gastaría en una prenda similar, la diferencia en dinero puede tomarse del fondo destinado a regalos. Pero entonces hay que mantenerse firmes. No puede ser que pida un regalo muy caro para Navidad. Una camiseta ahora y una bicicleta de segunda mano para Reyes o una bicicleta nueva para Reyes. Él debe elegir. Un pantalón de fútbol normal y una camiseta de fútbol, o un pantalón de fútbol especial y una camiseta normal. De nuevo, él es quien elige.

◆ Dar un paso más. Un paso más puede ser proponerle que vayan a ver jugar al equipo. Tal vez le salga más barato.

Cómo explicar las finanzas familiares

◆ Siéntese con sus hijos y explíqueles en términos sencillos la economía familiar. Si los niños son pequeños, utilice un bote de dulces; éstos representan sus ingresos. Ahora vaya restando el 'coste' por alquiler, calefacción, etc. y ponga los dulces 'gastados' en otro bote. En un tercero ponga los ahorros para los regalos de Navidad, fiestas de cumpleaños, salidas, vacaciones y emergencias. En el cuarto bote, los ahorros para un coche nuevo, educación o vejez. Lo que queda es para los placeres adicionales. No les pinte un cuadro demasiado pesimista. Dé información, pero no preocupe a los niños.

◆ **Explíqueles que son asuntos privados.** Estas cosas las comentamos en la familia. No es para contarlo a otras personas.

◆ **Explíqueles los conceptos de rico y pobre.** No todos los padres disponen de la misma cantidad de dinero. Algunos llevan coches que les han proporcionado las empresas donde trabajan. Los hay que tienen abuelos ricos. A veces algunos padres pierden su puesto de trabajo y tienen muy poco dinero. Las personas ganan cantidades de dinero diferentes.

◆ **Explíqueles lo que puede permitirse y/o lo que considera normal gastar.** Aunque se disponga de buenos ingresos, dar a los niños mucho dinero de semanada les haría diferentes de los demás.

Cómo abordar el tema de la semanada

◆ **Establezca una cantidad.** Yo voy ingresando una pequeña cantidad fija en las libretas de ahorro de mis hijos, para cubrirles los gastos en vacaciones y la compra de regalos para Navidad y cumpleaños familiares. También incluyo en la misma una modesta suma mensual para pequeños placeres, y otra que, en caso de ser ahorrada, proporcionaría dinero suficiente para una compra más grande cada año (como un equipo para jugar al fútbol o unos patines). A medida que los niños van creciendo, la cantidad es factible aumentarla para incluir en ella dinero para comprar ropa, discos, comer fuera de casa, etc. Aparte de ello, les doy semanalmente en mano algo de dinero, que debe cubrirles las chucherías, revistas, pequeños juguetes y otros. Obviamente, los regalos de cumpleaños y de Navidad les caen aparte. Mis hijos eligen además un nuevo libro o cinta de vídeo cada mes.

◆ **No les dé más.** La cantidad fija y el dinero de bolsillo deberían estar establecidos. No los saque de apuros en el caso de que se lo gasten todo de golpe. Si se gastan el dinero el sábado y necesitan algo el martes, mala suerte. No hace daño aprender a esperar. Hay algunas excepciones a esta regla. Personalmente, siempre les redondeo el dinero para gastar en vacaciones en una cantidad estipulada y, estando de vacaciones, no espero que se paguen todos y cada uno de los refrescos y helados que se toman. Si yo me tomo uno también, es justo que les pague los suyos.

◆ **Sea justa.** Es posible que las cantidades establecidas necesiten ajustes en línea con la inflación, y también deban aumentarse a medida que nuestros niños van haciéndose mayores. Los niños deben recibir más o menos la misma cantidad que sus compañeros y amigos.

◆ **Sea realista.** Siempre habrá ocasiones en que el pequeño querrá apuntarse a una actividad de grupo que difícilmente habría presupuestado con antelación, como una salida escolar. Parece que es realista concederle un pequeño extra en dichas ocasiones. Cuando vaya creciendo, eso sucederá cada vez con mayor frecuencia y usted deberá valorar cada petición. Una norma sencilla sería que él contribuyera con algo para la entrada del cine o de la pista de hielo, y usted le completara lo que faltara.

◆ **Háblele de la publicidad.** Háblele de la exageración, de las historias aumentadas, de la tentación y el realismo. Un instrumento útil para esta lección es comparar el pastel que aparece retratado en la caja y el que hay realmente en su interior. Hable de lo grande que parece el pastel de la foto, luego abra la caja y descubra su tamaño real.

◆ **Ganar dinero extra.** Todos los niños deben recoger sus juguetes, hacer las camas o recoger la mesa. A medida que van creciendo, los niños deberán asumir también alguna tarea que tenga que ver con la casa en general, como pasar el aspirador por el comedor o limpiar el baño una vez por semana. Pueden ganarse un dinero extra si realizan tareas adicionales o la descargan a usted de alguna de sus obligaciones.

¿Por qué se pelean los hermanos?

Los niños se pelean porque disfrutan con ello. Les reporta atención y es divertido. Se pelean cuando creen que algo es injusto, cuando alguien ha

LO QUE NO HAY QUE HACER EN LAS DISCUSIONES ENTRE HERMANOS

✖ ***Gritarles "¡Dejad de discutir ahora mismo!".*** *Es una pérdida de tiempo. Obviamente, no van a obedecer.*

✖ ***Preguntarles quién empezó la discusión.*** *Solamente hay una respuesta a esta pregunta: "¡Ha sido él!".*

✖ ***Acusarles de estar siempre discutiendo.*** *No es cierto, aunque pueda parecerlo.*

✖ ***Decirles que le están dando dolor de cabeza.*** *No la creerán. También lo dijo ayer y anteayer, y no se tomó ninguna aspirina.*

✖ ***Preguntar el porqué.*** *¿Serviría de algo que lo supiera?*

✖ ***Intervenir siempre.*** *Sólo consigue calentar más los cascos.*

violado su territorio o pertenencias o cuando piensan que algo, o todo, está mal. Se pelean porque no se sienten queridos, para adquirir control o para herir. Todos los hermanos se pelean a veces. La mayoría lo hace a menudo. Algunos, de manera insistente. Los niños del mismo sexo son los peores, siendo los chicos peores que las chicas.

Los niños provocan peleas. Se irritan y se molestan deliberadamente unos a otros, y lo mismo hacen con sus padres. Lo hacen a pesar de que saben que les trastorna, y aunque tengan la experiencia de que acaban perdiendo el control. Los niños provocan deliberadamente rabietas de esa misma manera. Al igual que los berrinches, la mayor parte de las peleas tiene lugar en casa, y se producen con las personas más queridas. Ocurren con más frecuencia cuando los niños están cansados. Muchas discusiones es mejor dejar que las resuelvan entre ellos.

Cómo no encontrarse en medio

◆ **No juzgue.** Si su juicio parece injusto (como es probable que lo vea un niño o ambos), incrementará el enfado y prolongará la pelea.

◆ **No interfiera.** A menos que la pelea se esté saliendo de los límites aceptables (cuando tenga que separarlos), eso sólo agravará las cosas.

◆ **No proteja al menor.** Ello sólo le animará a engatusar al mayor para meterle en problemas.

◆ **No eche la culpa al mayor.** Un niño a quien ponen la etiqueta de peleón, acabará siéndolo.

QUÉ HACER SI LOS HERMANOS DISCUTEN

✔ ***Ignórelos.*** *Si puede, abandone la habitación. No diga ni una palabra. Ponga cara de póquer y márchese.*

✔ ***Reconozca su enfado.***

Parece que estáis muy enfadados

Escuche sus explicaciones.

✔ ***Describa el problema sin juzgarlo o tomar partido.***

Dices que se te ha sentado demasiado cerca; él dice que siempre se sienta ahí

✔ ***Exprese confianza.***

Veo que es un problema para vosotros, pero estoy segura de que lo solucionaréis

✔ ***Retírese.***

✔ ***Si la misma situación se repite una vez tras otra,*** *hable por separado con cada niño sobre el problema.*

✔ ***Sin tomar partido, sugiera estrategias*** *que cada uno podría usar para alcanzar un resultado justo. No imponga la solución: deje que la encuentren por sí solos.*

¿Por qué no te colocas de espaldas con la silla? Así no verás a Marta

✔ ***Sugiera que los niños lo resuelvan sin pelear.*** *Retírese.*

Que Marta se lleve los cojines junto a la chimenea y se haga un confortable nido

✔ ***Si las peleas son persistentes, será útil que usted organice alguna actividad.***

¿A alguien le gustaría ayudarme a hacer un pastel de chocolate?

QUÉ NO HACER EN LAS PELEAS ENTRE HERMANOS

✖ ***Gritarles.*** *¡Recuerde que el ruido logra que los niños sigan con aquello que ya estaban haciendo, pero con mayor vigor!*

✖ ***Pegarles.*** *Enseña a los niños que la violencia es la única manera de resolver las discusiones. Es probable que incremente el nivel de las peleas.*

✖ ***Echar la culpa a uno de los niños.*** *Si se acostumbra a culpar a un niño, el otro tiene un motivo para iniciar peleas.*

✖ ***Consolar a uno de los pequeños.*** *Si acostumbra a consolar a uno de los niños cuando hay pelea, éste tendrá un motivo para molestar a su hermano.*

QUÉ HACER EN LAS PELEAS ENTRE HERMANOS

✔ ***Describa.*** *Sin juzgar, diga lo que ve.*
✔ ***Pregunte.*** *¿Es una pelea de verdad o sólo simulada?*
✔ ***Recuérdeles las normas de la casa.*** *"En esta casa no nos hacemos daño unos a otros. Ésa es la norma. Me parece que lo mejor es que os calméis vosotros dos."*
✔ ***Sepárelos.*** *"Id cada uno a vuestra habitación. Volved cuando os hayáis calmado."*

Enfadarse con los amigos de la escuela

No ha nacido todavía un padre que no quiera que su hijo sea popular o, a falta de eso, que se lleve bien con sus amigos. Y no ha nacido todavía el niño que no se enfade de vez en cuando con sus amigos. En los primeros años de escuela, es probable que los padres estén demasiado dispuestos a entrometerse para solucionar los problemas entre los niños, cuando en realidad deberían permanecer al margen y dejar que fueran ellos quienes los resolvieran.

Si vienen niños a su casa, procure evitar que sus juegos sean competitivos, ya que fomentan una sensación de malestar. A los pequeños les gusta ganar y odian perder. Cuanto más competitiva sea su cultura, más crece este sentimiento y más peleas se producen.

◆ **Ignore las disputas.** El hecho de que el niño tenga un invitado no significa que deba ceder terreno. Recuérdele antes de que llegue su amigo que deberá compartir sus cosas con él. Permítale que guarde los juguetes que no quiere que su amigo utilice. Recuérdele que no se debe pelear con los invitados. Luego déjelos solos. Si le parece que la situación se escapa de las manos, o que los niños se enfrentan, intervenga. En caso contrario, déjelos a su aire.

◆ **Demuestre confianza.** Si la disputa va a mayores, intervenga. Pida a cada pequeño que dé su versión. Escuche respetuosamente. Luego repita el argumento de cada uno de los niños sin emitir juicios. Diga: "Ésta sí que es difícil", pero añada que tiene confianza en que sabrán resolverlo sin pegarse. Si le parece que el enfrentamiento físico es inminente, sugiera otra actividad. Entre amigos es menos probable que se peguen que entre hermanos.

Si ve a niños realmente descontentos, pregunte al invitado si le gustaría llamar a su madre por teléfono. Dígale que pida cuando quiera irse a casa. "Vosotros dos no parecéis muy contentos. Sam, cuando quieras marcharte, dímelo."

◆ **Si uno o los dos están muy enfadados, describa sus sentimientos.** Sugiérales que se separen y jueguen cada uno en un lado de la habitación hasta que se hayan calmado.

◆ **Si empiezan a pelearse, intervenga.** No tome partido. Pídales que se sienten cada uno en un lado. Dígales que se levantarán cuando se hayan calmado.

◆ **Ofrézcales opciones.** "Paráis de pelearos o me llevo a Daniel a su casa. Vosotros elegís." Si el pequeño quiere que su amigo se quede, sugiérales que se sienten en el sofá y decidan cómo solucionar el problema. Mientras lo resuelven, vaya a buscarles unos refrescos.

◆ **Los niños se sobreexcitan.** Buscar juegos cortos.

◆ **Los niños que se aburren,** se pelean. Manténgales ocupados.

◆ **Desahogarse.** Los juegos que comportan agitación a veces les permiten desahogarse. De otro modo se pelearían.

◆ **Busque una actividad tranquila.** Si el invitado todavía no puede irse a casa, busque alguna actividad absorbente para ambos mientras llega la hora. La televisión, el vídeo y los libros son actividades útiles en estos casos.

Intimidadores: quién y por qué

El estereotipo del intimidador grandullón, mezquino y gamberro no se ajusta demasiado a la realidad. Un estereotipo más apropiado es el del niño que se siente fuera de lugar, tiene un bajo grado de autoestima, no sabe cómo, y/o nunca le han enseñado o permitido, demostrar sus sentimientos. Con frecuencia el intimidador ha sido él mismo tiranizado por algún miembro de su familia, o ha sido víctima de abusos físicos. El niño que intimida a otros suele tener necesidad de humillar y perjudicar a sus víctimas. Quizás ha sido animado por su familia a salir adelante mediante la fuerza, o ve en su familia que intimidar da poder a los débiles.

El pequeño que va bien en la escuela, tiene muchos amigos o siempre lo incluyen en el equipo de fútbol, es raro que necesite intimidar a nadie. Aunque algunos lo hacen. Los niños mimados, educados con excesiva indulgencia y seguros de sí mismos, que esperan conseguir lo que quieren porque están en su derecho, insisten a menudo en que otros niños interfieren en sus necesidades. Así acaban intimidándoles y humillándoles. Este tipo de insensibilidad (en su forma más suave) es muy común entre las niñas demasiado consentidas. A veces, ese tipo de niñas amplía su base de poder hasta liderar bandas de individuos malhablados, que no se enfrentan a su líder por miedo a ser victimizados. Esos individuos son, por lo general, buenos intimidadores.

Dado que este tipo de niño es probable que haya sufrido él mismo intimidaciones, sabe exactamente cómo se sienten sus víctimas, y la manera de hacerlas sufrir. Muchos han tomado el ejemplo de comportamiento de sus padres o hermanos. Intimidar les proporciona una recompensa: les hace sentir que controlan.

◆ Los estudios efectuados sugieren que los niños que se muestran agresivos con los demás son a menudo víctimas de rudos procedimientos disciplinarios y de abusos físicos y verbales. Con frecuencia se ven intimidados por miembros de sus propias familias.

◆ También sugieren que quizás los pequeños rechazados y no deseados sean agresivos hacia otros niños.

◆ Las familias permisivas pero poco afectuosas también producen niños agresivos.

◆ Los niños que intimidan suelen ir mal en la escuela.

◆ Los niños que intimidan han aprendido un modelo consistente en plantear las demandas de manera agresiva y esperar que se cumplan, lo cual les hace impopulares entre sus semejantes.

¿Qué significa intimidar?

La intimidación adopta múltiples formas. No sólo es pegar y golpear, también cualquier forma de agresión que pretenda herir o dañar a otra persona. La mayoría de los pequeños a quienes consideramos amedrentadores eligen expresamente a muchas de sus víctimas para abusar de ellas con persistencia. A veces los intimidadores dirigen estrategias para protegerse. El niño es inmune mientras pague sus cuotas, le pase su comida o le haga los deberes al intimidador.

- Intimidación física. Pegar, patear, golpear, empujar o cualquier otro tipo de violencia.

- Intimidación verbal. Insultar, ridiculizar, sarcasmo, difusión de rumores, gestos rudos. Llamar la atención sobre disminuciones o hándicaps físicos.

- Intimidación emocional. Amenazar, excluir, burlarse, atormentar, burla racial, burla sobre la familia. Llamar la atención sobre cosas que el niño no puede hacer. Hacer públicas las cosas que el niño desea más íntimamente guardar en secreto.

Reconocer al niño que está siendo amenazado

Los niños pequeños suelen decirlo a sus padres cuando están siendo amenazados por alguien. Ya más mayores, en cambio, no suelen hacerlo. Si el pequeño muestra alguno de los signos descritos más adelante, dígale que sospecha cuál es el problema. Si le pregunta: "¿Te está amenazando alguien?", casi seguro que responderá que no. Asegúrele que puede contar con usted en cuanto sienta la necesidad de hablar de ello. Un pequeño que está siendo amedrentado por alguien suele comportarse de alguna de las siguientes maneras:

- Le da miedo ir y volver de la escuela solo, o tal vez elige un camino diferente del de los demás niños. Si le preguntan por qué, es muy posible que esgrima un argumento de lo más improbable, como decir que así acorta camino cuando resulta obvio que no es cierto.

- Le pide que le acompañe a la escuela, quejándose de que le duelen las piernas o arguyendo que no le gusta el autobús escolar.

- Por la mañana dice que se encuentra enfermo, pero no presenta síntomas obvios de ello.

- Hace novillos en la escuela.

- Empieza a intimidar a otros niños, en especial a sus hermanos y a los amigos de éstos.

- Se vuelve agresivo, grosero y desobediente.

- Presenta con frecuencia heridas y arañazos sin explicación.

- Llega a casa con los libros rotos o la ropa desgarrada.

- Se lleva juguetes a la escuela y éstos desaparecen.

- Llega a casa hambriento, tal vez porque le han quitado el bocadillo.

- Empieza a robar para pagar al intimidador, o pide dinero a media semana y nunca parece gastarlo.

- Llora cuando está durmiendo, moja la cama o tiene pesadillas persistentes, pero se niega a decir qué es lo que va mal.

- Parece triste pero no quiere decir qué le pasa.

- Disminuye a ojos vista su rendimiento escolar.

- Empieza a tartamudear, a volverse retraído y muestra una repentina falta de confianza.

- Parece angustiado y ansioso.

- Deja de comer.

- Amenaza con suicidarse. No ignore esas amenazas. Cada año se registran suicidios de niños que están siendo intimidados.

Los intimidadores en la escuela

Algunos niños se muestran callados y más bien tímidos cuando están con mucha gente. Si detrás de ese silencio descansan dosis suficientes de seguridad en sí mismo, estos niños raramente se convierten en víctimas de amenazas. Los intimidadores no eligen a sus víctimas al azar. Se centran en aquellos a quienes resulta más divertido herir. Los niños inseguros, con un bajo grado de autoestima, que tienen un desesperado deseo de gustar y/o llevan sus sentimientos a flor de piel son los más apetecidos por los amedrentadores. También el niño que es 'diferente' corre ese riesgo. A pesar de que tenga confianza y seguridad en sí mismo cuando se encuentre con los de su 'condición', es imposible que se imponga a las burlas y prejuicios de una clase entera de niños que son, de algún modo, diferentes. Aunque sus compañeros de clase lo aprecien, los amigos no siempre son lo bastante fuertes para defenderlo frente a una banda de intimidadores.

El único niño afrocaribeño de la clase o el único niño de clase media en una escuela de niños de clase baja (o viceversa), se encuentra aislado frente a una banda de intimidadores. La confianza en sí mismo y su autoestima se ven minadas sobre el terreno por el apabullante peso de los efectivos con que cuentan los otros.

La intimidación forma parte de nuestra vida cotidiana. Desde el oficial de bajo rango hasta el jefe que acosa sexualmente a las mujeres (o a los hombres) en el trabajo, siempre habrá hombres y mujeres que abusen de su poder para intentar conseguir sus propósitos mediante la agresión y la victimización. Los niños necesitan protección, y aprender a hacer frente a ese problema. Si su hijo es intimidado a menudo, precisa de ayuda para imponerse e ignorar a los intimidadores. Si no se permite a sí mismo ser intimidado, finalmente descubrirá que lo dejan en paz. Los padres deben hacer frente común con la escuela para resolver el problema, ya que casi siempre la intimidación tiene lugar en ella.

◆ Sugiérale que procure estar siempre con otros compañeros o amigos; los matones eligen a niños que están solos.

◆ Dígale que puede marcharse. Enséñele cómo poner cara de póquer. Si los intimidadores no perciben cómo duele, entonces no se divierten.

◆ Conviene contarlo a alguien cuando lo amenazan a uno. "Nunca mantengas en secreto que estás siendo intimidado por alguien. Eso significa que el matón ha ganado la partida. Díselo a un profesor. Cuéntaselo a tus amigos. Explícaselo a tus padres."

◆ Los niños tímidos suelen tener dificultades para decir "no". Enséñele a mirar a los ojos, decir que no y abandonar el lugar.

◆ Representen situaciones amenazadoras. Pida a su hijo que le muestre cómo ha sido intimidado. Con niños pequeños, lo más fácil es que él haga de matón y usted de víctima. Enséñele cómo responder con calma pero con firmeza a la agresión. Luego intercámbiense los papeles.

◆ Recuérdele cómo diluir el miedo. Busque un osito de peluche que haga de intimidador. Enseñe al pequeño cómo pegar al osito o patearle por la habitación. El miedo sin diluir hace más vulnerable al niño.

◆ Evadirse. La imaginación puede transportar al niño lejos de burlas y agresiones. Si no está presente, no se inmutará. Si no se inmuta, no habrá placer para el intimidador. Enséñele a imaginarse a sí mismo en un bosque de campánulas en un día soleado, mirando las hojas verdes y las flores. Recomiéndele que respire profundamente y se sienta en paz. Si el niño lo practica con la suficiente frecuencia, llegará a ser capaz de mantener la calma y el control. Eso es lo último que pretende el matón.

Otro truco, que funcionó bien a un amigo mío, consiste en visualizar una gran mancha roja en la punta de la nariz del intimidador. Concentrarse mucho en ello significa que el niño no presta atención a cuanto el matón le dice, lo cual desconcertaba a éste por completo.

O también pensar en que el amedrentador tiene el trasero lleno de granos o, todavía mejor, la espalda y el cuello llenos de ampollas supurantes. Pensar que toda su familia se ríe de sus ampollas y lo insulta: le abren la puerta cuando se está bañando y se ríen de él.

◆ Enséñele cómo responder de maneras que no proporcionen placer, por ejemplo, contestar "sí" o "gracias" a cada burla. Puede que esto intensifique las burlas en un principio, pero si sigue sin haber respuesta, el matón no se divierte y la intimidación remitirá.

◆ No hace falta decir que el niño necesita amar, aceptar y reconstruir la confianza, el amor y la estima que siente por sí mismo.

◆ Asegúrele que la intimidación no es culpa suya. Que cuanto comentan de él no es cierto. Dígale (y demuéstrele) que usted está de su parte; que está orgullosa de él por tener valor para hacerles frente, y que es consciente de lo difícil que le resulta.

◆ Si el niño tiene dificultades para hacer amigos, anímele a apuntarse en grupos o actividades que le den confianza en situaciones sociales, como clases de artes marciales, clubs, clases de fútbol sala o de rugby, natación. Invite a los niños de esos clubs a que vengan a jugar a su casa.

◆ Enséñele a relajarse. Es fácil que un niño tenso sea el elegido para ser fastidiado. Enséñele las técnicas de relajación que usted aprendió durante el embarazo. Enséñele a respirar profundamente y hacerse fuerte.

◆ Ayúdele a desembarazarse de hábitos irritantes: tics y gestos nerviosos o fanfarrones.

◆ Si nada de todo esto funciona, piense en recabar ayuda profesional.

Las escuelas deberían:

◆ **Dejar bien claro que la intimidación no se tolera** y que todos los niños tienen la obligación de informar si presencian alguna intimidación o son ellos mismos las víctimas.

◆ **Asegurarse de actuar sobre la información recibida.** Los niños necesitan ser creídos. Deben recibir una respuesta de apoyo y simpatía.

◆ **Adoptar un sistema de compañerismo para los nuevos alumnos.** Los niños que están solos se convierten en el blanco perfecto. Tener un compañero protege al pequeño.

◆ **Adoptar un sistema de controladores.** A un niño nervioso e intimidado tal vez le resulte más fácil confiarse a un 'controlador de amedrentadores' que a un profesor. El controlador informa al profesor o actúa como apoyo del niño cuando éste procede a informar. En determinados institutos, los controladores o consejeros escuchan a otros niños sin pasar necesariamente la información a otras instancias. Estos controladores deberían ser elegidos por votación, más que seleccionados.

◆ **Organice audiencias** en las cuales el intimidador, su víctima y el profesor se reunirán para discutir el problema. Más adelante, los padres de uno de ellos o los de ambos también participarán.

◆ **Si es necesario, recabe ayuda profesional.**

Ayudar al intimidador

En ocasiones es útil reconocer que el matón es en sí mismo una víctima. A veces, asegurándose de que el niño consigue reunir la autoestima suficiente de alguna otra manera, la intimidación es erradicada. Pero resulta difícil de lograr porque muchos de ellos provienen de familias sin afecto, abusadoras y no cooperativas, de las cuales el matón no puede escapar. Las necesidades que el niño cubre mediante la intimidación persisten. Si ustedes son padres de un niño intimidador, pero no reconocen dicho escenario, vale la pena que traten de ayudar a su hijo.

◆ **Cuando le comuniquen la intimidación, conserve la calma** y no responda con acusaciones. Determine los hechos.

◆ **No defienda a su hijo.** La intimidación es inexcusable.

◆ **Hable con su hijo.** Averigüe por qué lo hace.

◆ **Busque las causas de su comportamiento.** ¿Le preocupan los problemas de casa? ¿Tiene problemas con el rendimiento en la escuela? ¿Tiene dificultades para hacer amigos? Explíquele que amenanzar no tiene excusa y no es solución.

◆ **Individualmente, los niños pueden ser débiles.** Caen en las redes de un intimidador y actúan como esbirros suyos e instigadores. Tal vez lo hagan por miedo, por sentirse fuera de lugar o por aburrimiento. Más tarde lo harán porque les proporciona placer o porque necesitan la amistad del instigador. Recuerde que los niños son responsables de sus propias acciones. Decir que otros les han llevado por mal camino los sacaría del apuro. Quien se ha equivocado ha sido él.

◆ **Estudie si el niño comprende lo que significa intimidar.** A veces, más que muy agresivo, el niño es muy inmaduro.

◆ **Intente hablar con los padres de la víctima;** colabore con la escuela para enmendar los daños.

◆ **Pregunte si el niño puede ser atendido** por el psicólogo de la escuela.

◆ **Dé amor a su hijo, enséñele a quererse a sí mismo y refuerce su autoestima.**

◆ **Elabore un gráfico de buen comportamiento.** Señale sus logros con estrellas. Ignore sus fracasos.

Fanfarronear

Pocos somos inmunes a contar cuentos chinos ocasionales. Tampoco nos importa demasiado cuando somos receptores de alguno. Nuestra habilidad para juzgar lo que hay de cierto en una historia forma parte del arte del buen conversar. La vida sería aburrida si todo el mundo se limitara siempre a ceñirse a los hechos. Pero existe una notable diferencia entre una historia divertida o una visión exagerada del papel de un individuo en unos hechos determinados y el constante fanfarroneo. Este último constituye un síntoma de que el niño necesita atención para sentirse importante. Un bajo grado de autoestima subyace a esa necesidad. Véanse también páginas 121 a 125.

A este respecto, debo repetir que una de las funciones más importantes de los padres (tal vez la más importante) es procurar que el niño se autovalore y tenga un buen grado de autoestima. A los niños hay que plantearles siempre que la botella está medio llena, no medio vacía. Nunca lo critique, a menos que sea una crítica constructiva. Si el niño lo ha intentado, se merece su alabanza.

◆ **Enséñele cómo pensar positivamente en sí mismo.** "Date unas palmaditas en la espalda, Hugo." "Me parece que deberías decir al menos tres veces 'Hugo, eres fantástico por haberlo hecho'."

◆ **Enséñele a decir "Esto no va conmigo"** en lugar de "Ya la he pifiado otra vez".

◆ **Enséñele a pensar** "He llegado casi el primero" y no "Sólo he llegado en quinto lugar".

◆ **Quiérale por sí mismo.** "¡Cómo quiero a mi Marta!" y no "¡Cómo quiero a mi pequeña bailarina!"

◆ **Tenga confianza.** "Es difícil, pero estoy segura de que puedes hacerlo. Piensa bien por dónde vas a empezar." Luego ofrézcale sugerencias que le lleven a encontrar la solución. Nunca diga: "No seas tonto, Hugo: puedes hacerlo si lo intentas".

◆ **No haga por los niños lo que pueden hacer ellos.**

◆ **Dé independencia.** Confíe en ellos. Déjeles gastar su dinero como quieran.

◆ **Deje de reñirle.**

◆ **Déle trabajos** para hacer en casa y en el jardín. Permita al pequeño, cuando tenga una cierta edad, que baje al quiosco a comprar el periódico. Hágale saber que aprecia su colaboración.

◆ **Cómprele un perro o un hámster.** Cuidar de un animal doméstico incrementa la autoestima de un niño inseguro.

Maneras autoritarias en torno a los ocho años

Los niños no soportan que otro pequeño les esté mandando todo el día, de modo que los niños mandones raras veces tienen amigos íntimos.

◆ **No avergüence a su hijo regañándole delante de sus amigos.** Las opiniones de éstos son vitales para él a esta edad, sobre todo si el niño no es especialmente popular. Háblele en privado cuando sus amigos se hayan ido. Discuta cómo puede pedir la colaboración de sus amigos de un modo menos dictatorial.

◆ **Fomente la discusión.** Si usted siempre dicta la ley, él hará lo mismo.

◆ **Represente la situación** si su hijo necesita ayuda. ¿Cómo puedes pedir ayuda? ¿Cómo puedes expresar lo que deseas? Y, sobre todo, ¿Cómo escuchas las necesidades de los demás?

◆ **Discuta la diferencia entre imponer los deseos de uno y dictar a los demás lo que deben hacer.**

◆ **Discuta sus sentimientos** y cómo se sienten los demás cuando les dan órdenes. Tómese tiempo. Hágalo con delicadeza. Ser unos padres autoritarios no ayudará al niño a serlo menos.

◆ **Las reuniones familiares** son ocasiones propicias para airear los problemas de autoritarismo entre hermanos.

◆ **Los deportes en equipo** constituyen un buen entrenamiento para aprender a imponerse y, a la vez, desarrollar el espíritu de cooperación. También lo son los grupos de excursionismo, y otros.

No sabe hacer amigos

A nadie le gusta que su hijo esté solo. Es angustioso descubrir que su pequeño no es invitado a las fiestas de cumpleaños de otros niños, y que parece que ningún amigo está interesado en invitarle a jugar a su casa. Sobre todo si eso va acompañado de las quejas del pequeño porque los demás niños no quieren jugar con él. Ningún padre quiere ver a su hijo excluido de esa manera. Antes de que le entre el pánico, averigüe lo que su hijo quiere decir con eso de que no tiene amigos. Algunos niños piensan que todos los alumnos de la escuela deberían ser sus amigos, y que deberían ser invitados a todas las fiestas. Quizás en realidad tenga muchos amigos. Algunos estudios realizados indican que uno de cada diez niños no hace un amigo íntimo en todo el ciclo escolar.

Los problemas de amistad son normales en los primeros años de escuela. Consuélese con el hecho de que pocas amistades se fijan a esta edad. Es una época en que los niños se hacen 'mejores amigos' y dejan de serlo con igual facilidad. Que hoy no tenga un 'amigo del alma' no significa que no vaya a tenerlo mañana. Sea paciente y ayúdele a adquirir las dotes necesarias para ser un buen amigo.

◆ **Estar solo y ser solitario no es lo mismo.** Algunos niños disfrutan estando solos. Tienen amigos con quienes jugar cuando les apetece, pero otras veces prefieren jugar solos. Si dan la sensación de estar felices y satisfechos con esta situación, no hay problema.

◆ **Averígüelo a través del profesor fina** sospecha que quizás haya algún problema. Él sabrá lo que ocurre en la clase, y averiguará cómo están las cosas en el recreo. Pregúntele si le parece que el niño tiene problemas en la escuela.

◆ **Pregúnteselo al niño.** Puede que esté feliz. No interfiera, a menos que lo vea angustiado.

◆ **Aborde un posible autoritarismo.** Los niños autoritarios raras veces son populares.

◆ **Anímele a hacerse amigo de niños más pequeños.** Eso le permitirá incrementar su confianza y las dotes para hacer amigos de su misma edad.

◆ **Invite a otros niños a jugar con él en casa.**

◆ **Muéstrele cómo respirar hondo y calmarse** antes de relacionarse con otros niños. Los pequeños tensos no son atractivos a los ojos de los demás.

◆ **No intente hacer amigos por él.** Usted no puede forzar a otros niños a ser amables con su hijo.

Socialmente aislado

Existe una diferencia sustancial entre no tener demasiados amigos y estar socialmente aislado. El aislamiento social es una forma extrema de alteración social. Los niños socialmente aislados no se limitan a tener pocos amigos:

casi no invierten tiempo alguno en relacionarse con los demás. Los pequeños tímidos quieren y desean amigos. El niño socialmente aislado evita activamente a los demás niños. El aislamiento social está muy relacionado con otros comportamientos problemáticos, como dificultades para seguir en la escuela, problemas de personalidad, delincuencia y desórdenes de la conducta.

Muchas personas aisladas se sienten asustadas, rechazadas y solas. Algunos niños se aíslan. Otros quizás se relacionen con niños mucho más pequeños o mucho mayores que ellos, a pesar de tener dificultades con los de su propia edad. A veces, esto les permite desarrollar dotes para relacionarse con sus pares, en cuyo caso el aislamiento es sólo un problema transitorio. No obstante, si el problema persiste o si el niño parece no hacer amigos en la guardería, ni tampoco más adelante en la escuela, debería buscar ayuda profesional.

◆ **Los padres a veces rechazan a los amigos de sus hijos.** ¿Acaso tiene unas expectativas demasiado elevadas respecto a las amistades de sus hijos? ¿Le desaconseja jugar con determinados niños? Tal vez al niño no le gusten los mismos amigos que a usted, y tenga miedo de que usted se enfade si él elige a otros.

◆ **Los niños carecen de las dotes sociales para hacer amigos.** Ayudarles a desarrollar dichas dotes previene el problema. Exponga a su hijo al contacto con otros niños, apuntándole a un club de fútbol infantil y otras actividades en grupo. Invite a niños a jugar en su casa. Fomente activamente la participación en grupos.

◆ **Practique las dotes sociales con el niño.** Practique juegos interactivos.

◆ **Enséñele y entrénele en dotes que los demás valoren.** Las habilidades atléticas suelen hacer populares a los niños. También los conocimientos sobre fútbol. Llévele a presenciar algunos partidos de fútbol. Luego practique comentando las jugadas con él.

◆ **Promueva la asunción de riesgos.** Un niño que hace amigos corre riesgos.

◆ **Foméntele la confianza en sí mismo.** Quiérale de manera particularizada. Alábele a menudo. Hágale sentir que forma parte de la familia y que es aceptado tal como es. Un niño que se siente seguro y confiado es más sociable.

◆ **Gratifique cualquier relación social.** Véanse páginas 305-307.

Intenta comprar amigos

Descubrir que su hijo ha estado comprando amistades es horrible, pero resulta sorprendente lo corriente que es. Uno de cada diez niños en la escuela primaria no es seleccionado como amigo por sus compañeros. La tentación de engatusar para conseguir el favor de alguno es enorme. Algunos niños no saben cómo hacerse amigos. Otros resultan irritantes por sus maneras y, por tanto, no son elegidos. Los niños mandones y agresivos tienden a ser dejados de lado.

◆ **Compruebe que no está siendo intimidado.** Tal vez esté comprando protección, no amigos.

◆ **Hable con la escuela sobre el problema.** Puede que esté bastante extendido o que sea muy específico. Casi seguro que la escuela controlará la situación, si usted les pone al corriente. Hable con el profesor del niño sobre la relación de éste con sus compañeros. Los profesores le darán su opinión sobre el problema del niño. No se enfade ni se ponga a la defensiva. Una valoración honesta puede doler, pero es absolutamente necesaria si se desea encontrar una solución.

◆ **Hable con el niño acerca del problema.** Si no tiene amigos, ¿hay algún compañero que le gustaría como amigo o le parece que podría conseguirlo? Pídale que haga una lista de posibles amigos.

◆ **Hable con el niño acerca de qué le gusta en los amigos** y qué piensa que los amigos desearían encontrar en él.

◆ **Represente con el niño los diferentes papeles.** Practique la aproximación a otros niños, que hable con ellos y les pregunte si quieren jugar. Enséñele a decir no a los niños que pretenden comprar su amistad.

◆ **Invite a un niño a jugar.** Cuando su hijo haya localizado a un niño que desearía tener por amigo, invítelo a su casa.

◆ **Coopere con el profesor.** ¿Podría cambiarle de sitio en clase para que se hiciera amigo de otro niño? ¿Hay en la clase otros pequeños solitarios o algún niño de carácter muy asequible que pudiera incluirle en sus juegos?

◆ **A los niños les gustan los compañeros alegres,** participativos, que no son mandones, dispuestos a ayudar, a compartir, a hacerles reír, divertidos, que escuchan cuando les hablan y son amables. Lea esta lista con su hijo y represente cada una de esas características.

◆ **Los niños con facilidad para hacer amigos tienen confianza** en sí mismos, se organizan bien, son buenos deportistas; quitan importancia a los fracasos, se comunican y escuchan, saben cómo resolver conflictos, no critican a los demás y tienen unos padres que los apoyan.

◆ **Observe a su hijo con otros niños.** Tal vez eso le dé una visión de sus necesidades y del porqué de su impopularidad. Trabaje para modificar comportamientos que le hacen impopular.

'Adoptado' por un niño de más edad

Cuando los pequeños empiezan la escuela, es bastante común que sean 'adoptados' por un niño más mayor. Es muy probable que se trate de un niño que, por lo general, es más bien solitario y aislado.

◆ **Sondee a su hijo.** A veces un pequeño es tomado bajo la protección de niños más mayores, porque le encuentran especialmente gracioso. Ese tipo de relaciones reforzarán la autoestima de su hijo. No hay por qué preocuparse. Un niño seleccionado por su popularidad será también elegido más adelante como amigo por los niños de su edad.

◆ **Haga averiguaciones en la escuela.** Cuando un pequeño es 'adoptado' por otro niño más mayor que es particularmente solitario, pida consejo en la escuela. Quizás ese niño lo manipule y aísle de los demás o es posible que lo haga porque necesita un amigo.

◆ **Pase revista a la situación.** Si un niño está dominando por completo las amistades de su hijo, invite a pequeños de la edad del suyo a jugar con él en casa. Si piensa que tiene dificultades para hacer amigos entre los niños de su edad, háblelo con él. Que le comente lo que espera de sus amigos y cómo podría hacer amigos en su clase. Practique con él representando los diferentes papeles.

Responder a preguntas embarazosas

El hecho de que los pequeños comiencen a ir a la escuela no significa que vayan a dejar de plantear preguntas embarazosas. Al contrario, ahora que tienen contacto con otros niños, se volverán más 'sabiondos'.

Entre los cinco y los siete años, les encantan las groserías. Piensan que son inocentes, divertidas y que hacen 'mayor'. Por eso se dicen palabrotas unos a otros y hacen preguntas cuyas respuestas son también 'groseras'. Algunas de esas preguntas alcanzan de lleno la esfera de la vida familiar, bien porque el niño repite un juego de la escuela o que algún hermano le ha enseñado, bien porque no se da cuenta de lo que está preguntando o porque sólo lo comprende a medias.

Otras fuentes de preguntas 'embarazosas' son ya más siniestras. Si su hijo habla de prácticas sexuales con mayor conocimiento del que debería demostrar, busque la fuente. Tal vez alguien esté intentando abusar de él o del niño que constituye la fuente. Si la 'verborrea' sexual puede ser atribuida a un niño en particular, informe de ello en la escuela. Es posible que ese niño necesite protección.

Sea lo que sea lo que su hijo le pregunte, no se muestre sorprendida. Eso sólo conseguirá alertarle de que ha dicho algo 'realmente grosero' y le animará a repetirlo siempre que pueda. También hará que a usted le resulte más difícil lograr un equilibrio razonable entre responder a la pregunta honestamente y contestarla con exceso de profundidad. Recuerde que si usted no responde a su pregunta, es probable que pregunte a otra persona. Y tal vez esa persona no le ofrezca una respuesta tan cuidadosamente ponderada como usted.

◆ ¿Qué es sexo? Es frecuente que los pequeños planteen esa pregunta mucho antes de que empiecen a ir a la escuela. Al principio necesitan una explicación sencilla. Si a usted le da reparo la cuestión, hay muchos libros excelentes que la ayudarán. A los niños les resulta más fácil comprender el sexo si les muestra ilustraciones. Para cuando hayan alcanzado la edad escolar, probablemente plantearán preguntas más insidiosas.

◆ ¿Qué es un condón? Quizás hayan visto anuncios, hayan oído hablar de ello o hayan visto uno usado tirado en el parque. Empiece hablándole de sexo, y luego explíquele que las personas a veces desean disfrutar del sexo sin concebir bebés. Háblele del sexo seguro, haciendo referencia a virus que pueden pasar de una persona a otra en el intercambio sexual. Explíquele cómo el condón lo previene. La comparación con unos guantes de goma le servirá de ayuda.

◆ ¿Qué son los tampones? Eche mano de un libro, si siente reparos. "El lugar donde los bebés crecen dentro de la mamá se llama matriz. Cada mes la matriz se prepara para que un niño pueda vivir en ella. Fabrica una capa suave y acogedora; como una alfombra para que el bebé esté calentito. Pero las mujeres no queremos bebés todos los meses. Cuando no va a haber bebé creciendo en la matriz, ésta se quita de encima todas las cosas que había preparado. Es algo así como quitar el tapón de la bañera cuando ya no necesitamos el agua. Los tampones lo absorben. ¡Eso impide que las mamás nos mojemos las braguitas!"

◆ ¿Qué es eso? 'Eso' puede abarcar desde el cordón que cuelga del tampón, un condón usado que ha visto en el parque, un diafragma o incluso algún juguete sexual. Obviamente, el lema aquí es no tener a la vista cosas que no desea explicar a sus hijos. No tenga miedo de esquivar esa pregunta. No hace falta que seamos siempre absolutamente directos con los niños de seis años. Aproveche su ingenuidad.

◆ ¿Qué es el SIDA? Los niños no pueden evitar saber del SIDA. Explíquele qué es, cómo se manifiesta y de qué forma se contagia. Asegúrele que, para contagiarse, hay que tener relaciones sexuales con alguien que ya tenga el SIDA. A un pequeño de seis años debe quedarle claro que, cuando sus padres tienen relaciones sexuales, no es peligroso para ellos.

◆ ¿Qué son los "maricas"? "Hay hombres que se enamoran de una mujer, se casan con ella y viven juntos. Hay hombres, en cambio, que se enamoran de otro hombre, se 'casan' con él y viven juntos. Se les llama maricas o gays; son homosexuales. Hay mujeres que se enamoran de un hombre, se casan con él y viven juntos. Hay mujeres, en cambio, que se enamoran de otra mujer, se 'casan' con ella y viven juntas; son lesbianas."

◆ ¿Qué es sexo oral? La respuesta más sencilla es: "Cuando una persona practica sexo con la boca de otra persona". Los niños pequeños no necesitan más detalles. Averigüe de dónde lo ha sacado.

◆ ¿Qué es sexo anal? La respuesta más sencilla es: "Cuando una persona practica sexo con el trasero de otra persona". No necesita más detalles a esta edad. Averigüe de dónde lo ha sacado.

◆ ¿Por qué algunos niños no tienen papá? "Todos los niños tienen papá. Pero a veces no quieren vivir con sus hijitos, se marchan y dejan de verles para siempre. Pero eso no ocurre cuando el papá quiere estar con sus hijos. Tu papá quiere estar contigo de verdad."

◆ ¿Qué es violar/abusar/incesto? Averigüe dónde ha escuchado esas palabras. Déle la información justa para satisfacer su curiosidad. "Violar es cuando alguien toca tus genitales sin que tú quieras que lo haga."

"Abusar es cuando una persona adulta toca los genitales de un niño, pide al niño que le toque los suyos o intenta practicar sexo con él. Las personas que abusan, por lo general piden al niño que no se lo cuente a nadie."

"Incesto es cuando un familiar toca los genitales de otro familiar, o cuando un familiar trata de abusar de un niño. Hay padres y abuelos que intentan abusar de sus hijos o nietos. Normalmente les dicen que no lo cuenten a nadie y que les sucederán cosas malas si lo hacen. Eso no es verdad. Los niños siempre deben contarlo, aunque el familiar diga que les ocurrirá alguna desgracia si lo hacen."

◆ ¿Por qué hay personas que hacen daño a los niños? "Hay personas que tienen la mente muy enferma. Piensan que es divertido hacer daño a los niños. No existen muchas personas así, pero es difícil saber si alguien tiene la mente enferma. Lo mejor es no hablar con extraños cuando uno vaya solo."

Qué hacer cuando un niño es un tramposo

Casi ningún niño es buen perdedor. Aunque estén ganando, los pequeños son capaces de saltarse casillas para adelantar más rápido. Esconden cartas y se añaden puntos cuando nadie los mira. Si hay algún modo de hacer trampa, los niños pequeños lo conocen. Si su juego de manos o su sutil modificación de las reglas del juego no tiene éxito, desbaratarán el juego sobre el tablero, lo estropearán o se marcharán con un ataque de rabia. En esto no se diferencian demasiado de muchos adultos.

Todos los niños hacen trampa cuando son pequeños, al igual que todos dicen mentiras. Si establecemos una sociedad competitiva donde ganar importe más que jugar, no esperemos luego que los niños sean igualitarios. No podemos decir a los niños que deben ganar, animarles a que se abran camino hasta lo más alto y asombrarnos de que no lo hagan siempre de una manera justa. El viejo proverbio que dice "Lo importante no es ganar, sino participar" valía sólo para una selecta clase que gozaba de tantas ventajas que no necesitaba molestarse en ganar algo tan irrelevante como un juego.

◆ **Explíquele siempre que hacer trampa no está bien.** Enséñele a ponerse en la piel de los demás. ¿Cómo se sentiría si otros le hicieran trampas? Para niños a quienes les cuesta mucho no hacer trampas, plantee una situación en la cual sean ellos las víctimas de la trampa.

◆ **Espere cooperación y ayuda mutua.** Si las familias esperan que cada niño haga su parte de las tareas domésticas, ayude y asuma la responsabilidad de cuidar de otro; los niños serán más cooperativos y menos competitivos. Eso atenuará el problema.

◆ **No dé a partes iguales.** Si sus hijos siempre contemplan las cosas en términos de quién tiene más, es probable que hagan trampa para llevarse lo máximo.

◆ **Trate de manera particular.** Considerar que cada niño es especial a su manera les transmite el mensaje de que no tiene tanta importancia ganar todos los juegos.

◆ **Explique las reglas.** A veces los niños 'hacen trampas' porque no están seguros de cómo hay que jugar. Dígales que espera que jueguen limpio. Si pilla a uno haciendo trampas, comente con el resto de los jugadores lo que deben hacer con él. Insista en que no vale insultarse.

◆ **Espere de los niños que no hagan trampas.** "Sé que podéis jugar limpio."

◆ **Dígales que paren cuando les pille haciendo trampas.** Si los más pequeños necesitan empezar con alguna ventaja en un juego familiar, establezca claramente qué ventaja tendrán antes de empezar a jugar.

◆ **Exíjale una disculpa,** pero nunca le humille.

◆ **Si su hijo hace trampas en la escuela,** asegúrese de que se disculpa y acepta la sanción que le sea impuesta. Ésta nunca debe incluir la humillación pública. Enfréntese a la escuela si utilizan ese método. Diga al niño que cualquiera puede cometer un error y, a veces, comportarse mal, pero que eso no hace de ella una persona mezquina e indeseable.

◆ **Si su hijo hace trampas en la escuela,** averigüe el porqué. Tal vez lo haga porque es la única manera de estar a la altura. A los niños se les debe enseñar cómo hacer las cosas por sí mismos, no a través de los demás. Absténgase de abandonarse a la tendencia de vivir 'a través' de sus hijos.

◆ **Comente el buen comportamiento.**

◆ **Busque ayuda, si usted no puede afrontarlo,** o si le parece que la costumbre de su hijo de hacer trampa ha pasado ya a ser endémica.

◆ **Dé ejemplo siendo un buen perdedor.**

◆ **No proponga siempre juegos** que acaben con ganadores y perdedores.

◆ **Que socialice con otros niños.** Jugar con sus compañeros suele ser la mejor cura.

◆ **Recuerde que debe criticar o alabar el comportamiento, no al niño.**

◆ **Los deportes** de equipo, como el baloncesto o el fútbol, ayudan a los tramposos persistentes.

Contar historias exageradas

Los niños pequeños no conocen la diferencia entre los hechos y la realidad. Muchos de nosotros tampoco queremos mantener esa distinción estrictamente en su lugar. Resulta bastante aburrido un compañero que nunca adorna la verdad, o el amigo incondescendiente, que jamás dice ni una mentira piadosa encaminada a no herir o no desilusionar a un ser querido. A veces existen buenas razones para contar una mentira. Una buena historia nos hace reír. Un buen amigo no nos dirá antes de una entrevista que no tenemos ninguna posibilidad de obtener el puesto de trabajo, ni nos comentará que la ropa que llevamos puesta nos queda fatal (cuando no hay posibilidad alguna de que vayamos a cambiarnos).

Una mentira es una afirmación que no se corresponde con la verdad, pero lo mismo sucede con los cuentos. Cada noche cuando les leemos una historia antes de apagarles la luz, contamos a los niños 'mentiras' aceptables. Nos escuchan contar historias exageradas que hacen reír a la gente. Nos reímos de sus chistes. Por tanto, ¿quién dice que una mentira no es un falseamiento de la verdad que nos proporciona alguna ventaja? La distinción está muy clara para usted, pero es delicada para un niño pequeño cuyos días se desarrollan todavía envueltos en fantasía.

Contar historias constituye uno de los elementos básicos de toda cultura humana. Durante generaciones, las historias se transmitían a través de la palabra hablada; hoy en día, nos llegan básicamente a través de libros, educación, prensa y televisión. Las historias familiares perviven. Una de las cosas que nos liga a ellas es el conjunto de experiencias compartidas, reiteradas y embellecidas a base de ser contadas generación tras generación.

¿Cómo aprende un niño la diferencia entre mentiras aceptables y mentiras inaceptables, cuando el lenguaje está tan lleno de elementos que faltan a la verdad, la publicidad está llena de exageración, y la política, la prensa y la televisión rebosan manipulación?

La única manera en que un niño aprende qué mentiras (y verdades) son aceptables y cuáles son inaceptables es soltar unas cuantas y esperar su reacción. Usted es quien moldea el comportamiento del niño mediante su aprobación o desaprobación. La mayoría de nosotros traza una línea entre diversión y daño, ventaja y desventaja, tapar algo que heriría los sentimientos de otro y tapar algo que proyectaría un reflejo negativo sobre nosotros. Es una línea difícil de trazar y, asimismo, difícil de aprender. Algo que casi todos tenemos bien claro es que no nos gustan las mentiras que son utilizadas para manipularnos, y no nos gustan los mitos que obstaculizan sistemáticamente el camino de la verdad.

Mentiras positivas

Halagar a alguien mediante alabanzas constituye una mentira positiva. Todos los niños tienen derecho a que les recalquen sus virtudes.

◆ Lo que nos decimos a nosotros mismos para convencernos de que nos es posible son mentiras positivas, porque si creemos en ello tendremos mayores posibilidades de hacerlo realidad. Una mentira que ponga algo a nuestro alcance debe ser dicha: "Cuando sea mayor voy a ser futbolista." "Ha sido muy bonito." "Estaba delicioso."

◆ Las palabras refuerzan nuestra autoestima, tanto si son verdad como si constituyen una exageración.

◆ La risa es el mejor tónico. Trivial, pero cierto. 'Adobar' una historia para hacer reír a alguien entraña una mentira positiva.

◆ La empatía constituye una virtud social. Ponerse en la piel de otro y recorrer en ella una determinada distancia es fantasía, pero de clase positiva. Cuando el cuidar, simpatizar y mostrar consideración por los demás se basa en una mentira, se trata de una mentira positiva.

◆ Si las mentiras pequeñas impiden que una persona se sienta herida, entonces también son mentiras positivas.

A veces es mejor no decir nada, aunque conozcamos la respuesta a la pregunta.

Verdades negativas

◆ **"Quiero que tú..." "Espero que tú..." "Cuando seas..."** Las expectativas demasiado elevadas comportan que el pequeño nunca llegará a alcanzarlas. Un niño no es capaz de reconocer que los estándares de sus padres no son realistas, sino que, en lugar de ello, se ve a sí mismo fuera de lugar. Su única opción es no intentarlo. Así, tiene una excusa que no lo deja en mal lugar. "Lo habría logrado si me hubiese empeñado más." Esta afirmación llega a convertirse en un estilo de vida.

◆ **La verdad daña nuestra autoestima.** "No eres tan mona como Laura." Los juicios que implican sexo y raza –aunque estén basados en hechos probados– son verdades negativas. "Los hombres no saben cuidar de los niños." "Las personas de color no pueden conseguir buenos trabajos." De todos modos, se trata de verdades muy parciales.

◆ Decir la verdad a una persona cuando esta resulta dolorosa y el dolor no sirve para ningún fin constituye una verdad negativa.

◆ Decir verdades a medias, que manipulan a favor de uno y en contra del otro, son verdades negativas.

◆ Los comentarios personales poco halagadores son verdades negativas. "Tú cabeza tiene una forma muy rara."

Inventar historias y fantasear

Algunos pequeños cuentan siempre historias fantásticas. Como nos reímos y mostramos interés por ellos, los estamos recompensando. En la guardería, el niño que crea más fantasías lidera el juego. A veces, el sistema de contar historias se le va de las manos. Por ejemplo, puede usarlo para eludir culpas. Un niño que acostumbra a inventar una larga historia para salirse de algún lío, o utiliza un amigo imaginario para que cargue con la culpa por algo que él ha hecho necesita ser discretamente corregido. Es natural que un niño que tiene miedo de las posibles consecuencias diga que la culpa es de otro.

◆ **Acepte la explicación de su hijo,** pero trate y mire de aclarar las cosas. "¿Y por qué piensas que ese niño malo lo hizo?" "Dime lo que hizo Carlos mientras tú estabas en el baño."

◆ **Asegúrele que no va a pasarle nada por el hecho de contarlo.** "Sé que estaba enfadada, pero ahora ya no lo estoy. Ya sé que piensas que lo ha hecho Berta. Pero ¿lo ha hecho todo ella sola? Puedes decírmelo si la ayudaste un poco. No me enfadaré contigo. No hace falta que sigas fingiendo por más tiempo."

◆ **Nunca llame mentiroso a un niño que tiene miedo de decir la verdad.** Miente porque tiene miedo. Usted incrementa ese sentimiento si lo insulta; es probable que eso le haga decir más mentiras.

CÓMO FOMENTAR QUE LOS NIÑOS MIENTAN

✖ ***Poner etiquetas al niño:*** *el pequeño acaba haciendo honor a la etiqueta.*

¡Eres una mentirosa!

✖ ***Mentir a menudo y de manera flagrante cuando los niños estén delante.***

Ayer te llamé, debías de haber salido

✖ ***Pedir al niño que mienta por usted.***

Dile que no estoy

✖ ***No admitir nunca los propios errores.*** *Las mentiras son maneras de tapar errores. La mejor manera de desalentar la mentira es dar un buen ejemplo.*

✖ ***No dejar que el niño afronte las consecuencias de sus mentiras.*** *Si se olvida de hacer los deberes, no le escriba una disculpa con una excusa falsa.*

✖ ***No ser consecuente.*** *No saque a su hijo del apuro cuando haya mentido. Si la mentira le ha permitido escabullirse de hacer lo que le pedían, echar tierra sobre el asunto fomentará que mienta. El niño debe hacer lo que le han pedido o bien, si ya no es posible, enmendarlo de algún otro modo.*

Hoy ya es tarde para echar al buzón esa postal. Si me hubieses dicho que se te había olvidado cuando te lo pregunté la primera vez, habríamos tenido tiempo de ir a correos antes de la última recogida. Tendrás que llamar a la abuela, mañana después de desayunar, para felicitarla. Echaremos la postal al buzón de camino a la escuela.

Cómo reconocer que un niño miente

Los niños pequeños están mintiendo si:

- No le miran a los ojos y desvían la mirada.
- Parecen incómodos y agitados.
- Cambian la historia varias veces.

✖ ***Echarle la culpa.*** *Eso incrementa su temor y hace más probable que siga mintiendo. Evitar la vergüenza y la humillación es uno de los motivos principales que inducen a mentir.*

✖ ***Ridiculizar.*** *Con ello sólo se logra incrementar lo mal que se siente el niño y rebajar su autoestima. Si un bajo grado de autoestima es la razón principal de sus mentiras, sólo habremos conseguido empeorar las cosas.*

✖ ***No dejar que el niño afronte las consecuencias de sus mentiras.*** *Si cuando se olvida de hacer los deberes, usted manda una nota para excusarle, a buen seguro que lo 'olvidará' de nuevo. No tiene nada que perder.*

✖ ***Ser completamente inflexible.*** *Si después de decirle usted que no saldrá hasta que haya terminado sus ejercicios musicales llega un amigo y lo invita a ir al cine con su familia, decirle que no irá hasta que haya terminado las prácticas le animará a mentir. En lugar de eso dígale:*

> Puedes ir al cine, pero espero que cuando vuelvas sabrás encontrar tiempo para tus ejercicios de música

Eso le animará a ser honesto y responsable a la vez.

✖ ***Atacarle*** *por cosas pequeñas le inducirá a decir mentiras sobre cuestiones importantes. La vida de un niño estaría cargada de críticas si le atacásemos a cada falta menor. Recuerde que las alabanzas deben ir siempre por delante de las críticas.*

CÓMO DESALENTAR QUE LOS NIÑOS DIGAN MENTIRAS

✔ ***Haláguele** cuando diga la verdad.*

Estoy orgullosa de ti. Esto era algo duro de confesar

¿Necesitas que te ayude con eso?

✔ ***Préstele antención** antes de que él se la requiera.*

✔ ***No espere más de lo razonable.** Halágueles por ser él mismo y por hacerlo lo mejor que puede.*

Has intentado hacerlo y eso es muy importante

Marta, eres maravillosa

✔ ***Sepa escuchar.** Aunque la verdad no salga a flote de manera inmediata.*

Estas cosas ponen nervioso a cualquiera. Puede que pensara que la otra persona está muy enfadada para escuchar

Apuesto lo que sea a que ellos desearían poder dar su versión

✔ ***Esté dispuesta a congeniar.** Escuche su versión. Luego explique su visión (o la de la otra persona).*

Ya sé que te daba miedo decírmelo cuando me veías enfadada. Pero echarle la culpa a tu hermana no está bien. ¿Cómo te parece que se sentiría Marta si yo la hubiese acusado de romper el jarrón? ¿Habría pensado que es justo?

✔ ***Quiérale por ser quien es** y no por lo que sabe hacer.*

✔ ***Tranquila.** No se exceda en su reacción ante la mentira del niño.*

✔ ***Pregunte,** averigüe los hechos sin echárselos en cara. Muérdase la lengua cuando vaya a regañarle. Nunca lo insulte, aunque le parezca que hay motivo para ello.*

✔ ***Hágale saber que puede ser honesta.***

Puedes decir la verdad

✔ ***Dígale, recurriendo a los hechos, que usted sabe que ha dicho una mentira.***

Laura, sé que estaba en el jardín, de modo que él no puede haber roto el reloj

✔ ***Averigüe por qué le da miedo decir la verdad.***

¿Qué crees que le pasaría a la persona que hiciera esto? ¿Qué piensas que pasaría si esto fuera verdad?

✔ ***Asigne etiquetas positivas.***

Yo sé que puedes decir la verdad

✔ ***Etiquete el comportamiento, no al niño.***

Sé que puedes decir la verdad

no

Sé que en el fondo eres honesta

Puede que el niño no lo crea, si ha estado diciendo mentiras.

Sé que lo que acabas de decir no es verdad

no

Eres un mentiroso

✔ ***Ponga punto final.*** *Haga borrón y cuenta nueva. Ha dicho una mentira. ¿Y qué? Todos las decimos.*

✔ ***Que el niño conozca y afronte las consecuencias de sus mentiras.*** *A veces, una de las consecuencias es confesar y decirle a otra persona que ha mentido.*

✔ ***Reconozca sus errores*** *y enmiéndelos si ha acusado al niño en falso.*

✔ ***Busque ayuda profesional.*** *Si un niño en edad escolar es un mentiroso compulsivo y persistente, es probable que necesite ayuda. Suele tratarse de un síntoma que revela algún problema subyacente.*

- Dan explicaciones muy vagas.

- Incurren en incoherencias.

- Usted piensa que le están mintiendo.

- Parecen nerviosos y asustados.

Niños egocéntricos

Las personas egocéntricas actúan como si hubieran de obtener lo que quieren sin hacer ningún esfuerzo. Están por encima de todo, exclusivamente preocupados por sí mismos, y piensan en sus necesidades sin tener en cuenta para nada a los demás. Siempre colocan sus propios deseos en primer lugar. Si esta descripción le cuadra con la de alguna personita que conoce, no se alarme. Todos los niños son egocéntricos durante los primeros años de su vida.

Hasta que cumple los cuatro años, el pequeño tiene sólo un punto de vista, y ése es el suyo. Hacia los cinco años el niño tendrá en cuenta los puntos de vista de otras personas, será más compasivo e imaginará cómo se sienten los otros, aunque son temas que todavía no domina. Los practica cuando juega a representar diferentes papeles, escucha las historias que le cuentan o mira vídeos o la televisión. Hacia los siete años empiezan a ser un poco menos egocéntricos. A medida que el juego imaginario va declinando, esas habilidades deberían estar más o menos asentadas, pero eso no es siempre así. Como todos sabemos, algunas personas son egocéntricas durante toda su vida.

Un individuo que se despreocupa de los demás constituye un compañero muy pobre. A menudo, los demás niños se interesan tan poco por él como él se interesa por ellos (o al menos actúa como si no le importaran). Los niños egocéntricos raramente se sienten parte de un grupo o tienen amistades íntimas.

Fomentar el egoísmo

- **Ponerle la etiqueta.** "Eres tan egoísta."

- **Estar de acuerdo con la pobre visión que el niño tiene de sí mismo.** "No me extraña que los niños no quieran jugar contigo."

- **Estar de acuerdo con la pobre visión que el niño tiene de los demás.** "No vale la pena preocuparse por ellos."

- **Desalentar sus relaciones con los demás.** "No, ahora no puede venir a jugar aquí; es la hora en que tengo más trabajo." Los niños egocéntricos a menudo tienen dificultades para relacionarse con sus compañeros; se les hace mucho más difícil participar como 'nosotros' que como 'yo'. Si no practican, no mejorarán en ese sentido.

◆ **Malcriarle.** Aunque un niño tenga una gran cantidad de juguetes no está mimado. Sin embargo quizás tenga pocas cosas materiales, y aun así estar demasiado consentido. Los padres malcrían a sus hijos cuando los protegen en exceso y no les exigen nada. Unos padres que se sacrifican en exceso están consintiendo al niño. El hecho de consentir a los hijos tiene que ver a menudo con un sentimiento de culpa. Quizás los padres malcríen al niño porque disponen de poco tiempo para dedicarle, porque no lo querían o porque no lo encuentran atractivo. Tal vez lo hacen para compensar el hecho de que ellos tuvieron una infancia infeliz o marcada por las privaciones.

◆ **No dejarle que crezca.** Los niños egocéntricos permanecen anclados en el modo más infantil de relacionarse con el mundo. Los padres lo fomentan en caso de que no le planteen demandas, y si no le permiten o esperan de él independencia y responsabilidad. "Déjame que lo haga yo." "Vale, vale, ya voy yo a buscarlo."

◆ **A veces los niños son egoístas, porque tienen miedo a ser rechazados o a estar cerca de otras personas.** Eso ocurre cuando los niños son excluidos por unos padres egocéntricos o que no saben cómo dar y expresar amor. "¿No ves que estoy ocupada?" "Sabes perfectamente que mañana tengo una reunión importante." "Vete a jugar."

◆ **A veces los niños son egoístas a consecuencia de ser inmaduros.**

Cómo ayudar a los niños egoístas

◆ **Evitar el egoísmo ayudando al niño a sentirse útil.** "Laura, eres una gran ayuda para mí." Quiérale por ser quien es y de manera particularizada. "¿Quién es mi corazoncito?" "Eres un amor. Me has sido de gran ayuda." Déle amor y fomente que el niño se quiera a sí mismo. "Ya puedes darte una palmadita en la espalda y déjame que te dé un beso." Un niño con un alto grado de autoestima puede permitirse tomar a los demás en consideración.

◆ **Respetar y aceptar las debilidades del niño, al igual que acepta sus puntos fuertes.** Un niño que es querido por sí mismo no necesita actuar de manera egoísta. "Hugo, en ocasiones es difícil no estallar. Todos necesitamos a veces dar patadas a un cojín." "Aprecio de verdad lo mucho que estás esforzándote."

◆ **Procurar que el niño sepa que usted lo valora.** "Hugo, estoy muy orgullosa de ti."

◆ **Dar ejemplo y enseñar a los niños a preocuparse por los demás.** Mostrar un interés real por sus hijos constituye el primer paso. Demostrar preocupación e involucrarse en el bienestar de los demás es el segundo paso. Los niños copian lo que sus padres hacen.

◆ **Enseñar al niño a representar otros papeles.** Representar el papel de otra persona es la mejor manera de pensar y preocuparnos por ella. Utilice muñecos de trapo y peluche y vaya intercambiando los papeles. La idea es que él empiece con un muñeco y usted con otro. A mitad del juego, se intercambian los muñecos. Por tanto, él tendrá que hacer el papel de usted y usted el suyo.

◆ **Representar papeles de la vida real.** Que el niño haga de padre afectuoso y usted representará el papel de niño egoísta.

◆ **Grabar sus interacciones con usted.** Su hijo se quedará sorprendido de cómo suena. Esto funciona muy bien con niños más mayores. Después de escuchar la cinta, representen el papel de interlocutor de un individuo así de egoísta.

◆ **Contar historias.** Pida a su hijo que le cuente una historia. Luego el padre (o la madre) relata una historia similar, poniendo el énfasis en los comportamientos que denotan consideración y ausencia de egoísmo que el niño haya esgrimido. Después de repetirlo varias veces, usted cuenta la historia y deja que el niño cuente la segunda versión.

◆ **Refuerce siempre el más mínimo progreso que el niño haga,** por pequeño que parezca. "Hoy te he visto realmente reflexivo."

◆ **Las estrellas doradas** pegadas en el gráfico señalan respuestas que denotan verdaderas consideraciones registradas a lo largo del día, y las estrellas plateadas, los actos no egoístas.

◆ **Hablar de por qué a las personas no les gusta el egoísmo.**

Es muy destructiva

Por qué son destructivos los niños:

- **Algunos niños son torpes.** No tienen intención de romper las cosas.

- **Algunos pequeños son demasiado inquisitivos.** No se detienen a pensar hasta que han desmontado una cosa y no saben montarla otra vez.

- **Algunos niños sí tienen intención de romper cosas.** Es raro que los niños sean deliberadamente destructivos sin ninguna razón. Es probable que se trate de un grito en petición de ayuda. Si usted no puede proporcionarle esa ayuda, necesitará acudir a un profesional.

- **En ocasiones, no es más que una travesura** o una broma que sale mal. Los niños de más edad son especialmente dados a las travesuras, sobre todo cuando van en pandilla con otros niños. Cuando van en grupo, los niños se incitan unos a otros a hacer cosas que no harían si estuviesen solos.

- **Frustración.** La rabia es una respuesta natural a la frustración. A veces, un niño enfadado será destructivo.

- **Malicia.** Algunos niños estropean las cosas de manera deliberada, por pura hostilidad. Éste es, con mucho, el comportamiento más difícil de afrontar.

Qué hacer si un niño es destructivo

- **Enfréntese a él.** Interrúmpale y dígale: "Deja de hacer eso. Estás rompiendo el juguete de tu hermano. Quiero que pares ahora mismo". Dígale que se tome un tiempo de reflexión en otro lugar. Luego pregúntele cómo piensa enmendar lo que ha hecho. Haláguele por hacerlo. Discuta con él maneras alternativas de demostrar su enfado y frustración.

- **Indague las causas.** Es probable que un niño que de repente empieza a ser deliberadamente destructivo se halle en un estado de tensión. Un niño que lo es con frecuencia, tal vez esté buscando atención. El que destruye los juguetes de su hermano quizás sienta celos. Distánciese de la situación y examínela con mente abierta. Incida sobre las causas. Enseñe a su hijo cómo relajarse. Si está pasando una

CÓMO NO TRATAR A UN NIÑO DESCUIDADO

✖ ***Colgarle la etiqueta.*** *"Marta, ¡eres tan descuidada!" "¿Cómo puedes ser tan tonta?" "Cualquier tonto habría visto que eso se caería."*

✖ ***Hacer una montaña del asunto.*** *"El zumo ha echado a perder la alfombra, y no sé de dónde voy a sacar el dinero para comprar una nueva." En primer lugar, si es verdad que la alfombra se ha estropeado, ¿por qué le dejó que se tomara el zumo allí?*

✖ ***No decirle nada y limitarse a limpiar detrás de él.*** *¿Cómo va a aprender el niño, si nunca le señalan sus errores? ¿Cómo va a aprender, si nunca debe asumir las consecuencias?*

✖ ***No esperar nunca que enmiende sus faltas.*** *¿Por qué va a tener cuidado, si el hecho de ser descuidado nunca le acarrea consecuencias?*

✖ ***Plantear amenazas que luego no se cumplen.*** *"Esto cuesta mucho dinero. Te quedarás sin semanada hasta que lo hayas pagado." Si le amenaza pero luego no actúa, el niño aprenderá a ignorarla.*

✖ ***Pretender que no importa cuando en realidad no es así.*** *"Sólo era un plato antiguo que la abuela me dejó en herencia." ¿Cómo va a aprender a ser cuidadoso con la propiedad de los demás si usted implícitamente le transmite que sus cosas no tienen valor?*

✖ ***Presionarle.*** *El descuido es causado a menudo por el estrés. Incrementar los factores que causan estrés hará que las cosas empeoren. "Ya es bastante difícil sin tus constantes descuidos, Laura."*

época difícil en la escuela, rebaje las presiones en casa. Interrumpa las actividades extraescolares hasta que la situación mejore. Bríndele atención antes de que se la pida mediante mal comportamiento. Demuestre amor de una forma igualitaria, por la mera razón de que el niño está ahí. No haga comparaciones. Ignore el mal comportamiento y las demandas que éste pretende plantear. Aborde los celos brindando atención individual.

CÓMO TRATAR A UN NIÑO DESCUIDADO

✓ **Describa el comportamiento.** *"Veo que se ha roto la taza."*

✓ **Exprese sus sentimientos.** *"Me pone de mal humor cuando dejas las cosas donde pueden caerse al suelo."*

✓ **Describa sus expectativas.** *"Espero que tengas cuidado cuando te lleves bebidas a tu habitación."*

✓ **Enseñe al niño a enmendar sus errores.** *"Habrá que limpiar eso. Ve a buscar un trapo al armario del baño. A continuación tendrás que aclararlo."*

✓ **Exprese confianza en él.** *"Sé que puedes tener más cuidado."*

✓ **Ofrezca opciones** *a los que se muestran persistentemente descuidados, a fin de enfatizar su responsabilidad. "O te aseguras de colocar bien la bebida en la mesita de noche o bajas a la cocina a tomarte la leche: tú decides."*

✓ **Sea consecuente hasta el final.** *"Marta, tendrás que quedarte aquí hasta que acabes de tomarte la leche."*

✓ **Desarrolle la autoestima de sus hijos.** *"Marta, eres muy especial para mí." "Marta, sé cuánto te estás esforzando y me siento orgullosa de ti."*

✓ **Háblele de la prevención.** *En lugar de coartarla todo el rato, recordándoselo y asumiendo por ella la responsabilidad, trabaje con la niña para ver qué puede hacer para que ella misma se lo organice."*

◆ **Enseñe a los niños cómo liberarse del enfado.** Sugiérales que se pongan a patear un cojín o a gritar muy fuerte.

◆ **Gratifíqueles.** Registre cuidadosamente todos los días cuán a menudo el niño se muestra destructivo. Recompénsele con una estrella dorada cuando sea menos destructivo de como lo fue el día anterior. Ahora debe hacerle entender que ha de ser menos destructivo para ganar una estrella.

Dicen que es destructivo en la escuela

Generalmente suele haber una razón por la cual un niño es persistentemente destructivo en la escuela.

◆ **TDA.** Los niños que son persistentemente destructivos en casa y en el colegio puede que sean hiperactivos (véase pág. 154). Estos niños tienen dificultades para centrar su atención y, por tanto, la atmósfera de la clase es muy difícil para ellos. Mostrarán síntomas de hiperactividad y falta de atención, tanto fuera de la clase como dentro de ella. Si le sorprende que le digan que su hijo es destructivo, casi seguro que ése no es el problema.

◆ **Dislexia.** Los niños con dificultades para la lectura son a menudo destructivos. Algunos muestran todos los síntomas de TDA, excepto que los problemas se inician después de las dificultades con la lectura. La condescendencia y la comprensión resultan fundamentales. Los niños con problemas para aprender a leer no siempre quieren que éstos les sean recordados en casa. Si ése es el único entorno en el cual no se siente juzgado, no lo destruya intentando ayudarle a aprender a leer. Pida en la escuela que evalúen al niño y solicite al psicólogo escolar que le recomiende un profesor especial. (Veánse también, en relación con la dislexia, las páginas 220-231.)

◆ **Habilidades excepcionales.** A veces los niños con habilidades excepcionales son destructivos en la escuela porque se aburren y porque tienen dificultades para hacer amigos. Ésta es otra de las situaciones que requiere ayuda profesional. No trate a un niño excepcionalmente hábil de tal modo que sus habilidades disculpen su mal comportamiento. Que el trabajo en la escuela le parezca fácil no es excusa para que ponga trabas al aprendizaje de los demás niños de la clase. Nunca deben excusarse los comportamientos antisociales. Enseñe a su hijo a hacer una pausa y a respirar profundamente varias veces antes de actuar.

◆ **Necesidad de amigos.** Alrededor de un 10 por ciento de los niños pequeños no tiene un amigo íntimo en la escuela. Si hacer el tonto y portarse mal les reporta la atención y la admiración de otros niños, la tentación de hacerlo será enorme. Hable de ello con sus profesores. ¿Puede invitar a su casa a amigos de su hijo? ¿Puede apuntarle a algún club para que aprenda a hacer amistades? (Véanse también No sabe hacer amigos, página 264, y Socialmente aislado, página 265).

◆ **Problemas en casa.** Los niños que han sufrido y/o tienen miedo de sufrir una pérdida se portan mal en la escuela. En unas ocasiones la infelicidad les impulsa a retraerse; en otras, a desplegar comportamientos encaminados a captar atención. Si le parece que ésa podría ser la causa de su destructividad, hable con su profesor. Por mucho que usted lo esté pasando mal, procure encontrar tiempo cada día para prestarle alguna atención especial. Enséñele cómo mostrar su enfado pateando un cojín o representándolo en un dibujo. Asegúrele (y procure que el padre haga lo mismo) que le quiere y que no es culpa suya lo que está ocurriendo.

No hace caso de lo que le dicen

El hecho de no escuchar o no hacer caso de lo que le dicen es un problema común a muchos pequeños durante los primeros años escolares. Los niños desconectan cuando les regañamos a menudo. Recuerde que si siempre repite las cosas media docena de veces antes de gritarle o esperar que lo haga, el niño aguardará hasta la séptima vez antes de actuar. ¿Por qué no iba a hacerlo?

Asegúrese de que lo ha oído

◆ **Establezca siempre contacto visual con su hijo.** A veces los niños no responden porque están enfrascados en un juego y realmente no lo oyen. Tóquele para atraer su atención antes de empezar a hablarle. Los niños pequeños parecen tener dificultades para hacer dos cosas –como escuchar y jugar– al mismo tiempo.

◆ **Pídaselo una sola vez.** Deje bien claro que la cosa va en serio a la primera. "Laura, quiero que recojas el juego ahora. Y voy a decírtelo una sola vez."

◆ **Haga advertencias.** "Marta, vamos a buscar a Hugo dentro de diez minutos. Eso será cuando la manecilla grande del reloj esté aquí. Toma, tu abrigo. Espero que para entonces te lo habrás puesto."

◆ **Compruebe que lo ha entendido.** "Laura, ¿qué te he pedido que hagas?"

Mejor que machacar

◆ **Dé buen ejemplo.** Si quiere que el niño la escuche, asegúrese de que usted lo escucha a él.

◆ **Asegúrese de que oye bien.** Sométale a un test de audición si sospecha que quizás el niño tenga problemas en ese sentido. A veces los niños tienen problemas con determinados registros. Los pequeños que sufren infecciones de oídos frecuentes, a menudo tienen problemas.

◆ **Alábele.** Dígale que es muy bueno escuchando. Demuéstrele lo mucho que aprecia que haga las cosas que le piden.

◆ **Sea coherente.** No vuelva sobre lo que ya ha dicho. No regañe.

◆ **Quiérale mucho.** A veces los niños piensan que la relación con sus padres no tiene importancia. Esto es menos fácil que suceda en familias en las cuales los padres y los hijos se respetan mutuamente.

◆ **Baje el volumen.** A veces los niños tienen dificultades para oír por encima del ruido de la televisión o para prestar atención cuando están mirando un programa porque les cuesta repartir su atención entre dos cosas. Recuerde que, para los pequeños, el ruido significa 'vete'. Un niño pequeño que está en un lugar ruidoso es probable que continúe haciendo lo que tiene empezado, más que cambiar a una tarea nueva. Si quiere que cambie de chip, lo mejor es que baje el volumen.

Siempre me interrumpe

Los niños están a menudo tan rebosantes de sus propias ideas que no pueden esperar a soltarlas. Los niños de todas las edades nos importunan e interrumpen cuando estamos hablando por teléfono o conversando con algún amigo. Si nos hallamos enfrascados en una conversación larga que no los incluye es cuando las interrupciones se dan más a menudo. Todos los niños necesitan que les enseñen a no interrumpir. Pero, por otra parte, no hay necesidad de regañarles por ello. Reñirles le molesta más a usted que influye en ellos. Si su hijo no puede esperar cinco minutos, procure hacer una pausa a los tres minutos y preguntarle qué quiere. Eso hace milagros.

CÓMO DESALENTAR LAS INTERRUPCIONES

✔ ***Déle oportunidades para ser escuchado.*** *Dése siempre por enterada cuando un niño pequeño trata de hablar con usted. Enséñele que debe decir "Disculpad" antes de interrumpir una conversación.*

✔ ***Enséñele a esperar y a escuchar.*** *"Marta, si levanto la mano, es que te he visto y que iré en cuanto pueda." Luego asegúrese de no romper su promesa. "Mi hija me necesita. ¿Te llamo dentro de media hora?"*

✔ ***Localice las situaciones que producen mayor número de interrupciones.*** *Hable con el niño de ellas. Procure encontrar soluciones justas para ambos.*

✔ ***Sugiérale lo que puede hacer en lugar de interrumpir.***

✔ ***Sea razonable.*** *Acorte sus conversaciones con los adultos cuando los niños estén presentes. Aprenda a hablar con sus amigos o a trabajar con interrupciones frecuentes. Los niños necesitan atención. No mantenga largas conversaciones telefónicas cuando esté sola con los niños.*

✔ ***Enséñele.*** *Represente escenas en que él la interrumpe y usted lo interrumpe a él.*

✔ ***Sea un buen modelo.*** *Si necesita interrumpirle, espere y luego diga: "Disculpa, Laura..."*

✔ ***Alabe sus esfuerzos.*** *"Te has esforzado mucho. Te habrá resultado muy aburrido escuchar toda esta charla de mayores."*

CÓMO FOMENTAR QUE UN NIÑO INTERRUMPA

✖ ***No dejar nunca que esté presente cuando usted se encuentra con amigos.*** *Si interrumpir es lo único que le acarrea su plena atención, la interrumpirá. ¿Qué otra cosa puede hacer?*

✖ ***Decirle que no debía de ser muy importante lo que quería si lo ha olvidado.*** *A los niños les cuesta pensar en más de una cosa a la vez. Si se ha estado concentrando en estar enfadado con usted, habrá olvidado lo que quería primero, con independencia de lo importante que fuera.*

✖ ***Suponer que el niño espera*** *por mucho que tarde usted.*

✖ ***Ignorar sus esfuerzos.*** *Si ha sabido esperar, necesita ser alabado.*

✖ ***Poner siempre por delante lo que usted desea hacer y decir antes de lo que él desea hacer y decir.*** *Con semejante ejemplo, ¿cómo no va a ser un niño egocéntrico?*

De los ocho a los trece años

Hitos: su hijo a los ocho años

Y de repente se hacen mayores. La inocencia de los juegos de aquellos primeros años en la escuela ha desaparecido hace tiempo y ha sido remplazada por una desproporcionada conciencia de sí mismos en público. A los ocho, el discurso del niño será monótono e insulso, mientras que la niña emplea un tono más despierto y ligeramente mandón.

No es que no sepa modular la voz. Fuera de escena produce un chorro constante de voces en plan tonto. En el asiento trasero del coche habla sin cesar, pero en entornos más públicos tiene tendencia a quedarse mudo delante de adultos, o bien a hacer de comediante. El humor es crudo y repetitivo a los ocho años, y algo más sofisticado a los diez. El potencial en risa de transformar un cinturón en 'un pito de medio metro' se ha perdido en muchos padres, pero como divierte a sus amigos y hermanos, se ríe. Un niño de ocho años siempre se ríe de sus propios chistes, cada vez que los cuenta.

Hasta que cumplen los siete años, los niños no entienden la mayor parte de los chistes. Piensan que decir groserías es una travesura y, por tanto, resulta divertido, pero al no ser capaces de mantener en su cabeza dos visiones distintas a la vez, o ver dos significados diferentes, no entienden por qué la mayor parte de los chistes hace gracia. Sostener dos visiones a la vez es esencial para que el niño entienda conceptos como la ironía, la democracia, la estrategia o la razón. Entre los ocho y los doce años, los niños están desarrollando y practicando esas habilidades. Los chistes son una manera de hacerlo. Representar varios papeles y utilizar diferentes voces es otra forma posible.

En los primeros años de vida, el pequeño casi nunca se halla fuera del alcance visual o auditivo de sus cuidadores. Los padres saben lo que a su hijo le gusta hacer; cuando entran en una tienda de juguetes exclaman sin el menor atisbo de duda: "Esto es exactamente lo que a él le gustaría". Ahora, en cambio, ya no están tan seguros. La atracción por los juegos de ordenador, los dibujos animados que le gustan o los juegos a los que se entrega son menos familiares para los padres en esta época.

Rudolf Steiner describió estos años intermedios como 'el corazón de la infancia' y, para muchos de nosotros, son los años a que nos remontamos cuando pensamos en la niñez. Otros han dado en llamarla la 'edad angular', por los movimientos retozones de muchos niños. Es la edad de las bandas, de la libertad y del primer sabor real a independencia. Según Freud, éste es también el período de latencia entre el desarrollo de la sexualidad infantil temprana y la sexualidad de la pubertad adulta: una edad de la 'inocencia despierta'.

Los ocho años marcan un súbito acelerón en el desarrollo prepubital. Los niños crecen de golpe en altura, ensanchan de hombros y, por primera vez, se detecta una pequeña diferencia de medidas entre ambos sexos, siendo en promedio el varón algo más alto y más ancho de espaldas. Se registra, asimismo, una mejora en el equilibrio y la coordinación, incluyendo la coordinación mano-ojo. Eso significa que el niño escala, salta, corre y esquiva. Hacia los 12 años, una niña es capaz de hacer juegos malabares o de saltar a la comba. El niño será un futbolista competente y encestará la pelota de baloncesto con habilidad.

La coordinación ojo-mano mejora de manera notable, y el niño empieza a escribir y dibujar con nitidez. Los muñecos de palotes y la maravillosa ingenuidad que esgrimían se han esfumado de sus dibujos y, en su lugar, aparecen figuras humanas bastante claras y formales. Los niños tienen también tendencia a dibujar menos y, claramente, con menor entusiasmo. Es la época de los juegos de estrategia: empiezan a disfrutar con los juegos de tablero y con los de calle.

A esta edad, los niños les ocultan muchas cosas a sus padres. Es el tiempo de sociedades secretas, códigos y campamentos. La calidez de los primeros años ha quedado atrás. En las caricias feroces que le dispensan a menudo hay algo similar a la indiferencia. Una conversación típica puede discurrir así:

"¿Dónde has estado?"
"Por ahí."
"¿Y qué has estado haciendo?"
"Nada especial."
"¿Con quién estabas?"
"Oh, con amigos, ya sabes."
"¿Estaba Hugo con vosotros?"
"¿Qué puedo comer?"

Alrededor de los ocho años, la afiliación y la lealtad de los pequeños cambia, y parece que sólo vivan para el momento en que podrán salir de casa o encerrarse en su habitación. El niño le importunará para que le lleve a la escuela una hora antes de que empiecen las clases a fin de poder estar con sus amigos. Si antes era muy hablador, ahora se muestra reticente. Si antes era muy afectuoso, ahora es más frío. Sugerirle que las tareas de casa van antes que salir a jugar con los amigos puede acarrear una larga sesión de reclamaciones "Pero mamá...", en días buenos, y llegar a la insolencia y la grosería en días no tan buenos.

Por encima de todo, son los años en que toca jugar, en que los adultos son figuras sombrías en la frontera con lo que consideran la 'vida real': la vida con sus amigos. Solemos recordar esos años con afecto. El niño goza justo de la independencia necesaria para poder jugar sin supervisión, y se halla todavía lo bastante alejado de la edad adulta como para no tener que preocuparse de las responsabilidades venideras. Hasta que cumplen los siete años, sus amistades son bastante inconsistentes. Hoy mejores amigos, la semana que viene sólo conocidos. Niños y niñas suelen jugar juntos en el parvulario durante los primeros años de escuela. Cuando llegan a los ocho, los sexos se hallan casi separados en el patio de la escuela, si bien en el entorno del barrio se forman pandillas mixtas.

En el patio, los niños tienden a congregarse en torno a un líder. Éste se rodea de un círculo próximo y de una masa de miembros más sueltos. Siempre habrá uno o dos chicos impopulares que serán dejados al margen. Ser gordo, por ejemplo, hace a un niño el candidato probable para recibir ese tratamiento.

Las chicas forman grupos mucho más reducidos, y pasan la mayor parte de su tiempo de dos en dos o máximo tres. Incluso cuando juegan en grupos más numerosos, no es frecuente que se destaque claramente una líder. Dado que las pandillas son más pequeñas, es menos probable que algunas chicas se queden fuera, y las chicas impopulares pueden a menudo juntarse entre ellas.

CÓMO CONSEGUIR LA APROBACIÓN DE SU HIJO A ESTA EDAD

✔ ***Mantenga una distancia respetuosa, pero afectuosa.*** *Esté ahí sólo cuando sea necesario.*

✔ ***Permítale tener su privacidad.*** *Si el niño no se lo quiere decir, no tiene por qué hacerlo.*

✔ ***Déle independencia.*** *El mundo exterior es peligroso, pero tarde o temprano tendrá que salir a él.*

✔ ***Compórtese como la figura de un adulto en una novela de Enid Blyton:*** *una figura en sombras que provee comida y bebida, mientras los niños se divierten.*

CÓMO NO OBTENER LA APROBACIÓN DE SU HIJO

✖ ***Esperar que lo incluyan.*** *Él no desea que usted se siente a la mesa cuando invita a sus amigos a merendar.*

✖ ***Preguntarle siempre lo que ha estado haciendo.*** *Siendo legal y seguro, es asunto suyo. Si no fuese así, ¿cree usted que se lo diría?*

✖ ***Intentar acaparar la atención.*** *Los padres deben mantenerse en un segundo plano cuando el niño está con sus amigos.*

✖ ***Hablar como si él no estuviera allí.*** *Los niños pequeños pueden tolerarlo, pero los de esta edad intermedia lo odian.*

Conseguir que el niño hable con usted

Si antes estábamos encantados con su excitación, ahora nos descubrimos irritados por la voz de tonto y los interminables monólogos sobre anuncios publicitarios, superhéroes de la televisión o videojuegos. Todo esto adobado con voz de falsete resultan horroroso. ¿Qué decir sobre un juego de ordenador al que nunca se ha jugado o sobre un anuncio de la televisión que ya se ha comentado 20 veces? De repente, aquel pequeño encantador está volviéndose un pelmazo. Ahora que los niños pueden elegir sus propios temas de conversación, será muy raro que elijan hablar de las cosas que usted quiere escuchar. Su interés se centra en sus compañeros y en cómo alcanzar el tercer nivel en un determinado videojuego. Nosotros queremos saber qué hacen, cómo se sienten, cuáles son sus logros. Deseamos sentirnos necesitados y queridos. En suma, queremos, nosotros también, ser unos pelmazos.

Los niños en esta edad intermedia no desean contar todo a sus padres. Ahora que han logrado comprender su condición de seres separados, quieren mantener algunas de las barreras. Es más fácil que el niño hable con usted, si usted no invade su espacio: respétele su privacidad en aquellas cosas que son importantes para él, aunque no lo sean para usted. Evite preguntas como "¿Quién más había en la fiesta?".

Si sólo quiere pasar el rato, evite entrar en cualquier asunto muy personal. Si necesita información de él, explíquele por qué quiere saberlo. Si tiene una hija convencional, tal vez obtendrá algo más que un monosílabo por respuesta en un tono de voz natural. Es menos probable si su descendencia son chicos convencionales. Pero nada está garantizado. Quizás le ayude plantear una pregunta que requiera más de una palabra como respuesta.

Comentarios que cortan en seco la conversación

Eso me lo cuentas luego. Ahora hablemos de la escuela

No hables así de tu profesor

¿Es *necesario* que uses ese estúpido acento? Puedes hablar en tono normal si te da la gana

Si no sabes decir nada agradable de las personas, mejor que no digas nada

¿Estaba David? ¿Estaba Javier? ¿Estaba Daniel?

¿Has subido a los columpios... al tobogán... y a los caballitos?

No quiero discutir sobre eso

Sí, pero déjame decirte a quién *he* visto hoy...

Ah... ya... mmm... qué interesante...

Comentarios que dan a los niños ganas de seguir hablando

Ya veo lo enfadado que estás... eso te habrá dado mucha rabia...

Es triste cuando alguien se muda de casa... Tú y José os lo pasábais tan bien juntos...

Álex, ese chiste es terrible... ¡No! ¡No! No cuentes otro

Yo me habría echado a temblar si...

Maneras de hacerle hablar

◆ **No le contradiga.** Si él dice que su hermana es estúpida, pregúntele por qué. Si usted le dice "No insultes a tu hermana", su hijo se cerrará en banda o se pondrá a la defensiva. Si el niño dice que su profesor es estúpido, pregúntele por qué piensa eso, no se limite a decirle que no hable así de él.

◆ **Permita que defienda sus propias opiniones.** Un niño no será capaz de defender su punto de vista tan bien como usted lo haría, pero nunca lo aprenderá si usted no le deja hablar.

◆ **Alábele.**

Ya veo que estás muy preocupado

o tal vez sólo

Eso está bien

◆ **Asienta sin interrumpir.** Palabras como

Mmm...
Oh...Ya...

...son invitaciones para que el niño prosiga.

◆ **Sonsáquele.** Hágale preguntas que requieran algo más que una respuesta monosilábica, pero no lo convierta en un proceso de inquisición. Una conversación debería incluir palabras de ánimo, comentarios y también respuestas.

◆ **Escúchele.** ¿Por qué iba a molestarse el niño en hablar con usted si no le escucha? No escuche a medias. Escuche al cien por cien y demuéstreselo. Apague la televisión o deje a un lado el periódico. Vuélvase hacia él y mírele a los ojos. Resulta mucho más fácil hablar con alguien que parece interesado en cuanto le dicen.

◆ **No sea tan seria.** El sentido del humor es esencial para la buena conversación.

◆ **Permítale los mejores chistes.** No corte cada historia o broma. No se empeñe en ganar todas las discusiones.

◆**No le dé lecciones. Haga pausas y deje en sus manos la conversación.**

◆**Encuentre el momento y el lugar idóneos.** En la mesa durante la cena es un buen momento. Delante de la televisión, cuando está viendo su programa favorito, no lo es.

◆ **Comparta sus sentimientos.** Revelarle sus sentimientos le anima a su vez a revelar los suyos.

◆ **Respete su silencio.** No le insista, si lo que el niño le está diciendo en realidad es "Sin comentarios".

Preguntas que obtendrán más de un monosílabo por respuesta

"¿Te han contado algún chiste bueno hoy?"

"¿Cómo va el equipo?"
"¿Ganaron ayer?"

"¿Qué problemas estáis haciendo en matemáticas?"

"¿Estás bien? ¿Quieres hablar?
¿Por qué no nos preparamos algo de beber y nos sentamos en la cocina? Allí estaremos más tranquilos."

"Hoy he tenido un mal día.
No le pongo más de un dos sobre diez.
¿Qué nota le pondrías tú a tu día en la escuela?"

Una cuestión de independencia

Hay que, educar a un hijo para que se convierta en un adulto independiente y competente y para ello hay que dejarle hacer las cosas por sí mismo. ¿A quién le gusta que le digan lo que debe hacer, sentir y comer? ¿A quien le gusta tener todos los problemas resueltos, antes de poder intentar solucionarlos? Los padres están constantemente diciendo "cómete la carne... lávate los dientes... dame eso, que ya lo deshago yo..." Comentarios de este estilo conseguirán que el niño se sienta indefenso, incapaz, incompetente, frustrado y resentido a la vez.

No existen normas infalibles acerca de dar independencia a los hijos, excepto que a esta edad el proceso ya debería haber empezado, y que tendrá que ir en aumento año tras año. Lo que usted permita hacer a un niño solo fuera de casa dependerá, en cierta medida, de dónde viven y del pequeño en sí. Los niños de esta edad quieren ir a la tienda de la esquina y salir a jugar con sus amigos. Y yo me inclino a pensar que tienen derecho a ello.

Un niño de diez años no debe quedarse confinado en casa, exceptuando tal vez cuando esté temporalmente castigado por mal comportamiento. Los medios de comunicación nos han inducido a pensar que el mundo exterior es peligroso y que nuestra casa es mucho más segura. La mayoría de los accidentes infantiles sucede cuando los niños van en coche, no cuando están fuera del vehículo. Y casi todos los accidentes, ataques, asesinatos, secuestros y abusos sexuales de niños pequeños ocurren en su propia casa. La idea de que es más probable que nosotros (o uno de nuestros seres queridos) abusemos física o sexualmente de nuestros hijos en vez de un extraño en el parque nos parece inaceptable. Pero es cierta. Los niños tienen más probabilidades de ser víctimas de un incendio en casa que de quemarse con un fuego que hayan encendido en el campo; de caerse por las escaleras que de un árbol y de morir en accidente de coche cuando van dentro del vehículo que de ser atropellados en la calle.

◆ **Los niños serán responsables si usted los deja.** Pregúntese a sí misma qué nuevas libertades ha concedido a su hijo durante los últimos tres meses. Si sólo ha extendido las fronteras de su espacio de juego del número 58 hasta el número 72, entonces falta algo.

◆ **Los niños necesitan desarrollar su responsabilidad sobre una base sólida.** Si usted lo hace todo por el pequeño y luego, de repente, porque el niño ha alcanzado una cierta edad, le deja a su aire, su hijo se sentirá perdido e inseguro. Un niño así se encuentra en peligro.

◆ **Las personas cometemos errores terribles cuando nos entra el pánico.** Un niño que es introducido poco a poco en el mundo exterior tiene menos probabilidades de que le entre el pánico.

◆ **A veces el niño preferirá enfrentarse al peligro que a un padre enfadado.** Asegúrese de que su hijo sabe que, no importa lo que haya hecho, si se halla en peligro usted acudirá a rescatarle sin enfadarse.

◆ **Juzgue cada solicitud de mayor independencia según los méritos.** ¿Es razonable? ¿Lo hacen otros niños de su edad? ¿Puedo confiar en él? ¿Le he permitido ganarse mi confianza? ¿Podríamos avanzar hacia ese tipo de independencia de cara al final del verano?

◆ **Empiece a confiar en él.** Es difícil dejarle ir, pero debe hacerse en algún momento, y es mejor que usted tenga algún control sobre el proceso que no tener ninguno, que es lo que sucederá si usted le deja ir demasiado tarde.

◆ **No espere que la independencia avance al mismo ritmo en todos los campos.** Tal vez sepa poner él solo la lavadora antes que hacer el café o viceversa. Quizás aprenda antes a ir solo a la escuela que a bajar a la tienda de la esquina a comprar algo para usted. Dependerá de dónde vivan.

CÓMO DEJARLE IR DE FORMA ACERTADA

✔ ***Déle una pequeña asignación.*** *Al principio el dinero debería alcanzarle para comprarse algunas chucherías y, quizás, un tebeo. Una vez sepa administrar esa cantidad, añádale una pequeña suma que él irá ahorrando para comprarse algo de más valor. Para cuando cumpla los diez años, el niño deberá ser capaz de manejar un presupuesto simple. Este método es mejor que el de irles dando dinero cada vez que lo piden. Así, si el niño se gasta todo su dinero en una semana y luego no puede ir al cine, aprenderá la lección. Pero no la aprenderá si usted le da siempre el dinero que le falta.*

✔ ***Asígnele tareas domésticas.*** *La independencia requiere responsabilidad.*

✔ ***Deje que tome algunas decisiones por sí mismo.*** *Dígale lo que hay que hacer, pero no en el orden en que debe ser hecho. Dígale que ha de estar en la cama a las nueve, no que debe irse a la cama ahora mismo.*

✔ ***Demuestre respeto.*** *A menudo resulta difícil. Respete sus esfuerzos, no le haga demasiadas preguntas ni se adelante con las respuestas.*

✔ ***Esté disponible.*** *Si no le puede pedir consejo a usted, ¿a quién se lo va a pedir?*

✔ ***Demuestre interés por lo que hace,*** *pero no espere que se lo cuente todo.*

✔ ***Anímele*** *a hacer cosas fuera de casa.*

✔ ***No le arrebate la esperanza.*** *Haga lo que haga, si se está esforzando, déjele la esperanza de que le va a salir bien. Alabe los pequeños progresos intermedios, aunque sean extremadamente lentos.*

CÓMO AFERRARSE A ÉL

✖ ***Interferir primero y pensar después.*** *Nunca pregunte si algo es realmente necesario.*

✖ ***Considerar al niño como una extensión de usted.***

✖ ***Elegir a sus amigos.*** *Dictarle a quién puede invitar a jugar con él en casa.*

✖ ***Resentirse porque hable con sus amigos.*** *Ellos le proporcionan apoyo emocional.*

✖ ***Tener reglas fijadas.*** *Si se ve a sí misma completamente fuera de sintonía con otros padres, empiece a dejarle ir.*

✖ ***Delegar su vida en su hijo.*** *Él no debe serlo todo para usted.*

✖ ***Hacerse la madre herida.***

◆ **Escúchele.** Si se pasan el día discutiendo sobre qué le está y qué no le está permitido hacer, probablemente está siendo demasiado lenta en dejarle ir.

Presión de sus amigos

Los niños quieren ser como sus amigos. Todos nos mostramos más despreocupados y alegres cuando nos hallamos en grupo. La compañía de otros hace que nos sintamos más relajados. Así los niños pueden buscarse problemas, porque bajar en monopatín por el centro de la calzada parece más seguro si todos los amigos también lo hacen. La vaga estructura de una pandilla de chicos de esta edad invita a correr riesgos.

Todas las pandillas tienen un líder, un buen 'todoterreno'. Los siguientes en la línea son los 'secuaces', valorados a menudo por determinadas habilidades específicas. Y luego están 'los del montón', siempre intercambiables. Los secuaces y los del montón son los que más presión reciben de sus compañeros. Un chico valorado por su habilidad para escalar puede decidirse a desenredar la cometa del árbol, aun sabiendo que es peligroso. A veces, un niño valorado por su habilidad para 'mangar' una chuchería de la tienda de la esquina empieza a robar chocolatinas o vídeos para impresionar todavía más a sus amigos.

Ayudar a los niños a evitar presiones

◆ **Haga que se sienta seguro.** Un niño que se siente amado tiene menos necesidad de ser querido por terceros.

◆ **Refuerce su confianza en sí mismo.** Un niño que sabe pensar "yo puedo", no necesita desafiarse a sí mismo para sentirse bien.

◆ **Déle ánimos.** Un niño con un elevado grado de autoestima tiene más probabilidades de sentir que será aceptado tal y como es. Le importará menos demostrar a los demás lo que sabe hacer.

◆ **Ayúdele a tomar decisiones.** Un niño que ya tiene experiencia en decidir las cosas por sí mismo, tiene más posibilidades de encontrar el modo de escapar de una situación de la cual está perdiendo el control.

◆ **Enséñele cómo desligarse.** Sugiérale maneras de escapar de las actividades de la pandilla sin quedar mal. Decir que está enfermo, que necesita ir al baño o que tiene diarrea.

◆ **Establezca un código.** Desarrolle un código que su hijo pueda usar para escapar de las casas de otros niños, si las cosas se ponen feas. Por ejemplo, llamar por teléfono a casa y preguntar: "¿Ha llegado ya la tía Ana?" Eso daría a la madre o al padre la oportunidad de llamar, al cabo de un rato, para decir que su tía ha llegado o de pasar a buscarle enseguida.

Estar demasiado tiempo con los amigos

Cuando tienen siete u ocho años, los niños a veces prefieren pasar el tiempo con sus amigos más que con su familia. A partir de ahora, año tras año, querrán estar cada vez más tiempo haciendo cosas con su pandilla de amigos y cada vez menos dedicados a actividades familiares. A los ocho, tal vez todavía le apetezca participar en alguna excursión familiar, pero a los nueve es probable que pregunte si puede llevar a un amigo. A los diez tanteará la posibilidad de quedarse en casa. Los amigos son importantes. Dado que las familias tienden a ser indulgentes con los hijos, es a través de sus amigos como aprenden a relacionarse con otras personas Sin amigos es improbable que un niño aprenda a ser flexible en situaciones sociales o a defenderse en una disputa.

Los amigos comparten las obsesiones del niño, sirven a sus necesidades, comprenden sus bromas. Forman parte del mundo privado y secreto de la infancia de un modo que los padres nunca podrán imitar. Nada de esto altera la irritación que usted sentirá a menudo respecto a los amigos y amistades de sus hijos.

A medida que usted le dé más y más libertad para elegir dónde quiere jugar y con quién, él pasará más y más tiempo lejos de usted, acompañado de sus amigos. A usted le parecerá el principio del fin; pero sólo se trata de una fase más.

Cómo no enfadarse cuando empiece a pasar todo el tiempo con sus amigos

◆ **No se lo tome como algo personal.** No se trata de un rechazo, sino de un paso natural y saludable en pos de un mundo mucho más amplio. La familia sigue siendo importante, la base segura, pero ya no es el principio, el final y el todo de su existencia.

◆ **Haga uso de su libertad.** Ahora usted podrá leer, cocinar, arreglar el jardín e invitar a sus amigos.

◆ **No delegue su vida en sus hijos.** Es triste cuando los padres tienen tan poca vida propia que necesitan vivir a través de sus hijos. Su hijo lo querrá y lo respetará más si usted depende menos de él.

◆ **Si se siente dolida, no lo demuestre.** Cuando hay que preocuparse es cuando el niño no tiene amigos. Es más preocupante si siempre invierte el tiempo de manera productiva, y prefiere la compañía de los adultos, que si 'derrocha' el tiempo riendo y bromeando con sus amigos.

◆ **Procure que la base de operaciones sea su casa.** Tal vez harán ruido, pero usted sabrá con quién anda su hijo y lo que hace.

◆ **No le haga quedar mal.** Nunca lo critique o lo avergüence delante de amigos.

Reñir con los amigos

Todos los niños riñen a veces con sus amigos. Se encuentran temporalmente sin nadie para jugar y, por tanto, infelices y sin nada que hacer. Si le ocurre en la escuela, quizás se encuentre solo, mirando como los demás lo pasan bien. En casa, tal vez se siente junto a la ventana a mirar como los chicos de su pandilla juegan en la calle. La crueldad para con él es intencionada.

No durará mucho. Los de la pandilla le han asegurado que nunca más jugarán con él, y aunque ya se lo han dicho otras veces y no lo han mantenido, él claramente se lo cree. Sea condescendiente. Para el niño tiene importancia. Es el fin del mundo. Pero no se inmiscuya. Preguntar a sus amigos qué ha sucedido o pedir a los padres de éstos que intervengan haría quedar mal a su hijo.

Encuéntrele alguna ocupación. Una salida al cine o a la piscina, una visita a los primos o a unos amigos que viven fuera.

Si siempre ha tenido amigos, se las arreglará para recuperarlos antes de lo que usted cree.

No le gustan los amigos de su hijo

Que le gusten algunos de sus amigos no quiere decir que tengan que gustarle todos: algunos son encantadores y otros no acaban de gustarnos. En ocasiones, nos parece incluso que representan una mala influencia para nuestro hijo.

◆ **Anime a su hijo a que traiga a casa a sus amigos.** Así, al menos, conocerá lo peor. Déles la bienvenida aunque no le caigan demasiado bien. Si a usted una amistad de su hijo no le parece bien, es más probable que la rompa si usted no le está encima.

◆ **Tenga confianza.** Si usted no se preocupa en exceso por su hijo, es muy improbable que las malas compañías le aparten del buen camino.

◆ **Recuerde:** casi todos los delincuentes infantiles tienen amigos delincuentes, y si un niño no lo es, resulta muy improbable que tenga un amigo que lo sea.

◆ **Ayúdele a marcarse unos límites.** "Mi madre no me deja..." "Mi madre es tan mala..." son excusas útiles para escabullirse.

◆ **Fomente intereses que le ayuden a conocer a amigos diferentes.** Si un niño se encierra demasiado en una pandilla arrolladora, ayúdele a hacer nuevas amistades, apuntándole a judo, natación, danza, equitación, informática.

◆ **Déle tiempo.** A veces, limitarse a permanecer al margen y dejar que una amistad inapropiada pase de moda es cuanto hay que hacer para erradicarla. Los niños van y vienen de muchas pandillas.

◆ **Póngase dura.** Detecte los síntomas de que anda metido en drogas. Compruébelo en la escuela, si tiene la sospecha de que puede estar haciendo novillos. Crea a los amigos si le dicen que lo han visto en lugares inapropiados. Ésta no es una situación que se pueda dejar seguir su curso. Si sospecha que la actual pandilla de su hijo toma drogas, roba o falta a clase, sepárelo de ella. Reclúyalo en casa, acompáñelo y recójalo en el colegio, y hágalo cueste lo que cueste. Tal vez un día él llegue a agradecérselo.

Por qué los niños eligen malos amigos

A los once años, un motivo es chocar a los padres y cuestionar sus valores. ¿Cómo puede un niño estar seguro de que sus valores son correctos, si usted nunca los prueba? Otras razones:

◆ **Para averiguar qué se siente siendo mayor.** Un niño que tiene problemas para llevarse bien con niños de su edad, a veces hace amistad con otro más pequeño. Los niños que están en el umbral de la pubertad

LO QUE A LOS NIÑOS LES GUSTA DE SUS AMIGOS

He pasado mucho tiempo preguntando a niños de esta edad qué les gusta de los demás niños. Llegan al siguiente consenso:

- ✔ *Que estén alegres.*
- ✔ *Que sean amables y simpáticos.*
- ✔ *Que sepan escuchar.*
- ✔ *Que sepan compartir.*
- ✔ *Que ayuden.*
- ✔ *Que sean divertidos.*
- ✔ *Que sean confiados.*
- ✔ *Que tengan sentido del humor y quiten importancia a las derrotas.*
- ✔ *Que sepan defender a otros niños.*
- ✔ *Que no critiquen.*
- ✔ *Que sepan solucionar conflictos.*

son especialmente vulnerables. Inseguros respecto al camino que han de seguir, la repentina aparición de un guía más mayor les parece una bendición.

◆ **Para actuar como un adulto.** En una edad en que ya no son niños pequeños, pero todavía no han llegado a la pubertad, algunos de los problemas de la adolescencia aparecen muy pronto en algunas comunidades. La mayoría de los individuos prueba el alcohol y el tabaco en los años de la adolescencia, y casi la mitad de los mismos prueba también sustancias ilegales. Esté alerta si descubre que su hijo hace novillos en la escuela.

◆ **Para cubrir una necesidad individual.** Algunos niños necesitan tomar a otros bajo su protección, al igual que hacen algunos adultos. Tal vez el hecho de tener un amigo menos adecuado que ellos mismos hace que se sientan más seguros. A veces un individuo solitario gana fuerza a base de andar con un grupo de intimidadores.

◆ **Para mantener el nivel de excitación.** En la cúspide de la adolescencia, la necesidad de excitación empieza a ir en aumento. Como consecuencia, los niños eligen amigos peligrosos para hacer frente a esa necesidad.

◆ **Para atraer la atención.** A veces una amistad inconveniente es como un grito de socorro. El niño quiere demostrar a unos padres enfrascados en sus propias preocupaciones que él también tiene problemas. Les está pidiendo que le demuestren que todavía le quieren.

◆ **Para ser aceptado.** Entre los diez y los doce años, los niños harán prácticamente cualquier cosa por ser aceptados en el grupo. Al principio de la pubertad necesitan amigos que comprendan lo que les está ocurriendo, de una forma en que sólo los niños de su edad lo pueden hacer.

LO QUE NO GUSTA A LOS NIÑOS EN OTROS NIÑOS

✖ *Que sean mandones.*

✖ *Que a veces sean simpáticos y otras antipáticos.*

✖ *Que su estado de ánimo sea impredecible.*

✖ *Que tengan resentimientos.*

✖ *Que tengan mal genio y guarden rencor.*

✖ *Que sean mezquinos.*

✖ *Que hablen siempre de sí mismos y nunca escuchen a los demás.*

Falta de amigos

Hay gente que parece tener una habilidad innata para atraer a otras personas y hacer amigos. Otros parecen estar siempre excluidos. A medida que la vida se va centrando más y más en las amistades, un niño sin amigos se va quedando cada vez más aislado.

◆ **¿Cuál es el problema?** ¿Sabe su hijo cómo empezar a hacer amigos? ¿Espera que otras personas hagan el esfuerzo por él? ¿Está siendo deliberadamente excluido a instancias de otra persona? ¿Irrita a otros niños? ¿Acaso no escucha cuando le hablan? ¿Es tal vez porque no tiene permiso para jugar fuera? ¿Es agresivo con los demás o los molesta? Si usted detecta el problema, hable con su hijo y con el profesor.

◆ **Deje que el niño decida qué tipo de amigo le conviene más.** Que seleccione a la persona y ambos deberán hacer el esfuerzo para que se convierta en amigo. Invítele a su casa.

◆ **Coméntelo en la escuela y consiga su colaboración.** La mayoría de las amistades se forja en la escuela. Si algunos niños parecen excluidos, será útil que el profesor haga que se sienten juntos y que vayan intercambiándose periódicamente los sitios, para no estar siempre sentados al lado del mismo niño.

◆ **Hable con el vigilante de los recreos.** Éste ayudará a facilitar las cosas para que un niño determinado se integre en un grupo.

Qué decir a un niño que tiene pocos amigos

◆ **Empieza a gustarte más a ti mismo.**

◆ **No tires piedras sobre tu propio tejado.** Criticarse a uno mismo crea hábito. Esas críticas acaban por sonar como si fueran ciertas. Un niño nunca debe decirse a sí mismo cosas que no diría a un amigo.

◆ **Felicítate por tus esfuerzos,** no sólo cuando tengas éxito. Eso ayuda a los padres a alabarle también.

◆ **No compares.** Presta atención a tus propios puntos fuertes y débiles. Siempre habrá alguien más guapo, más fuerte, más inteligente. Olvídate de ellos. Es demasiado deprimente. Si te pillas a ti mismo pensando eso, di 'Él es mejor que yo en matemáticas, pero yo...'. Mantén la columna del 'más' con mayor saldo que la del 'menos'.

◆ **Procura no ser tímido.**

◆ **Empieza las conversaciones diciendo algo acerca de ti mismo.** 'No entiendo este problema de matemáticas.'

◆ **Recurre a fórmulas estándar para iniciar una conversación.** 'Mira cómo llueve.'

◆ **Haz cumplidos a la persona con quien deseas hablar.** 'Ese vestido me gusta mucho. ¿Es nuevo?'

◆ **Pide ayuda.** '¿Tienes idea de a dónde van ésos?"

◆ **Tras la fórmula de inicio de una conversación, plantea preguntas** e invita a los demás a que te hablen de sí mismos. Reacciona a lo que te digan.

◆ **Escucha,** si se te hace difícil hablar. Véanse páginas 264-268.

Mala intención

Nada como los niños en estas edades intermedias para reforzar los estereotipos sexuales. Los chicos fanfarronean, alardean y se pelean; las chicas más bien son antipáticas, malintencionadas y manipuladoras. La clásica imagen del intimidador es un chico que pega a otros. Los insultos, humillaciones y crueldad mental que a veces esgrimen las chicas resultan tan nocivos como la violencia física de los chicos, si no más.

- **Las niñas de nueve y diez años pueden ser muy antipáticas unas con otras.** Quizás sólo sea una fase, pero un año es mucho tiempo para aquellas que son el blanco de las antipatías de otras chicas. Naturalmente conviene que lo comente en la escuela.

- **Averigüe los hechos.** Una cierta cantidad de toma y daca es normal a esta edad. Los niños se enfadan con sus amigos, hacen amigos nuevos y luego vuelven a reñir. Montar un escándalo cada vez que se pelean no ayudará a su hija. Conserve un cierto sentido de la proporción.

- **Ser dejado de lado duele.** Las niñas tienen tendencia a moverse en grupos más pequeños que los chicos, y con el tiempo muchas de las que se ven excluidas encuentran nuevas amigas. Pero no siempre les sale bien. Préstele su apoyo y comprensión. Incremente la autoestima de su hija. Haga que se sienta importante.

- **La mala intención es una forma de intimidación.** Informe a la escuela si su hija es insultada o victimizada por otras niñas. (Véanse también en páginas 256-262 más detalles sobre la intimidación.)

Enseñar valores a los niños

Los niños a veces se portan mal porque ansían que les presten atención, están enfadados, frustrados o estresados. La mayoría de las veces se portan mal porque las personas que se relacionan con ellos les enseñan que el mal comportamiento funciona mejor que el bueno. Son muchísimas las evidencias que indican que si los padres se comportan de manera agresiva con sus hijos, éstos tenderán a comportarse con agresividad hacia los demás. Si los padres son considerados y amables, sus hijos a menudo se comportan también de ese modo. En esta etapa de su desarrollo, los niños están observando cómo funciona el mundo y probando los comportamientos que ven a su alrededor.

Si no respetamos a nuestros hijos y les ayudamos a guiarse por los límites que marcamos para ellos, los dejamos en el aire. Si no dejamos que asuman las consecuencias de sus actos, no nos respetarán ni tampoco lo que les digamos. Siempre es más fácil dejar todos los juguetes esparcidos por el suelo y la bicicleta mojándose bajo la lluvia. Si la única consecuencia de hacerlo es que usted se queja y le regaña durante un momento, ¿por qué va a molestarse en hacer nada? ¿Por qué va a respetarla su hijo, si usted amenaza siempre pero nunca actúa?

Los niños se desarrollan para convertirse en individuos razonables y completos si asumen la responsabilidad de sus propias posesiones y frente a las de los demás. Y la asumen si nosotros esperamos algo de ellos e insistimos en que sean responsables. Naturalmente, habrá ocasiones en que le parecerá como si todo el trabajo de madre o padre que ha desarrollado durante años no hubiera servido para nada, pero si el niño siente un respeto fundamental hacia sí mismo y hacia los demás, finalmente superará los baches.

◆ **Enseñe a su hijo a respetarla.** Insista en que debe tener en cuenta las necesidades de usted al igual que tiene en cuenta las suyas propias. Respétese a sí misma y actúe como si el respeto fuera un deber. No amenace ni regañe. Si los niños esperan acción, harán caso de cuanto les diga.

◆ **Enseñe a los niños que deben aceptar las consecuencias de sus propios actos.** Comente con ellos cómo se siente la gente cuando alguien les roba o les rompe alguna de sus pertenencias. Hágales ver las consecuencias de que los niños no comuniquen en casa dónde están y lo que hacen. Si quebrantan una norma, roban, pierden el abrigo o el dinero, deberían pagar algo por los bienes perdidos o rotos, y devolver lo robado a sus propietarios.

◆ **Sería de locos suponer que la honestidad sigue siendo la mejor política.** Pero ésa no es excusa para no enseñar a los niños el valor de la honestidad. Hable con ellos de por qué está mal decir mentiras, hacer trampas o robar, y de quién sale perjudicado.

◆ **Explique y comente sus valores.** Si hay algo que no aprueba, explique el porqué. Si hay algo que aprueba, explíquelo también. Anime a los niños a expresar sus opiniones. Acepte que pueden ser distintas de las suyas.

◆ **La televisión, los libros y los juegos son grandes transmisores de valores.** Seleccione vídeos, libros y programas de televisión que corroboren sus valores. Un niño que aprende a cuestionar tiene menos posibilidades de ser apartado del camino. También es más probable que viva de acuerdo con sus principios.

Cómo fomentar el respeto de los niños

◆ **Manténgase firme en lo que dice.** Pida lo que quiere y diga cómo debe ser.

◆ **Insista con tenacidad.** Repítalo otra vez. No se muestre crítica.

◆ **Confíe.** Asuma y confíe en que los niños harán lo que les ha pedido, tal como usted espera de ellos.

◆ **Explique las consecuencias.** Si no hacen lo que les ha pedido, deben aceptar las consecuencias. Si la ropa sucia no está en el cesto, no se lava. Si no vienen a casa directos en cuanto termine la clase, no saldrán a jugar.

◆ **Actúe.** Si no asumen su responsabilidad, no disfrutarán de los privilegios de la independencia.

◆ **Declárese en huelga limitada.** Si la tratan como si fuera su sirvienta, reafirme sus derechos.

Abordar problemas comunes en los años intermedios de la infancia

A medida que los niños se van enfrascando más y más en su propio mundo, plantean nuevos problemas a sus padres. Casi todos los padres están preocupados por las reivindicaciones de independencia de sus hijos y por la necesidad de renegociar su papel de progenitores.

El hecho de que los niños están ya seguros de que no sabemos lo que ellos piensan y que no podemos verles cuando están lejos de nuestra vista, facilita que intenten engañarnos. La capacidad de su memoria ha mejorado y, a los ocho años, ya saben mantener dos puntos de vista diversos y efectuar comparaciones, lo que desde luego espolea su tendencia a disputarnos nuestro punto de vista o el de sus hermanos o sus amigos. Los niños de esta edad son discutidores y mezquinos, por el simple hecho de que ahora pueden sostener su punto de vista, al tiempo que escuchan el de usted. Años atrás habrían exclamado un sonoro "¡No!", seguido por un berrinche. Ahora es más probable que sea un "Pero mamá...", seguido de un desafío. Si tienen hermanos menores que todavía carecen de su habilidad para negociar, es posible que hagan de dictadores.

A menos que los padres empiecen a respetar las necesidades de independencia del niño en esta etapa, habrá problemas. Si los padres lo llevan bien, en cambio, quizás sea una fase comparativamente fácil. El mensaje subyacente de estos años debe ser el respeto mutuo entre padres e hijos, y un creciente sentido de la responsabilidad por parte del niño.

No es difícil de transmitir si se elige el camino correcto. Pero a menos que respete a su hijo y espere de él que sea responsable, el niño no desarrollará el respeto por sí mismo y el autocontrol que le han de permitir negociar su creciente independencia.

¿DE QUIÉN ES PROBLEMA?

¿Acaso su hijo no lo trata con el respeto que usted merece? A veces es un problema que afecta al niño más de lo que le afecta a usted; en otras ocasiones es al revés. Cuando el niño alcanza los ocho años, usted debe reflexionar con suma atención acerca de los problemas que plantea, y decidir de quién es realmente la dificultad.

Luego, debe procurar aplicar esta sencilla regla: ocúpese de sus problemas y de aquellos aspectos de los problemas del niño que le afecten a usted; y, cada vez más, deje que el niño resuelva por sí mismo sus dificultades.

Problema: no ir directo a casa después de las clases

¿De quién es problema? De usted: de la madre o el padre. Es usted quien está preocupado y enfadado. El niño está pasándoselo bien.

Mensaje subyacente: la independencia implica responsabilidad.

Qué hacer. Explique al niño por qué es necesario que venga directo a casa después de clase. Comenten posibles motivos para retrasarse y haga concesiones. Algunas escuelas permiten a los niños usar las instalaciones deportivas después del horario de clases. Acuerde con su hijo qué días puede quedarse un rato, y a qué hora debe llegar a casa esos días.

- **Déle un horario.** Que anote las horas que piensa quedarse a jugar a fútbol o cualquier otro motivo por el cual vaya a llegar tarde. Establezca una hora en la que debe informar cada día.

- **Regálele un reloj con alarma.** Que ponga la alarma diez minutos antes del límite de tiempo para regresar a casa. Si ve que va a retrasarse, debe llamar a casa. Acuerde con los padres de sus amigos que el niño se irá a casa directamente o llamará por teléfono si decide pararse antes en casa de algún amigo.

- **Acuerde las consecuencias** de llegar tarde. Que se atenga a ellas.

Problema: no dice adónde va

¿De quién es problema? Que no venga a casa directo después de la escuela es problema de usted, porque hace que se preocupe.

Mensaje subyacente: la independencia implica responsabilidad.

Qué hacer: lo de antes.

- **Recuérdele las normas antes de que salga a jugar.**
- **Confíe en él.**
- **Dé opciones.** "Puedes ir a jugar al parque y volver a la hora acordada o puedes quedarte en casa y jugar en el jardín."
- **Cómprele un reloj con alarma** para recordarle cuándo debe telefonear a casa.
- **Cómprele una tarjeta telefónica,** y enséñele cómo usar un teléfono con monedas. Dígale que en caso de emergencia llame a cobro revertido. Insista en que telefonee a casa a intervalos regulares.
- **Acuerde las consecuencias** de llegar tarde. Que se atenga a ellas. Prohíbale salir si no cumple con las reglas.

Problema: perderse las comidas

¿De quién es problema? De los padres. Son ellos quienes han trabajado sobre sus fogones mientras el niño se divertía.

Mensaje subyacente a transmitir: el niño debe aprender a respetar a los padres, que trabajan para satisfacer sus necesidades.

Qué hacer: Explicarle que es una norma familiar servir las comidas a determinadas horas. Deje bien claro que las comidas no esperan a nadie que no haya llamado por teléfono para explicar su retraso. Si llega tarde, tiene la opción de tomarse la cena fría o de prepararse un bol de cereales. Si las posibilidades de elección de comida alternativa son demasiado amplias o demasiado interesantes, que se quede con esa opción.

◆ Asegúrese de que tiene puesta la alarma de modo que le queden 15 minutos para llegar a casa a la hora de comer.

◆ **Sirva las comidas a unas horas establecidas, y aténgase a ese horario.**

◆ **Recuerde al niño lo acordado.**

◆ **Sea flexible cuando su hijo tenga previstas actividades especiales.**

◆ **No complazca a los transgresores persistentes.** Castíguele: no le deje salir.

◆ **Acuerde las consecuencias.** Si llega más de una hora tarde, no saldrá durante dos días.

Problema: el niño respondón

¿De quién es problema? En parte, sino del todo, de los padres. Es usted quien sufre sus insolencias. Sin embargo, parte del problema es también del niño. Si no le deja ninguna libertad de acción o que diga lo que piensa, o bien no le escucha, tal vez considere la insolencia como su único método de acción.

Mensaje subyacente a transmitir: aunque le provoquen, el niño debe aprender a respetar a los demás. Hay formas y formas de plantear las demandas, y algunas no son tolerables.

Qué hacer: Todos los niños son a veces frescos y groseros. ¿Cómo iban si no a forjar su independencia? Eso no significa que usted deba soportar, comprender o perdonar la insolencia.

Cuando se enfrente a una agresión de sus hijos, la regla más simple es actuar en lugar de reaccionar. Enseñe a los niños cómo practicar el control de sus emociones y a desarrollar maneras de comunicar sus necesidades de una manera menos agresiva. Dígale a su hijo que no ha oído sus primeros comentarios, que vuelva dentro de un rato e intente abordar el tema de una manera distinta.

Preguntas que debe hacerse si su hijo está constantemente enfadado y le falta al respeto

- ¿Se halla en situación de estrés?
- ¿Somos demasiado restrictivos?
- ¿Estamos dándole un mal ejemplo? Si usted está siempre gritando, amenazando, regañando y castigando, el niño no aprenderá a pedir las cosas, sino a exigirlas.

Cómo responder antes de que el niño le conteste

- **Escúchele con plena atención,** y corrobore sus sentimientos con una palabra: "Mmm..."
- **Ponga voz a sus sentimientos.** "Estás enfadado porque..." "Sientes que..."
- **No esté constantemente cuestionando, echándole la culpa o aconsejándole.** Es duro para el niño escucharla a usted y reflexionar sobre sus problemas al mismo tiempo.
- **Invítele a explorar sus propios pensamientos y sentimientos.** No le sugiera que reprima los malos sentimientos. Animar al niño a hablar del dolor emocional hace menos necesarios los estallidos violentos. Demostrarle que le entiende hace las cosas más llevaderas para él.
- **No siempre hay que ser lógicos.** No hay nada más irritante que estén diciéndole a uno todo el día lo que ya sabe. Dé al niño lo que desea en la fantasía, si no puede dárselo en la realidad. "Ojalá nos tocara la lotería. Podríamos comprar un carné de temporada para ir a ver todos los partidos."

Cómo responder cuando el niño le conteste

◆ **Describa lo que quiere.** "Espero de ti que me trates con respeto. Yo no soy grosera contigo y espero que tu seas educado conmigo."

◆ **Insista y persista.** "Espero que me trates con respeto. No voy a discutir esto mientras sigas siendo grosero conmigo."

◆ **Explique las consecuencias.** "Te he pedido que me hables con mayor respeto y consideración. Tú me has ignorado. Por favor, vete a tu cuarto. Vuelve cuando te hayas calmado y compórtate de una manera más civilizada."

◆ **Si el comportamiento persiste.** "Tú confías en que yo cocine, lave la ropa y cuide de ti. Si tú no demuestras respeto, no veo por qué debería continuar haciendo esas cosas por ti. Si no observo mejora alguna en tu comportamiento durante los próximos dos días, dejaré de prepararte la comida. Cada vez que me contestes, no te haré la comida."

◆ **Actúe.** Si se comporta con grosería, que se prepare un bocadillo, mientras usted se cena su plato favorito. Manténgase firme. Cuando comprenda que usted hace lo que dice, empezará a tenerlo más en cuenta.

Problema: falta de acuerdo acerca de la ropa para el colegio

¿De quién es problema? De los padres y del niño. Los padres deben pagar y tal vez no puedan permitirse la ropa que el niño quiere. El niño quizás deba llevar una ropa determinada si desea ser uno más de la pandilla.

Mensaje subyacente a transmitir: el niño debe aprender el valor del dinero y ha de asumir un compromiso. Los padres deben aprender que, a partir de ahora, como vaya vestido su hijo será cada vez más responsabilidad del niño.

Qué hacer: Comprender. A los ocho años, él desea tener exactamente el mismo aspecto que sus amigos. "Entiendo que quieras llevar la misma ropa que tus amigos."

- **Si eso no es posible, explíqueselo.** "Marco, no puedo permitirme comprarte la camiseta de fútbol."

- **Ofrézcale una opción.** "Marco, puedo comprarte una sola camiseta, por tanto, no podrás llevarla todos los días. Si te la compro, ¿me prometes que no discutirás por querer ponértela cuando esté sucia?

- **Pida soluciones al niño.** "Quieres ponerte la camiseta de fútbol todos los días. Se ensucia. Yo no puedo lavártela y secártela todas las noches. ¿Qué te parece que podemos hacer?

- **Sugiera soluciones.** "Podríamos emplear algo del dinero de tu cumpleaños para comprar otra camiseta, pero tendrías menos regalos para tu cumpleaños. Te enseñaría a lavar la camiseta. Podrías llevarla cada día si te la lavases tú mismo."

- **Establezca acuerdos por adelantado.** "Florence, si yo elijo la ropa que has de llevar para ir a la escuela, tú puedes elegir la ropa que quieres ponerte en otras ocasiones."

Problema: animales domésticos

Si compran un animal doméstico para sus hijos comprobarán que, pasados los primeros días de afanosos cuidados, el interés por el animal decae y se convertirá en una responsabilidad más para ustedes.

¿De quién es problema? De los padres en parte. Ustedes han cedido a la petición del niño, a pesar de que en el fondo sabían que él no era lo bastante mayor como para asumir dicha responsabilidad. Parte del problema es también del niño. Debe aprender que la responsabilidad sobre otro ser vivo hay que tomarla en serio.

Mensaje subyacente a transmitir: el deseo que siente el niño de tener un animal doméstico sobrepasa su comprensión de la responsabilidad que entraña, pero no es el único a quien sucede eso. A la mayoría de los padres primerizos le ocurre lo mismo.

Qué hacer:

◆ **No sea ingenua.** Lo que los niños aseguran antes de tener un animal doméstico no tiene demasiado valor una vez lo han conseguido. Todos los padres deben recordarles hasta cierto punto a sus hijos que cuiden de sus animales, o bien hacerlo ellos mismos. Acéptelo o pase sin animales. Los niños de ocho años todavía no son responsables.

◆ **Deje claro por qué hay que limpiar la jaula al hámster.** "Los hámsters que viven en jaula no son capaces de mantener su cama limpia. Cuando un animal depende de ti, es injusto que no te ocupes de él. Espero que te ocupes de tu mascota. Estoy convencida de que no vas a dejar que siga sufriendo por más tiempo."

◆ **Recuérdeselo**. Señale la jaula sucia. Deje una nota encima que diga: "Por favor, límpiame". Haga una simple afirmación: "Hay que limpiar la jaula del hámster".

◆ **Deje que encuentre una solución.** Pídale que decida cuándo hay que limpiar al hámster; describa lo que sucederá si no se hace.

◆ **En caso de que continúe sin hacerlo,** dígale que está enfadada. "Estoy disgustada y decepcionada." "Hugo, acordaste ocuparte de tu hámster. Estoy enfadada porque he encontrado la jaula sucia."

◆ **Ofrézcale opciones.** "Hay que limpiar al hámster ahora mismo. Jamie, yo hago la cena mientras limpias al hámster, o bien lo limpio yo misma. Tú decides."

◆ **Si no surte efecto.** "El hámster debe estar limpio cada domingo a la hora de comer. Pasado ese plazo, no habrá televisión hasta que limpies la jaula."

◆ **Si sigue sin ocuparse del hámster,** acepte que ha perdido. Ocúpese usted misma del animal. Ofrézcalo a la escuela o ponga un anuncio que diga "se regala con jaula incluida". Acuerde no tener más animales.

Problema: no cuidar de sus pertenencias

¿De quién es problema? Del niño.

Mensaje subyacente a transmitir: el niño debe aprender que ha de asumir la responsabilidad respecto a sus pertenencias.

Qué hacer: Resulta extremadamente irritante cuando el descuido del niño conduce a romper juguetes y a perder sus posesiones. Cuando se olvida un abrigo recién estrenado en el parque o le roban la bicicleta porque olvidó ponerle el candado, es comprensible que usted se enfade. Si siempre cediéramos a nuestros sentimientos, el echar en cara, regañar y aleccionar no tendría fin. Es difícil, en un mundo de abundancia, enseñar al niño la importancia de preocuparse por sus cosas.

- **El sentido del orden da sensación de valor.** Si se le permite que deje todas sus cosas esparcidas por el suelo, nunca comprenderá que merecen un cuidado. Además, déle juguetes de manera ordenada: un juguete es precioso; cien no lo son tanto.

- **Una sola cosa cada vez.** Las posesiones tienen un valor añadido si no están siempre disponibles. Cuando se le acabe el espacio que utiliza de forma habitual para guardar los juguetes, considere la posibilidad de regalar los juguetes que ya no usa.

- **Elaboren juntos las normas.** "Espero que cada noche guardes tu bicicleta a cubierto. Cuando la encuentre tirada fuera al final del día, una vez te diré que la guardes. Si no lo haces, te la confiscaré durante dos días." Actúe de la manera prevista. Compre un candado y una cadena y ate la bicicleta la siguiente vez que su hijo no la guarde al primer aviso.

- **No siga discutiendo.** Concéntrese en hallar soluciones. Si se olvida de traer a casa el abrigo, no le eche una bronca; una vez le haya dicho lo que piensa del tema, búsquele otro abrigo para llevar al día siguiente. Analice las distintas posibilidades. Que el niño busque la prenda. Pregunte al profesor si alguien lo ha encontrado. Si se ha perdido, tal vez el niño pueda pasar con el abrigo viejo. Si no es así y hay que comprarle uno nuevo, insista en que sea él quien pague una parte con sus ahorros o que espere a que se lo regalen en Navidad o en su cumpleaños.

◆ **Si algo se pierde o se rompe, no se apresure siempre a remplazarlo.** Ayude al niño a decidir qué contribución debe hacer por su parte. Enséñele que sus actos tienen consecuencias lógicas y naturales.

◆ **Alábele cuando cuide de sus pertenencias.** "Hace dos años que tienes esta bicicleta y todavía parece nueva."

Problema: los vecinos se quejan

¿De quién es problema? De usted, ya que es quien trata con los vecinos. Pero el niño debe aprender a respetar a los demás y asumir la responsabilidad de sus actos.

Las travesuras forman parte de estos años intermedios de la infancia: sentarse o caminar sobre el seto del vecino, llamar a los timbres y luego salir corriendo, gastar bromas telefónicas, romper los cristales de un pelotazo son incidentes habituales para la mayoría de los padres. Casi todas las personas razonables toleran alguna travesura de los niños del vecindario, pero no todo el mundo es razonable.

Mucha gente se harta, con razón, de ser el blanco constante de las fechorías locales y/o de estar devolviendo constantemente la pelota a los chavales.

CÓMO NO MANEJAR A LOS VECINOS QUE SE QUEJAN DE SUS HIJOS

✖ ***Aceptar la palabra del vecino sin cuestionarla.*** *Tal vez tenga una doble vertiente. Espere a oírla antes de hacer concesiones. No prometa nada en nombre de sus hijos antes de comprobar los hechos.*

✖ ***Asumir que el niño miente.*** *Los niños cuentan excusas y, desde luego, tergiversan la verdad cuando tienen miedo, pero incluso un niño que suele comportarse de esa manera puede estar diciendo la verdad por una vez.*

✖ ***Asumir que el vecino miente.*** *Tal vez exagere, pero es mucho más probable que no lo esté haciendo.*

✖ ***Humillar al niño.*** *Se sentirá molesto y, posiblemente, vengativo.*

✖ ***Asumir que le han desviado del camino*** *y echar la culpa a los que llama "sus amigos". Si un niño hace algo mal, él es el responsable. Quizás haya circunstancias atenuantes, pero eso no significa que él no tenga nada que ver.*

CÓMO ABORDAR A UN VECINO QUE SE QUEJA DE SU HIJO

✔ ***Conserve la calma.*** *No hará frente a las acusaciones vertidas contra su hijo si está enfadada. Respire profundamente y utilice el tiempo a su favor. "Siento mucho oír que los niños le han molestado. ¿Puede esperar un momento, que tengo una sartén en el fuego?" Retírese un momento y cálmese. Luego regrese y diga: "Cuénteme exactamente lo ocurrido". Si le parece que va a llevarle más tiempo calmarse, aduzca que estaba a punto de efectuar una llamada importante y que volverá a verle dentro de diez minutos.*

✔ ***Que el vecino le cuente su versión de los hechos.*** *Utilice un tono de disculpa, pero manténgase neutral. Prométale que hablará enseguida con el niño y regrese con él.*

✔ ***Que el niño le cuente su versión de los hechos.*** *No asuma usted que ha sido él quien ha dado el paso en falso. Si el balón de fútbol ha sido confiscado la primera vez que ha ido a parar al jardín del vecino, parece que es éste, y no el niño, quien no está siendo razonable.*

✔ ***Recabe otras opiniones.*** *Si ha habido más de un niño implicado y ahora pesa una seria acusación contra su hijo, hable con los demás padres. ¿Qué dicen sus hijos de ello?*

✔ ***Reflexione.***

✔ ***Actúe de manera decidida.*** *Debe hablar con su vecino. El niño ha de disculparse, y tal vez también usted desee hacerlo. Si se ha causado algún perjuicio, habrá que pagar por él, y el niño deberá hacer tareas extras para contribuir a sufragar los gastos.*

✔ ***Confíe*** *en que su hijo no molestará más, y pídale que no lo haga.*

✔ ***Critique el comportamiento, no al niño.*** *El mensaje debería ser: "No me gusta lo que has hecho, pero te sigo queriendo".*

✔ ***No se muestre de acuerdo cuando otras personas critiquen a su hijo.*** *Coincida calmadamente en que el comportamiento fue malo, y luego añada también algo positivo sobre su hijo. A continuación, márchese. Si persisten, diga: "Conozco a mi hijo. Lo que ha hecho no está bien; me aseguraré de que pida perdón y pague los daños causados. Estoy de acuerdo en que su comportamiento ha sido inaceptable, pero no es un mal chico". Una vez más, no permita más discusión sobre el tema; abandone la escena.*

✔ *Asegúrese de que su hijo sepa lo que sucederá si se comporta otra vez de esa manera.*

Cuando se tuerce de verdad

Basta con dar a los niños un poco de libertad y a veces se buscan un montón de problemas. Le será mucho más fácil hacer novillos si va solo a la escuela, o robar en la tienda si usted le manda a comprar él solo. Tendrá suerte si evita una 'megacrisis', pero es muy raro que los padres nunca tengan que hacer frente, al menos, a una crisis de envergadura.

Sorprendido robando

Es muy habitual que los pequeños roben entre los seis y los diez años. En ocasiones, los niños se sienten tentados por los bienes. Pero la mayoría de las veces roban sólo por la excitación que les proporciona el procurar no ser descubiertos.

◆ **No le invite a decir mentiras.** Si usted sabe que no llevaba dinero, no puede haber pagado esas chucherías. Por tanto, no le pregunte de dónde las ha sacado.

◆ **Dígale lo que hay que hacer.** "Toni, las chucherías hay que pagarlas. Tienes que volver a la tienda ahora y pagarlas." Déjele claro que es él quien debe hacerse cargo de su responsabilidad. "Luis, debemos devolver esto a Carlos de inmediato. ¿Quieres que te acompañe o vas tú solo?"

◆ **No lo avergüence.** Déle la oportunidad de hablar y de decir que lo siente. Acepte que es difícil y no le haga una escena. Acompañe al niño a la tienda. Espere a que esté calmado. Llame al encargado del comercio y dígale: "Venimos a pagar esto. Toni lo ha cogido esta mañana. Lo sentimos mucho. No volverá a suceder".

◆ **Procure averiguar qué le induce a robar.** Robar es muchas veces un comportamiento para atraer la atención. Mantenga con él una conversación acerca de las preocupaciones que tiene.

◆ **Dedíquele tiempo.** Si lo que está haciendo es reclamar ayuda, usted debe dedicarle tiempo.

Si es culpable de un delito:

◆ **Acepte que es culpable.**

◆ **No le retire su amor, pero asegúrese de que entiende que usted odia ese comportamiento.**

CÓMO MOTIVAR A UN TRIUNFADOR

Los padres piensan que durante estos años se ponen los cimientos para la vida del niño. Que los futuros académicos empiezan a despuntar en la escuela y los futuros bailarines se destacan de los demás compañeros.

Pero, en realidad, la mayoría de los grandes bailarines no fueron niños prodigio. Algunos de los bailarines más famosos empezaron a bailar en la adolescencia. Tampoco es habitual que los futuros académicos se destaquen ya durante esta etapa. Tal vez se adivine ya algo de esa futura habilidad: inteligencia, pasión por el movimiento, condición atlética, armonía musical. Pero la perseverancia y el trabajo duro necesarios para alcanzar la cima todavía brillan por su ausencia. En muchos casos, eso no es malo: tal vez un niño muy tenaz sea ideal para unos padres que deleguen en él, pero la mayoría de los padres quieren que sus hijos lleven una vida feliz y plena, ni más ni menos.

✔ ***Comparta sus intereses y habilidades.*** *Un niño que crece sabiendo que la música, la literatura o la ciencia proporcionan placer es más probable que persiga esas metas que otro que no haya experimentado el placer que llegan a dar.*

✔ ***Dedíquele tiempo.*** *Un niño que se ha sentado y ha conversado con una persona mayor tendrá menos reparo en pedir ayuda a un adulto.*

✔ ***Edifique sobre la alabanza.*** *Alabe los esfuerzos de su hijo, no sólo los éxitos. Refuerce su autoestima. Sin ella, el niño no tendrá confianza en sí mismo.*

✔ ***Procure que aprender sea divertido.*** *Si es divertido, el niño estará motivado para aprender más, con independencia de padres y profesores.*

✔ ***Saque a relucir sus puntos fuertes.*** *"¿Cómo lo has conseguido? Yo nunca habría pensado en hacerlo así. ¡Es fantástico!"*

✔ ***Fomente la variedad de intereses, de salidas y actividades: lectura, teatro, cine, televisión, ordenadores.*** *Cuantos más, mejor. El niño necesita saber que hay muchas maneras de aprender.*

✔ ***Anímele a preguntar,*** *y respóndale lo mejor posible. Si usted no sabe la respuesta, reconózcalo. A continuación sugiera cómo pueden encontrarla entre ambos.*

CÓMO HACER DE ÉL UN PERDEDOR

✖ ***Dejar toda la enseñanza para los profesores.*** *En la escuela, su hijo es uno entre 20 o 30. En casa es uno entre dos o tres.*

✖ ***No sentarse nunca a hablar.*** *Aunque usted invierta mucho dinero en su formación, a menos que dé a sus hijos tiempo y apoyo, será una cuestión de suerte que lleguen a saborear las mieles del éxito.*

✖ ***Edificar sobre presiones.*** *Hacer comparaciones desfavorables.*

✖ ***Criticarle y esperar que se las arregle con sus decepciones sin ninguna práctica ni apoyo. Decirle que debe esforzarse más la próxima vez.***

✖ ***Socavar sus habilidades.*** *Burlarse de sus esfuerzos fallidos. Decirle que lo haría mejor si tuviese...*

✖ ***Desalentar que haga preguntas.*** *Pretender que acepte lo que usted dice.*

✖ ***Sugerir que sus intereses son una pérdida de tiempo.***

✖ ***No valorar las cosas que le gustan o que él aprecia.***

✖ ***No cuestionar nada que lo mantenga distraído.***

Soñar despierto

En cuanto los niños alcanzan una edad de dos dígitos, es común que sueñen despiertos. La razón más obvia es que ahora les resulta posible. Antes de cumplir diez años, los niños hacen las cosas por impulso, más que por haberlas pensado. El desarrollo del razonamiento abstracto les permite empezar a soñar despiertos. Eso no significa que sueñen despiertos en cosas serias. Lo hacen porque de este modo generan y exploran ideas, contemplan alternativas, efectúan deducciones y, en general, ponderan las cosas de una forma abstracta que era impensable uno o dos años atrás. En cada etapa de su desarollo, los niños practican las habilidades que han aprendido recientemente. Eso incluye mirar las musarañas, lo mismo que antes se estilaba saltar encima del sofá una y otra vez.

En las primeras fases del soñar despierto, el niño quizás no esté reflexionando sobre las cosas de una manera lógica o siguiendo un único curso de pensamiento. Al principio, los sueños son desestructurados y vagos: escapadas románticas, venganzas, hazañas heroicas o reconstrucciones de peleas recientes. Pero la práctica es perfecta.

Que sueñe despierto significa que puede representar las cosas en su mente sin necesidad de hacer nada más. Eso le permite planificar con antelación y le proporciona una vía de escape.

Sólo resultará problemático si empieza a remplazar el vivir; si un niño pasa la mayor parte del tiempo soñando despierto, pregúntese por qué.

Éxito en la escuela

No estamos en una situación de pleno empleo, y eso, naturalmente, presiona a los niños para que obtengan buenos resultados en la escuela. Usted quiere que su hijo se halle entre los que encuentran trabajo cuando terminan sus estudios. Él también lo quiere. Estudios realizados demuestran inequívocamente que los niños no desean pasarse el resto de su vida sin hacer nada.

En el pasado, querer que los niños tuvieran una buena formación representaba para los padres hacerse cargo de los últimos estadios de su educación. A medida que las presiones para alcanzar el triunfo se han ido incrementando, los padres han empezado a preocuparse por ello a edades de sus hijos cada vez más tempranas. Criar a los niños pequeños en 'invernadero' es un problema.

Sin embargo, para casi todos los niños, la presión no se hace patente hasta que cumplen nueve o diez años, cuando está ya a la vista la escuela secundaria. Las presiones proceden tanto de los padres como de la escuela, y también, no lo olvide, del propio niño.

Los hay que compiten y ganan, aunque no siempre sin coste alguno. En ocasiones son marginados por sus compañeros. Otras veces, los padres les han animado a no perder tiempo con los demás niños. El aislamiento social raras veces hace felices a las personas, ni fomenta que se sientan realizadas. Es posible que obtengan éxitos académicos, pero eso no implica que sean felices en la vida. Una cuenta bancaria saneada no lo es todo.

Los hay muy tenaces, y hacen enormes esfuerzos hasta conseguir ganar, pero siempre a expensas de su salud mental y emocional. El estrés ha sido la característica común entre quienes alcanzan logros importantes.

Por otra parte, están los que compiten y pierden. Se esfuerzan mucho, pero hacerlo lo mejor que pueden no resulta suficiente. No todo el mundo es un 'cerebrito'. Por cada niño que tiene una habilidad por encima de la media hay otro que la tiene por debajo. Luchar para hacerlo lo mejor posible y descubrir que no se es lo bastante bueno mina la autoestima. Si el niño se halla presionado por los padres y en la escuela, es probable que añada un sentimiento de culpa a su baja autoestima. Esto alcanza cotas agudas en los hermanos de un pequeño hábil. O bien en el hermano mayor de un niño con mucho éxito. Los jóvenes que fracasan repetidamente en su empeño de cumplir con las expectativas puestas en ellos pueden caer en la depresión.

Además, están los casos de niños que se niegan a competir. Una manera de preservar la propia autoestima es excluirse. Si uno no lo intenta, siempre le queda decir: "Yo lo habría logrado. No soy tonto. Lo que pasa, simplemente, es que me importa un rábano".

Luego están aquellos que no encuentran el sentido a competir, porque saben que no pueden ganar o que nadie va a tomar nota si lo consiguen. Si trabajando duro logran subir del puesto 26 al 22 de la clase, no tienen muchos incentivos para competir. Los que se autoexcluyen a veces se vuelven destructivos, aburridos e inquietos. Algunos harán novillos. Unos cuantos afortunados encontrarán otro ámbito en el cual destacar, como por ejemplo el deporte.

Visto así, el cuadro parece desolador, pero no hay necesidad de que lo sea porque he dejado de lado un factor crucial. El éxito académico ayuda a proporcionar al niño una buena base para salir al mercado laboral, pero no constituye una garantía de éxito en el mundo del trabajo. Éste dependerá de múltiples factores. De hecho, existen estudios que demuestran que, a los treinta, los niños que obtuvieron buenos resultados en el sistema educativo y fueron a la universidad no están más adelantados que los que no cursaron estudios universitarios.

El mensaje debería ser: "Debes trabajar duro en la escuela a fin de ganarte las mejores oportunidades para encontrar trabajo, o para ir a la universidad y empezar en la vida. Si no eres muy bueno en la escuela, eso no significa el fin del mundo, pero te pondrá las cosas más difíciles". Tal vez pueda añadir que quienes dan empleo buscan personas competentes, no Einsteins.

Dígale que la mayoría de las personas representan un término medio y que estar en ese término medio o un poquito por encima puede suponer una ventaja, porque las personas que dan empleo buscan personal que pueda trabajar bien en equipo. Mientras hagan honor a sus capacidades y traduzcan siempre en actos sus pensamientos, ganarán aunque no sean los mejores de la clase.

Sobre todo, sea realista: la mayoría de los niños no tiene áreas de excelencia. Pero ello no merece ni un solo momento de pérdida de su autoestima.

Anímeles y apóyeles para que aprendan lo que sean capaces de aprender, consigan lo que puedan conseguir y afronten la escuela lo mejor posible.

No quiere ir a la escuela

Desde luego puede haber muchas razones que lo expliquen. Antes de insistirle en que debe ir, revise las diferentes posibilidades. ¿Está realmente enfermo? ¿Está preocupado por problemas familiares o algún enfermo en la familia? ¿Está siendo intimidado? ¿Es rechazado y se siente infeliz? Haga lo obvio antes de hacer cualquier otra cosa: coméntelo con el médico y con la escuela, tal como corresponde.

- **Explíquese.** No hay otra opción. Debe ir a la escuela. Es la ley.

- **No se deje engatusar.** Si dice que tiene fiebre, tóquele la frente y dígale: "Parece que estás bien".

- **Ofrézcale opciones que no incluyan tomarse el día libre.** "¿Te vas andando a la escuela o quieres que te lleve en el coche?"

◆ **Insista.** "Ya te he oído, Hugo, pero debes ir a la escuela."

◆ **Persista.** "Comprendo que no te gusta tu profesor, y me encantaría que estuvieses en otra clase. Pero ésos son problemas transitorios. El año que viene todo cambiará. Debes ir a la escuela."

◆ **Busque ayuda.** Si cada mañana se niega a ir a la escuela y no existen problemas obvios ni en el centro ni en casa, busque el consejo de un terapeuta.

Aficiones

A medida que los niños están más y más confinados en su casa y en el jardín, se amplía el mercado de clases y actividades. Las clases de rugby, tenis o gimnasia remplazan los juegos en el parque y las ocupaciones tradicionales de la infancia. Si bien los pequeños ganan con la disciplina de las clases, también pierden por otro lado. Las versiones para niños de las actividades adultas ponen mayor énfasis en ganar y perder que en la cooperación y la habilidad; eso es perfecto para quienes están en la cima, pero no tanto para el chico o la chica medios.

Nada de malo hay en las clases de natación o de fútbol, o en aprender salto de trampolín o artes marciales; pero sí lo hay en imponerles un programa que les haga ir corriendo de una actividad a otra, sin dejarles tiempo para relajarse o jugar.

◆ **Una sola actividad a la vez** es suficiente para los chicos más jóvenes.

◆ **Asegúrese de que el niño se apunta con otros amigos,** a fin de que las actividades tengan un componente social y de diversión.

◆ **Presencie una clase.** Evite a los profesores dictatoriales y escasos de paciencia, así como a aquellos que menosprecian a los niños más débiles.

◆ **Permítale que asista a una clase de prueba.** No le insista si no lo ve demasiado entusiasmado. Tras la lección de prueba, apúntele al mínimo número de clases que sea posible, aunque las pague más caras que si la matrícula fuera para el curso entero.

◆ **Si el niño desea dejarlo tras las primeras dos clases,** adviértale que ya ha pagado por la seis clases siguientes y que él acordó asistir. Pregúntele por qué no desea seguir y anímele a perseverar. Pero nunca lo fuerce a meterse en clase aunque chille y patalee. Tampoco debe convertirse en hábito el empezar algo y luego dejarlo.

Cuándo empezar con las clases de música o de baile

Investigaciones recientes sugieren que los niños que realizan actividades extraescolares obtienen a menudo mejores resultados en la escuela, tal vez porque cualquier tipo de logro otorga confianza al pequeño.

La música, ciertamente, ayuda a los niños a aprender a escuchar, y escuchar bien incrementa su habilidad para leer y escribir, así como para captar los sonidos de un idioma nuevo. Pero si es cierto que hacer algo bien incrementa su confianza, lo contrario se cumple también.

Las actividades extraescolares pueden convertirse, asimismo, en otra área en la cual los padres intentan controlarlos. Pregúntese a sí misma "¿Quién desea en realidad que mis hijos tomen esas clases?". Si usted siempre quiso aprender a tocar el piano pero nunca tuvo oportunidad, no debería tratar de realizar sus ambiciones a través de su hijo. En lugar de eso, hágalo usted misma. Algo similar ocurre con las clases de danza. El padre que quiere triunfar a través de su hijo es una figura familiar en el mundo del espectáculo.

Lecciones de danza

Aunque muchos niños empiezan a tomar clases de danza, la mayoría la dejan al cabo de un año o dos. Con frecuencia eso sucede porque las lecciones son demasiado formales, o porque los pequeños comienzan demasiado pronto. Hasta que los niños no empiezan a dar muestras de responder a la música, son demasiado jóvenes. A los ocho años es todavía pronto para empezar.

Busque un profesor de danza dispuesto a ser condescendiente con su hijo. Un profesor muy competitivo y estricto en sus exigencias puede irle bien a un niño entusiasta, pero no a un principiante. La danza debe ser diversión. El profesor debe tener tanto entusiasmo por su alumno como lo tiene por la danza en sí. Habrá tiempo suficiente para un régimen crítico y exigente cuando el niño sea lo bastante hábil como para beneficiarse de él.

- **La danza no se reduce al ballet.** Tal vez el niño prefiera una aproximación menos formal.

- **Empiece moviéndose al ritmo de la música.** Los pasos formales están muy bien cuando se tiene el entusiasmo necesario.

- No le compre todo el equipo hasta asegurarse de que es realmente lo que el niño quiere.

Lecciones de música

Algunos padres dan por sentado que sus hijos tienen dotes para la música. Otros piensan que la música es algo que está reservado a una élite. La mayoría es consciente de que una elevada proporción de los que empiezan a estudiar música acaban dejándolo. Por cada uno que sigue tocando el piano de mayor, debe de haber al menos diez que de niños tomaron clases pero ya no practican.

La mayoría de las personas puede aprender a tocar un instrumento si realmente lo desea, y algunas personas que lo dejaron de niños han aprendido luego de mayores. Los que abandonan las lecciones de música no están menos dotados en esta faceta que los que siguen adelante. De hecho, los que llegan al conservatorio no están, por lo general, más dotados para la música que aquellos que estudian cualquier otra materia en la universidad.

Muchas personas acaban por abandonar las clases de música porque eligieron un instrumento que no es el adecuado para ellos. Las tasas más elevadas de deserción se registran en dos de los instrumentos más populares: el piano y el violín. Ambos instrumentos plantean mayores exigencias mentales a los niños que, por ejemplo, la trompeta o la flauta. Requieren trabajo, más que relajación, y eso tal vez sea demasiada carga después de una dura jornada escolar. Sólo el niño que cuenta con un plus de energía mental debería considerar aprender a tocar uno de esos instrumentos.

Para muchos niños, el placer de la música se deriva de tocar con otros compañeros. A veces un niño que estaría a gusto en una banda de instrumentos de viento odia sentarse a tocar el piano en casa. Para otros, es precisamente la relajación solitaria que comportan el piano o la flauta lo que les proporciona el placer.

La mayoría de los profesores coincide en que es más problemático empezar demasiado pronto que hacerlo demasiado tarde.

Los instrumentos se dividen en cinco grupos: de viento de madera, como la flauta; de viento metálicos, como la trompeta; de cuerda como el violín; instrumentos de percusión como la batería, y, finalmente, instrumentos independientes como la guitarra o el piano. Sólo el violín, el violoncelo y la guitarra se fabrican en tamaño pequeño. Los instrumentos restantes están diseñados para personas adultas. Por ello, algunos son demasiado pesados o grandes para que los niños pequeños los toquen cómodamente y con facilidad.

A casi todos los niños les va muy bien empezar con la flauta dulce. Es barata, y en muchas escuelas dan clases. Aunque las lecciones en grupo a veces no son lo más adecuado para los niños más lentos y con menos dotes musicales, o bien para los más avanzados, introducen al niño en los placeres de tocar música con otros niños.

Una de las formas más sencillas de empezar con clases de música es comprarle una flauta dulce o pedirla prestada en la escuela y, si el niño muestra entusiasmo, estudiar la posibilidad de apuntarle a clases particulares. Aun en el caso de que no lo haga así, las clases de flauta en la escuela son un indicador fiable de la preparación del niño para pasar a un instrumento más complejo. Cuando le pida cambiar de instrumento, puede estar bastante segura de que se encuentra preparado para ello.

Un niño tiene dotes para tocar un instrumento si:

◆ **sabe reconocer melodías de la radio o la televisión**

◆ **sabe distinguir una nota alta de una baja** cuando le cantan una canción sencilla. ¿Esta melodía sube o baja?

◆ **sabe seguir un ritmo simple dando las palmas**, acompañando a una canción que conoce

◆ **puede decir con los ojos cerrados si usted está golpeando con la cucharilla un vaso o una taza**

◆ **sabe cantar una canción** y terminar otra que usted ha empezado

◆ **muestra interés por la música;** sabe, por ejemplo, citar tres instrumentos musicales o el nombre de algún músico

◆ **disfruta** escuchando música

◆ **responde físicamente** a la música

◆ **no tiene problemas con la escritura, ni la lectura**

◆ **no tiene problemas con las matemáticas,** y ha alcanzado la fase en que sabe sumar, restar, multiplicar y dividir

◆ **es capaz de mantener vivo el interés,** por ejemplo, asistiendo a clases de danza durante más de seis meses

◆ **entiende que la música es un placer sobre el que hay que trabajar;** que tomar clases de música implica también ensayar.

No practica con el instrumento

Practicar fuera de clase es aburrido para muchos niños. Acuerden una rutina. Rechace las discusiones por causa de la práctica del instrumento. Las clases a esta edad no son esenciales. Si no hay práctica, no hay lecciones.

◆ **Considere si su hijo ha elegido el instrumento adecuado para él.** Si no lo pasa bien, no tiene mucho sentido que continúe.

◆ **Busque alguna banda de niños.** El niño que practica la música junto con otros niños obtiene un placer adicional por el juego.

Instrumentos con requerimientos físicos especiales

◆ **Flauta travesera.** Difícil para la mayoría de niños menores de diez años, los que son zurdos y los que tienen los labios gruesos o los dientes de delante muy grandes.

◆ **Clarinete.** Difícil para la mayoría de niños menores de nueve o diez años, o para los que tienen las manos pequeñas o los dedos muy delgados.

◆ **Saxofón.** Pocos niños menores de 12 años pueden manejarlo, por su tamaño.

◆ **Oboe.** No apropiado para niños menores de 12 años. El control respiratorio necesario es demasiado difícil para un niño pequeño o débil. Ayuda a desarrollar la capacidad pulmonar de un asmático, cuya respiración sea más o menos normal a resultas de la medicación. Lo ideal es que el niño tenga los labios finos y tensos.

◆ **Fagot.** Tiene un tamaño demasiado grande para niños menores de 13 años.

◆ **Trompeta.** A los niños con menos de diez años les va mejor la corneta. Incluso para los mayores de diez, aprender primero a tocar la corneta les facilitará las cosas en gran medida.

◆ **Trombón.** Su longitud hace imposible que un niño menor de once años pueda tocarlo.

◆ **Trompa de pistones.** No es un primer instrumento para nadie, ni niños ni adultos.

◆ **Piano.** Un niño que no es capaz de estar tranquilamente sentado, no puede aprender a tocar el piano. Como requiere leer música en partitura, hay que tener buena vista. No es apropiado para el niño impaciente o altamente sociable.

Instrumentos para niños sociables

- **Flauta y clarinete.** Porque pueden formar parte de una orquesta.
- **Todos los instrumentos de viento.** Porque siempre se tocan en bandas, y a menudo se aprenden también en grupo.
- **Percusión.** En especial para bandas de desfile.
- **Violín.** Si se toca en orquesta.
- **Viola.** Si se toca en orquesta.

Instrumentos para niños solitarios

- **Flauta y arpa**. Porque producen un sonido muy melancólico.
- **Piano**. Ya sólo el modo de tocarlo implica que el niño no puede mirar a los demás mientras toca.
- **Batería.** Una manera de desahogarse cuando se está enfadado.
- **Violoncelo.** Instrumento de cuerda comparativamente fácil, con un sonido tranquilizante.
- **Violín/viola.** Dado que un niño que aprende a tocar un instrumento de cuerda necesita mantener una buena relación con el profesor, un pequeño solitario que se lleva bien con los adultos suele pasarlo bien en estas clases. Un niño a quien gusta complacer a los adultos es más fácil que persevere con la práctica.

Instrumentos para niños agresivos, dominantes e inquietos

◆ **Clarinete.** A pesar de que muchos niños son capaces de producir, con bastante rapidez, notas suficientes para tocar una melodía simple, la categoría de la música y el grado de habilidad con los dedos necesario para tocarlo bien representan un desafío muy positivo para este tipo de niños.

◆ **Trompeta.** La mayoría de los niños progresan desde la corneta a la trompeta. La trompeta es para tocarla con otros instrumentos, no sola. No apta para pequeños a quienes mortifican los errores. La notas equivocadas son del todo evidentes.

◆ **Percusión.** El niño que disfruta con la percusión es el que está continuamente tocando en casa, incluso antes de que le regalen la batería.

Instrumentos que requieren agilidad mental

◆ **Violín/viola.** El pequeño no solamente debe producir un tono aceptable, sino que ha de tocar bien las notas adecuadas; comparado con otros instrumentos, éste se trabaja mucho más.

◆ **Piano.** Ya sólo leer la música es difícil.

◆ **Guitarra clásica.** Necesita un buen control de las manos; y, como las manos funcionan de maneras tan diferentes, también requiere agilidad mental.

Siempre está mirando la tele

Es un recurso valioso, tanto para aprender como para entretenerse. Si se mantiene en una proporción adecuada, es un factor positivo. Las personas que miran la televisión tienen una visión del mundo mucho más amplia que quienes no la miran. Pero, al igual que todas las cosas buenas, existe el peligro de excederse.

Si usted está preocupado porque sus hijos ven demasiada televisión, establezca un límite semanal en horas que resulte razonable.

Consulte cada semana la programación de televisión junto con los niños, y discutan qué programas desean ver. Si entre lo seleccionado predomina en exceso un determinado tipo de programa, acuerde un límite.

Pero: sea flexible. Ver a su equipo de fútbol en un partido esencial debe considerarse una prima especial. Un niño al que gusta mucho el tenis, debe poder ver un poco más de tele las semanas en que haya campeonatos especiales. Si llueve durante toda la semana y los niños no pueden salir a la calle a jugar, tal vez deban ver bastante más televisión de la que estaba prevista en el programa, en especial si sus amigos están de vacaciones.

◆ **Cuando están a punto de excederse del tiempo estipulado, ofrézcales una opción y deje que ellos tomen la decisión.** "Ana, acordamos que podrías mirar diez horas de televisión esta semana. Si ahora ves ese programa, mañana no podrás ver *Superman*. Tú decides."

◆ **Dé ejemplo.** Planifique lo que va a ver, en lugar de ir 'zapeando' de canal en canal en busca de algo que le enganche.

◆ **Si el niño transgrede constantemente el acuerdo, utilice la acción, no las palabras.** Desenchufe la televisión.

Videojuegos

A veces cuesta recordar qué hacían los niños de ocho años antes de que se inventaran los videojuegos. Deberá admitir que son divertidos, e incluso que contribuyen a mejorar la coordinación mano-ojo, así como la memoria visual. Pero ¿cuánto tiempo se necesita practicar? ¿Qué se deja perder por el camino?

Si asegura por quinta vez que vendrá a sentarse a la mesa cuando termine el juego, tal vez le cueste no levantarle la voz. ¿Quién va a esperar para cenar a que el niño haya logrado pasar el cuarto nivel?

Para abordar el tema de los videojuegos hay que establecer unas reglas sobre cuándo se puede jugar y durante cuánto tiempo, lo mismo que con el tema de la televisión. Fije unos límites firmes y aténgase a ellos.

◆ **Avísele con tiempo para las comidas.** "La cena estará lista en diez minutos." Luego, con tres minutos de antelación, insístale en que abandone el juego y se siente a la mesa con puntualidad. Los videojuegos constituyen una actividad secundaria, no primaria.

◆ **No lo machaque.** Diga lo que pretende y aténgase a ello.

◆ **Elabore unas normas razonables** acerca de cuánto y cuándo puede jugar.

◆ **Condicione el juego a los deberes,** las tareas domésticas y otras actividades que espera que el niño lleve a cabo.

◆ **Si no obedece las reglas, ofrézcale una opción.** "Marco, puedes dejar de jugar ahora o bien optar porque te confisque el juego."

◆ **No dé por sentado que no va a sacar nada bueno de ello.** Muestre interés por sus habilidades. No hay nada malo en los videojuegos, siempre que no excluyan todas las demás actividades.

Morderse las uñas

Es un hábito para liberar tensión, a veces para calmar los nervios que desencadenan unos padres que siempre están machacándole.

◆ **Busque otro modo de reducir el estrés.** El ejercicio suele ayudar.

◆ **Observe las situaciones en que su hijo se muerde las uñas.** Pregúntele si quiere dejar de mordérselas. Si dice que sí, acuerden una campaña de cooperación. De lo contrario, no insista.

◆ **Estudie maneras de que tenga las manos ocupadas.** ¿Clases de música? ¿Videojuegos? Pero vea lo que se dice más arriba.

◆ **Déle un toquecito en la espalda cuando le descubra mordiéndose las uñas.**

◆ **Sugiérale que mantenga las manos en los bolsillos.**

◆ **Pruebe con un gráfico de estrellas con premio por cada uña que deje crecer bien.**

Pubertad

Hitos: cambios en la pubertad

La mayoría de las personas no recuerda los primeros estadios de la pubertad. Incluso los estudiantes universitarios, que han pasado por ello bastante recientemente, se acuerdan mejor de su infancia que de los primeros años de su adolescencia. Tal vez olvidar los tiempos malos nos ayuda a adaptarnos. Pero, por otra parte, el hecho de que no recordemos la pubertad no nos sirve para comprender a nuestros hijos en esta etapa de su vida.

Un incidente que sí recuerdo puede contribuir a ilustrar ese abismo. Yo tenía unos 13 años y estábamos celebrando un picnic familiar junto a un río. Mi tía sugirió que mi prima y yo nos bañáramos en el río en bragas. Era una época en que ninguna de las dos tenía casi nada de pecho. Y, según mi tía, por allí no había nadie más que nosotros. ¡Nadie más que nosotros! Enseñar el pecho en un lugar que no fuera entre las cuatro paredes de mi habitación era para mí completamente impensable. Recuerdo ese incidente porque años después tuve que contenerme para no sugerir lo mismo a mis sobrinas.

Los cambios que se producen en la pubertad son embarazosos y nos confunden. Si empezasen siempre a la misma edad en todos los niños, y progresasen exactamente al mismo ritmo, tal vez serían más fáciles de llevar. Pero no es así, y muchos niños viven los cambios de la pubertad como una auténtica perturbación.

Una niña puede estar ya plenamente desarrollada mientras que otra de su misma edad ni siquiera ha iniciado el proceso. A algunas les viene la menstruación cuando están todavía en la escuela primaria. La pubertad empieza entre los 9 y los 17 años. La consecuencia es que, en ocasiones, induce a romper amistades, hace que algunas chicas tengan envidia y que otras se sientan avergonzadas y alarmadas.

Qué ocurre en la pubertad

Los padres estarán en mejor posición para comprender el comportamiento de sus hijos durante esta etapa si poseen unos conocimientos básicos de los cambios que conlleva la pubertad, tanto a nivel físico como psicológico. Es difícil apreciar los segundos sin entrar a bucear en los primeros.

Nunca hay que olvidar el contexto social en que todo esto sucede; su hijo estará comparándose constantemente con sus compañeros: no sólo la altura, sino también el tamaño del pene o de los pechos, la anchura de las caderas y las proporciones de la barriga.

El término pubertad describe la primera fase de la adolescencia, cuando empiezan a registrarse evidencias de madurez sexual. Estrictamente hablando, comienza con la segregación de hormonas por parte de la glándula pituitaria del cerebro. Estas hormonas impulsan el crecimiento de testículos y ovarios, los cuales, a su vez, ponen en marcha un incremento de la producción de las hormonas esteroides: testosterona y estrógeno respectivamente.

En la práctica, la pubertad está marcada por las consecuencias de dichos cambios hormonales: el desarrollo gradual de un cuerpo masculino adulto (controlado sobre todo por unos niveles más elevados de testosterona, producidos por los testículos) o un cuerpo femenino adulto (controlado sobre todo por unos niveles más elevados de estrógeno, producidos por los ovarios). En los chicos se registra un ensanchamiento de la espalda, incremento de la fuerza muscular, reducción de las grasas corporales y crecimiento de los genitales. La voz se torna más grave y, al cabo de un tiempo, se desarrolla la nuez de la garganta.

En las chicas se produce un ensanchamiento de las caderas, desarrollo de los senos, crecimiento de los genitales y el útero, comienzo de la menstruación y la consiguiente producción de una segunda hormona femenina, la progesterona.

El crecimiento del vello púbico y axilar es controlado por la testosterona y otros andrógenos, tanto en hombres como en mujeres. (Lo cual explica en parte por qué los hombres son más velludos.)

Como resultado de estos cambios físicos, tienen lugar también cambios psicológicos y emocionales. Los chicos no sólo parecen más adultos cuando alcanzan la pubertad, sino que también lo son. La testosterona y los estrógenos despiertan emociones sexuales adultas. Mientras en el pasado la masturbación sentaba bien y actuaba para aliviar y calmar, ahora esta experimentación es más consciente, más seria.

A partir de ahora, el deseo sexual es probable que vaya asociado con otras personas, más que con uno mismo. Por otra parte, la testosterona incrementa el grado de agresividad en los chicos. Cuando un jovencito se enfada, ahora dispone de un motor adicional para alimentar su furia.

¿Cuándo tienen lugar los cambios?

El inicio de la pubertad depende de factores genéticos, nutricionales y raciales. Si los padres se desarrollaron tarde, quizás a sus hijos les ocurra lo mismo. Las niñas chinas empiezan más temprano con la menstruación que las europeas. Las chicas con más de un 17 por ciento de grasa corporal tienden a alcanzar la menarquía (aparición de la primera menstruación) 'cuando toca'. Si la proporción de grasa corporal queda por debajo de ese límite, la menarquía se retrasa. Los chicos, por lo general, maduran más tarde que las chicas.

Este modelo garantiza que los primeros individuos de la clase en alcanzar la pubertad son las chicas, y los últimos los chicos. Debido al profundamente arraigado deseo de concordancia entre niños y adolescentes, una pubertad temprana tiende a ser problemática para las chicas, al igual que una pubertad tardía tiende a serlo para los chicos. Éstos están aislados en el limbo, y se dan cuenta de ello.

Tanto en los chicos como en las chicas, la pubertad coincide con un acelerón del crecimiento del adolescente que dura unos cuatro años y medio. El momento álgido del mismo en la media de las chicas es a los 11 años; en los chicos se sitúa en los 13. Casi todas las chicas están más o menos desarrolladas plenamente a los 13 años, mientras en los chicos ocurre a los 15 años. Sin embargo, hay excepciones. Algunas niñas tienen su primera menstruación e inician esta fase de intenso desarrollo a los 9 años. Por otra parte, hay chicos que no empiezan a crecer hasta los 16 o 17 años.

El hecho de que la pubertad se simultanee con un marcado desarrollo físico hace imposible que los niños que se encuentran en los extremos lo puedan ocultar. No es sólo que su pene mida la mitad que el de sus compañeros, sino que los demás chicos le superan ostensiblemente en altura.

No sucede *nada anormal* con los individuos que se hallan en esos extremos, aunque al chico o a la chica no va a ayudarle en nada que se lo digan. En la mayoría de los casos, la altura de un niño antes del inicio de este acelerón en el crecimiento está en relación recíproca con la estatura adulta. Pero, de nuevo hay que decir que no se trata de una máxima absoluta. A veces un niño bajito acaba siendo un adulto alto y viceversa. Es posible que se trate de una tendencia familiar, como sucede en mi familia. De niña, yo formaba parte del 5 por ciento más bajo en cuanto a altura (lo mismo que mi hija más tarde). Ambas hemos acabado por encima de la media en lo que a la estatura se refiere.

Las partes del cuerpo que primero alcanzan las proporciones adultas son la cabeza, las manos y los pies. Luego se desarrollan los brazos y las piernas, se ensanchan los hombros y las caderas y, finalmente, el tronco se alarga. No obstante, dado que la longitud del tronco es responsable de la mayor proporción en el incremento total de la altura, casi todos los niños continúan creciendo uno o dos centímetros una vez han completado el período de crecimiento. La mayoría de los adultos suele ser más alta de lo que era a los 16 años.

Hay otros cambios estructurales más sutiles que se producen al mismo tiempo. La frente se ensancha, la boca se amplía, los labios se vuelven más carnosos, la barbilla se hace más saliente y la nariz más prominente. El rostro infantil se vuelve más marcado y anguloso. Eso está bien para los chicos, pero no siempre es bienvenido en el caso de las chicas, visto que lo aceptado como bello en las revistas y el cine son los rostros de muñeca con rasgos dulces, más que los de mujer real.

Los cambios, por orden

En los chicos, la madurez sexual empieza con el crecimiento de los testículos y el escroto, sobre los once años y medio. Esto va seguido, aproximadamente un año después, por el crecimiento del pene. El crecimiento del vello corporal y facial se produce al cabo de unos dos años. Sin embargo, tanto el inicio como el orden de estos cambios son bastante variables. Los cambios en la voz suelen suceder bastante entrada la pubertad. En algunos chicos se trata de un proceso más o menos gradual, mientras que en otros es más bien repentino, y dramático: los 'gallos' de voz que salen descontrolados resultan bastante embarazosos y suelen ser objeto de burla.

En las chicas, el primer síntoma es el crecimiento de un vello púbico aterciopelado y, poco después, la elevación gradual de los senos. Al cabo de un año, empiezan a desarrollarse el útero y la vagina; los labios vaginales y el clítoris se amplían. El vello púbico crece en mayor abundancia y empiezan las secreciones vaginales. Hacia los doce años, casi todas las chicas tienen los pezones pigmentados y el desarrollo del seno está claramente en marcha. Por término medio, la menstruación empieza sobre los doce años.

Durante un año tras el comienzo de la menstruación, las chicas son fisiológicamente incapaces de concebir y, por algún tiempo, su fertilidad se mantendrá baja. De manera similar, los chicos eyaculan y tienen relaciones sexuales durante algún tiempo antes de producir espermatozoides vivos en cantidad suficiente como para que se produzca una fecundación.

Cómo afecta una pubertad temprana o tardía

Una vez la hemos dejado atrás, la mayoría suprime el recuerdo de la ansiedad, las necesidades, los deseos y los temores asociados a la pubertad.

Entre los chicos, los que maduran temprano o 'cuando toca' tienen el mayor grado de autoestima y se describen como seguros de sí mismos. Suelen ser populares entre sus compañeros durante los años de la adolescencia. Los chicos que maduran tarde están menos equilibrados, son más habladores, tienen más probabilidades de ser tímidos, inquietos, impacientes y de buscar atención. También son, por lo general, menos populares. En los tests psicológicos, estos chicos revelan que se sienten más a menudo fuera de lugar que sus compañeros, tienen una imagen más pobre de sí mismos y se quejan con mayor frecuencia de sentirse rechazados, dominados y dependientes. Un chico que se desarrolla tarde se encuentra en el fondo del montón, mientras que el que se desarrolla temprano va, sencillamente, al ritmo de las chicas.

La ansiedad de un chico va muy ligada al tamaño y desarrollo de su pene. Esa ansiedad se mantiene a menudo durante la edad adulta. Cuando los chicos van al lavabo, así como en los vestuarios o en las duchas.

Entre las chicas, las que maduran antes son las que suelen tener una peor imagen de sí mismas. Tal vez eso sea debido a que un desarrollo temprano en una chica se produce cuando todos sus amigos, son todavía niños. Tener el cuerpo de una chica de trece años no hace que la de nueve se sienta más independiente o intelectualmente avanzada. La hace diferente, y la convierte en el sujeto de los cuchicheos durante las clases. Las chicas procedentes de clase media parecen llevar mejor lo del desarrollo temprano que las de clase obrera, tal vez porque tienen oportunidad de conservar una mayor privacidad.

Edades medias para el desarrollo: chicas

◆ **La edad normal para el 'estirón' en el crecimiento es entre los 10 y los 11 años.** Debería ser motivo de preocupación si se produce antes de los 9. Consulte con el médico si observa que se retrasa más allá de los 13 años.

◆ **La edad normal para el desarrollo de los senos se sitúa entre los 10 y los 11.** Consulte con el médico si a los 15 años todavía no tiene nada de pecho.

◆ **Vello púbico:** es con frecuencia el primer signo. Acaba de crecer del todo entre los 12 y los 13 años, pero es bastante variable.

◆ **Flujo vaginal:** comienza por lo general entre los 10 y los 13 años. Luego disminuye cuando se inicia la menstruación.

◆ **Sudoración axilar: inicio habitual entre los 12 y los 13 años.** El olor corporal adulto depende de glándulas apocrinas que no se desarrollan hasta la plena madurez sexual. También hay unas glándulas en la región genital que producen un olor característico en las mujeres.

◆ **La menstruación suele comenzar entre los 11 y los 14 años,** pero a veces se adelanta incluso a los 9. Consulte con el médico si todavía no ha empezado a los 16 años.

Motivos de preocupación en las chicas

◆ **Senos raros.** Los senos, aunque hayan crecido del todo, no siempre se desarrollan de manera regular y simétrica.

◆ **Menstruación tardía.** Suele haber una tendencia familiar. La grasa corporal también juega su papel. Pocas son las chicas que menstrúan cuando pesan menos de 45 kilos. Los primeros períodos varían de duración y, al principio, no suelen ser regulares.

Edades medias para el desarrollo: chicos

◆ **Edad normal para el 'estirón' en el crecimiento: entre los 12 y los 13 años.** Debería ser motivo de preocupación si se produjese antes de los 11 años. La madurez tardía es una tendencia familiar. A menos que tenga un historial familiar al respecto, debe preocuparse si el crecimiento se retrasa más allá de los 15 años.

◆ **Edad para el crecimiento de testículos y escroto: 11-12 años.** La piel del escroto se oscurece y los testículos empiezan a crecer. Consúltelo con el médico si no aumentan hacia los 14 años.

◆ **Edad normal para el crecimiento del pene: entre los 12 y los 13 años.** El pene se alarga y luego se ensancha. La longitud media de un pene adulto en erección es de entre 13 y 18 centímetros.

◆ **Edad normal para la aparición de vello púbico:** entre los 12 y los 13 años; vello axilar, entre los 13 y los 15; vello facial, entre los 13 y los 15, aunque es muy variable.

◆ **Edad normal para la sudoración axilar: entre los 13 y los 15 años.** El olor corporal adulto depende de glándulas apocrinas que se desarrollan alrededor de esta edad. También hay glándulas en la región genital que producen el característico olor masculino.

◆ **Edad normal para la eyaculación: entre los 13 y los 14 años.** Comienzan alrededor de un año después de que el pene empiece a crecer. Al principio no hay espermatozoides en el semen eyaculado.

◆ **Edad normal para que se empiece a quebrar la voz: entre los 14 y los 15 años.** Al cabo de un año de iniciarse los cambios en la voz se desarrolla la nuez en la garganta.

Motivos de preocupación en los chicos

◆ **Erecciones embarazosas.** Casi cualquier cosa puede provocar una erección a un chico de esta edad. Concentrarse a fondo en otra cosa hace que remita.

◆ **Erecciones matinales.** Las erecciones se producen de manera automática cuando se sueña (y no sólo cuando los sueños son eróticos). La mayoría de los hombres se despiertan con una erección.

◆ **Poluciones nocturnas.** A veces se produce una eyaculación durante el sueño. No depende de que se haya tenido un sueño erótico.

◆ **Desarrollo de los pechos.** Es habitual que haya cambios en el tamaño de los alveolos, y un desarrollo de pezones y pechos en las primeras fases de

QUÉ HACER SI SU HIJO ES DIFERENTE

✔ ***Simpatice.*** *Es importante. No niegue lo que su hijo sabe que es verdad.*

✔ ***Capacite.*** *Reúna fuerzas positivas para que desarrolle sus puntos fuertes. Cuanto más haga como contrapartida a esos sentimientos de inferioridad, menos le afectarán a largo plazo. Manténgale en contacto con sus éxitos.*

✔ ***Nunca socave.*** *Si la autoestima de un niño es baja, es una crueldad rebajarla todavía más.*

✔ ***Revele.*** *Ser bajo o alto de estatura es una característica genética Explíquele cómo se siente/sentía a causa de su estatura. No lo aleccione. Haga un intento sincero de superar la distancia generacional. Sea honesta sobre cómo se sentía a su edad. Reconozca que no siempre lo llevó bien, pero que al final funcionó porque, una vez pasada la adolescencia, tanto uno mismo como los compañeros de la misma edad dan menos importancia a estos cambios.*

QUÉ NO HACER SI SU HIJO ES DIFERENTE

✖ ***Decirle que no importa.***

✖ ***Repetirle una y otra vez que no se preocupe, que ya crecerá.***

✖ ***Decirle que a usted nunca le molestó eso.***

la pubertad. Esto lo origina la segregación de estrógenos por los testículos. Es algo común. Los testículos producen una pequeña cantidad de estrógenos, al igual que los ovarios producen testosterona, también en pequeñas cantidades. Los cambios alveolares se mantienen, pero los cambios en los pechos desaparecen.

◆ **Voz chillona.** Los cambios en la voz son bastante repentinos o más bien graduales. Cuando el cambio de voz es paulatino, el timbre cambia dentro de una misma frase.

Demasiado bajo, demasiado alto

Los años de la adolescencia transcurren con mayor dificultad si uno es bajito. Los adolescentes bajos son muy sensibles a las miradas y los comentarios groseros; además, tienen más dificultades para atraer a las chicas (las cuales, a esta edad, son a menudo muy sensibles al hecho de que el chico debe ser más alto que ellas), y tienden a tener más baja la autoestima y a sentirse fuera de lugar. Es necesaria una gran personalidad para afrontarlo.

Con frecuencia, el chico más bajito y la chica más gordita son dejados fuera cuando la pandilla juega por parejas. La gran mayoría de chicos bajos tiene unos padres también bajitos, pero saber que es algo que eso se lleva en los genes no le representa una compensación. Ser demasiado alta solía considerarse un problema para una chica. Pero en los últimos tiempos, el avance de las supermodelos como iconos ha hecho disminuir en gran medida el estigma de medir un metro ochenta.

Acné juvenil

Estos años traen consigo preocupaciones adultas en torno a la importancia de la belleza. Un solo grano se convierte en un desastre. Tal vez usted ni siquiera lo note; pero esté segura de que su hijo sí. No le servirá de mucho que le diga "a todos los adolescentes les salen granos en algún momento".

◆ **El acné no es una infección.** Ni tampoco es infeccioso. El pus de los granos es estéril. Hasta que el niño no empieza a tocárselos, los granos no se infectan. Obviamente, dado que los granos del acné son estériles, los preparados medicinales no los previenen (véase más adelante), aunque a veces detienen la difusión de infecciones secundarias, también pueden provocar irritación.

◆ **El acné no es causado por la suciedad o la polución.** Lavarse con excesiva frecuencia es más probable que cause problemas que no lavarse. Hacerlo dos veces al día con un jabón neutro es suficiente.

◆ **Los pensamientos, los hábitos y la actividad** sexual nada tienen que ver con los granos.

◆ **La dieta tiene menor influencia de lo que la gente solía creer.** La grasa no es excretada a través de la piel, sino por vía intestinal. Un estudio doble ciego acerca de los efectos del chocolate sobre el acné (es decir, un estudio durante el cual ni los pacientes ni los médicos sabían quién estaba tomando más chocolate) demostró que no tiene influencia en el número de granos.

◆ **No hay forma de asegurarse de que el sábado por la noche no se tendrá ni un grano.** ¡Qué se le va a hacer!

◆ **Las lociones, cremas, geles y antibióticos para tratar el acné ayudan a solucionarlo, pero no a prevenirlo.** Lo mejor es dar con un remedio que nos funcione, y seguir con él.

Siempre durmiendo

Las personas crecemos mientras dormimos, y dado que los adolescentes crecen tanto, no es sorprendente que duerman mucho. El crecimiento físico produce cansancio. ¿Se acuerda de cómo dormían de bebés? El crecimiento también es doloroso, lo cual hace que el adolescente tenga un sueño inquieto. La época de crecimiento es un período de ansiedad y de cambios. Las relaciones han de plantearse de una manera bastante diferente, se debe negociar la independencia, hay que hacer frente a los sentimientos en relación con el sexo. El cambio suele perturbar a las personas y dejarlas un poco deprimidas. Por tanto, el sueño durante la adolescencia es, probablemente, también una vía de escape.

CÓMO ABORDAR DE FORMA ERRÓNEA LAS COSTUMBRES ADOLESCENTES EN RELACIÓN CON EL SUEÑO

✖ ***Despertarlos a las ocho sin contemplaciones.*** *Mientras lleguen puntuales a la escuela, hagan sus deberes y las tareas domésticas, es problema de ellos a qué hora se levanten. ¿Importa realmente que los domingos se queden en la cama hasta las tres? Al menos de ese modo la casa no retumbará al son de la música.*

✖ ***Llamarlos una y otra vez hasta que se levanten.*** *Llámelos dos veces, y siempre esperarán esa segunda llamada. Llámelos cinco veces y esperarán a la quinta. "No pienso llamarte ni una vez más", le dice usted, pero siempre lo hace. Por tanto resulta seguro ignorarla.*

✖ ***Insistir en que si no son capaces de levantarse a la hora, deberán estar en la cama a las nueve de la noche.*** *Ya son lo bastante mayores para decidirlo por sí mismos. Y lo harán si deja de importunarlos.*

✖ ***Discutir, pelear, machacar y lamentarse.*** *¿Qué mejor razón para darse la vuelta y seguir durmiendo que evitar las recriminaciones de los padres?*

CÓMO ABORDAR DE FORMA CORRECTA LAS COSTUMBRES ADOLESCENTES EN RELACIÓN CON EL SUEÑO

✔ ***Establezca lo que debe ser hecho el fin de semana y deje que ellos se organicen.*** *"Álex, no olvides que te toca cortar el césped este fin de semana, y recuerda que vamos a comer a casa de los abuelos." Mientras cumplan con lo pactado, si duermen todo el fin de semana es asunto suyo.*

✔ **Cómpreles un despertador.** *Si levantarse para ir a la escuela no es responsabilidad de usted, deben preocuparse ellos. Si usted se responsabiliza, ellos no se preocuparán. Haga algunas concesiones en caso de error. Si no han aparecido todavía veinte minutos después de que haya sonado el despertador, llámelos. Pero no lo haga por costumbre todas las mañanas.*

✔ ***Si llegan tarde a la escuela, no les escriba*** *una nota de disculpa. Déles la responsabilidad, y se volverán responsables. Si les cae un castigo, es problema de ellos.*

✔ **Esperarles.** *Si piensa llevarlos en coche, dé un aviso de partida y luego márchese. El tren tampoco esperaría. ¿Por qué iba a hacerlo usted? Si se ven obligados a ir andando o a usar el transporte público, el próximo día se levantarán a tiempo. "Alicia, el coche se va en diez minutos si quieres que te lleve, de lo contrario tienes dinero en el bote para el autobús."*

✔ ***Preparar el desayuno a una hora determinada.*** *Si van tarde, que se lo preparen ellos o que pasen sin él.*

✔ **Los días de la semana, llevarles una taza de café con leche.** *¿Por qué no, si va a prepararlo de todos modos?*

¿Deben los padres dictar la hora de acostarse?

¿A qué hora ha de acostarse un adolescente? Irse a la cama es responsabilidad de ellos, lo mismo que levantarse por la mañana. No atribuya el acostarse tarde a una forma de rebeldía. Su comportamiento respecto al sueño es responsabilidad de ellos.

◆ **"Pero su música no me deja dormir."** Sus propios patrones de sueño sí son responsabilidad de usted, y debe hacer algo al respecto.

> Alicia, cuándo duermas o dejes de dormir es tu problema. Yo quiero dormir entre las once de la noche y las ocho de la mañana, y necesito silencio en casa esas horas. Ponte música siempre que quieras, pero entre las once y las ocho, por favor, ¿puedes usar tus auriculares o bajar el sonido?

◆ **¿Deben sus amigos quedarse hasta tan tarde?** No, si eso molesta al resto de la familia.

> Alicia, me gusta que tus amigos vengan a casa, pero durante la semana todo el mundo fuera hacia las diez de la noche y alrededor de las once, el fin de semana

◆ **Si no se marchan.** Diez minutos antes de que sea la hora de marcharse, ofrézcales una bebida de despedida.

> Alicia, estoy preparando té. ¿Queréis tomar una taza antes de que se marchen tus amigos?

Si al cabo de 15 minutos siguen allí, diga sencillamente

> Chicos, es hora de irse

◆ **Si los padres que han de recoger a la chica no han aparecido.** Llámelos y recuérdeselo. "Rubén, ¿te importaría pasar a recoger a Pili? Tengo que acostarme temprano." No se disculpe. No diga "normalmente no importaría". Tal vez le tomen la palabra. Deje que sea el otro padre quien se excuse.

Come como una lima

Durante la pubertad los niños crecen a un ritmo fenomenal. El varón medio puede que sólo crezca 23 cm de altura entre los 12 y los 17 años, pero no lo hace a un ritmo constante de 2,5 cm por año (o de 0,2 cm al mes), sino que crece a intervalos irregulares, a lo alto y a lo ancho, primero el hueso y después el músculo. El crecimiento precisa combustible, proteínas, grasa e hidratos de carbono. Es, asimismo, un proceso doloroso. Los dolores de una etapa de crecimiento son reales y, casi con seguridad, contribuyen a un sueño inquieto y a ciertas dosis de mal humor. El hambre hace irritables a las personas. Se ha comprobado que antes de comer se producen seis veces más discusiones que después de las comidas.

Cómo abordar el hambre constante

◆ **Proporcione comidas y bocadillos de fácil preparación.** Hágalos tan saludables como le sea posible, en especial si el niño tiene tendencia a engordar. Una sandwichera le resultará de gran utilidad.

◆ **Enséñeles a cocinar.** Su dieta de bocadillos llevará menos comida basura si saben prepararse una comida sencilla para ellos y para sus amigos.

◆ **Establezca unas normas básicas sobre remplazar los víveres que se agoten.** Si se acaban el pan o la leche, debe ser remplazado. Eso, obviamente, resultará más fácil si se deja dinero para ello en algún lugar especial, y si hay cerca de su casa alguna tienda con horario nocturno. El pan y la leche extras pueden guardarse en la nevera.

◆ **Espere de ellos que recojan después de comer.** La esperanza es lo último que se pierde.

◆ **Las comidas han de tener lugar siempre en la cocina o en el comedor.** De nuevo, la esperanza es lo último que se pierde. Esta premisa es más realista si hay un televisor en la cocina o en el comedor.

¿Qué es comida sana para un adolescente?

No difiere de una dieta sana para cualquier otra persona. Alrededor de un 55 por ciento de las calorías diarias debe proceder de hidratos de carbono complejos como cereales, verduras de raíz o de hoja, y aproximadamente un 30 o 35 por ciento de las calorías ha de proceder de las grasas. Las grasas deben derivarse de fuentes vegetales (aceitunas, frutos secos), fuentes animales (pollo, carne, pescado graso) o de productos de granjas lecheras (productos lácteos, huevos).

BUENO PARA LOS ADOLESCENTES

- ✔ *Todas las frutas y verduras frescas.*
- ✔ *Cereales, mejor de grano entero.*
- ✔ *Pan, sobre todo el pan integral.*
- ✔ *Patatas, hervidas o asadas. Si se hacen patatas fritas, que sean gruesas y cortas: tendrán menos grasas.*
- ✔ *Pescado, en especial asado a la plancha o al vapor.*
- ✔ *Carne de ave.*
- ✔ *Leche desnatada y productos lácteos desnatados, como por ejemplo el yogur.*

NOCIVO PARA LOS ADOLESCENTES

- ✖ *Tabletas de chocolate.*
- ✖ *Helado en exceso.*
- ✖ *Pastelillos y galletas.*
- ✖ *Demasiados aperitivos.*
- ✖ *Demasiadas 'comidas rápidas'.*
- ✖ *Demasiados fritos.*
- ✖ *Bebidas carbónicas.*
- ✖ *Carnes ricas en grasas.*
- ✖ *Fruta enlatada en almíbar.*

Calorías diarias recomendadas para adolescentes en crecimiento

	Edad	Peso medio	Estatura	Calorías
Chicos	**11-14**	44 kilos	1,60 metros	2.800
Chicos	**15-18**	60 kilos	1,75 metros	3.000
Chicas	**11-14**	44 kilos	1,57 metros	2.400
Chicas	**15-18**	54 kilos	1,65 metros	2.100

Las paredes celulares del cuerpo están hechas de grasa. Sin grasas para construir las membranas de las células, el crecimiento es imposible. Eso no significa que los adolescentes en período de crecimiento necesiten una dieta rica en grasas; las contenidas en carne, pescados grasos, huevos y los frutos secos resultan bastante adecuadas en sí mismas. Las proteínas contenidas en carne, legumbres, cereales y productos lácteos, junto con la fibra, proporcionan el resto de la dieta.

Quiere ser vegetariano

Miles de personas llevan una vida sana siguiendo una dieta vegetariana. Judías, guisantes, lentejas, garbanzos, cereales y frutos secos son fuentes de proteína y resultan adecuados siempre que se consuman en toda su gama. Los productos lácteos son, excelentes fuentes de proteína, pero consumir leche entera y quesos en cantidades excesivas puede hacer que la dieta sea demasiado rica en grasas. Aquellas personas que no consumen productos lácteos necesitarán encontrar una fuente de vitamina B_{12}, como puede ser en comprimidos.

Si su hija adolescente insiste en ser vegetariana, no haga del asunto una montaña, simplemente sea práctica:

- **Seleccione comidas que puedan adaptarse con facilidad.** Una hamburguesa vegetariana sustituye a la de carne o a las costillitas de cordero. Los tacos pueden ser de carne o de queso. Una patata asada va bien con un bistec o con judías blancas y salsa de yogur. Las verduras salteadas están buenas con pollo o sin él.

- **Adapte la dieta familiar de manera que toda la familia consuma algunos días comida vegetariana.**

- **Disponga de alternativas** –huevos, patatas asadas con queso, lentejas– para los días en que el resto de la familia consuma carne.

- **Congele porciones de platos vegetarianos** para los días en que el menú del resto de la familia no pueda ser adaptado.

- **Enseñe a cocinar al vegetariano.**

Preocupado por el sobrepeso

Los adolescentes se preocupan por el hecho de estar gordos, aun cuando no lo están. Y con razón. Tener sobrepeso no es quizás tan perjudicial para la salud física como la mayoría de las personas piensa, pero sí lo es, desde luego, para la salud mental, psicológica y social. El prejuicio contra los 'gordos' es quizás la única forma de prejuicio socialmente aceptable y activamente fomentada que queda.

El aislamiento social y los prejuicios causan la infelicidad en personas con sobrepeso; incluso tienen menos posibilidades de acceder a puestos de trabajo bien pagados. Las mujeres gordas no llegan a las buenas universidades y es más probable que acaben siendo secretarias que directivas de empresa; profesoras que directoras de escuela; locutoras de radio que presentadoras de televisión. Incluso los médicos son más condescendientes con los pacientes delgados. En un conocido estudio, un grupo de actrices fueron remitidas a diferentes médicos con la misma lista de síntomas. Si llevaban relleno (y por tanto parecía que tuvieran sobrepeso), los médicos tendían a pensar que las enfermedades eran culpa de ellas. Si estaban delgadas, las creían genuinamente enfermas.

Existen pocas evidencias de que el hecho de tener sobrepeso sea insano para las mujeres, aunque el exceso de peso en los hombres es un factor de riesgo para las enfermedades cardiovasculares. De hecho, los principales peligros para la mujer se derivan de ponerse repetidamente a dieta. La radio, la televisión y las revistas lo pintan de manera bastante diferente. Persuadir a las mujeres para que se mantengan esbeltas constituye un gran negocio. Existen en el mercado alimentos dietéticos y pastillas, revistas y cursos, para hacer dieta, máquinas para hacer ejercicio, clases de gimnasia para adelgazar, tratamientos adelgazantes de los gabinetes de belleza, etc. Se trata de un negocio con una caducidad programada. De todas las personas que hacen régimen, el 95 por ciento vuelve a ganar hasta el último kilo perdido. Muchos de los clientes de dichos tratamientos son jóvenes adolescentes.

Durante los últimos veinte años, las modelos han ido imponiéndose cada vez más delgadas . Lo que se estila es el tipo Barbie. Y como éste es imposible de alcanzar, las modelos suelen hacer gala de unos senos quirúrgicamente aumentados en una figura delgada por naturaleza. Mientras las modelos van perdiendo kilos, los restantes mortales los vamos ganando. Hay quien piensa que el incremento de peso es resultado directo de todas esas dietas.

Nadie sabe con certeza por qué unos son más gordos que otros. Si una persona tiene un padre y una madre gordos, tiene elevadas probabilidades de ser también gorda. Si sólo uno de los dos padres es gordo, las probabilidades de que el hijo sea gordo son menores. Un padre y una madre delgados es muy probable que tengan hijos delgados. Los niños, adolescentes y adultos que son menos activos tienen más probabilidades de estar gordos.

No resulta infrecuente que el hecho de engordar vaya asociado con el estrés, la depresión y la infelicidad; suelen aliviarse consumiendo alimentos altamente energéticos, pero éstos también provocan un aumento de peso. Estar gordo incrementa el estrés, y de ese modo se desencadena una espiral creciente de estrés y aumento de peso.

Otra causa de obesidad (y un componente de la anorexia y de la bulimia en algunas chicas) es el haber padecido abusos sexuales en la infancia. Es como si el niño comiera mucho a propósito para hacerse a sí mismo menos deseable.

Reconocer al niño con sobrepeso y ayudarle

En ocasiones no es sólo grasa de adolescencia. Los niños son a menudo vulnerables al aumento de peso porque comen más de lo que necesitan. A veces sólo se trata de un problema transitorio. El comer inducido por el estrés es común en las mujeres, y los años de la adolescencia están cargados de tensiones.

◆ **Puede ser grasa de adolescencia.** Algunos niños aumentan de peso en los primeros estadios de la pubertad. Si es por desproporciones hormonales o más bien por comer compulsivamente es algo que no está claro. Cuanto más tiempo pase sin controlar la grasa más costará de perder.

◆ **Los niños no pueden perder peso a menos que estén altamente motivados.**

◆ **Una dieta sensata (más que espartana) y mucho ejercicio constituyen la mejor manera de perder peso.**

◆ **Las dietas de moda** no son recomendables para adolescentes en período de crecimiento. Provocan una pérdida de fluidos corporales y de glicógeno (unidades de glucosa), pero es poco probable que tengan algún efecto sobre las grasas corporales.

◆ **Adelgazar en grupo** suele tener más probabilidades de éxito que hacerlo solo.

◆ **Los inhibidores del apetito** no son aptos para adolescentes.

◆ **La anorexia y la bulimia** (véanse páginas 351-353) son mucho más peligrosas que el hecho de tener sobrepeso. Una elevada proporción de los casos de anorexia empieza en adolescentes regordetes. Hacer dieta de manera prolongada no se recomienda a los adolescentes.

◆ **La mayoría de anuncios de alimentación son de alimentos ricos en grasas y azúcares.** Suelen ir dirigidos a los adolescentes. Mantenga saludable el armario de los alimentos para picar.

◆ **Las modelos son a menudo anormalmente delgadas.** Las revistas tienden a utilizar modelos de una extremada delgadez. Hable con las chicas adolescentes sobre esto.

◆ **Si su hijo adolescente muestra tendencia a engordar,** le hará la vida más fácil si procura mantener las tentaciones fuera de su alcance Una patata asada en el microondas con una cucharada de yogur desnatado tarda seis minutos en estar lista para servir.

Anorexia

La anorexia nerviosa es más común entre las chicas adolescentes (el 90 por ciento de los casos). Las que la padecen creen estar más gordas de lo que realmente están. Incluso cuando llegan a exagerados extremos de delgadez, continúan haciendo régimen. Nadie sabe con certeza a qué es debida la anorexia.

Un examen más profundo indica una falta de autonomía y de iniciativa individual. Quizás es que son demasiado buenas, demasiado dispuestas a gustar. A veces se las describe como esclavizadas por las ambiciones de sus padres, no teniendo vida propia. Con frecuencia tienen una obsesiva necesidad de controlar.

Las expectativas culturales juegan claramente su papel. Por ejemplo, la anorexia es más común entre los de raza blanca que entre los afrocaribeños, que valoran menos la delgadez.

Las modelos también tienen su parte de responsabilidad. La anorexia es muy común entre bailarinas y modelos. Y se ha hecho más y más frecuente entre las adolescentes desde que las modelos se han convertido en ídolos de la juventud.

Un tercio de las chicas que desarrollan anorexia ha tenido alguna vez exceso de peso.

Es probable que las chicas anoréxicas hayan sufrido abusos sexuales.

Las jovencitas de clase media con padres ambiciosos tienen mayores posibilidades de volverse anoréxicas. Muchas van a escuelas con estándares académicos muy elevados.

Qué sucede en la anorexia

Típicamente, la anorexia se inicia en la temprana o media adolescencia. La muchachita decide que está demasiado gorda y empieza a hacer régimen. Pero continúa con el régimen mucho después de que haya conseguido un peso corporal normal o medio y a pesar de la presión familiar para que coma, sigue perdiendo peso. En esta fase o en otra posterior incluso intentará métodos distintos de la dieta para continuar adelgazando; tome nota si la ve a diario haciendo ejercicio de forma obsesiva durante mucho rato. La ingesta de laxantes es otro de los síntomas. En ocasiones, las chicas anoréxicas toman tantos laxantes que llegan a dañarse los riñones.

La falta de nutrientes acaba por causar una depresión a la jovencita anoréxica, que se siente irritable y con dificultades para concentrarse. La piel se le seca y quizás le salga vello en rostro, brazos y piernas. A veces llega a perder tanto peso que es posible que se le retire la menstruación. Si una chica sufre anorexia antes de alcanzar la pubertad, el inicio de ese período se retrasará.

La anorexia es un trastorno muy serio. Un 5 por ciento de pacientes muere, ya sea por infección, por los daños causados por los laxantes o por suicidio. Del resto, un 20 por ciento son anoréxicas gran parte de sus vidas, un 25 por ciento se recupera hasta cierto punto, y el 50 por ciento restante acaba por recobrar la salud. Para la mayoría, no obstante, es un trayecto largo. Por lo general, el problema suele prolongarse al menos durante dos o tres años.

DIAGNOSIS DE LA ANOREXIA

Al igual que las restantes características de la anorexia aquí descritas, los médicos diagnosticarán el problema con seguridad sólo si observan:

- **Intenso miedo a la obesidad,** que no disminuye a medida que pierde peso. Una preocupación por las proporciones del cuerpo y una incansable persecución de la delgadez.

- **Distorsión de la imagen física.** Los anoréxicos se ven a sí mismos más gordos de lo que están en realidad, y continúan lamentándose de que tienen mucha barriga y caderas, cuando lo cierto es que están penosamente delgados.

- **Ninguna patología conocida.** Es decir, ningún motivo para estar tan delgado.

- **Pérdida de peso de al menos el 25 por ciento** del peso corporal original.

- **Rechazo a mantener un peso corporal normal.**

Todos los anoréxicos necesitan ayuda profesional. Se trata de una enfermedad que hace peligrar la vida. Los padres no pueden afrontarlo solos.

¿En qué se diferencia la bulimia de la anorexia?

La bulimia es una variante de la anorexia que tiende a afectar a mujeres más mayores. Se caracteriza por un ciclo de hambre, comer compulsivo y purga. Una persona anoréxica se convertirá más tarde en bulímica. Los que la padecen pueden ser también obsesivos con el ejercicio físico y con el consumo de laxantes.

Dado que las chicas bulímicas no están necesariamente delgadas, a veces es difícil detectar que tienen serios problemas. Provocarse el vómito y abusar de los laxantes resulta peligroso. El abuso de laxantes perjudica a los riñones y es causa de infecciones. Vomitar a menudo daña la dentadura.

¿Están los adolescentes confusos respecto al sexo?

Se han llevado a cabo numerosos estudios en torno al comportamiento sexual entre adultos. Las investigaciones fueron hechas, en parte, a fin de que los diferentes gobiernos pudieran valorar las posibilidades de difusión del virus del SIDA. Ésta fue la respuesta: los hombres practican el sexo más a menudo con las mujeres que las mujeres con los hombres; los hombres practican el sexo con un mayor número de parejas femeninas que las mujeres con parejas masculinas.

Pero, obviamente, uno y uno han de sumar dos. Por cada hombre que practica el sexo con una mujer debe haber una mujer practicando el sexo con un hombre. Las sumas deberían ser equivalentes, y aun así nunca lo son. Como promedio, la mujer dice haber tenido, más o menos, tres parejas. Mientras que el hombre dice haber tenido 11. Parece como si las mujeres buscaran una cifra que sonara respetable sin parecer mojigatas, y los hombres, en cambio, decidieran convertirla en un número de dos dígitos.

Si los adultos entrevistados anónimamente para un estudio científico sienten la necesidad de cumplir con las expectativas de la sociedad (los hombres deben tener experiencia, las mujeres no), entonces ¿qué van a hacer los adolescentes? Podemos estar seguros de que se sentirán confundidos respecto al sexo.

En verdad, todos estamos confundidos a ese respecto. La moral y las expectativas tradicionales se hallan profundamente arraigadas. Los hombres siguen jactándose de sus conquistas. Las mujeres se jactan de su pureza. Las revistas, el cine, las canciones pop y la televisión transmiten que el sexo es agradable, natural, automático, algo que hombres y mujeres hacen cuando están juntos. La moral convencional sigue predicando que las mujeres deben ser cautas, pero que los hombres deben agarrar cualquier oportunidad al vuelo. ¿Cómo van a apreciar los adolescentes que las cosas no son tan sencillas como eso?

El doble rasero

El doble rasero está vivo y bien vivo, sobre todo entre los hombres. Los padres –en especial el padre– siguen siendo más recelosos y más protectores con sus hijas. Los hijos han de 'ligar', las hijas deben ir con cuidado.

Las actitudes adolescentes frente al sexo vienen determinadas por la cultura. Sólo sucede en los países occidentales que más de un 65 por cien-

PONER AL DÍA LOS ESTEREOTIPOS SEXUALES

Desde el momento en que el pequeño es capaz de nombrar los dos sexos, niño y niña, sabe que existe algún tipo de diferencia entre ellos. Pero hasta que no cumple los tres o cuatro años no se da cuenta de que, dado que ahora es una niña, cuando crezca será una mujer. Hasta los seis años no tomará conciencia de que no hay manera de cambiar eso.

A medida que procuran comprenderse a sí mismos, los niños van intentando entender qué es ser hombre o mujer. Tienden a seguir bastante los estereotipos, tal como demuestra claramente la devoción de las niñas por la muñeca Barbie y de los niños por los juegos de guerra.

Al llegar a la adolescencia, las chicas son bombardeadas con dos temas nuevos: la antigua visión romántica de que la felicidad tiene forma de chico, y que el éxito se basa en llegar a ser lo bastante bonita como para conseguir chico. A esta visión se ha unido, en los últimos años, una nueva forma de ver las cosas: que la vida es algo más que un marido e hijos.

Los hombres también sufren el bombardeo de dos visiones confusas: la vieja imagen del macho *action-man* (debilitada en cierto modo por el empobrecimiento de las perspectivas de empleo) y el éxito alcanzado por algunas mujeres. Por otro lado, está la imagen romántica que si bien nunca se ha llegado a admitir del todo, siempre ha formado parte de una psicología masculina, en que las mujeres son tratadas como objetos sagrados a los cuales honrar y adorar.

to de los adolescentes declare que las experiencias sexuales les dan placer. Menos de la mitad de las chicas alegó lo mismo, y cuanto más jóvenes, menos probable es que consideren el sexo algo placentero.

La historia occidental estándar sobre la actividad sexual durante los años de la adolescencia va de la siguiente manera:

- Los chicos deben 'ligar'; todos sus compañeros dicen que lo han hecho. ¿Quién va a querer ser el último? Los chicos se presionan y éstos presionan a las chicas, las cuales, dan luz verde.

- Las chicas también deben ligar. ¿No es eso lo que dicen todas las revistas? Las chicas han de hablar, vestirse y actuar de manera sexy. Si no lo hacen, probablemente son frígidas. Si no les interesa el tema, es que algo va mal. Pero sólo deben practicar sexo con el chico correcto. De otro modo, son tachadas de 'tías guarras'.

◆ Los chicos han de practicar tanto sexo como puedan y con tantas chicas como les sea posible.

◆ Las chicas deben salir con un solo chico a la vez, y dejar un intervalo respetable entre uno y otro.

◆ En consecuencia: casi siempre los chicos tienen menos experiencia de lo que dicen y las chicas más de la que dicen tener.

Ser padres de un adolescente sexualmente activo

Resulta duro para los padres asumir el desarrollo sexual de su descendencia: pensar en ellos como personas que sueñan en sexo, piensan en sexo, quieren sexo e incluso practican sexo. Más que cualquier otro aspecto de su desarrollo, la sexualidad los separa de los hijos.

Enamoramientos

Los primeros amores obsesivos suelen aparecer alrededor de los once o doce años. La característica común es que los sentimientos son nuevos e intensos, y la persona amada siempre resulta inalcanzable. Estrellas del pop, profesores de la escuela o algún chico o chica más mayor son los objetivos más frecuentes. Son, en suma, el material que nos nutre cuando soñamos despiertos. Enamorarse perdidamente de alguien del mismo sexo no indica homosexualidad, al igual que enamorarse así de alguien del sexo opuesto no representa una confirmación de heterosexualidad.

Si bien estos enamoramientos son lo más normal en los primeros estadios de la pubertad, no desaparecen del todo cuando nos hacemos mayores. Soñar despiertos es siempre placentero.

¿Es mi hijo homosexual?

En los primeros años de la adolescencia se forman a menudo intensas amistades con miembros del mismo sexo. De hecho, estas amistades son tan intensas a veces que los padres llegan a preguntarse si la relación reviste carácter sexual.

Aunque es verdad que esas relaciones se mueven en ocasiones cerca de los límites de la implicación y la experimentación sexual, para la mayoría de adolescentes las emociones sexuales hacia miembros de su propio sexo constituyen una fase pasajera. La exploración del sexo con alguien que es como uno mismo parece más segura. Se trata de explorar con alguien que entiende. Pocas personas tienen bien claro qué las atrae sexualmente. Si imagináramos todas las parejas sexuales posibles dispuestas en fila, desde el hombre más

CONSEJOS INÚTILES EN TORNO AL SEXO

✖ ***No practiques sexo, a menos que estés enamorada.*** *¿Qué tiene que ver eso con el amor? Todos sabemos que el amor engaña. Ésta es una regla que probablemente convertirá en ciego al enamorado y animará al necesitado (o curioso) sexual a autoconvencerse de que está enamorado.*

La preparación es más importante que el amor. El momento de empezar unas relaciones sexuales llega cuando a uno le parece bien hacerlo. El mensaje importante es que el amor y el deseo no siempre coexisten, y que nadie debe ser tentado al sexo en nombre del deseo o el amor, a menos que esté completamente seguro de que quiere hacerlo.

✖ ***No lo hagas hasta que estés casada.*** *El consejo no será escuchado o caerá en saco roto.*

✖ ***No vuelvas a hablar de eso conmigo.*** *Eso suena a sentencia, amenaza o sugerencia de que usted no puede afrontar la respuesta. La ignorancia de los padres puede ser pura dicha, pero ¿quién si no iba a aconsejarles? ¿Alguien en el patio del colegio? El hecho de que no tengan la posibilidad de plantearle a usted sus problemas sexuales significa que no les ayudará. No querer saber equivale a no tener suficiente interés para desear averiguar qué está pasando. Esconder la cabeza debajo del ala no impedirá que su hijo asuma riesgos.*

✖ ***Debes contármelo todo.*** *¿Cómo hacerlo? ¿Podría usted contárselo todo sobre su vida sexual?*

macho hasta la mujer más femenina, la mayoría de nosotros descubriría que nuestros gustos se sitúan en un extremo de la fila o hacia el otro. Pero, incluso los que nos consideramos heterosexuales al cien por cien, reconocemos sentir atracción por miembros de nuestro propio sexo.

Muchos chicos, y algunas chicas, practican sexo juntos sin ser homosexuales. Si realmente lo son, suelen descubrirlo hacia el final de la adolescencia, si no antes. No obstante, aunque lo tengan claro a los 14 años, tal vez no tengan absoluta seguridad hasta los 19 o los 20. Hay mujeres que se dan cuenta mucho más tarde, con frecuencia no antes de los 35 años.

Si bien hay tanto hombres como mujeres bisexuales, los hay que sólo admiten de su mismo sexo. Se dice que existe una predisposición genética para que los hombres sean homosexuales, la cual se transmite desde la línea femenina. Otros dicen que los hombres tienen más posibilidades

CONSEJOS ÚTILES EN TORNO AL SEXO

✔ ***No tengas prisa.*** *Es difícil volver a una vida libre de sexo una vez se ha inaugurado la vida sexual. Cada nueva relación tiende a incluir sexo, incluso si uno no está seguro de su importancia. Cada vez se empieza más pronto con el sexo; ello conduce a una relación sexual comprometida demasiado pronto. Procure dar a sus hijos la confianza para que sepan esperar. El modelo inevitable para la mayoría de nosotros es tener una 'parejita' durante un tiempo, luego un par o dos de relaciones comprometidas, y, por fin, la pareja estable. Empezar temprano no parece alterar el modelo. Sencillamente significa que nos estableceremos antes.*

✔ ***Haz lo que te parezca que está bien.*** *Marca tu propio ritmo. La mayoría de adolescentes es capaz de decidir cuándo están preparados para el sexo. Si le piden consejo, puede estar bastante segura de que alguien las está presionando. La respuesta a la pregunta "¿Debo hacerlo?" es, invariablemente, "No, hasta que tengas la seguridad de estar preparada". Si la sexualidad y la independencia son aceptadas, los adolescentes pueden decidir por sí mismos. La mayoría son responsables, si usted se lo permite.*

✔ ***Acepte la sexualidad de sus hijos.*** *Pero no necesariamente sus decisiones. Los adolescentes descubren pronto que el sexo y pavonearse de la sexualidad es un método excelente de provocación. Que acepte su sexualidad no significa que deba permitir que su hija de doce años pase la noche con su 'ligue' de veinte.*

✔ ***Manténgase bien informada.*** *Cuando le pide información y consejo, no quiere obtener balbuceos vagos o avergonzados como respuesta. Asegúrese de que sus hijos adolescentes estén bien informados sobre la mecánica y los riesgos del sexo. Hable con ellos sobre las realidades del sexo. No siempre es placentero. El amor no hace necesariamente del sexo una experiencia conmovedora. Dar y recibir placer es algo que debe aprenderse.*

✔ ***Hábleles de su adolescencia.*** *Tal vez no fuera tan distinta de la de ellos.*

✔ ***Confíe en ellos.*** *Y póngase de su lado cuando cometan errores.*

de ser homosexuales si maduran temprano, y también hay quien afirma que los hombres gay coinciden en tener un determinado tipo de madre. Ninguna de las teorías se corresponde por entero con los hechos. No es fácil aceptar la propia homosexualidad. Cuando todo lo que se habla se refiere al sexo opuesto, ¿con quién va a compartir un homosexual sus sueños respecto a su propio sexo?

Un adolescente que se da cuenta de que es gay necesita apoyo adicional. La sociedad sigue teniendo fuertes tendencias homofóbicas. Incluso en el caso de que la familia y los amigos se muestren dispuestos a aceptarle y apoyarle, sentirse distinto es causa de infelicidad. Resulta muy raro que el camino a recorrer esté tan despejado como habitualmente lo está para un heterosexual.

No todos los adolescentes tienen la fuerza y el coraje necesarios para 'salir a la luz'. Y no todas las familias tienen la fuerza y el coraje suficientes para apoyarles si lo hacen. La decisión de informar a la familia es muy personal, así como la reacción de padres y hermanos. No siempre somos capaces de controlar nuestros sentimientos. Saber que la vida probablemente va a ser más difícil para ese individuo puede causar ansiedad. No obstante, con el tiempo, la mayoría de las familias en las que reina el afecto llegan a aceptar la sexualidad de sus hijos.

Si su hija le dice que es homosexual

- **Créaselo.** No se lo habría dicho si no estuviese segura de ello.

- **Acéptela.** Ella no es distinta hoy de la de ayer. Sigue necesitando su amor y su apoyo.

- **Sea honesta.** Respóndale algo como: "Laura, no te diré que esto no ha supuesto un golpe para mí. Me llevará algún tiempo asimilarlo. Pero tú eres mi hija, y sé que debo aceptar lo que está bien para ti. Hoy todavía no puedo alegrarme por ti. Dame unas cuantas semanas para que vaya acostumbrándome a la idea". Asegúrele que cuenta con su amor y su apoyo, pero no oculte su preocupación y sus temores.

- **La aceptación comporta aceptar a sus amigas y a sus novias.** Hágale saber que serán bienvenidas. Júzguelas como juzgaría a los novios de su hermana, por ellos mismos, no por su sexualidad.

- **Deje que ella sea su propia juez.** 'Declararse homosexual' o mantener en secreto sus preferencias sexuales es una decisión que debe tomar ella sola, respétela.

Salir con alguien

Las 'parejitas' suelen empezar a separarse de las pandillas entre los 14 y los 16 años. Las chicas comienzan alrededor de los 14; los chicos, uno o dos años más tarde. Salir muy jovencito con alguien es, por un lado, un signo de popularidad que, en cierto modo, tranquiliza a los padres, pero también les preocupa. No en vano, es un factor de distracción que interfiere en la escuela y con los deberes. En ocasiones, el hecho de salir con alguien se vuelve demasiado exclusivo y los antiguos amigos son dados de lado en favor del 'novio' o 'novia'.

Aunque estas primeras relaciones no suelen ser más que escarceos pasajeros, a menudo entrañan sentimientos muy profundos, y son largamente lloradas cuando fracasan. El simple hecho de tener una relación enseña a los adolescentes cosas sobre sí mismos y sobre el sexo opuesto.

Sexo adolescente

En sus primeros estadios, el sexo se compone por lo general de besos y caricias. Pero hacia los 17 años, cerca de la mitad de chicos y chicas ha tenido ya alguna experiencia sexual. A los 18 años, el porcentaje de iniciados se eleva a las tres cuartas partes.

Dado que el sexo surge con frecuencia de manera oportunista, muchos de estos primeros encuentros tienen lugar sin el uso de anticonceptivos. Es una suerte que los adolescentes sean tan poco fértiles, ya que de otro modo se producirían muchos más embarazos entre las adolescentes.

Sexo demasiado pronto

Los niños maduran a ritmos distintos, y una niña que madura temprano en una comunidad donde el sexo desde muy joven es la norma, empezará a tener relaciones sexuales antes de la edad de consentimiento. Descubrir que su hijo de 13 o 14 años está manteniendo relaciones sexuales es, obviamente, alarmante y preocupante, pero este comportamiento no ha de suponer una desviación ni ser anormal.

Si el adolescente no presenta otros problemas:

◆ **No deje que la sorpresa y la decepción lo cieguen.** Si su hija mantiene una buena relación con usted, y su comportamiento no le causa preocupación alguna en otros aspectos (por ejemplo, si cuenta con muchos amigos y obtiene buenos resultados en la escuela), que empiece pronto con el sexo no ha de ser necesariamente una catástrofe. Tal vez su hija haya madurado antes de lo habitual.

Si la relación es de hace tiempo, poco podrá hacer al respecto.

◆ **Asegúrese de que el chico con quien sale no es demasiado dominante ni posesivo.** Las relaciones sexuales tempranas se establecen a veces entre dos personalidades adictivas. Ello resulta muy restrictivo y, a la larga, perjudicial.

◆ **Asegúrese de que utiliza y entiende la importancia de emplear algún método anticonceptivo.**

◆ **Asegúrese de que es ella quien lo ha elegido** así y que no está siendo presionada para tener relaciones íntimas por un amigo mayor que ella o por la necesidad de hacerse ver entre sus amigas.

◆ **Subraye la necesidad de que mantenga otras amistades y dedique tiempo a sus amigos.** Si le preocupa el hecho de que la relación se esté volviendo demasiado exclusiva, condicione su aceptación de la relación a este factor. Asimismo, asegúrese de que trabaja lo suficiente en la escuela.

Si su hijo es rebelde

En ocasiones, la experimentación sexual forma parte de un patrón más amplio de comportamiento destructivo y desviado de la norma. A veces, las chicas enfadadas utilizan el sexo como los chicos enfadados utilizan la agresión. Si sospecha que ése podría ser el caso, tal vez le convenga buscar ayuda exterior para hacer frente al problema.

Asegúrese de que su hijo está totalmente convencido de que usted lo ama y lo acepta. Procure reforzar su autoestima. Si él siente que usted le da fuerzas, tendrá menos necesidad de buscarlas fuera. Muéstrele una manera más acertada de dar rienda suelta a su enfado.

Si sospecha que está siendo arrastrada hacia el sexo por un hombre mayor, intervenga. Permitir una relación entre una adolescente y un adulto es probable que le acarree problemas. Párelo antes de que la chica salga herida. Pregúntese por qué ese hombre quiere una relación así. ¿Necesita controlar a las mujeres? ¿Le resulta más fácil controlar a niñas? ¿Acaso tiene una obsesión sexual por los niños?

Dígale que debe renunciar a ella. Si se niega, recuérdele que el sexo entre un adulto y una chica menor de 16 años es ilegal, y que usted no dudará en informar del asunto a la policía si comprueba que está quebrantando la ley. No lo dude ni un momento. Cuando su hija cumpla 18 años decidirá legalmente por sí misma. También podrá marcharse de casa si lo desea.

Control de natalidad

Todos los adolescentes deberían estar informados sobre control de natalidad y sexo seguro antes de verse abocados a ello. Sin embargo, la información sobre el tema raras veces es el problema. La mayoría de los adolescentes es perfectamente conocedora de los diversos métodos que existen. Su problema es que para ellos el sexo es cuestión de oportunidad y ésta surge antes de que se haya organizado el tema de la contracepción.

Explíquele a su hija que los hombres pueden esperar. Tienen frenos y, en contra de lo que afirman, no les sucede nada malo si los utilizan. La oportunidad y la tentación tendrían que inducir a efectuar planes, no a pasar a la acción. Los planes deberían incluir medidas anticonceptivas.

◆ **Asegúrese de que su hija comprende que puede quedarse embarazada ya la primera vez.** Las probabilidades son muy reducidas pero reales.

◆ **Asegúrese de que comprende que un bebé significa un compromiso total** y que destruirá su libertad y supondrá un freno a su desarrollo.

◆ **Asegúrese de que comprende que un aborto nunca resulta fácil de llevar a cabo.**

◆ **Acompáñela al médico si le da vergüenza ir sola.** Sugiérale que lleve preservativos para casos de emergencia.

◆ **No la ponga de inmediato a tomar la píldora.** El sexo es decisión suya. La anticoncepción es su responsabilidad.

Embarazo

Si su hija le dice que está embarazada, casi seguro que es verdad. Pocas chicas se equivocan en una cosa así ni se lo dicen a sus padres antes de tener la certeza absoluta.

Es probable que esté asustada. Por más enfadada y preocupada que se sienta, su deber es prestarle el máximo apoyo posible. No servirá de nada que le grite ni que le pregunte por qué. Ha ocurrido, y el único remedio es hacer frente a las consecuencias. Con independencia de su opinión sobre el aborto, no puede obligarla. Es su cuerpo, su bebé y, en definitiva, su decisión.

A veces, el embarazo es el resultado de un fallo del método anticonceptivo, otras, de una noche loca. En algunos casos se trata de un acto deliberado por parte de una adolescente con problemas que desea encontrar a alguien a quien amar, o una manera de solicitar amor y atención, ya sea de usted o de su caprichoso novio. Si éste es el caso, debe usted asumir que le va a resultar casi imposible ayudarla y aconsejarla. Busque ayuda profesional lo antes posible.

Hacer frente a un embarazo accidental requiere paciencia, calma y cariño. Sea cual sea la decisión final, el futuro tiene que ser considerado con la mayor objetividad posible. Por supuesto, no existen más que tres posibles opciones (y cada una de ellas debe ser meditada con sumo cuidado): abortar, dar a luz y entregar al bebé en adopción o criar al niño, ya sea sola o junto con su pareja.

Cuestiones que deberán plantearse

¿Está dispuesto el padre del niño a hacerse cargo de él y de la madre? ¿Quiere usted que lo haga? ¿Lo desea ella? ¿Tiene esa relación posibilidades de continuidad? Aunque los matrimonios jóvenes no presentan una tasa de supervivencia demasiado alta, no ha de suponer que siempre acaben en desastre. Los pronósticos para cualquier matrimonio se sitúan en torno al 50 por ciento.

¿Cómo afectaría la llegada de un bebé a los planes de su hija para el futuro? Tener un hijo no pone punto final a una carrera o a la posibilidad de ir a la universidad, pero sí retrasa las cosas.

Pregúntele qué le parecería criar al niño ella sola. ¿Podría hacer frente a la responsabilidad y al compromiso? ¿Echaría de menos su juventud?

Hágale ver que el bebé es la parte más sencilla. Pero, ¿qué haría con un niño de siete años? ¿Y con un adolescente?

¿Cómo se mantendría desde el punto de vista económico? ¿Se habituaría a vivir en un piso pequeño? ¿Sería capaz de vivir sin teléfono? ¿Se sentiría desgraciada si no pudiera comprarse ropa y salir?

¿Qué le parecería entregar al bebé en adopción? ¿Qué sería lo más justo para el pequeñín? Las evidencias sugieren que los niños adoptados viven mejor y son más felices que los niños criados por madres solteras muy jóvenes.

¿Qué le parece la opción de abortar?

Explíquele que no existe una solución ideal, ni siquiera una solución fácil.

Problemas sexuales

◆ **Juegos sexuales con niños pequeños.** Nunca está bien. Si sorprende a su hijo adolescente practicando juegos sexuales con hermanos pequeños o con amigos de éstos, hágale parar de inmediato. Que quede bien clara su desaprobación y su disgusto. Hable con ambos niños (y con los padres de los otros niños pequeños). Si ve que persiste en su actitud, necesitará recabar ayuda profesional.

◆ **Masturbación.** Casi todos los chicos se masturban. Hacia los 16 años, dos tercios de las chicas se masturban. Ése podría muy bien ser un reflejo de los respectivos impulsos sexuales a esta edad. Mientras que la visión de que las mujeres necesitan amor y los hombres sexo no refleja de manera fiable las necesidades de los adultos, sí sería un comentario acertado para los adolescentes. En el pasado, la masturbación se tenía por un acto vergonzoso, y los niños tenían miedo de que les pasara algo malo si la practicaban demasiado a menudo. Hoy en día, la mayoría de los adolescentes la acepta como algo normal.

◆ **Material pornográfico en la habitación de su hijo.** No es más que un signo de que está madurando. Casi todos los chicos miran revistas de desnudos. Los hombres adultos y los chicos suelen usarlas como imágenes para masturbarse. Los más jóvenes a menudo no necesitan dichas imágenes para excitarse. Tal vez sea curiosidad, quizás deseo. En cualquier caso, es asunto del chico.

◆ **El 'novio' o la 'novia' se queda a pasar la noche.** Si usted acepta la sexualidad de sus hijos y sabe que son sexualmente activos, me parece que debería aceptar que tienen que paracticar el sexo en alguna parte. Yo siempre pensé que prefería saber con quién estaban, y por tanto di una aprobación limitada al hecho de que el 'novio' o la 'novia' se quedara a dormir en casa. Mis simples normas eran: no antes de los 16 años, no a menos que yo conozca a la pareja (y nada de parejas casuales).

◆ **Dormir fuera de casa.** Cuando yo era adolescente, 'quedarse a dormir en casa de una amiga' era nuestra manera de ocultar encuentros sexuales. Todavía lo es. La duplicidad resulta bastante peligrosa. Significa que nadie sabe dónde va a dormir su hija. Insista siempre en que deje un número de teléfono cuando se quede a dormir en casa de una amiga, y compruebe que está donde ha dicho.

Mal comportamiento en los adolescentes

Como es lógico, hay temporadas en que nos sentimos bajos de moral, irritables y malhumorados; en otros períodos nos sentimos felices, rebosantes de energía y entusiasmo. Estos extremos son más habituales cuando estamos en una época de cambios. Los nuevos padres se sienten de esta manera. También quienes viven los años intermedios de la edad adulta y los recién jubilados.

Está demostrado que el cambio predispone a las personas para la depresión. Aun los cambios positivos, como las amistades nuevas, el cambio de trabajo o mudarse de casa desencadenan ese efecto. En la pubertad, no es raro que los adolescentes se sientan deprimidos algunas veces. No hay más que ir sumando sus cambios: en el cuerpo, de estatus, en la naturaleza de las relaciones centrales en sus vidas, de escuela, de amigos, de responsabilidades. Debemos permitirles que estén malhumorados, deprimidos y fácilmente irritables.

Diga a su hijo adolescente que aceptar este 'bajón' puntual es el precio que debe pagar por hacerse mayor; que si tiene un bajón realmente profundo, es probable que acabe riéndose de sí mismo y que, a ser posible, la depresión debe combatirla saliendo y permaneciendo activo.

Sin embargo, puede ser peligroso suponer que un adolescente que amenaza con suicidarse no lo esté diciendo en serio, o que el que parece bastante desequilibrado es sólo que está de un humor particularmente malo. Recuerde también que, a veces, los cambios repentinos de humor son signo de problemas con las drogas.

Qué se considera un comportamiento adolescente 'normal'

Si el comportamiento de su hijo hace difícil la convivencia, si lo ve retraído y que se siente infeliz, tome nota. Si parece incapaz de encontrar energía para la acción, se muestra triste y deprimido, busque ayuda. Si actúa siempre con el fin de atraer la atención, pregúntese por qué.

Tal como es de esperar, algunos niños 'espinosos' se convierten en adolescentes todavía más 'espinosos'. No obstante, una escalada repentina de mal comportamiento es motivo para preocuparse.

Un bajo grado de autoestima es una causa poderosa para el mal comportamiento en la adolescencia. Una persona que no se siente bien, no actúa bien.

Recuerde que cuando las cosas van realmente mal, es raro que sea culpa de una sola persona. Parte del problema se debe, casi con seguridad, al chico, otra parte a sus compañeros, otra a la sociedad, otra a la familia. Echar las culpas no ayuda a nadie en nada. Los problemas deben ser aceptados y abordados.

Cuando su hijo era niño, probablemente jugaba a juegos de monstruos. Resultaban útiles para acostumbrarse al temor: hacer ver que había monstruos debajo de la mesa, sentirse aterrorizado, luego estallar en carcajadas cuando usted lo pinchaba con un palo. En la tristeza y la depresión adolescentes pasa algo similar: a medida que vienen y van los momentos malos, el muchachito aprenderá una lección necesaria para la vida adulta: cómo hacerles frente. Dígale que usted ha descubierto que:

◆ **La tristeza *siempre* tiene un principio, un desarrollo y un fin.** Si se le permite que haga su curso, se evaporará.

◆ **La tristeza debe ser compartida.** A veces no es posible superar la tristeza a menos que sea compartida.

◆ **Desahogarse ayuda.** Llorar resulta terapéutico.

Cuando la depresión es una enfermedad

La depresión clínica es bastante rara en los niños, pero algo común en adolescentes y adultos. Hay una tendencia familiar bastante marcada. A veces ocurre de manera repentina o va instalándose gradualmente. Aunque los acontecimientos de la vida, como cambiar de escuela o la interrupción de relaciones o amistades la agravan, probablemente no son sus desencadenantes.

Hay personas que tienden a deprimirse en días oscuros, y para ellas la depresión es muy común en invierno. Los que se sienten más tristes en invierno vale la pena que prueben si les ayuda en algo someterse a sesiones de exposición a la luz. Consulte con su médico.

A los individuos con depresión clínica les cuesta mucho hacer cosas. No sólo están tristes, sino también temporalmente inactivos, y se sienten incapaces de organizarse la vida. Su tratamiento es cosa de profesionales.

Los síntomas clásicos son:

- **No sentirse 'uno mismo',** humillarse, pensar que se es una persona mezquina o inútil.

- **Sentirse aturdido y vacío.** No ser capaz de sentir otra emoción que no sea la tristeza.

- **Sentirse incapaz de cambiar su estado de ánimo** o cualquier otro aspecto de su vida; no saber cómo salir de ahí. Ver el futuro incontestablemente negro.

- **Trastornos del sueño.** Tener dificultades para dormir. Despertarse en mitad de la noche.

- **Estar a menudo con los nervios de punta.**

- **Alteración de los hábitos de alimentación.** O se come en exceso o bien no se tiene apetito en absoluto.

- **Incapacidad para concentrarse** o para organizarse el tiempo.

- **Sentirse cansado y apático.** Querer dormir durante todo el día; pasarse las horas viendo la televisión.

- **Evitar a la gente.** Desear estar solo.

- **No preocuparse por su apariencia física.**

Ayudar a alguien con depresión

Pasar el día representa un enorme esfuerzo para una persona que sufre una depresión, pero sólo con levantarse de la cama se alivian los síntomas. Recalque bien que incluso los logros pequeños valen la pena. Que vaya a la escuela, aunque le cueste mucho. Quizás una vez allí no consiga rendir mucho, pero llegar hasta ella es positivo. Alábelo por haber ido. Anímelo a alabarse a sí mismo.

- **Ayúdelo a mantenerse activo.** Hable con su hijo, aunque él no se sienta con ganas para ello.

- **Anímele a describir por escrito cómo se siente.**

- **Encuentre cosas que le hagan ilusión.** Planifique vacaciones y salidas, acepte invitaciones, aunque sepa que él tal vez las rechace.

Suicidio

El paso de la depresión al suicidio es gradual o abrupto. En pleno pozo de la depresión, las personas raramente se suicidan. La depresión se desarrolla en ciclos. El suicidio es más probable que ocurra en el camino hacia la salida o en el de entrada a la depresión, quizás porque se necesita rabia y desesperación para quitarse la vida. En las honduras de la depresión, la inercia es demasiado grande.

En los primeros años de la adolescencia, el salto de la depresión al suicidio suele ser especialmente rápido. El punto de inflexión es a menudo un acontecimiento que no sólo lo hace infeliz sino que también lo irrita, como que lo deje una novia, discordia familiar, fracaso en los exámenes o ser víctima de alguna intimidación.

Los signos de advertencia incluyen: depresión profunda, abandonarse a sí mismo, preocupación por la muerte y el suicidio, hablar de suicidarse, planear cómo y cuándo se quitará la vida, decir que la muerte es romántica, considerar noble matarse por amor. Casi el 50 por ciento de las víctimas por suicidio habló de suicidarse en las 24 horas previas a cometerlo.

Reunir los medios necesarios como acumular pastillas, distanciarse de amigos y familia, regalar las posesiones de valor, llorar sin poder parar, tomar más drogas o alcohol de lo habitual.

Si teme que su hijo sea un suicida en potencia

Los pasos obvios son:

- **Busque de inmediato ayuda profesional.** Consulte a su médico o psicólogo. Asegúrese que el adolescente pueda localizarla a usted en todo momento.

◆ **Hable.** Hable con los amigos de su hijo. Tal vez se trate muy bien de un grito en busca de ayuda y atención, pero, en cualquier caso, es desesperado. Tal vez no está pensando en serio en suicidarse, pero eso no quiere decir que no lo haga. Muchos de quienes acaban lográndolo hicieron en su momento intentos previos de quitarse la vida. Quizás algunos de ellos también reclamaban ayuda, y ése es un riesgo que no se puede correr.

◆ **Discuta abiertamente la importancia de evitar el salto final.** Si se siente desesperado, que coja el teléfono y se ponga a hablar sin parar o pida a alguien que acuda. Si no hay nadie disponible, entonces que salga de casa y se aleje de esos métodos que ha preparado para morir. Retrasar el intento de suicidio sólo diez minutos casi seguro que le salvará la vida.

Esto se explica porque para muchas personas la tentación es pasajera. Asegúrese de que entiende esto; si es capaz de aplazarlo durante media hora, estará salvado.

¿Se avergüenza de usted?

Es perfectamente normal que a los padres les avergüencen a veces sus hijos adolescentes y que éstos se sientan avergonzados de sus padres, en especial cuando procuran no actuar como los pesados de mediana edad que son en realidad. No es en absoluto obligación de los padres destacar sobre los demás, sobre todo en las funciones escolares.

Yo pensaba que mi madre se hacía demasiado la simpática con mis amigas. Mi hijo, en una ocasión, se negó a quedarse en la escuela la noche de la función para los padres porque su padre llevaba una chaqueta morada.

Las cualidades que serán realmente valoradas años después –empatía, simpatía, carácter sociable, apoyo– son las que ahora más vergüenza causan a los adolescentes. Eso se explica porque es muy probable que sean las que lo pongan en contacto con sus amigos. No importa si éstos opinan que usted es fantástico. Eso no es lo que cuenta para ellos.

Le dará menos vergüenza si:

◆ **Le deja controlar o (todavía mejor) elegir lo que se pondrán ustedes para asistir a las cenas de padres y funciones escolares.** Nunca se vista de manera estrafalaria, pasada de moda, demasiado suntuosa o que llame la atención. Tejanos y una americana oscura o una falda negra y un suéter darán la nota adecuada. Nunca lleve un traje de color malva, gafas de sol de espejo o un sombrero apropiado para bodas.

◆ **Salude a sus amigos, y luego retírese a un segundo plano.** No comparta sus opiniones con los amigos de sus hijos. Nunca trate de actuar como si tuviera su edad. No piense que usted es amiga de sus amigos.

◆ **Nunca silbe o cante en público.**

◆ **Nunca comente su pasión por alguna ya vetusta estrella del rock.**

◆ **Le será de ayuda, si su hogar es tal como él y sus amigos piensan que debe ser.** Es decir, como los de sus amigos.

◆ **También ayuda que el coche familiar sea más bien impresionante.** Si no lo es, mejor apárquelo en otra calle.

Relación adolescentes – padres

Suele ser una relación confusa, porque en un momento dado el chico se comporta como si fuera mayor y al momento siguiente como un niño. Es, pues, inevitable que usted trate a veces al 'adulto' como a un niño y otras al 'niño' como a un adulto.

Tenga por seguro que un adolescente que nunca ha dado a sus padres un momento de preocupación o bien es muy reservado o es tranquilo hasta un extremo fuera de lo común. Los padres han pensado siempre que la gente joven es más desarraigada, más agitada, más promiscua y menos idealista que los jóvenes de las generaciones precedentes. Al igual que nuestros padres, nosotros representamos varios factores como el incremento del uso de drogas, del suicidio adolescente, de la delincuencia, de los embarazos no deseados y una creciente preocupación por realizarse en la vida. Es perfectamente normal que los adolescentes defiendan la visión contraria.

Casi todos ellos están mejor informados, son menos idealistas y sentimentales, más abiertos, pragmáticos, tolerantes y honestos que sus padres. Las diferencias entre nuestros hijos y nosotros (o nuestros abuelos a la misma edad) son en gran medida ilusorias. Las jovencitas descocadas de los años veinte no se vestían como sus madres. El término *hooligan* (gamberro) fue acuñado en el siglo XIX. Si la juventud de hoy es más agitada, promiscua y egocéntrica que la de otros tiempos, también los adultos de mediana edad de hoy son más promiscuos, egocéntricos y dependientes de las drogas (legales) que la generación de sus padres.

Durante los pasados cuarenta años se han llevado a cabo muchos estudios en torno a opiniones, creencias y modos de actuación de la adolescencia. En general, la mayoría coincide en que casi todos los adolescentes y preadolescentes se portan bien, observan la ley, tienen esperanzas y son trabajadores y realistas. De hecho, no hay evidencias que sugieran que no llevan bien la adolescencia. Problemas de anorexia, adicción a las drogas, prostitución adolescente, embarazos no deseados y crímenes violentos dan mala prensa a los adolescentes. Pero los implicados constituyen una proporción ínfima de su grupo de población. Los adultos presentan comportamientos problemáticos similares.

La mayoría de los adolescentes sale adelante. Cuando fracasan, se interesan en hacer algo para evitar otro fracaso. Cuando deben enfrentarse a una situación nueva, lo planifican y procuran saber lo máximo posible al respecto. Casi todos afirman también que disfrutan de la vida y están de buen humor la mayor parte del tiempo. Alrededor de un tercio dice sentirse con frecuencia triste, inseguro y tenso, y que con facilidad se siente herido en sus sentimientos. Un 20 por ciento sufre depresiones ocasionales. Pocos admiten saber aceptar las críticas sin resentimiento.

La mayoría de los adolescentes no da a sus padres problemas importantes. A veces los irritan. Pero ¿qué adulto que compartiera con nosotros la casa y la vida no lo haría?

¿En qué se diferencian los adolescentes de los adultos?

- Es probable que estén más preocupados por su aspecto físico.

- Tendrán un humor más cambiante. Los chicos serán más agresivos.

- Afirmarán su independencia vistiéndose y hablando de un modo diferente, defendiendo creencias y valores distintos. Serán rebeldes y, en ocasiones, insolentes.

- Sus amigos son importantes; de hecho, a veces parecerá que valoran más su opinión que la de sus padres.

- Deberán llevar la ropa 'adecuada' y escuchar la música 'adecuada'.

- Necesitarán sentirse integrados en un grupo de amigos.

- Tal vez tengan un marcado sentido de la justicia y una necesidad de luchar por sus derechos.

- A menudo necesitarán correr riesgos.

- Desearán una independencia cada vez mayor; ya no querrán participar en las salidas y vacaciones familiares.

Cambiar de actitudes

Es difícil otorgar independencia de pensamiento y acción a su hijo adolescente, y más difícil todavía si es preadolescente, pero debe hacerlo. Recuerde, la independencia que libremente usted no otorga le será arrebatada. Cuanto más duros se pongan los padres, más violenta será la ruptura. A veces, el acto de reivindicación de independencia es demasiado violento como para que las heridas lleguen a sanar del todo, y las cicatrices quedarán marcadas para siempre en la relación.

Cuando los niños son pequeños ven a sus padres como seres perfectos. Lo que quieren de ellos es amor y atención, y mientras tengan eso, estarán dispuestos a pasar por alto la mayor parte de los fallos. Cuando se hacen mayores se dan cuenta de que eso no es suficiente. También quieren aceptación. A veces es difícil dar aceptación a un preadolescente malhumorado, absorto en sus cosas y egoísta, que además cuestiona las creencias de sus padres. Igualmente, al adolescente le cuesta dar aceptación a unos padres dominantes y falibles, que llevan la ropa equivocada, conducen un coche inapropiado y tienen unos valores que ya estaban –considera él– pasados de moda en la época victoriana.

Quédese con la disciplina que funciona

Los años de la preadolescencia no son los más indicados para descartar un sistema que funciona. Si su hijo no se ha convertido en una incandescente masa de beligerancia, es probable que haya dado usted con el tono adecuado para ese hijo. Manténgalo. Sin embargo, si comprueba demasiadas variantes, tal vez sea el momento de que empiece a considerar un cambio.

Métodos disciplinarios que funcionan en ocasiones

- **Sobornos/recompensas.**

  Podrás quedarte a ver esa película si acabas antes todos los deberes

- **Castigarle sin salir.**

  Como no has llegado a casa a la hora que te he dicho, no saldrás durante esta semana

- **Guiarle.**

  Debes obtener buenas notas si quieres tener un buen trabajo en el futuro

◆ **Comprensión.**

Entiendo que el trabajo es difícil, pero copiar los deberes de Alicia no va a ayudarte en nada

◆ **Amenazas.**

Si vuelves a ser grosero, te retiro la semanada

(Pero las amenazas sólo funcionan si él sabe que usted las cumple siempre.) Mejor decir

Puedes ser nuevamente grosero conmigo o puedes disponer de tu semanada: tú decides

◆ **Ruegos.**

Estaba muy preocupada por ti. Por favor, procura pensar en mí

Todavía mejor:

Aquí tienes una tarjeta telefónica. Espero que me llames si vas a llegar más tarde de las diez y media

De igual manera, hágale saber cuando usted vaya a llegar tarde. Si usted juega con las mismas reglas, éstas no tienen tanta importancia.

◆ **Órdenes.**

Espero que la mesa esté dispuesta para la cena a las nueve en punto

Dar órdenes no tiene sentido a menos que procure que sean obedecidas.

◆ **Supervisión.**

Me han avisado que has faltado a clase. A partir de ahora te acompañaré cada mañana

◆ **Explicación.**

Si dejas que la comida se seque en el plato, el lavavajillas no lo limpiará bien. Tendrás que fregar a mano los platos de tu habitación. Si esto vuelve a suceder, compraré platos de papel y te descontaré lo que me cuesten de tu semanada

◆ **Retirar privilegios.**

Si no estás de vuelta a tiempo para la merienda no saldrás el fin de semana. Si continúas siendo insolente, dejaré de cocinar para ti

Los adolescentes no están aquí para hacerle feliz

Tampoco los niños. Para manejar a un adolescente hay que ser fuerte, feliz y autosuficiente. Demasiado a menudo, los padres remplazan esos sentimientos de fuerza y felicidad por otros de culpa, preocupación y frustración. En lugar de sentirse felices por sí mismos, hacen depender su felicidad del comportamiento de su hijo. Hay una fuerte tendencia entre los padres que piensan así a dejar de lado sus propios deseos, pensamientos y sentimientos y responder sólo a las demandas del hijo. Acaban sacrificando su propia felicidad y el respeto de sus hijos.

En lugar de pensar:

"Estoy aquí sólo para esperarla a ella."
"Tendré que hacerle una comida especial."
"No me gustan sus amigos."
"Es demasiado joven para ser responsable."
"¿Qué van a pensar los demás?"
"Tengo que llevarla por el camino de la rectitud."

Pregúntense a sí mismos:

"¿Por qué la convierto en el foco de atención?"
"¿Por qué intento siempre controlar su comportamiento en lugar de hacer lo que yo deseo?"
"¿Por qué trato de convencerla para que cambie, pero acabo por ceder a sus demandas en lugar de concentrarme en aquello que yo puedo hacer?"

CÓMO NO CONVERTIR AL ADOLESCENTE EN UNA ABEJA TRABAJADORA MÁS

✔ ***"Espero que mantengas tu habitación ordenada."***

✔ ***"Espero que recojas los platos sucios y los metas en el lavavajillas."***

✔ ***"No tengo tiempo para ocuparme de eso. Tendrás que hacerlo tú solo."***

✔ ***"Yo lavo la ropa los fines de semana. Si necesitas tener algo limpio entre semana, lávatelo tú mismo."***

✔ ***"Sólo lavaré la ropa que encuentre en la cesta de la ropa sucia."***

✔ ***"Veo un montón de conferencias en esta factura. ¿Las deduzco de tu semanada o haces algún trabajo extra en casa para compensar?"***

✔ ***"Me temo que tu regalo de Navidad de este año será un sobre bien bonito con estas facturas dentro."***

✔ ***"Seguro que todavía queda alguna patata que puedes asar en el microondas."***

COMENTARIOS QUE HACEN QUE SU HIJO SE SIENTA COMO LA ABEJA REINA

✖ ***"¿Por qué no mantienes tu habitación ordenada?"***

✖ ***"¿Por qué tienes que poner la música tan alta?"***

✖ ***"¿Por qué no me dijiste que necesitabas el equipo de fútbol para esta tarde?"***

✖ ***"¿Has estado llamando de nuevo al teléfono erótico?"***

✖ ***"Te advertí que la cena era a las nueve. Ahora la comida se habrá echado a perder."***

✖ ***"¿Por qué dejas platos sucios en el recibidor?"***

✖ ***"Yo no tengo la obligación de ir recogiendo tu ropa sucia."***

La necesidad de privacidad

Si el chico quiere colgar un cartel en la puerta que diga No molestéis, es asunto suyo. No le lean las cartas o su diario. No revelen sus secretos a la familia o a los amigos. No esperen ser sus mejores amigos o sus confidentes.

Desentenderse de sus problemas

Los problemas de los adolescentes se presentan en dos variedades: aquellos aspectos que afectan al comportamiento de su hijo y los que afectan al comportamiento de usted. 'Maltrata mi propiedad', 'No cumple con las tareas domésticas', 'Me miente' le afectan básicamente a usted. 'Toma drogas', 'Hace novillos', 'No hace los deberes', le afectan más a él.

Usted afrontará los problemas que le afectan sobre todo a usted; pero cuando se trata de los que afectan a su hijo, es él quien debe afrontarlos. Usted se aferrará a esos problemas, pensando que son culpa suya o que es su responsabilidad protegerle de las penurias. Pero asumir la responsabilidad de mantener bajo vigilancia su comportamiento puede desembocar en una irresponsabilidad todavía mayor por su parte. Si los padres recogen siempre los pedazos, ¿por qué va a preocuparse un adolescente por lo que se le cae?

Usted no puede ser responsable de otro adulto. Dé consejos y establezca normas básicas; pero, tarde o temprano, tendrá que pasar a su hijo la responsabilidad que concierne a todos los problemas que afectan a su vida. Si hace o no los deberes o se esfuerza o no en la escuela son cosas que afectarán mucho a su futuro. Pero no es asunto de los padres asegurarse de que sus hijos hagan los deberes; la función de los deberes es que los niños aprendan la responsabilidad de trabajar por y para sí mismos. Si los adolescentes ven que pueden dejar todas las preocupaciones en manos de sus padres, lo harán. A corto plazo, ser irresponsables les resultará divertido.

Un adolescente que toma sus propias decisiones puede sentirse orgulloso. El que aprende de sus errores, aprende de verdad.

Problemas que corresponden a su hijo

- Su aspecto.
- Su habitación.
- Levantarse por la mañana.
- Qué le cuenta a usted.
- Qué música le gusta.
- Si trabaja o no en la escuela.
- Si toma drogas.

Problemas que corresponden a usted

- Tiene la radio muy alta en la sala de estar o en la cocina.
- Deja sus cosas por toda la casa.
- Nunca hay una toalla seca en el lavabo.
- La insolencia.
- Maltrata las pertenencias de usted.
- No ayuda en casa.

Problemas que conciernen a ambos

- Lo que decide ponerse cuando va de visita a casa de tía María.
- Si su novio se queda a dormir en casa.
- Si va a la escuela.
- Si fuma marihuana en su habitación.

CÓMO NO ABORDAR LOS PROBLEMAS DE LOS ADOLESCENTES

✖ ***Pretender que no existen.*** *Servirse una copa y ponerse a ver la televisión está bien si le ayuda a reunir la energía necesaria para abordar el problema, pero no si le ayuda a evitar enfrentarse a él.*

✖ ***Acumularlos.*** *Almacenar problemas sólo acarrea más dolor.*

✖ ***Echarle la culpa.*** *Culparlo no contribuye a encontrar una solución.*

✖ ***Rechazarlo.*** *Distanciarse de él produce una solución temporal, pero no a largo plazo.*

✖ ***Agresión.*** *Use su agresividad de manera constructiva, pero las peleas lo atraparán.*

✖ ***Pasividad.*** *Pida ayuda, pero si espera pasivamente a que le llegue se convertirá en una trampa.*

✖ ***Derrotismo.*** *Dar por sentado que usted no puede solucionar problemas le impide ver que sí es capaz de hacerlo.*

CÓMO AFRONTAR CORRECTAMENTE LOS PROBLEMAS DE LOS ADOLESCENTES

✔ **Acéptelos.** *El primer paso es admitir que existe un problema.*

✔ ***Crea en que el problema puede ser solucionado.***

✔ ***Intente no ver todos los fallos: no juzque. Es un buen camino para el entendimiento.***

✔ **Háblenlo.** *Aparcar los problemas suele sacarlos de sus proporciones. Discutirlos ayuda a encontrar soluciones. Conseguir ayuda externa (de asesores u organizaciones de padres) le dará fuerzas y hará que se sienta menos aislado.*

✔ **Determinen de quién es problema.** *Véanse páginas 374-375. Deje que cada cual resuelva sus propios problemas. No puede obligar a un adolescente a hacer algo que no quiere. Hágase cargo sólo de la parte del problema que le corresponde a usted.*

✔ **Vaya por partes.** *A veces un problema es demasiado grande para manejarlo. Por tanto, procure solventarlo por partes. Haciéndolo de este modo es posible que descubra que puede resolverlo entero.*

✔ **Diga lo que quiere y cómo se siente, más que ponerse a formular acusaciones.** *"Quiero que lleves los platos a la cocina" o "Me sabe mal que no lo discutieras antes conmigo". Evite decir "Siempre estás dejando platos sucios por ahí" o "Nunca me informas de qué estás haciendo".*

✔ **Exprese sus creencias, valores y opiniones como lo que son: sus opiniones.** *No pretenda ni crea que constituyen la única verdad.*

✔ **Permítale que le cuente cómo se siente.** *"Si quieres que te escuche, pídemelo. Si te parece que no estoy actuando de una manera justa, dilo. Si necesitas mi apoyo, pídemelo directamente."*

✔ **Lea entre líneas.** *Las personas nunca decimos lo que queremos decir, ni queremos decir exactamente lo que decimos. ¿Es miedo o rabia lo que se desprende de eso que dice? ¿Está pidiéndome algo que yo no le doy? ¿Busca atención? ¿Protección? ¿Poder?*

✔ ***Elija el momento apropiado.*** *Juzgue cuándo debe hablar. Pregunte cuando no esté segura. Prevea siempre el tiempo suficiente y la privacidad necesaria para una discusión completa. Una discusión con el estómago lleno siempre es mejor. Las familias se pelean más a menudo antes de comer que después.*

✔ ***Responder mejor que reaccionar.*** *Si se enfrenta con unas declaraciones provocadoras, conserve la calma, cuente hasta diez y exprese lo que siente. "Me pones enferma cuando eres ofensivo, y me sabe muy mal que lo consideres necesario. Espero que asumas tu responsabilidad de poner tus vasos sucios en el lavavajillas. Quiero que se haga ahora mismo. Encárgate tú o págame a mí (o a tu hermano) para que lo haga. Si te decides por lo segundo, te descontaré el dinero de la semanada."*

✔ ***Pida lo que quiere.*** *Suena obvio, pero es mucho más efectivo de lo que usted piensa. "Quiero que escuches en silencio mientras te explico cómo me siento."*

✔ ***Esté dispuesta a efectuar cambios.*** *No es posible negociar con un dictador. Si usted insiste en que siempre tiene razón, la combatirá hasta el final. Los conflictos se resuelven más rápidamente si se comprenden bien las prioridades de cada persona.*

✔ ***Acepte que usted comete errores y aprenda de ellos.*** *Si usted insiste siempre en que tiene la razón, él hará lo mismo. Discúlpese y busque una mejor manera de hacerlo la próxima vez.*

✔ ***Céntrese en el aquí y ahora.*** *Naturalmente los problemas tienen una historia, pero ésta nunca ayuda en nada. Son los vasos sucios los que constituyen el problema, no el follón que dejó la semana pasada o el hecho de que sacara malas notas en la escuela primaria.*

✔ ***Compruebe que no esté agarrando el palo por el extremo equivocado.*** *"¿Quieres decir...?" "¿Estás diciendo que...?" Pero no sea sarcástica, dígalo de forma directa. Ésta es una útil táctica dilatoria, una manera de responder más que de reaccionar.*

✔ ***No le dé reparo solicitar ayuda profesional.*** *Pida en la escuela que le pongan en contacto con algún psicólogo. Pregunte a su médico.*

CÓMO AFIRMAR SUS DERECHOS

Cuando se trata de abordar choques en el estilo de vida, existen algunas reglas muy básicas que parecen funcionar casi siempre.

Seleccione el hábito que más le irrite o el que piensa usted que es más sencillo de abordar.

◆ **Declare sus intenciones y su disposición a negociar.**

Quiero que lleguemos a un acuerdo sobre el volumen de la música en casa. Te propongo que juntas pensemos en algo

◆ **Describa lo que considera que sería un acuerdo justo.**

Quiero que dejes el radiocasete en tu habitación y mantengas la puerta cerrada. Llévatelo al baño, pero si quieres escuchar música en otros lugares de la casa deberás utilizar el walkman

◆ **Deje que exponga su opinión.** Puede decir, por ejemplo, que a ella y a sus amigas les gusta escuchar música cuando están juntas en la cocina, o que necesita escuchar música mientras lava los platos. Negocie un compromiso razonable.

◆ **Luego, insista...,** y hágalo con la máxima persistencia.

Hicimos un trato, baja el volumen

No se meta en peleas sobre el tema. No le dé la oportunidad de hacerse la víctima. Insista con firmeza en que baje el volumen hasta el final de la canción, y en que luego coja el radiocasete, se lo lleve a su habitación y use el walkman si desea continuar escuchando música en la cocina.

◆ **Si la ignora o sigue discutiendo sobre el tema, afirme sus derechos.** Diga, a modo de resumen de sus excusas:

Ya sé que estás escuchando esa canción

Luego dé su visión.

Y no quiero música alta en la cocina, en especial si estoy preparando la cena

El empleo del 'Y' implica cierta acomodación; reitera el acuerdo al que llegaron.

◆ **Pase a la acción.** Algunos adolescentes colocan a sus padres en el límite de su paciencia. Conserve la calma y diga lo que quiere, con un tono relajado.

Susana, todos tenemos hambre y yo debo hacer la cena. No estoy dispuesta a prepararla con esa música en marcha

Si eso no da resultado, diga lo que piensa hacer. Elija algo que esté claramente relacionado con la demanda, de manera que lo central siga siendo que haga lo que se le ha pedido, más que el castigo.

Lo siento, no pienso seguir aquí con esta música. Si quieres encargarte de preparar la cena para todos, me parece bien; de lo contrario, quita la música. Si la cena no está lista a las ocho, encargaré una pizza y la pagaré de tu semanada

Si eso continúa igual, pase a la acción. Recuerde que no se trata de castigarla ni de darle una lección. Se trata de la credibilidad de usted. Su hija debe aprender a tomar en serio sus palabras. Encargue la pizza, preséntele la factura y no le dé semanada hasta que haya cubierto su coste.

◆ **Declárese en huelga.** Si después de seguir sistemáticamente estos pasos ella sigue poniendo música donde no debe, no ayuda a guardar la compra o persiste en cualquier otro comportamiento ingrato o descuidado, declárese en huelga.

Mi tiempo es limitado. He decidido que la próxima semana no cocinaré

No tema hacer algo que afecte también a otros miembros de la familia, aunque sean inocentes. El propósito fundamental ahora es demostrar que no deben dar por sentado todo lo que usted hace. No le vendrá mal al resto de la familia tomar buena nota de ello.

De paso

Los niños no siempre saben lo que quieren, sólo que quieren algo. No siempre quieren la atención de sus padres, pero desde luego no quieren su desatención. Quieren unos padres que los coloquen en el centro del mundo, pero ellos están dispuestos a permanecer en una banda: una exigencia imposible.

Ahora añada a esta cuerda floja en que los padres se mueven el 'demonio' de la adolescencia. Inevitablemente deben surgir problemas. Cualquiera que tenga un niño sabe que no se le puede complacer en todo. Quien haya tenido una relación adulta sabe también que es imposible complacer a la pareja siempre. ¿Qué hacer con un adolescente que en un momento dado es un niño y al momento siguiente un adulto?

Es esencial recordar que los problemas adolescentes no son superficiales. Con excesiva frecuencia, el problema aparente constituye un síntoma de algo más profundo. Que eso más profundo se centra en la autoestima. Los niños con problemas se sienten a menudo inseguros e infelices. Los padres pueden respetar a su hijo, o éste exigir ese respeto mediante mal comportamiento. Aseguren que el niño les muestre respeto o aguántense y sean pisoteados. El lema en este momento es respeto, respeto mutuo. No resolverá nada, pero mantendrá a raya algunos de los problemas.

Solucionar problemas paso a paso

Si se encuentra en un verdadero *impasse* con su hijo adolescente, resuelva los problemas paso a paso. Algunos de los reseñados a continuación le parecerán obvios por sí solos, pero como parte de una estrategia, tienen un valor añadido.

◆ **Identifique y defina el problema.** Sin culpar a nadie, describa tanto los problemas superficiales como los que subyacen a mayor profundidad. Diga lo que a usted le molesta, cómo se siente y por qué está enfadada.

◆ **Haga una sesión de lavado de cerebro para hallar posibles soluciones.** Exprese todas las ideas de cualquiera de las partes. A veces, ideas que parecían tontas son soluciones bastante buenas.

◆ **Evalúe.** Examine cuidadosamente todas las alternativas. Reflexione acerca de las consecuencias. ¿Qué ocurriría si tuviese un termo de agua en su habitación y la posibilidad de preparar té o café? ¿Sería una cadena estéreo personal la solución al problema del ruido?

◆ **Elija la mejor solución.** Todas las partes implicadas en el conflicto deben estar de acuerdo.

◆ **Aplique la solución.** ¿Qué cambios tiene que efectuar cada una de las partes? ¿Van a efectuarlos? ¿Conviene imponer la solución durante un período de prueba? En determinadas situaciones, un 'contrato' –una nota en un papel firmada por ambas partes– contribuye a evitar confusiones.

◆ **Evalúe de nuevo.** Considere los resultados. ¿La situación está mejor o peor? ¿Debe llegarse a un nuevo acuerdo o conviene modificarlo? ¿Habría que descartar esta solución? ¿Por qué no funciona?

CÓMO FRACASAR DE ANTEMANO EN LA RESOLUCIÓN DE LOS PROBLEMAS

✖ *Pensar o decir que las cosas nunca cambiarán.*

✖ *Pensar "es todo culpa mía".*

✖ *Pensar "es todo culpa suya".*

✖ *Echarle la culpa de manera que se vea obligado a ponerse a la defensiva.*

✖ *Empezar diciendo "Ojalá pudieras..."*

CÓMO TRIUNFAR DE ANTEMANO EN LA RESOLUCIÓN DE LOS PROBLEMAS

✔ *Creer que si cambia la manera de relacionarse con su hija, usted cambiará su comportamiento.*

✔ *Usted puede apoyarla, pero ella debe aprender a tomar sus propias decisiones.*

✔ *Empezar diciendo "Espero que tú..."*

✔ *Señalar sus expectativas de manera clara y específica.*

CÓMO EVITAR UN *IMPASSE*

✔ *"Me gustaría hablar contigo. ¿Podemos sentarnos juntas en algún momento?"*

✔ *"Espero que me devuelvas el suéter mañana. De lo contrario no te prestaré más ropa."*

✔ *Espero que esto esté recogido dentro de 15 minutos, para que yo pueda empezar a preparar la cena."*

✔ *"Me gustaría que me llamaras si vas a llegar tarde."*

✔ *"Hazme saber tus planes para que pueda prever cuándo comemos..."*

✔ *"Me gustaría que te acostaras a las once, así te reultaría más fácil levantarte para ir a la escuela."*

✔ *"Yo no te hablo de esa manera. Espero que no te dirijas a mí en ese tono."*

CÓMO ENTRAR EN UN *IMPASSE* A LA PRIMERA

✖ *"Eres todo dulzura cuando quieres algo."*

✖ *"¿Dónde está el jersey que te presté?"*

✖ *"Recoge todo esto ahora mismo."*

✖ *"Más vale que me llames por teléfono."*

✖ *"Ojalá hicieras los deberes como está mandado."*

✖ *"¿Por qué no te levantas tú sola sin que yo tenga que llamarte?"*

✖ *"No me hables en ese tono."*

Problemas adolescentes: un estudio

No se trata de una lista exhaustiva, pero sí incluye los problemas más comunes. Cada uno de ellos es considerado según los principios de resolución de problemas descritos anteriormente.

No podemos ponernos de acuerdo en nada

Es problema de las dos. Sugiero que empiece intentándolo con una tregua que dé derecho a ambas a manifestar sus opiniones (tales como qué es buena música, qué entienden por bonito), y requiera un acuerdo en temas de estilo de vida (si la colada debe hacerse una vez por semana o tres veces al día); cualquier acuerdo sobre esto último debe ser obligatorio.

Permítale tener su visión sobre cuestiones que la afectan en particular (como a qué hora debe levantarse), pero insista en alcanzar un acuerdo sobre las cuestiones que involucran a toda la familia (como cuánto tiempo se pasa en el cuarto de baño). Antes de empezar, diga: "Tus pensamientos son tu dominio, y puedes pensar lo que quieras. Pero cuando afecta a otras personas es necesario hacer cambios, y eso será lo que comentaremos juntas".

Seleccionen un problema, y eche mano de la alarma del reloj. Empiece tomándose tres minutos para explicarle su postura. En ese tiempo, ella no podrá interrumpirla. A continuación será ella quien se tome tres minutos para exponer su idea. Usted tempoco podrá interrumpirla.

Luego cada una contará con tres minutos, con interrupciones permitidas, para responder. Durante ese tiempo, cada una propondrá su propia solución.

Se muestra insolente conmigo cuando está con sus amigos

Es su problema. Muéstrese firme. "No me gusta cómo actúas cuando estás con tus amigos. Espero de ti que seas tan educada y respetuosa conmigo como yo lo soy contigo. Tus amigos no vendrán a casa durante tres días. Si continúas siendo insolente conmigo delante de ellos, te prohibiré que vengan para siempre." Si continúa siendo insolente, cumpla lo que dijo que haría, pues de otro modo estará perdida.

Saca toda la ropa de la lavadora y la deja amontonada para lavarse sus tejanos

Es su problema. "Alicia, comprendo que necesitabas lavar tus tejanos. Sin embargo, eso no es excusa para que dejes la ropa mojada encima de la mesa. La próxima vez, cuando necesites utilizar la lavadora, espero que metas la ropa mojada en la secadora o la tiendas."

Si vuelve a suceder. "Alicia, no tengo intención de explicarte esto de nuevo.

Si vuelvo a encontrar la ropa mojada encima de la mesa, tiraré tu ropa sucia al suelo." La irritación es mejor devolverla con la misma moneda.

Si todavía sucede otra vez, cumpla con su amenaza.

Nunca me informa de dónde está

Es problema de las dos. Divida el problema entre su parte y la de su hija. La parte de su hija: ella es quien decide si le cuenta o no lo que hace.

Su parte: usted necesita saber cómo contactar con ella. También tiene que saberlo con antelación cuando vaya a llegar tarde.

Solucionar la parte de su hija: "Linda, me sentiría mejor si supiera dónde estás; a veces es difícil no preocuparse. Tengo que estar todo el tiempo repitiéndome a mí misma que ya eres lo bastante mayor como para cuidarte tú sola. Comprendo que es cosa tuya en qué inviertes tu tiempo. Confío en que te comportarás de manera responsable."

Solucionar su parte: "Linda, ¿por qué no acordamos unas normas? Si vas a salir más de dos horas, espero que me dejes un teléfono de contacto o que llames a casa para decir dónde estás. ¿Qué te parece si me avisas cuando vayas a llegar más de media hora tarde?".

Siempre llega más tarde de lo acordado

Es problema de las dos. Su hija quiere estar con sus amigos. Ella considera que usted la hace llegar más temprano de lo que aquéllos tienen estipulado. Usted se preocupa cuando llega tarde.

Acuerde que es responsabilidad de ella llegar a casa a la hora convenida y avisar siempre que piense retrasarse. Si quebranta este acuerdo, debe comprender que le serán retirados sus privilegios.

"Linda, cuando llegas tarde, nosotros nos preocupamos. Ser responsable incluye también ser considerada. He comentado la hora de vuelta a casa con los padres de Ana y Sara, y hemos acordado que las 10.30 es una hora razonable durante la semana, y las 11.30 los fines de semana. Obviamente, habrá ocasiones en que necesitarás volver más tarde, pero por regla general espero que te atengas a estos horarios. De todos modos, algunas veces te retrasarás. Si te es posible, avísame con antelación. Si no cumples con este acuerdo, tendré que prohibirte las salidas."

Si continúa llegando tarde: prohíbale salir. Un día sin salir la primera vez; dos días la segunda, tres la tercera, y así sucesivamente.

Quiere coger un trabajo temporal: repartidor de periódicos

Otro problema que es de los dos. A usted la pone nerviosa que vaya a repartir cuando está oscuro, por tanto pídale que comparta el trabajo con algún amigo o que lo haga durante el verano.

Del mismo modo, si el chico quiere trabajar en algo los sábados y usted piensa que no se lo podrá combinar con el trabajo de la escuela, permítale que coja el puesto, pero adviértale que si se retrasa con sus estudios deberá dejarlo.

No hace los deberes

Es problema de él. El rendimiento que presenta en la escuela es algo que se fusiona por completo en su mente con el futuro de su hijo. Es difícil dejarle decidir en este aspecto; pero por otro lado, deposita esa responsabilidad sobre él y, en mi opinión, es su hijo quien debe gestionarla.

Usted podría estarle encima hasta que terminara los deberes, retirarle privilegios a menos que los hiciera cada día, paralizar los trabajos domésticos hasta que hubiera terminado.

O bien podría desembarazarse del problema de una manera que demostrara respeto, amor y confianza, y pasarle la responsabilidad.

Si se decide por esto último, descríbale sus sentimientos: "Estoy agotada de perseguirte para que hagas los deberes. Por tanto, a partir de ahora lo dejo a tu cargo. No pienso preguntarte más, ni interferir en nada respecto a este tema".

"Sé que eres capaz de sacar buenas notas en la escuela. También estoy convencida de que eres lo suficientemente maduro para tomar tus propias decisiones. Confío en que harás lo que sea mejor para ti."

Resuelva la parte del problema que le afecta a usted. "He explicado en la escuela que no firmaré más deberes que no me hayas enseñado."

No rinde en la escuela

Es problema de su hijo. En su mano está regañarle, lamentarse o enfadarse; retirarle privilegios cuando traiga malas notas; defenderle delante de los profesores; buscar excusas o echar las culpas a las malas compañías. O bien desembarazarse del problema de un modo que demuestre respeto, amor, confianza y deposite la responsabilidad en él.

"Estoy preocupada porque no estudias. Me gustaría que encontraras un buen trabajo y me preocupa que no vayas a acceder a la universidad o que no obtengas una nota bastante alta para elegir la carrera que desees."

"He hablado con tus profesores. Ellos también se sienten frustrados con tu rendimiento. Pero hemos acordado que, a partir de ahora, tus estudios serán cosa tuya. Te quedarás en la escuela si no has terminado el trabajo. Yo no pienso interferir para nada."

"Sé que eres capaz de sacar buenas notas. Confío en que harás lo que sea mejor para ti."

Aténgase a su decisión. Cuando se ven obligados a tomar sus propias decisiones, a menudo tratan de devolverle esa responsabilidad.

Malas notas

Es problema de su hijo. Usted debería expresar tristeza ante su decisión de no estudiar, pero no le juzgue ni asuma la responsabilidad por él. "Hoy han llegado tus notas. He sentido una decepción al ver que este trimestre no has trabajado. Esperaba que empezarías a estudiar más."

Describa cómo se siente. Reconozca que usted no tiene el control. "Me gustaría que sacaras buenas notas. Pero yo no puedo obligarte a estudiar."

Señale las consecuencias. "A este paso no sacarás nota suficiente para ir a la universidad y estudiar lo que deseas."

Recalque que la responsabilidad es suya. "Yo no puedo hacer que trabajes. Tampoco la escuela. Tú eres quien lo decide."

Ofrezca ayuda, no la imponga. "Estoy dispuesta a ayudarte a recuperar, pero tendrás que pedírmelo."

Reconozca cómo se siente él. "Comprendo que te sientas presionado, y que no te encuentres muy a gusto en la escuela. Yo siempre estaré dispuesta a comentar contigo cualquier problema que tengas."

Resuelva la parte del problema que le afecta a usted. "Quiero que sepas que en el futuro sólo hablaré con tus profesores cuando tú estés presente."

Fobia a la escuela y novillos

Es problema de su hijo, pero tal vez necesite ayuda para afrontarlo.

Hay muchas razones por las cuales un niño hace novillos en el colegio; desde tener fobia a la escuela y ser intimidado hasta haber elegido voluntariamente esa opción. Si su hijo adolescente se muestra muy reacio a ir a la escuela o encuentra con excesiva frecuencia una excusa para saltársela (pretendida enfermedad por dolor de estómago o de cabeza), valore las razones más probables. Obviamente, primero debe excluir la enfermedad. Luego considere:

¿Es su hijo una víctima? Hable con el chico y con la escuela sobre la posibilidad de que esté siendo intimidado por alguien. Busque síntomas evidentes: llevarse dinero al colegio o ir al centro escolar por un camino alternativo.

Tal vez tema dejarla sola a usted. Esto es bastante común cuando hay problemas en casa. Trate de tranquilizarle.

Es posible que el chico la esté castigando. Si usted considera importante su educación (como sucede tan a menudo), hacer novillos es una manera muy clara de protestar contra injusticias percibidas, trauma familiar, celos y tensiones en general.

Tal vez el muchacho se sienta muy infeliz. Los niños no siempre pasan por una transición fácil cuando han de cambiar de una escuela primaria pequeña a una secundaria mucho más grande, en especial si no conocen a nadie allí. Procure ayudarle a adaptarse a la nueva escuela invitando a sus compañeros a su casa o a realizar salidas o actividades.

Tal vez su hijo prefiera hacer novillos y andar por ahí con los amigos. Una vez los chicos empiezan a saltarse las clases se vuelve demasiado fácil continuar haciéndolo y demasiado difícil regresar a ellas. Un chico que se ha pasado largo tiempo sin asistir a clase necesitará mucho valor para reincorporarse a ella.

Si no halla ninguna explicación sencilla al temor del niño, tal vez sea que tiene una leve fobia a la escuela. El mejor tratamiento para ello es alabarle por el valor que demuestra asistiendo a clase. Alabe cada pequeño progreso en el camino: prepararse las cosas, afrontar el viaje (debería llevarle usted misma), permanecer en la clase.

Comprenda que se trata de un temor real, por más absurdo que a usted le parezca. Enséñele a relajarse y cómo calmarse cuando tenga miedo. La relajación muscular constituye una técnica muy útil, al igual que imaginarse a uno mismo en una playa, felizmente tumbado al sol. Dado que el walkman es un accesorio bastante común entre los adolescentes, considere la posibilidad de darle una cinta de relajación para que la escuche de camino a la escuela. Hable con el centro acerca del uso del walkman en clase.

Si el problema persiste, busque la ayuda de un psicólogo.

Nunca se levanta cuando lo llaman por la mañana

Es problema de su hijo. Cómprele un despertador. Si no se ha levantado a la hora en que usted se marcha, llámele una vez más y luego déjele. Si llega tarde a clase, que sea responsabilidad suya.

Nunca se acuerda de prepararse las cosas la noche anterior

Deje de machacarle y que sea él quien asuma la responsabilidad. Nunca se acordará si siempre confía en que usted se lo haga.

No me gusta cómo se viste

Lo que se pone su hija no es asunto suyo. Acuerde con ella que en algunas ocasiones (visitas a amigos de la familia) modificará su vestimenta de forma que vaya más acorde con los gustos de usted, y que se conformará con las normas de la escuela en ese tema. El tiempo restante que vista como más le guste.

No quiere acompañarnos en las salidas familiares

Confíe en dejarla sola. Acuerde, sin embargo, que tratará la casa con respeto. Si ocurre algún desperfecto, deberá pagarlo de la semanada o con el dinero reservado para Navidad, cumpleaños o vacaciones.

Nunca lee

Es problema de su hijo. Tal vez los libros grabados en casete le abran el apetito.

Siempre está ocupado con los juegos de ordenador

Es problema de su hijo. Mientras no interfiera en el rendimiento escolar o en las comidas familiares, es un asunto que sólo concierne a él. Por lo general, no es más que una fase pasajera. Si interfiere, resuelva esa parte del problema.

"La cena estará lista en 20 minutos. Espero que dejes de jugar en el ordenador con tiempo suficiente para poner la mesa. Si no está puesta a tiempo, cenaremos sin ti. Tú decides. Si eliges prepararte tu propia cena, espero que cuando acabes dejes la cocina recogida."

Si se prepara su cena pero luego no recoge: "Espero que recojas la cocina. En caso contrario te confiscaré el ordenador durante tres días."

Si un adolescente roba

Examine las posibles razones, una por una. ¿Lo hace porque necesita dinero, ya que tiene menos que sus amigos o tal vez para comprar drogas? ¿Estará buscando venganza? Un chico enfadado o herido pega para enfadar y herir. ¿Anda buscando atención?

Quizás lo hace para comprarse temporalmente amigos, porque robar se ha convertido en un hábito, porque es excitante o porque no ve otro modo de conseguir aquello que desea con tanta locura. O tal vez lo haga para complacer a alguien o para pagar a un intimidador y librarse de él.

- **Deje claros sus valores.** A esta edad no tiene por qué haber confusión sobre los temas morales.

- **Dé un ejemplo irreprochable.** Nunca robe, engañe o acepte errores a su favor.

- **Oblíguele a devolverlo.**

- **Sea razonable con su semanada.** Los adolescentes necesitan gastar dinero. Infórmese cuidadosamente del dinero que necesita.

- **Ayúdele.** Si roba porque sus amigos lo hacen, hable con los padres de éstos.

- **Pida ayuda.** Contacte con una organización profesional antes de que le sorprenda alguien menos condescendiente que usted.

Delincuente

Es probable que usted sepa ya si su hijo entra dentro de esta categoría. Pero son muchos los padres preocupados por el hecho de que sus hijos sean delincuentes en potencia. Muchos niños de aquellos que cuentan con un historial de hiperactividad, y de entre los que tienen problemas para aprender a leer y escribir se convierten en delincuentes adolescentes.

Los adolescentes que delinquen raramente se sienten felices; a menudo son impopulares entre sus compañeros de clase, y una gran mayoría procede de entornos inestables y desgraciados. Los padres de muchos de ellos parecen no interesarse ni implicarse en las vidas de sus hijos, mostrando un trato con ellos punitivo, frío e intolerante. Algunos de estos padres tienen problemas psiquiátricos o sociales. Sin embargo, no todos los delincuentes proceden de dichos ambientes. Algunos son atraídos a la delincuencia por debilidad o porque la delincuencia les da sensación de poder.

Tarde o temprano casi todos son capturados por la policía. Eso significa pena de reclusión oficial, supervisión informal o persecución legal. En ocasiones no es emprendida ninguna acción. Naturalmente, los delincuentes jóvenes deben ser tratados con firmeza, si se quiere evitar que vuelvan a caer.

Presión de los semejantes

Antes de quejarse de que su hija es una esclava de la moda, eche un vistazo a su alrededor en casa. ¿Es típica? ¿Los platos que usted cocina siguen las tendencias actuales? Pocos de nosotros permanecemos inmunes al poder de persuasión de los medios de comunicación.

Lo que los padres quieren decir a veces cuando se quejan de los efectos de la presión de los amigos sobre sus hijos es que están resentidos porque éstos hacen más caso de los amigos que de ellos.

◆ **Comente las tendencias de la moda lo menos posible.** El cabello verde y afeitarse las cejas suelen marcar una fase transitoria; cuanto menos lo comente, más deprisa pasarán a otra fase.

◆ **Reconsidere su opinión de que la presión de los compañeros es nociva.** A veces nos conviene demasiado creer que nuestro hijo ha sido llevado por mal camino. Si bien hay niños que son fáciles de dominar, la idea de que un niño fuerte y seguro puede ser presionado por un amigo para portarse mal es una falacia. La mayoría de los niños lo hace porque son ellos mismos quienes eligen actuar así. El problema no es que los niños se conformen para salvar la cara, sino que hacen cosas cuando van en pandilla que no harían si estuviesen solos. En esto no se diferencian de los adultos. Las multitudes son siempre peligrosas.

La mejor opción es reunir a otros padres y acordar un conjunto de normas comunes. No dejen que la pandilla les ponga a unos en contra de otros. Conserve esto siempre en perspectiva.

Pasa demasiado tiempo con sus amigos

La respuesta más obvia es ofrecerles su casa. Acepte también que pasar tiempo con sus amigos es un signo de bienvenida a la madurez. Que necesite a sus amigos como compañía no significa que ya no la necesite a usted.

QUÉ NO HACER RESPECTO A LOS AMIGOS INAPROPIADOS

✖ ***Ignorarles.*** *Esperar que se canse de ellos. Tal vez sea así, pero también es posible que acabe saliendo perjudicada.*

✖ ***Negarse a conocerles.*** *¿Cómo va a juzgar a personas que nunca ha visto?*

✖ ***Prohibirles entrar en su casa.*** *Si se reúnen en su casa, al menos sabrá dónde están y lo que hacen.*

✖ ***Dejar constantemente en mal lugar a los amigos.*** *Eso hará que su hijo proteja a sus amigos nuevos.*

No le gustan sus amigos

Su hija regresa a casa de su nueva escuela cantando las excelencias de su nueva mejor amiga. "Invítala a merendar", le sugiere usted. Tal vez le haga alguna advertencia. Quizás se limite a traerla sin más. Pero el vestido tan provocativo que lleva y su llamativo maquillaje hacen que a usted se le caiga el alma a los pies. ¿Así es como evoluciona su educada hija de once años?

La respuesta es: no. Al contrario, está poniendo a prueba los valores que usted le ha enseñado. Como ya es demasiado mayor para aceptarlos sin cuestionarlos, necesita formarse su propia visión de si son válidos o no. Lo cual es muy distinto de abandonarlos; significa que se está tomando interés por ellos.

Recuerde, asimismo, que unirse a una chica más mayor o más enterada la hace parecer más adulta, al menos a su manera de ver. Y su shock no hace más que confirmarlo.

QUÉ HACER RESPECTO A LAS MALAS AMISTADES

✔ ***Póngase dura.*** *No deje que su actitud liberal obstaculice el camino de la seguridad de su hijo. Si la amistad es peligrosa, rómpala. Por otra parte, si no tiene problemas con el comportamiento de su hijo, es probable que no necesite preocuparse por sus amistades.*

✔ ***Déle tiempo.*** *Espere a ver si se trata sólo de una fase pasajera.*

✔ ***Advierta a su hija del peligro de ser arrastrada hacia problemas mayores.*** *Se trata de un escenario común. Si ha salido de copas con unos amigos en un coche 'prestado', el próximo paso podría ser muy bien regresar a casa en un coche conducido por un borracho, y sin experiencia. Dígaselo.*

✔ ***Confíe en su intuición.*** *Anímela a apearse cuando sienta que la situación se está desbordando. Sugiérale maneras de hacerlo sin quedar mal: "Ya he tenido bastante por hoy; además, no me siento muy bien y prefiero irme a casa."*

✔ ***Acuerde un código de amnistía:*** *una palabra que su hija mencione por teléfono y que signifique que ella y sus amigos se están metiendo en problemas y necesitan ayuda. Asegúrele que usted responderá al código sin preguntar nada, mientras ella se comprometa a usarlo antes de que empiecen los problemas de verdad.*

Sectas

Las sectas son peligrosas, porque quienes las dirigen saben cómo identificar y oprimir a adolescentes con un bajo grado de autoestima. La mejor protección que usted puede ofrecer a su hijo es asegurarse de que tenga la autoestima alta, y quererlo. Trabaje siempre para incrementarla.

Hay que advertir a los adolescentes que desconfíen de amigos que les inviten a reuniones de grupo, sobre todo si les dicen que habrá mucha gente interesante. Explique a su hijo que las sectas: suelen tener un líder carismático, de lo más persuasivo e interesante de escuchar; tratan de ejercer el poder sobre sus miembros y quitarles el dinero; aunque reivindican estar apoyando a sus miembros, los objetivos mencionados son los que tienden a cumplirse en la realidad.

Dígale que no se fíe de nadie que le diga que su familia lo está perjudicando, a pesar de que él mismo lo piense a veces. ¿Cómo puede saber alguien cosas de personas a quienes no conoce? Cualquier extraño que intente separar a una persona joven de su familia y amigos debe tener un motivo siniestro para ello.

¿Por qué corren riesgos los adolescentes?

Existe la teoría de que cada individuo precisa mantener la actividad cerebral a su propio nivel óptimo para funcionar. Si este nivel cae en exceso, estaremos demasiado apagados para la acción, lo mismo que nos ocurriría si tuviésemos que solucionar un asunto de trabajo crítico a primera hora de la tarde, después de una opípara comida acompañada de dos copas de vino. Por otra parte, si uno deja que la excitación suba demasiado, puede entrarle el pánico, lo cual a su vez lo incapacita para actuar, como el conejo deslumbrado por los faros de un coche cuando cruza la carretera.

Hay personas –sugiere la teoría– que tienen un nivel bajo de excitación congénito. Sólo necesitan 'navegar con el viento' para funcionar. Éstos son los extrovertidos y los que corren riesgos. Con otras personas ocurre todo lo contrario: precisan siempre calmarse a sí mismas. Son los introvertidos, que se diluyen en un segundo plano, evitando demasiada excitación.

Esta teoría puede o no ser cierta, pero ofrece una explicación para los patrones de vida de la mayoría de las personas. Cuando somos adolescentes, todos nos comportamos como si fuéramos más extrovertidos de como somos en realidad. Necesitamos la música bien alta, el riesgo, las discusiones, la risa y las pandillas grandes y sociables. Nos emborrachamos, y no siempre decimos 'No' a las drogas. Bailamos, cantamos, nos enamoramos, rompemos corazones y nunca hacemos las cosas hasta el último momento. Luego, a los veintitantos años, nos volvemos más introvertidos, nos tranquilizamos. Vamos a una fiesta y nos dedicamos a charlar en lugar de bailar, nuestros amigos ya no nos ofrecen drogas, nos preparamos para los retos con antelación suficiente, hacemos listas y vamos tachando las cosas a medida que las resolvemos.

En mi opinión, resulta más sencillo tratar con adolescentes si se tiene presente que se comportan como si estuvieran siempre infraexcitados. Esto ayuda a comprender por qué, no habiendo nada especial, se molestan en levantarse temprano por la mañana, y por qué una vez levantados se bombardean a sí mismos con constantes dosis de estimulación, como si la necesitaran para mantenerse despiertos. Usted se encuentra en la etapa de su vida en que necesita mantener bajo su nivel de excitación. Si es capaz de aceptar esto, más que intentar combatirlo entonces va usted camino de entenderse con los adolescentes.

Correr riesgos en la adolescencia, una visión honesta

A pesar de los intolerables riesgos que corren, la mayoría de adolescentes sobrevive. Si bien es verdad que los adolescentes tienen más probabilidades que el resto de nosotros de sufrir un accidente serio, estar fichados por la policía o engancharse a las drogas, las posibilidades de que su hijo alcance los 30 años sin haber padecido ninguno de estos problemas son muy altas.

Por cada adolescente que muere después de tomar 'éxtasis' en una fiesta, hay cientos de padres a quienes toca la lotería. Son más los que mueren alcanzados por un rayo. Aunque la mayoría de los adolescentes probará al menos una droga ilegal, la ocasión casi siempre pasará sin que sufran daño alguno.

Aunque en el fondo usted espera que sus hijos salgan indemnes de esta etapa, el hecho de suponer que estén corriendo algún riesgo grave no facilita la espera. Cuando tras dos horas de retraso el adolescente errante entra sonriente por la puerta, usted no sabe si darle un beso o un bofetón. Como todos los padres, yo me he desesperado y he considerado la posibilidad de llamar a los hospitales en más ocasiones de las que deseo recordar.

Muchos adolescentes –sobre todo chicos– se mueven en bandas. No es sólo que el hecho de correr riesgos dé celebridad a los chicos, sino que el simple hecho de andar en grupo les da sensación de seguridad. Estudios clásicos de psicología han demostrado, por ejemplo, que si se insufla humo en una sala de espera a través de la ventilación, una persona que esté sola se levantará y abandonará el lugar de inmediato. En cambio si se trata de un grupo, esa misma persona esperará sentada a que sea otro quien dé el primer paso.

El entorno en que introducimos a nuestros hijos a menudo estimula el peligro. El anuncio de un refresco 'He estado allí y he hecho eso' y el de cerveza que dice 'Los buenos amigos salen juntos' son ejemplos obvios de mensajes de estilo de vida que fomentan que los adolescentes corran riesgos, pues lo que pretenden transmitir dice: "Haz esto y te sentirás un hombre completo, triunfador, guapo y admirado por tus amigos".

Desde el momento en que empiezan a ver la televisión, los niños son bombardeados con mensajes sobre drogas legales. Una pastilla calma el dolor, una bebida te transporta a una isla tropical. Si las drogas legales tienen tanto poder, ¿qué no ocurrirá con las ilegales?

El sexo juega un papel central; es generalmente agradable y permite liberar tensiones. A veces es incluso memorable. Cuando la vida va bien, el sexo es una parte necesaria del trasfondo. Cuando la vida va mal, puede adquirir un papel más central, de tipo escapista, como una droga o una bebida muy cargada. Afianza una débil autoestima.

Los artículos sobre sexo, en las revistas dirigidas a un público femenino, tienden a difundir un mensaje muy diferente: el sexo es maravilloso. Las personas de éxito triunfan en el sexo; ser sexy significa ser guapa y deseada. Estar en desacuerdo con esta melodía moderna es ser un puritano.

La mayoría de las mujeres de más de 30 años admite que el sexo durante la adolescencia era bastante aburrido. Tal vez deberíamos empezar a decir a las jovencitas que sean complacientes con los chicos si les apetece mimarlos. Así, la cosa se acercaría más a la pauta. Estudios realizados revelan que las chicas hallan más placer y logran liberar más tensiones en la masturbación que en las relaciones con pareja; la media de retraso entre las primeras relaciones sexuales y el primer orgasmo es de entre dos y cuatro años. Para un porcentaje considerable llega hasta los diez años o más.

Poner el énfasis sólo en la parte mala, en especial si se exagera, será probablemente negativo. Por ejemplo, decir que todas las drogas conducen a una adicción inmediata, o que muchas parejas sexuales habrán estado en contacto con alguien que tenga anticuerpos del SIDA es más probable que les induzca a desoír los consejos que a aceptarlos. Los adolescentes no son tontos. Ven muy bien que sus amigos no son adictos y que es improbable que conozcan a alguien seropositivo. Es mucho mejor decir que la adicción se produce gradualmente con determinado tipo de drogas, y que aunque es improbable tomar contacto con alguien que tenga anticuerpos del SIDA, la enfermedad es tan terrible que nunca vale la pena correr el más mínimo riesgo.

Luego está la cuestión no baladí. Un adolescente tiene el doble de probabilidades de fumar si sus padres fuman, por decir algo. Los varones Kennedy ofrecen un ejemplo de cómo los hábitos sexuales modelados por un padre pasan a sus hijos.

Los riesgos que asumen, una instantánea

◆ Los chicos jóvenes aparecen implicados en más **accidentes de tráfico** que ningún otro grupo de población. En el mundo desarrollado, el 10,3% de la población masculina muere en accidente, por sólo el 4,4% de la población femenina. En culturas más machistas de, por ejemplo Sudamérica y el Caribe, la cifra en varones se eleva al 13,9%. Las edades más peligrosas se sitúan entre los 16 y los 20 años.

Una sustancial proporción de accidentes graves con conductores jóvenes implicados se produce después del consumo de alcohol. Un nivel de alcoholemia en sangre de 0,15 grados incrementa en un 25% el riesgo de accidente de tráfico.

Los adolescentes beben alrededor del doble de cuanto bebían 15 años atrás. Los años más alcohólicos están entre los 16 y los 19, y en la actualidad beben tanto los chicos como las chicas.

Los trabajadores en edades comprendidas entre los 18 y los 24 años tienen la tasa de accidentes más elevada.

◆ Menos de un 10 por ciento de los adolescentes utiliza algún tipo de anticonceptivo en su **primera relación sexual.**

◆ **El humo del tabaco** sigue siendo una de las drogas que más muertes provoca. Los adolescentes, normalmente frecuentan lugares donde se fuma mucho.

◆ **El uso de analgésicos (calmantes)** resulta muy común en chicas jóvenes. El riesgo de daños renales es elevado.

◆ **Esnifar disolventes** es bastante popular entre los adolescentes de 13 y 14 años, sobre todo entre aquellos que salen de noche y/o hacen novillos.

◆ **El uso de drogas ilegales** es, como todo el mundo sabe, un problema creciente entre los adolescentes. La marihuana es la droga de recreo más común. Es difícil obtener cifras fiables, pero probablemente no nos equivocaremos al decir que al menos uno de cada cuatro adolescentes habrán probado la marihuana cuando cumpla los 17 años, y cerca de un 60 por ciento, cuando cumpla los 21. De ellos, alrededor de la mitad se convertirá en consumidores bastante regulares o intermitentes.

Los adolescentes más mayores que asisten a conciertos y a discotecas es probable que hayan probado el 'éxtasis'. El uso de otras drogas como la cocaína, el crack o la heroína es menos común y, obviamente, más grave.

Los adolescentes prueban las drogas porque sus amigos también las prueban. Factores como la clase social, la presión de los compañeros, un bajo grado de autoestima, relaciones familiares deficientes, dependencia familiar del alcohol o de las drogas y acontecimientos estresantes en la vida incrementan la probabilidad de caer en el consumo regular. Cuando coinciden mayor número de estos factores, hay más probabilidades de que se pase del uso ocasional de las llamadas drogas blandas a su consumo habitual, y del consumo habitual de drogas blandas al de drogas duras, altamente adictivas, llegando finalmente a la dependencia.

Consumo de drogas: actitud de la sociedad

En el mundo occidental se adopta una actitud muy ambivalente frente a las drogas. Cuando las personas tienen dificultades para salir adelante en la vida, por lo general les prescriben drogas alteradoras de los estados de ánimo como los somníferos, o bien antidepresivos. Incluso hay médicos que sugieren que muchas personas llevarían mejor las tensiones de la vida moderna y de una carrera de alta presión si tomasen Prozac con regularidad.

Muchas drogas se usan con propósitos recreativos, y con éstas tendemos a tener una doble moral. En Occidente se han legalizado tres drogas de recreo, no porque sean las más inofensivas o las menos adictivas, sino porque han existido durante tiempo inmemorial. Si pudiésemos volver a la línea de salida, quizás coincidiríamos en seleccionar la cafeína como una droga bastante inofensiva, pero seguro que no elegiríamos ni el alcohol ni la nicotina como drogas recreativas inofensivas.

El alcohol crea adicción, es causa de enfermedades hepáticas si se toma en exceso, está implicado en comportamientos violentos, produce serios defectos de nacimiento si es tomado en exceso por mujeres embarazadas y está presente en un alto porcentaje de accidentes, sobre todo de tráfico.

La nicotina es altamente adictiva, causa problemas circulatorios y, consumida en forma de humo de cigarrillo, puede provocar cáncer de pulmón. Es perjudicial para el feto. Algunas drogas ilegales son menos dañinas y, con toda seguridad, menos adictivas, lo que no significa que sean inofensivas ni que no produzcan adicción psicológica.

Las proporciones del problema

La marihuana es la mayor fuente de ingresos de California. La industria de la cocaína gana más dinero que la Ford. Controlar la disponibilidad de drogas ilegales (y legales) es una batalla perdida. Bloquear la producción de una droga inaugura la producción de otra. Incluso si todas las drogas social y médicamente perjudiciales fuesen prohibidas, es improbable que desaparecieran; los beneficios son demasiado elevados.

La tendencia actual en el tema de la adicción a las drogas radica en educar a los adolescentes en torno a los problemas y peligros que acarrea el uso y abuso de drogas, y combinarlo con intentos de limitar la disponibilidad. Las evidencias de éxito de ambas aproximaciones son mixtas. El nivel de adicción no ha disminuido. En muchos casos, ha caído el nivel de uso. Los intentos de controlar la disponibilidad de drogas han sido un completo fracaso, y entre los grupos de población más vulnerables sigue siendo elevada.

El problema radica en que entre dichos grupos, en los cuales la disponibilidad y el uso de drogas resultan más comunes, también lo son la drogodependencia de los adultos, el desempleo, la pobreza, el fracaso social y la desesperanza. Donde la esperanza y la autoestima están bajas, la tentación de la evasión química es grande. Y si el dinero de la venta de drogas acarrea un estilo de vida inalcanzable por medios legales, la tentación de reclutar nuevos consumidores de drogas e incrementar los ingresos es enorme.

Una vez integrados en una cultura marcada por las drogas, escapar de ella resulta muy difícil. Tampoco hará que una situación de desesperanza se torne en otra más esperanzada. Para casi todos los adictos a las drogas duras, la infelicidad se halla tan arraigada, las oportunidades en la vida son tan limitadas y la tensión tan aguda, que es altamente improbable que un programa simple de prevención surta algún efecto. El panorama una vez se es adicto resulta sombrío, pero no del todo desesperanzador.

¿Sabría decir si un joven está tomando drogas?

No existe un conjunto de pistas que permitan deducir si su hijo adolescente está tomando drogas. Las drogas no ejercen los mismos efectos en todas las personas, y los signos que denotan su uso no siempre son muy diferentes del comportamiento adolescente normal: cambios abruptos de humor o de comportamiento, secretismo y la necesidad de dinero son los síntomas más obvios, pero hay muchos adolescentes que presentan todas estas características y nada tienen que ver con las drogas. Las que siguen son señales de peligro, no síntomas concluyentes:

- Preste atención si nota un **cambio en su asistencia a clase** o una repentina modificación en su rendimiento o su motivación escolar.

- Tome nota de **posibles alteraciones del sueño,** letargia en general y somnolencia, sobre todo si el cambio es repentino.

- **Deterioro en el aspecto físico** y extremada falta de cuidado en la higiene personal indican a veces el uso de drogas, en especial si van acompañados de súbitos altibajos. Si este comportamiento tampoco tiene que ver con el consumo de drogas, no debe ser ignorado.

- **Cambios en el apetito.**

- Marcado **cambio en el estado emocional** con niveles inusuales de agresividad o irritabilidad.

- **Retraimiento.** Comportamiento furtivo, mentiras, robos, pedir dinero prestado, vender cosas, desaparición inexplicable de dinero o de objetos de valor. Las drogas cuestan dinero, y un hábito serio resulta caro.

- **Pérdida de interés** por estudios, amigos o actividades extraescolares.

Para más información sobre síntomas específicos de cada droga en particular, véase la Guía para padres en torno a las drogas, en las páginas 398-407.

Guía para padres en torno a las drogas

Alcohol

En la actualidad, algunas bebidas –por ejemplo, la limonada con cerveza– están siendo específicamente producidas para los jóvenes.

Los atractivos: un subidón inicial seguido de un estado de relajación; disminución de la ansiedad, el temor y la tensión. Dado que las personas bebemos cuando salimos con los amigos, a veces se efectúa una asociación entre el alcohol y pasarlo bien. El alcohol reduce también las inhibiciones y, lo que es más peligroso, algunos jóvenes lo toman para tener más valor o para escapar del dolor psicológico.

Disponibilidad: Aunque los comercios tienen prohibida su venta a menores de edad, muchos la venden de todos modos.

¿Adictivo? Sí, para una significativa minoría de individuos. Se cree que puede haber un factor genético en la adicción al alcohol.

Peligros: Es, con mucho, el mayor asesino entre las drogas recreativas. Potencialmente letal consumido en grandes cantidades, su peligro reside en que hay poca distancia entre la dosis que lleva a perder el conocimiento y la dosis que mata. Provoca mareo y efecto anestésico, una combinación peligrosa. No es poco común que la muerte sobrevenga por asfixia con el vómito propio. Dado que el alcohol afecta tanto a la capacidad de atención como a la de juicio, con frecuencia está implicado en accidentes en el puesto de trabajo, en el hogar o en la calle. Se sabe que el 9% de los accidentes de tráfico ocurridos en Estados Unidos implica a conductores ebrios menores de 20 años. También en Estados Unidos, entre el 40 y el 60% de los accidentes en que se ve implicada gente joven se producen después de que los conductores hayan estado bebiendo. A medida que se vaya incrementando el número de conductores adolescentes, las cifras en otros países occidentales aumentarán probablemente hasta coincidir con éstas.

El alcohol deprime el sistema nervioso, pero ejerce mayor influencia sobre actividades no habituales que sobre las acostumbradas. Después de beber, uno se siente capaz de conducir y, en verdad, a menudo lo es, pero también es incapaz de hacer frente a una emergencia. Resulta imposible calcular cuántas muertes ha causado el alcohol, pero lo que se puede asegurar es que la cifra supera a la de muertes por éxtasis o por disolventes.

El lado positivo: Pequeñas cantidades de vino tinto reducen la incidencia de enfermedad cardiovascular.

¿Ha bebido su hijo adolescente alguna vez? Es probable que sí. La mayoría de jóvenes ha probado el alcohol, muchos desde antes de la adolescencia. Un número alarmantemente elevado de jóvenes son bebedores habituales. Preguntados acerca de por qué beben, mencionan la presión de sus amigos, el hábito de beber de sus padres, la disponibilidad, la curiosidad y la diversión.

Reconocer a un bebedor: Enrojecimiento facial, aliento con olor a alcohol, botellas o latas en su habitación.

Desalentar la bebida: Dé un buen ejemplo, beba sólo con moderación. Asegúrese de que sus hijos se dan cuenta del peligro que representa mezclar el alcohol con la conducción. Acuerde una palabra código que puedan utilizar si necesitan que un conductor sobrio los lleve a casa. Si llaman y usan el código, vaya a buscarlos de inmediato o avise un taxi.

Tabaco

Legal, pero relativamente caro. Disponible no sólo en cigarrillos y puros sino también en chicles y parches de nicotina. Las campañas en contra del tabaco están surtiendo su efecto. La gente joven fuma menos que antes.

Los atractivos: La nicotina es un estimulante: despierta y ayuda a concentrarse. Como la gente fuma cuando sale con los amigos, fumar suele asociarse con situaciones placenteras.

Disponibilidad: En teoría está prohibido vender tabaco a menores, pero se hace.

¿Adictivo? Mucho. Produce una adicción tanto fisiológica como psicológica muy difícil de erradicar.

Peligros: Bien conocidos. El alquitrán y el humo del tabaco que entran en la garganta y en los pulmones pueden provocar cáncer.

El lado positivo: Existen evidencias de que protege contra la enfermedad de Alzheimer.

¿Ha fumado su hijo adolescente? En el pasado, la mayoría de los adolescentes habría probado el tabaco. Las cifras se están reduciendo. En la actualidad, las chicas tienen más probabilidades de fumar que los chicos.

Reconocer a un fumador: El humo de los cigarrillos tiene un olor característico. Los fumadores llevan mechero o cerillas, y necesitan dinero. Incluso un hábito de diez cigarrillos diarios no sale barato.

Desalentar el fumar: Deje usted de fumar. Aconséjeles encarecidamente que no lo prueben. Prohíba fumar en la casa, incluso a otros adultos.

Cannabis

Las hojas y la resina de la planta del cannabis son fáciles de conseguir. La mayoría de los adolescentes sabe dónde obtenerlo.

Los atractivos: El cannabis es la más consumida y probablemente la más inofensiva de las drogas ilegales. Ir 'ciego' hace que quien lo consume se sienta tranquilo y relajado, además de incrementar su poder de percepción. Produce una caída del nivel de azúcar en sangre y, por tanto, provoca sensación de hambre. A dosis altas, causa ataques de pánico y alucinaciones. También provoca vómitos. Dado que las personas fuman cannabis cuando salen con los amigos y lo están pasando bien, se acaba asociando a situaciones placenteras. Cuando las personas se 'colocan', se sienten bien porque así se sintieron en otra ocasión.

Disponibilidad: Aunque no conozcan personalmente a ningún 'camello', la mayoría saben de alguien que la conseguiría para ellos.

¿Adictivo? Fisiológicamente, el cannabis no causa adicción. El consumo regular produce dependencia psicológica. Pero al ser mucho más probable que se consuma con amigos que en solitario, la adicción psicológica es probablemente rara.

Peligros: Dado que el cannabis se fuma, los que lo consumen en abundancia corren el riesgo a largo plazo de contraer cáncer de garganta o de pulmón. Afecta a la memoria y a la atención y dificulta la concentración. De lo cual se deduce que conducir 'colocado' es casi tan peligroso como conducir bebido. Un consumo excesivo y prolongado puede hacer que la memoria y la concentración se vean permanentemente afectadas. No existen evidencias de que el uso de cannabis conduzca a otras drogas, si bien sí pone al adolescente en contacto con gente que consumen drogas duras. Una psicosis tóxica aguda es muy rara, pero puede darse alguna vez con dosis altas.

La parte positiva: El cannabis ayuda a los enfermos de esclerosis múltiple y no vuelve agresivas a las personas.

¿Ha fumado cannabis su hijo adolescente? Entre una cuarta parte y la mitad de los jóvenes admite haberlo probado al menos una vez. Aproximadamente la mitad de ellos son consumidores habituales.

Reconocer a un consumidor de cannabis: Utilizan palabras como chocolate, costo, ful, marihuana, hierba, grifa, canutos, porros, ciego o colocón. Por general se fuma en cigarrillos liados, de modo que incluye papel de fumar, paquete de tabaco de liar y pedacitos de cartón para el filtro. Se presenta en dos formas: la marihuana o 'hierba' tiene el aspecto de hierba seca, el hachís se presenta en bloques compactos de color oscuro. El hachís suele calentarse primero sobre una cuchara a fin de reblandecerlo, y puede que encuentre eso por ahí. Dado que afecta a la memoria, el joven olvida de pronto lo que estaba diciendo. También provoca ataques de risa e incapacidad para realizar maniobras físicas sencillas. Si se echa a reír a carcajadas en lo alto de la escalera y se muestra incapaz de bajarla es probable que esté 'colocado'. El cannabis tiene, asimismo, un olor característico.

Desalentar el uso de cannabis: El cannabis es ilegal. Tal vez usted no pueda impedir que su hijo lo consuma de vez en cuando, pero no debe dejarle fumar en casa. Asegúrese de que comprende que conducir bajo los efectos del cannabis es tan peligroso como hacerlo bajo los efectos del alcohol. Acuerde un código para cuando necesite volver a casa con un conductor sobrio. Si llama y emplea el código, vaya a recogerlo de inmediato o llame un taxi.

Anfetaminas

Un grupo de estimulantes químicos, ya sea en pastilla o en polvo, que se obtienen con facilidad y resultan relativamente baratos. En otro tiempo se empleaban como píldoras para hacer régimen. Los polvos se esnifan, como la cocaína. En ocasiones también se inyectan.

Los atractivos: Las anfetaminas mantienen al consumidor despierto y activo, acelerando los procesos mentales y físicos, de ahí el nombre de *speed* (velocidad). Dosis pequeñas se utilizan para estudiar o para mantener viva la fiesta toda la noche. A grandes dosis conducen a comportamientos estereotipados.

Disponibilidad: Bastante fácil de conseguir, pero resulta más común en los últimos años de la adolescencia que en los anteriores.

¿Adictivas? Fisiológicamente no, pero sí a nivel psicológico. Tras un consumo prolongado, la abstinencia va seguida de un desagradable bajón.

Peligros: El consumo prolongado conduce a 'choques' suicidas; desemboca en una psicosis similar a la esquizofrenia. La agresividad, irritabilidad y violencia son comunes. Una sobredosis produce hemorragia cerebral, convulsiones, coma y fallecimiento.

Reconocer al consumidor: Habla sin parar, no cesa de moverse y, en general, parece que va 'acelerado'. Tal vez rechine los dientes todo el rato, se pase repetidamente la lengua por los labios y haga los mismos movimientos una y otra vez. Después de haberlas tomado, a menudo suele haber una reacción: el consumidor se siente bajo de moral, deprimido y cansado. Si el colocón se prolonga mediante consumo constante, la resaca o 'bajón' es muy fuerte y va seguida de una depresión.

Desalentar el uso de anfetaminas: Las anfetaminas son ilegales. Asegúrese de que los adolescentes comprenden que el consumo a largo plazo causa alguna enfermedad mental y que conducir bajo sus efectos es tan peligroso como hacerlo bajo los efectos del alcohol. Al igual que con la bebida, acuerde un código que su hijo pueda utilizar cuando necesite que lo lleve a casa un conductor sobrio. Véase página 399.

Disolventes

Desde la cola de impacto hasta el limpiador para horno, son populares entre algunos jóvenes adolescentes. Las consumen ya sea esnifándolas directamente del bote o vertiendo la sustancia en una bolsa de plástico y esnifando de ella; también la toman empapando un trapo y colocándoselo encima de boca y nariz. La gasolina para recargar mecheros es vertida directamente dentro de la boca.

Los atractivos: Es una actividad que practican en grupo. Aunque la cola de impacto es la sustancia más común, otras sustancias volátiles como desodorantes, laca para cabello, líquidos para limpieza en seco, gasolina para encendedores, gasolina y disolvente de laca de uñas son utilizadas también.

Actúan de manera similar al alcohol, produciendo un estado de excitación seguido de un período de calma.

Disponibilidad: Ha habido algún intento de prohibir la venta de cola a los jóvenes, pero muchos comercios la suministran a los adolescentes. La mayoría de los esnifadores se pasan al alcohol o a otras drogas en cuanto pueden permitírselo económicamente.

¿Adictiva? No.

Peligros: La sofocación provocada por introducir la cabeza en una bolsa de plástico a fin de intensificar la nube de vapor. Verter sustancias químicas en la boca. A grandes dosis dejar al joven confundido y descoordinado, mareado, con la visión borrosa y dificultades para hablar. El uso prolongado de gasolina y combustible para encendedores puede producir daños cerebrales y hepáticos. Se sabe que en el Reino Unido se producen anualmente unas 60 muertes por inhalación de disolventes, en su mayoría chicos. La muerte sobreviene por sofocación, fallo cardíaco o asfixia en el vómito propio.

Reconocer al consumidor: Erupciones y ampollas alrededor de la boca, ojos enrojecidos y aros rojos alrededor de la nariz son los signos evidentes, al igual que el característico olor a disolvente impregnado en la ropa.

Cocaína y crack

Disponible en polvo o en cristales; relativamente cara. La cocaína es un polvo blanco que se esnifa por la nariz. También se calienta sobre papel de aluminio y se inhala ('chino'). El crack es un cristal que se fuma o se quema e inhala.

Los atractivos: Un estimulante con efectos similares a las anfetaminas. Resulta cara porque sus efectos duran sólo 20 minutos, de modo que es necesario esnifarla repetidamente.

Disponibilidad: Bastante difícil de encontrar, y cara. Por lo general la usan los adolescentes de más edad que pueden permitírselo.

¿Adictiva? La cocaína produce adicción psicológica y dependencia. La cocaína de pasta base, esto es, la cocaína separada de la sal mineral a base de añadir sal de soda, se conoce como crack y resulta altamente adictiva.

Peligros: A menudo es adulterada. Si se tiene suerte, con polvos de talco. Si no se es tan afortunado, ¿quién sabe lo que puede llevar? A grandes dosis produce convulsiones, insomnio y alucinaciones táctiles; además de agresividad, hostilidad y paranoia.

Reconocer al consumidor de cocaína: La parafernalia necesaria para tomar esta droga incluye espejitos y cuchillas de afeitar o navajitas para extender la coca y hacer las rayas, a fin de esnifarlas con facilidad, así como tubitos o canutitos de papel para esnifarla. Los consumidores raramente se la comen. Necesitan esnifar cada veinte minutos para mantener vivos los efectos.

Barbitúricos y sedantes

Uso legal: como los somníferos. Por lo general tomados en comprimidos, pero a veces en inyectables.

Los atractivos: Pueden ser usados en ciclos para crear subidas y bajadas: las anfetaminas (véanse pág. 401-402) proporcionan la subida y los barbitúricos la bajada. Al igual que el alcohol, los barbitúricos proporcionan un período inicial de bienestar, con una típica sensación de paz, y luego un período de sopor. La metacualona es un sedante no barbiturado que produce una fuerte subida con sensación de pérdida de identidad física y mental. También tiene cierta reputación como afrodisíaco. Otros sedantes son populares entre determinados grupos. Los jóvenes suelen estar al corriente de lo que hay disponible.

Disponibilidad: Ninguna de estas drogas es utilizada con mucha frecuencia por los adolescentes.

¿Adictivos? Sí. Los síntomas del síndrome de abstinencia son peores que los producidos por la heroína. La metacualona también acaba creando adicción. Provoca serias complicaciones en caso de abstinencia.

Peligros: Alrededor de 3.000 accidentes o muertes intencionadas se producen anualmente en Estados Unidos a causa de los barbitúricos. Producen deterioro intelectual, voz pastosa, discurso descuidado y juicio defectuoso. La metacualona produce parestesia en brazos, dedos, labios y lengua. Una sensación de invulnerabilidad producida por estas drogas es causa de accidentes. Se desarrolla tolerancia, de forma que la dosis necesaria para colocarse se aproxima mucho a la dosis letal. Una sobredosis conduce al fallo cardíaco, convulsiones y muerte.

Reconocer al consumidor de barbitúricos: Síntomas típicos son la somnolencia y los cambios extremados de humor.

Drogas de diseño

Éxtasis y polvo de ángel. El éxtasis es MDMA o metilenodioximetanfetamina. Se usa generalmente para elevar la atmósfera en las sesiones nocturnas de las discotecas. El polvo de ángel es PCP o clorhidrato de fenciclidina. El éxtasis se usó legalmente para controlar el apetito. El polvo de ángel es un tranquilizante de uso veterinario.

El éxtasis se presenta en pastillas o polvos; el polvo de ángel, en polvo que se esnifa.

Los atractivos: El éxtasis es ampliamente consumido en clubs nocturnos y discotecas, y son muchos quienes lo consumen sin perjuicios. Una vez tragado, te hace sentir despierto, sociable y feliz. El polvo de ángel produce un agradable estado similar al onírico.

Disponibilidad: El 'éxtasis' se consigue con facilidad; el polvo de ángel no tanto.

¿Adictivo? No lo son ni uno ni otro.

Peligros: El éxtasis puede causar daños serios e incluso la muerte. Tiene efectos en el cerebro, el hígado y el corazón, y afecta al sistema de control de la temperatura corporal, provocando deshidratación. Por eso los consumidores de éxtasis deben beber siempre agua con moderación: el éxtasis distorsiona los fluidos, y beber agua en exceso resulta letal. Por lo demás, las reacciones adversas son muy raras, pero totalmente impredecibles. Algunos jóvenes han muerto tras tomar la primera pastilla. Otros han tomado varias veces sin efecto adverso alguno, y luego han tenido una reacción grave o mortal.

Es posible que el consumo continuado cause daños hepáticos.

El polvo de ángel tiene, asimismo, unos efectos muy variables. Puede producir paranoia y confusión, rigidez muscular y una cierta incapacidad para reconocer el peligro. A dosis altas provoca el coma y la muerte, en especial si se combina con otras drogas. Es más peligroso que el éxtasis.

¿Ha tomado su hijo éxtasis? Dado que el éxtasis suele tomarse por lo general sólo en las discotecas, es probable que a usted le pase desapercibido en caso de que su hijo lo tome.

Heroína y otros opiáceos

La mayoría de los adolescentes sabe que son drogas muy peligrosas. A menos que estén seriamente involucrados en una cultura de drogas, no las consumen.

La heroína es un opiáceo derivado de una fuente natural, la flor de la adormidera. Se presenta como un polvo parecido al talco que se vende en papelinas o bolsitas. Es blanca, gris o de color rosa. Se traga, fuma, quema e inhalas, esnifa, o se inyecta. Al principio, se suele fumar, dado que muchos adolescentes son conscientes del peligro de inyectársela. Naturalmente, es ilegal.

Los opiáceos sintéticos como la morfina son legales, se hallan ampliamente disponibles y son usados como calmantes. Hay personas que se convierten en adictas por accidente o como resultado de un consumo abusivo. La heroína sigue siendo la droga de los llamados "drogatas".

Los atractivos: Produce un 'subidón', una breve pero intensa sensación de euforia. Éste va seguido de una sensación de paz y de tranquilidad.

Disponibilidad: Disponible gratuitamente en algunos países: los adictos registrados pueden abastecerse legalmente.

¿Adictiva? Produce una adicción fisiológica y psicológica con un desagradable síndrome de abstinencia. Sin embargo, la heroína no es tan potentemente adictiva o destructiva como se pensaba en otro tiempo. Desde luego, una dosis no conduce a la adicción. Cerca de un tercio de los consumidores habituales consigue dejarla, y pueden tomarla de nuevo sin quedar enganchados de forma instantánea. Algunos adictos logran llevar una vida bastante normal. Alrededor de un 70 por ciento de los soldados que lucharon en Vietnam la consumió con regularidad, y muchos consiguieron dejarla o llevar una vida normal tomándola, a su regreso a Estados Unidos. Tal vez el mayor peligro se deriva del estilo de vida de los consumidores de dosis elevadas, y del coste de la droga, que a menudo empuja a la prostitución y a la delincuencia.

Peligros: La tasa de mortalidad anual se sitúa entre el 2 y el 3 por ciento de los consumidores. La tolerancia se incrementa con rapidez y el hábito sale muy caro. Con frecuencia, la única manera de pagarla es mediante la delincuencia o la prostitución.

Reconocer al consumidor: Es más fácil reconocer al heroinómano que la toma por vía intravenosa, que al que la consume en las restantes modalidades. Pero no permita que esto la deje fuera de combate ante un adolescente que se vuelve introvertido, solitario y desmotivado por completo. La adicción paraliza la voluntad de hacer cualquier cosa excepto para obtener la próxima dosis.

LSD, mescalina y otros alucinógenos

Estas drogas suelen ser consumidas por grupos de más avanzada edad, más por universitarios que por estudiantes de secundaria. Ninguna de ellas es legal o tiene uso legal. Por lo general se toman en pastillas.

Los atractivos: Todos los alucinógenos producen alteración del estado de conciencia –distorsión de la realidad–, aunque los entusiastas sostienen a veces que es la realidad ordinaria la que está distorsionada y la realidad de la droga es la que vale.

Los alucinógenos varían desde los suaves (cannabis), pasando por los moderados (mescalina, setas mágicas o psilocibina), hasta los más potentes (LSD).

¿Adictivos? No.

Peligros: Efectos impredecibles: se pueden tener viajes malos y buenos (experiencias con la droga). Los malos viajes producen pánico y trastornos psicológicos a largo plazo. La experiencia de un mal viaje puede repetirse. En individuos inestables, el consumo regular llega a producir psicosis. También existen evidencias de posibles daños genéticos en los hijos de personas que los han consumido de manera prolongada.

Cómo reconocer al consumidor de alucinógenos: Es muy difícil, a menos que esté bajo sus efectos. Los que tienen un buen viaje están profundamente ensimismados; lo mismo les ocurre a los que tienen un mal viaje, pero también están asustados.

¿Puede detectarse la adicción cuando se está desarrollando?

No todos los problemas de drogas se basan en una adicción fisiológica, que significa que el cuerpo (opuesto a la mente) desarrolla una dependencia de la droga y reacciona de manera adversa, con un desagradable síndrome de abstinencia, cuando debe pasar sin ella. El alcohol y la heroína producen adicción fisiológica. Lo mismo ocurre con la nicotina. La mayoría de las personas que consumen heroína y nicotina desarrollan una adicción fisiológica. Algunos bebedores, aunque no todos, se vuelven también adictos.

La adicción psicológica significa que la persona siente la necesidad y el deseo de tomar la droga con regularidad. Sin ella se siente infeliz e inquieto, pero no sufre síndrome de abstinencia. Los síntomas son:

- Beber o tomar drogas estando solo.
- No ser capaz de rechazar la oferta de una copa o una dosis de droga.
- Pensar que la bebida o la droga resuelve los problemas.
- Beber o colocarse antes de encontrarse con amigos no consumidores.
- Necesitar drogas o bebida para dormir.
- Necesitar drogas o bebida para sentirse vivo.
- Tomar drogas o beber antes de ir a la escuela, o saltarse la escuela para pasar el tiempo bebiendo o drogándose.
- Utilizar drogas para mejorar el rendimiento. Preocuparse cuando las existencias tocan a su fin.
- Necesitar algo para 'afrontar la jornada'.

¿Por qué se desarrolla adicción?

Muchos adolescentes prueban las drogas, pero muy pocos se enganchan. La mayoría de quienes dan el salto de las drogas blandas (como el cannabis o el tabaco) a las drogas duras (como la heroína o el crack) tienen otros problemas, y son esos otros problemas los que les hacen especialmente vulnerables.

Tal vez estén emocionalmente trastocados o sean infelices con su vida en general. En ocasiones, la causa de la infelicidad es obvia. En otras, no existe ningún motivo aparente. La mayoría de los adictos tiene un bajo grado de autoestima. Sienten que no son nadie ni valen nada sin la droga. Lo triste es que, a pesar de que las drogas pueden ser una respuesta a ese problema, no representan una solución. El consumo de drogas acarrea más problemas.

Dado que los consumidores de drogas duras tienden a reunirse, los adictos pasan el tiempo en un ambiente en que todos tienen serios problemas. Incluso si el chico está relativamente equilibrado al principio, la relación constante con compañeros desequilibrados hace disminuir sus esperanzas y autoestima. Pronto se ven absorbidos por una cultura basada en la droga de la cual resulta muy difícil salir.

La única manera de minimizar ese riesgo reside en enfrentarse al problema. Acepte que a sus hijos van a ofrecerles droga tarde o temprano. No puede protegerles de eso, pero sí prepararles.

Comenten con ellos el tema de las drogas. Sean honestos. Asegúrense de que comprenden la diferencia que hay entre drogas duras y drogas blandas. Experimentar con el cannabis es una cosa. Tomar una pastilla desconocida o inyectarse heroína es algo muy distinto.

Hagan todo lo posible para que sus hijos no necesiten drogas. Ayúdenles en sus problemas. Refuercen su autoestima. No reaccionen de forma exagerada.

Deben saber lo que se cuece a su alrededor. Estén informados.

Dejen bien claro que lo que les preocupa es su seguridad y el riesgo que puedan correr. Tal vez sean ilegales las 'drogas equivocadas'. Pero precisamente por el hecho de ser ilegales, quizás sean más peligrosas: ¿cómo van a saber lo que compran, si lo compran en la calle y no en un mostrador?

Recuerden, es difícil conservar la integridad moral frente a ellos con un vaso de whisky en la mano.

Desaconséjenles en particular que consuman drogas cuando estén solos. No importa la droga que sea, ni lo inofensiva que resulte, su consumo regular en solitario es el principio del camino hacia la dependencia. Esto vale para la bebida y para el cannabis, tanto como para la heroína.

Ayudar a los consumidores de drogas

Censurarles hace que dejen de enfrentarse al problema. La simpatía y la comprensión no llevan a parte alguna. La única forma de afrontarlo es que el afectado se marque un plazo para dejarlo, tome la decisión de hacerlo y busque ayuda. Los padres no pueden obligar a un hijo a dejar la droga si él no quiere; esto no lo comprenden los adolescentes: se hacen eso a sí mismos porque les da la gana. Curar una adicción tiene mucho que ver con curar las causas y modificar el estilo de vida, como si fuesen los padres los que debieran desengancharse de las drogas. Tal vez no sea ninguna coincidencia que algunos de quienes han podido salirse mejor, sean los que trabajan para ayudar a otros a dejarlo, conservando así un cierto grado de permanencia dentro de la cultura de las drogas.

Nadie que no quiera dejar las drogas puede ser forzado a hacerlo. La mayor parte de hospitales y clínicas tienen largas listas de espera de personas que quieren desengancharse del hábito de tomar drogas, y lo mismo ocurre con los centros de rehabilitación. Si usted se enfrenta a este problema, a continuación tiene unas cuantas sugerencias para la acción:

◆ **Trate la inyección de heroína como una emergencia.** Lleve al adolescente a un médico. Tal vez éste le prescriba algún tratamiento sustitutivo de la heroína que le sirva de ayuda.

◆ Trate de persuadir a los consumidores persistentes para que busquen **ayuda profesional** y se sometan a una **terapia,** tanto para la drogodependencia como para los problemas subyacentes.

◆ Ayude al drogodependiente a **cambiar de estilo de vida** para que pueda limpiarse de drogas. El principal problema es mantenerle al margen de sus amigos consumidores.

◆ **No desespere.** Muchos vuelven a la droga durante una temporada después de haber dejado el hábito. Con suerte, los períodos limpios van siendo más largos y, finalmente, se logra erradicar el hábito.

◆ A ser posible, ayúdele a **encontrar un trabajo** o a preparar el terreno para regresar a la **escuela**. Esto tiene la vertiente doblemente positiva de mantenerle apartado del estilo de vida asociado a las drogas y de darle algo que hacer.

Una nota a pie de página muy personal

Demasiadas de estas páginas finales han debido dedicarse a un problema que afecta sólo a una pequeña minoría, y además se trata de un problema que no hace sino reflejar de manera negativa el mundo que los adultos hemos creado. Por desgracia, el problema de las drogas debe ser abarcado en detalle.

A fin de corregir el desequilibrio, me parece justo acabar este libro de una forma totalmente positiva. Y eso significa relatar mi experiencia personal como madre de adolescentes.

Tengo dos hijos adolescentes, y debo decir que son bastante pausados, observantes de la ley y encantadores. Nos tranquilizamos unos a otros cuando nos entra el pánico (que nos entra), nos reímos cuando uno hace el tonto y, por lo general, nos apoyamos unos a otros. De acuerdo: en la escuela se quejan de que mi hijo no siempre estudia lo suficiente, en casa siempre suena la música (no toda coincide con mis gustos), y la cocina está siempre patas arriba.

Pero hay compensaciones más que suficientes. Ya no me pongo frenética si me veo atrapada en un embotellamiento de tráfico mientras regreso del trabajo a casa donde a la llegada a menudo me espera una buena taza de café. Cuando estoy cansada, me dicen: "Siéntate, mamá", y uno de ellos se encarga de preparar la cena. Y lo mejor de todo es que la casa está siempre llena de gente joven que bromea y ríe. Encuentro calor y afecto cuando entro por la puerta.

Tal vez es más fácil porque esta vez lo estoy haciendo sola. Quizás sea porque ya he aceptado que estoy en la mediana edad. Pero la razón más probable de que me resulte más fácil es que no se trata de mis dos primeros adolescentes. Ya pasé por ello en una ocasión. Y aquella vez fue más turbulento.

Mi hijo mayor fue expulsado de la escuela a los 14 años, con frecuencia pasaba fuera de casa toda la noche, nunca me decía dónde andaba, más de una vez me cogió dinero del monedero y me dejaba unas facturas de teléfono gigantescas. Me hacía enfadar muchísimo y me ponía frenética de preocupación.

Pero nunca fueron todo penas y preocupaciones. Yo veía sus dotes sociales, su encanto y su obvia pasión por la vida con admiración y respeto. Cuando consideraba el rendimiento escolar de este chico tan inteligente, su profesor me recordaba que existe más de una manera de triunfar. Me vaticinó que mi hijo acabaría por tocar de pies al suelo, y tenía razón. Sospecho que para cuando cumpla los 30 años estará ganando más dinero que yo. Y ahora puedo afirmar con orgullo que es encantador, competente, trabajador y divertido.

Moraleja

En retrospectiva, pienso que aceptar y manejar con éxito a los hijos adolescentes tiene que ver, en parte, con aceptarnos a nosotros mismos. El hecho de que tengamos hijos más mayores significa que nosotros somos unos padres más mayores. Como en los días que corren la mayoría tenemos nuestro primer hijo hacia finales de los 20 años o incluso hacia finales de los 30, la aclimatación a los hijos mayores es probable que coincida con la crisis de los 50.

¿Qué puede ser más propicio para la realización de la juventud perdida que la presencia de juventud real en el hogar? ¿Qué nos retorna más dolorosamente la realización de planes de juventud jamás llevados a la práctica –o sólo a medias– que ver a los adolescentes planificando su futuro? Dicen que los jóvenes no saben apreciar la juventud, y desde luego algunos días lo parece.

No importa la edad que tengamos cuando nos enfrentemos a la comprensión de la vida, ahora que hemos pasado ya la mitad; es necesario efectuar reajustes, al igual que la transición de no tener hijos a tenerlos nos los exigió.

Los ajustes que nos vemos forzados a hacer durante los primeros meses de vida del bebé inician un proceso de cambio personal y familiar que durará toda la vida. Durante la mayoría de los años en que estamos activamente implicados en la educación de los niños, estamos demasiado ocupados saliendo adelante con la cuestión de vivir como para darnos cuenta de que nosotros también cambiamos junto a nuestros hijos. Sólo cuando nos reunimos con amigos que no tienen hijos caemos en la cuenta de la enorme distancia que hay entre nuestra antigua manera de ser y como somos ahora. Cuando nuestros hijos eran muy pequeños, tal vez envidiábamos a los amigos sin niños su libertad. El hecho de que muy pocos envidiaríamos ahora esa condición es, sin duda, una señal de lo rica que ha resultado la experiencia.

Por más duros que sean los años de criar a los niños y por turbulentos que nos parezcan los años de su adolescencia, pocos elegiríamos ahora un camino diferente. Eso no significa que estemos dispuestos a empezar de nuevo. En eso, al menos, la naturaleza nos ayuda a efectuar el inevitable reajuste.

Estoy segura de que hablo en nombre de casi todos si digo que una de las mayores compensaciones de ser padres reside en que, gracias a nosotros, y de hecho a pesar de nosotros, la mayoría de los hijos crecen normales, felices y equilibrados. Los desastres que nos parecían tan fáciles de prever se produjeron en muy raras ocasiones, y los que ocurrieron fueron en su mayoría problemas transitorios: pequeñas rayaditas en nuestros mejores discos.

Esto puede sonar a complacencia, pero cualquier padre o madre sabrá que no lo es. En el ejercicio de ser padres se cometen errores con regularidad, y aun así es posible mirar atrás hacia el trabajo bien hecho: una alegría duradera.

ÍNDICE ALFABÉTICO